铁路班组长培训教程

《铁路班组长培训教程》编委会　编

中国铁道出版社有限公司

2024年·北　京

内容简介

本书立足企业现代化对企业班组现状和发展的需求，为提高铁路班组长综合素质和管理能力而编写。全书共分七章，内容包括班组长基本素养、班组基础管理、班组现场管理、班组安全管理、班组长能力提升、高速铁路简介及优秀班组案例。

本书既可作为铁路班组长资格性和适应性培训教材，亦可供班组长自学。

图书在版编目(CIP)数据

铁路班组长培训教程/《铁路班组长培训教程》编委会编.—2版.—北京：中国铁道出版社有限公司，2023.6(2024.7重印)
ISBN 978-7-113-30287-0

Ⅰ.①铁… Ⅱ.①铁… Ⅲ.①铁路企业-班组管理-技术培训-教材 Ⅳ.①F530.6

中国国家版本馆CIP数据核字(2023)第100389号

书　　名：铁路班组长培训教程
作　　者：《铁路班组长培训教程》编委会

责任编辑：赵昱萌　　**编辑部电话：**(010)51873626
封面设计：高博越
责任校对：刘　畅
责任印制：赵星辰

出版发行：中国铁道出版社有限公司(100054，北京市西城区右安门西街8号)
网　　址：http://www.tdpress.com
印　　刷：天津嘉恒印务有限公司
版　　次：2018年10月第1版　2023年6月第2版　2024年7月第2次印刷
开　　本：787 mm×1 092 mm 1/16　**印张：**15.5　**字数：**384千
书　　号：ISBN 978-7-113-30287-0
定　　价：62.00元

编委会

前言

QIAN YAN

班组是企业执行系统中的基层组织，不仅影响着企业的整体素质，还决定着企业未来的成败。加强班组建设、夯实基础管理是铁路企业高质量发展的关键环节与最终落脚点。班组长作为企业生产一线工作的具体组织者和执行者，其素质和能力的提升对于加强铁路运输专业管理，增强发展运输竞争能力，提高铁路运输经济效益有着十分重要意义。

为全面贯彻落实党的二十大精神，依据国铁集团、中国铁路北京局集团有限公司文件要求，以促进班组长职业发展为宗旨，以培养高素质班组长人才队伍为导向，以提高班组长专业素质能力为目标，以确保班组管理水平为核心，在修订和完善第一版《铁路班组长培训教程》基础上，编写了《铁路班组长培训教程》（第二版）作为班组长培训的规范性教材，更好地让班组长以服务国之大者为己任，提升职业素养、提高职业能力、树立职业忠诚、创造职业价值，奋力谱写中国式现代化建设新篇章。

全书共分为七章，内容包括班组长基本素养、班组基础管理、班组现场管理、班组安全管理、班组长能力提升、高速铁路简介及优秀班组案例。每一章都是相对独立的知识单元，围绕班组长岗位特点，按照铁路各运输站段班组长生产管理实际情况进行编写，并增加各系统优秀班组案例分享，为班组长提供切实可行的基础管理方法，具有很强的实用性和可操作性、可参考性。本书既可作为铁路班组长资格性和适应性培训教材，亦可供班组长自学。

本书由北京局集团公司职工培训部组织编写。李铁担任主编，万千、魏博、张涛、张卿、王磊、郎禹、戚景春、赵小杰、谷彦博、刘钰峰、文维桥、付兴华、李昂洋、郭志明、张欢灵、崔捷晴、解丽霞、刘浩、刘儒、王希萌、王卿君、刘尚纲、王晓菁、李春亮、张彤、赵永波、王金兵、郭俊飞、张晶等参加编写，由王文杰、刘春燕、赵靖、刘智勇、于梦陆、胡刚、周正宜、毕丽华、房立英、康健、李艳卿、贾胜华、李春霞、王伟、李云红、陈茜等集体审定。

本书在编写过程中参考了很多路内外书籍、资料，在此一并对相关作者和出版社表达谢意。由于编者水平有限，不足和疏漏之处在所难免，敬请读者批评指正。

编　者

2023 年 4 月

MU LU

目录

第一章　班组长基本素养

本章导读

如果说班组是企业的"细胞",班组长则是"细胞"中的"细胞核"。班组长既是班组安全生产、班组管理与班组建设的领导者和组织者,又是各项工作的执行者,其素质和能力高低直接关系企业的生产、经营、安全、发展。在当前铁路高质量发展的新形势下,全面提升班组长的基本素养,对加快铁路企业现代化建设具有十分重要的现实意义。

第一节　班组长角色认知

班组长是企业领导与职工相互联系的枢纽,承担着班组的安全管理、生产组织、质量管理、队伍建设、思想政治工作和民主管理等多方面的重要职责。班组生产效率的高低、管理的强弱,班组长起着至关重要的作用。

一、班组长的定义

班组长是企业劳动(人事)部门下令任命的班组负责人,是企业内部安全生产、服务管理班组的班长、组长、工长、生产作业组长等最基层的一级组织管理人员。作为班组第一责任人的班组长必须清晰认知并把握好自己的角色,针对不同角色锻炼好自己的各项能力。

二、班组长的作用

班组长是企业最基层的负责人,是一支数量庞大的队伍,在企业中有着非常重要的作用。班组长的职位虽小,但在企业的安全、生产、经营、管理和组织职工学习以及提高职工素质、加强职工队伍建设方面起着重要作用。

1. 示范引领作用。班组长的行为、形象会对班组产生一定的影响,班组长要组织、带头完成所承担的生产任务,因此,班组长要率先垂范,充分发挥模范带头作用。

2. 组织管理作用。班组的安全、生产、民主和政治思想工作等管理内容都要通过班组长的组织实施才能实现运输生产的安全、优质、高效、低耗等目标。班组长组织管理能力的强弱,决定着班组劳动生产效率的高低。

3. 桥梁纽带作用。班组长在企业中起着承上启下的作用,既要及时准确地把上级的指示精神传达给职工,并认真贯彻落实,又要向上级反映班组工作中的实际情况,提出自己的建议,做好上级领导的参谋助手。

4. 技术能手作用。在企业的生产劳动过程中,班组长必须是班组中的技术业务能手,具有攻坚克难、迎难而上的精神和提高技术水平、工作效率的本领。

5. 团队建设作用。班组生产任务的完成要依靠班组成员的团队精神和能力。班组长不仅要自己会干，还需要把班组建设成为和谐团结、开拓进取、勇于创新的优秀班组。

三、班组长角色定位

班组长要做好角色定位，才能打牢管理基础。班组长具有双重角色：既代表领导者一方，又代表工人一方；既是安全生产的指挥员和组织者，又是安全生产的监督者和落实规章制度的责任人。因此，班组长是"兵头将尾"。"兵头"反映的是班组长的职责与权力，指班组长是班组说了算的"头儿"，影响着决策的实施，要带领班组成员完成生产任务；"将尾"反映的是班组长的实际地位，指班组长是管理指令的最终执行者，要承担的是最基层的管理责任和指挥责任。人们经常用"职位不高，责任不小，权力不大，任务不轻"这十六个字来概括班组长的特点。班组长要对自己的角色有清晰的认知，才能更好地处理好与上下级的关系，充分发挥班组长的作用，提高班组的整体工作能力。

担任"兵头将尾"双重角色的班组长，既是领导与职工沟通的桥梁，又是职工联系领导的纽带，起着承上启下的作用。在面对不同的管理层级和内、外部关系人员时，有不同的角色定位。

1. 面对班组成员——应站在代表管理者的立场，做好监督管理工作。对现场的班组长来说，应对班组生产（运营）状态和生产（服务）活动进行领导和指挥。这项管理工作是代表企业的管理者实施的，所以要体现管理者的意志。班组长代表管理者实施监督管理，目的是使班组现场活动朝着良好方向发展。

2. 面对中层管理者——应站在下属的立场，接受指令，同时汇报工作。班组长是中层管理者的下属，要做到明确领导的指令和下达任务的目标，同时重视向中层管理者汇报工作。一般来说，接受的指令是生产指令，而汇报是把工作状态和工作结果定期反映给上级，如工作现场组织以及生产任务完成情况、班组安全形势与班组创新活动及方案、对有能力的人员进行加薪和调岗的建议等。适时汇报可对上级工作起到辅助作用。

3. 面对高层管理者——应站在下级以及班组成员的立场上，在服从领导的同时，主动提供基层的信息。班组长面对高层管理者必须按照上级指示和命令行事，与此同时，也要站在基层班组管理者的立场上开展工作。高层领导在其工作岗位上不一定掌握最准确最实时的基层信息，对于工作现场的实际情况，进行基层管理的班组长比上级了解得更清楚、更详细。所以班组长主动提供信息、陈述意见、协助高层管理者做出恰当的判断至关重要。

4. 面对同级人员——应站在合作的立场，做好协同合作。在企业中，班组长面对本部门的同级人员或其他部门的同级人员，以及相关班组长或相关职能部门的工作人员时，要加强沟通、互通有无、协调合作、采长补短。

5. 面对外部关系人员——应站在企业的立场，做好企业的宣传者。班组长在直接面对外部关系人员时需要及时转换自身角色，树立强烈的主人翁意识，注意维护企业利益与形象，在企业的立场上考虑问题，做好各项服务工作。

四、班组和班组长设置的基本原则

（一）班组设置原则

按照"管理规模适度，生产流程合理，劳动组织高效"的原则，在10人及以上设置班组（专业性、技术性较强的班组可不受10人限制）。由于生产组织或人数较少不能设置班组，在符合实际生产需要、有利于安全生产的前提下，不同工种可组建综合班组。

(二)班组分类

集团公司班组分为一类班组、二类班组和三类班组。

1. 一类班组

(1)一档班组

车务系统:运转、调车班组,客运乘务班组,货运检查班组。

客运系统:客运段客运乘务班组,北京站、北京西站、北京南站、天津站、石家庄站(仅限本站)的客运班组、售票班组,客车上水班组。

货运系统:装卸班组,抑尘班组、二等站及以上的货运外勤班组、三等站及以下的货运班组。

机务系统:运用车间机车乘务班组,派班室,机车调度室,机车大修、中修、小辅修、探伤、检查、保养、整备班组。

车辆系统:客车车辆段的检车乘务班组,库检、站检班组,探伤班组、定检班组、设备维修班组;动车段的动车组运用、检修、探伤、生产调度班组,设备维修班组;货车车辆段的列检班组,段修、站修班组,探伤、5T设备维修、探测班组,设备维修班组。

工务系统:正线及调车场的线路、桥梁、探伤班组,线路大、中修班组,大机、轨道车班组,钢轨焊接班组。

电务系统:信号专业的干线信号班组,驼峰信号班组,缓行器(打风机)班组,TDCS(CTC、CTCS)班组,信号中修班组,车载设备检测、检修班组;通信专业的500及以上皮长公里或15人以上班组、集团公司枢纽所在地的G网、调度、会议班组以及光电工区,国铁集团、集团公司所在地电报所、电话所。

供电系统:接触网(工区)班组,牵引变电所(亭)班组,轨道车(工区)班组,变电检修试验(变电检修、继电保护、高压试验、远动)班组;电力(工区)班组,变、配电所班组,高压试验(工区)班组。

(2)二档班组

车务系统:减速顶维修班组。

客运系统:其他车站客运班组。

机务系统:计量、救援、设备维修、污水、锅炉班组。

车辆系统:客车车辆值班室班组。

2. 二类班组

运输站段一类班组以外的生产班组。

房建公寓专业:与高速铁路运输生产相关的房建班组、公寓叫班班组。

3. 三类班组

运输站段的生活、后勤服务班组。

其他单位的班组。

(三)班组长设置原则

每班组设置一名班组长。运输站段的一类班组、二类班组15人及以上可以设置一名副班组长,15人及以上每增加10人可以增设一名副班组长,原则上相同专业最多设两名副班组长。运输站段的三类班组和其他单位的班组不设置副班组长。

五、班组长的职责和权力

1. 班组长的职责

(1)安全管理职责。班组长是本班组安全生产的第一责任人，负责领导本班组贯彻落实安全生产方针，牢固树立“安全第一、预防为主”的安全理念，落实各项安全责任制，严格执行安全法律法规和技术规章，抓好全员、全过程、全方位的安全生产管理，确保当班人员持证上岗，负责排查并及时处理安全隐患，严把安全生产第一道关口，筑牢安全生产第一道防线。

(2)生产管理职责。负责领导本班组切实增强“精细、高效、文明”的生产意识，科学组织运输生产，落实作业指导书、操作技能岗位人员安全生产责任制，合理配置生产要素，抓好现场定置管理，狠抓节支降耗，提高生产效率，按时完成运输生产任务。

(3)质量管理职责。负责领导本班组牢固树立“质量就是安全、质量就是生命、质量就是效益”的理念，加强质量标准化建设，抓好全面质量管理，全面提高工作质量。

(4)其他职责。负责领导本班组的团队建设，争创学习型班组；做好班组思想政治工作和民主管理工作，关心并帮助职工解决实际困难；组织开展岗位练兵和技术业务学习，提高班组整体业务素质；落实职工绩效考核和分配制度；加强组织协调，在实践中不断提高管理水平；加强自身建设，注重业务学习，提高技术水平，做到自身技能过硬，带头完成生产任务，为班组树立榜样。

2. 班组长的权力

(1)安全管理权。有权检查职工安全作业情况，制止和处理职工违章作业，拒绝违章指挥，在遇到不具备安全生产条件且自身无力解决时拒绝开工或停止生产，以保证职工生命安全和生产安全。

(2)生产组织权。有权根据生产目标要求，落实计划，分配任务；有权进行现场指挥协调，合理调配人员、机具、物料。

(3)考核分配权。有权按照“按劳分配”原则和上级规定，对班组成员工作绩效做出评价；提出本班组职工绩效工资分配的建议，对违反班组考核办法规定的职工提出处罚建议。

(4)其他工作权力。有权完善本班组工作的具体办法和实施细则等各项管理制度，向车间提出合理化建议；有权推荐副班组长人选、推荐本班组优秀职工参加上级组织的评先、疗(休)养、学习培训等。

六、班组长准入机制

1. 任职条件

班组长必须是思想道德好、工作作风正、管理能力强、技术业务精、工作经验多、群众威信高、身体素质好的生产骨干。

(1)政治素质好。坚持原则，办事公道，作风正派，责任心强，具有良好的改革和创新意识，能在运输生产和各项活动中起模范带头作用。

(2)组织能力强。有一定的组织、协调和沟通能力，具备班组管理的基本知识和实际能力，敢于负责，有争先创优意识，能科学合理地组织和指挥生产，带领职工较好地完成生产任务。

(3)文化素质高。运输站段的班组长文化程度应在大专以上，高速铁路的班组长应逐步达到大学本科文化程度，非运输站段的班组长文化程度应在高中(含中专)及以上。

(4)技术业务精。技能等级水平达到本岗位中级工及以上等级。高速铁路的班组长需具备连续在高速铁路工作经验2年以上,技能等级达到高级工及以上。具有与其岗位相适应的技术理论知识和熟练操作能力,熟知安全生产规程,能独立或组织职工解决生产中的关键问题,处理应急及突发事件的能力强。

(5)团队意识强。有大局意识、整体意识,作风民主,团结同志,会做思想政治工作,在群众中有较高的威信。

(6)身体素质好。年富力强,身体健康,有充足的精力抓好班组工作。

2. 产生办法

(1)公开招聘。根据班组长选拔的程序和条件,按照公开、公平、公正原则,择优选拔德才兼备的管理或技术骨干。采取竞争上岗、组织选拔等方式,特别着重提倡从操作技能岗位上的本科生、大专生中选拔。班组长既可在本班组内产生,也可在外班组招聘。

(2)民主选举。由车间组织,劳资(人事)部门参与,经拟竞聘班组民意测评后,确定拟聘人选。

3. 聘　　任

对经公开招聘和民主选举确定的拟聘人员,经集团公司班组长资格培训取得资格认定后,由车间报主管站段长同意,经站段长办公会议研究通过。在本车间和班组内,进行为期5个工作日公示后,由站段劳资(人事)部门下发聘任通知。

七、班组长退出机制

按照效率优先、兼顾公平的原则,合理设置安全、质量、生产任务、班组文化建设等项目的考评权重,建立健全班组长工作业绩考评标准,加大安全奖惩力度,实行考评结果与收入、待遇紧密挂钩。

1. 对生产指标考核。当月本班组未完成生产任务的,不享受当月班组长管理考核奖;连续一个季度未完成生产任务,解聘班组长职务。

2. 对安全质量考核。班组安全生产质量与班组长的待遇及使用直接挂钩。违章指挥导致责任作业事故,解聘班组长职务,并按规定追究责任。

3. 对工作能力考核。工作能力不强,履职不到位,连续两个周期评定为最低或次低星级,或严重违纪或失职,解聘班组长职务。

4. 对班组建设考核。班组团结气氛不浓,缺乏团队精神,班组凝聚力、战斗力不强的视影响程度给予班组长相应考核。连续两个季度考核评定结果为不合格的班组长,解聘班组长职务。

八、班组长角色把握

班组长只有具备了适时进行角色成功转换的能力与素质,才能切实提高管理绩效,一名优秀班组长是强化班组管理的主内因和原动力。班组长的职业道德和综合素养直接影响和制约着班组管理水平的提升。为了有效规范和促进班组管理,班组长应着力塑造好自己的多面角色,准确把握好自己的不同角色。

1. 班组长应是安全生产的"掌舵手"

作为一家之主的班组长务必牢固树立安全第一的意识,时刻注意带头克服安全意识疲劳问题,将安全"盯在眼里、刻在心上,挂在嘴边、握在手中",对安全风险关键项点和安全风险卡控办法了如指掌,当好舵手,确保本班组安全生产零事故。在日常工作中,要有针对性地发现和分析班组管理中存在的各类问题和安全隐患，并严谨地按照类型、程度和性质等要素进行分类，全面消除各类不安全因素，班前提示安全、班中检查安全、班后总结安全。带领班组成员将安全内化于心、固化于制、外化于行，使班组安全有序可控。

2. 班组长应是完成任务的“领头雁”

班组长是班组的领导者和核心。作为领头雁，自身就是班组的精神和形象代表，一方面要用自己的人格魅力和真诚去打动每一位成员，带领班组齐心协力完成班组生产任务，时时处处以身作则、率先垂范、身体力行，当好开路先锋，并做到对生产任务心中有数，胸有成竹；另一方面，要有卓越非凡的团结能力，注意团结雁群的每一个个体，挖掘每个大雁的发光点，使班组拥有统一的目标、统一的思想、统一的规则、统一的行动、统一的声音，一定要避免班组长单打独斗或“各吹各的号，各唱各的调”带来的弊端。

3. 班组长应是上级领导的“放心人”

班组长是一线的直接指挥官，承担着确保组织一线高效运转的重任。班组长要能根据上级领导的战略思路准确把握组织目标和生产任务，想领导之所想，想领导之未想，为领导做好细化分析，制订周密的生产计划并予以推进实施。要能及时向领导提出合理化建议并不断创新，做人做事让上级领导放心满意。

4. 班组长应是班组成员的“主心骨”

班组长在班组成员的心目中就是直接的领导者，就是可以依靠的“小家长”。班组长要关心班组成员的冷暖，做帮助他们的热心人、关爱他们的暖心人、了解他们的有心人、开导他们的贴心人。班组长要站在置业、理家的角度去看待和思考“管家”问题，既要通盘考虑从大处着眼，又要注重细节从小处着手，将职工个人问题和班组管理实际统筹兼顾，将困扰职工身心的问题巧妙处理好。

5. 班组长应是解决困难的“及时雨”

班组长对班组成员在安全生产中遇到的难题要能够迅速处置，在基础管理中遇到的问题要能够及时化解，这样班组成员在遇到难题时自然会首先想到班组长，班组长在组员中的威信也会自然提升。绝对不能碰到困难就踢皮球或绕道走，而要及时找准问题切入点，把大困难化成小困难，进而把小困难转化为促进安全生产和班组建设的有利因素。

6. 班组长应是按标作业的“典范者”

打铁还需自身硬。班组长必须技能一流，严格按标作业，当好表率，展现个人魅力，正确影响下属。无论遇到什么情况都严格执行班组学标、达标、对标，坚决杜绝简化作业，落实标准一点儿也不能差，差一点儿也不行。对不按标作业的职工，要晓之以理、动之以情的劝诫。要敢抓敢管，奖罚分明，要致力于引导本班组所有职工形成人人落实标准化作业、个个为安全生产做贡献的良好氛围。

7. 班组长应是自己下属的“教练员”

班组长自己技能过硬远远不够，还必须担当好教练员角色，在工作中给予下属必要的训练与指导，实现强将手下无弱兵。班组长辅导下属是“授人以渔”的过程，而不仅仅是“授人以鱼”。要注重挖掘学员的潜能，使其主动解决问题。对班组成员不明了分析问题的视角，不清晰解决问题的方法，不能胜任的实践技能，班组长作为教练员和训练者，要在提供指导意见的基础上，引导班组成员自己分析、自己动手，最后练就本领，独当一面。

8. 班组长应是各种信息的“枢纽站”

班组长要有的放矢地实施有效管理，准确把握上级的管理要求和精神，眼观六路，耳听八方，避免出现隔山打牛或隔靴搔痒的局面；要发挥好信息枢纽作用，及时、准确地将上级精神和要求、安全形势和动向、管理思路和方略等内容原汁原味地传达下去，让班组全员知情、了解总体形势，并结合班组实际自我定位，更好地做好管理工作。同时，也要将班组的经验和问题及时向上级主管部门反馈，以取得上级组织的帮助和有效指导。

9. 班组长应是班组精神风貌的“美容师”

路风即铁路班组工作的精神风貌，班组长必须具备即时“美容护肤”的意识和素养，着力从精神文明建设层面入手，树立以人为本、服务至上的意识，注意创新工作方法，努力塑造班组良好形象，营造浓厚的班组文化氛围，进而为企业发展壮大创造更大空间和更优环境。

九、班组长角色修炼

1. 角色与职业精神修炼

明确个人角色是班组长成就优秀的第一步。这也是班组长区别于普通职工的最大不同。现实中，很多班组长未明确自己的角色所在，把自身等同于一线职工，工作上勤勤恳恳、兢兢业业，却看不到绩效，原因就在于缺乏角色转换。班组长的角色价值不仅在于自身拥有超强的业务能力和吃苦精神，更在于如何通过有效管理、协调、激励和督导带领班组职工实现最大化的组织绩效。从这个意义上而言，班组长是一个领导组织者而非冲锋陷阵者，是一个主动管理者而非被动等待者，是一个激励支持者而非冷眼旁观者。作为基层管理者，班组长在强化个人角色定位的同时，还需强化职业素养和职业精神，坚持高标准、严要求，担当班组成员的引导者和楷模，以职业化精神影响人、带动人。唯此，才能满足岗位的要求，完成迈向优秀班组长的第一步。

2. 管理技能修炼

作为最一线的管理者，班组长的职责之一就是带动和激活一线的细胞，使其工作高效、顺畅、和谐。对现代优秀班组长而言，执行力、团队领导力、协调沟通力及人本激励能力是现代班组长的基本胜任力要求。要确保基层班组工作的高效、顺畅，核心便是班组长个人管理技能的综合提升。加强班组长执行力、领导力的建设，同时强化班组长的核心管理技能，从工作管理、质量管理、绩效管理、士气管理、现场管理、例会管理、人员管理、沟通技巧等方面加以提升和训练。只有班组长加以修炼，拥有较强管理技能和实践技巧，基层工作才能焕发生机，才能确保企业目标的实现。

3. 高效执行与解决问题能力修炼

在生产一线，各种未知的问题无处不在，多种安全风险无处不在。如何组织大家积极主动地发挥才智、群策群力攻克难关？如何确保安全防患于未然？如何在问题出现后迅速反应、马上行动？如何在工作中持续改善与创新？如何将现有问题变成未来有效的经验？……这些都是摆在班组长面前需要解决的问题。工欲善其事，必先利其器。高效执行与高效解决问题能力是班组长不可或缺的能力组成。

俗话说：基础不牢，地动山摇。班组作为企业组织的末端细胞，必须具有高凝聚力和向心力，保持均衡和稳固。班组如何稳、固、牢？组织如何充满活力，汇聚人心？需要的就是组织文化与组织氛围的建设，就是把班组建设成为职工的精神家园。人作为独立的个体，其价值需要置身于群体中被遵从和认可。只有置身群体，其价值才会最大化显现。班组是个人价值显现的最直接的载体，不仅仅是一个职工的工作场所，更应该成为有所依、有所仰的精神居所。营造和谐融洽的班组氛围，为每个班组成员搭建鼓励其创造价值、传播价值、共享价值的组织平台是班组长的核心职责所在，也是班组长能力塑造与修炼的最高层次。

第二节　班组长的工作方法和技巧

班组长在工作过程中，要懂得运用工作方法与技巧，帮助自己尽快树立威信，既要关心关爱职工，又要合理利用奖惩手段激励职工，充分调动职工积极性，营造和谐的班组氛围。

一、立足岗位树威信

在班组中班组长不一定是各方面能力都突出的人，但一定要是班组里面最有威信的人。班组长通过树立威信使职工紧密团结在自己周围，创造出班组独特的管理方式，班组工作才可以有条不紊地进行。但威信既不能上级给，也不能靠别人吹，班组长树立威信要做到以下几点。

1. 以身作则，率先垂范

班组长要技术过硬，业务能力过强，有端正的工作态度，良好的工作习惯，敢于迎难而上的工作精神，以身作则给职工起表率作用，这样才能赢得职工的信服从而树立威信。

班组长要在技术业务能力上做表率。班组长必须带头提高自身素质，以此来提升班组整体素质。班组长要带头认真钻研专业知识，掌握新材料、新设备、新技能、新工艺等知识，给职工营造良好的学习氛围，并对职工的日常工作给予建设性的意见，有针对性地开展班组培训，承担起为下属创造学习机会的责任，提高职工的技术业务能力。

班组长要在工作态度上做表率。班组长要有端正、严谨、负责、务实的工作作风，并充分发挥主动、协作的工作精神，具有较高纪律性和责任感，通过言传身教将自身良好的工作态度传递给班组内的每一名职工，带动全体职工敬业爱岗、团结协作。良好的工作态度会使各项工作开展起来井井有条。

班组长要在工作习惯上做表率。班组长要对需要办理完毕的工作列一个清单，哪些是立即要去办的，哪些是需要一些具体时间与班组成员共同处理的。有了轻重缓急次序，班组长还需要去合理安排时间和工作期限，全力解决好工作中遇到的问题，保证每一项工作都按时完成，避免出现不必要的差错。班组长工作不分主次，会导致职工工作手忙脚乱，进而失去职工的信任，不利于班组长威信的树立。

班组长要在面对困难时做表率。不做“没办法”的人，克服思想上的畏难情绪，遇到困难认真思考，寻求解决问题的途径，利用心理暗示“我行”“我能”“我一定有办法”来激励自己，即便是没能成功解决问题，也要积极分析原因，而非为失败找借口；对待工作更多的是找到思路，不要片面强调困难程度，抓住重点，不断探索好的方法，开阔自己的思路，使这项工作能够更加圆满。

2. 了解职工，知人善用

班组长要使班组的整体作用得到发挥，而非仅靠个人努力。有些班组长任何事情都习惯于亲力亲为，没有从业务骨干的角色转变过来，总是把什么事都抓在手中，不放心或者不会把工作分给班组职工去做，这说明班组长不信任职工的能力。这使得职工在生产中遇到困难时总是推给班组长去干，自己没干过不会干也不敢干。

班组长布置工作时要保证每项工作都要由会干的人去干，能充分发挥每位职工的强项。对那种富有独创精神的人，要布置高难度的工作，不要把那些单调、重复和琐碎的工作布置给他，切实将每个人的能力发挥到最佳。班组长要鼓励自己的职工大胆工作，职工能感受到领导对自己的信任，会更负责任的工作，能更有效地提高领导者的威信。即便职工在工作中出现了失误，不要一味责怪自己的职工，要首先承认他们的劳动价值，分析问题产生的原因，避免今后类似的错误，不要因一时的过失而彻底否认职工，打击其工作热情，导致职工做事缩手缩脚。只要真心实意地帮他改正失误，职工就会感激你，并更加积极地投入工作。

班组长要有容人之量，不要嫉贤妒能。当职工做出较好的成绩时，应该真诚地鼓励和赞许他们，并交给他们更重要的工作，这样他们才能做出更大的成绩。

3. 用好权力展现魅力

班组长开展工作不仅依靠权力，还要靠领导者的个人魅力。领导者所掌握的权力带有一定的强迫性，而个人魅力则是由领导者自身素质和行为所形成的。二者的合理有机结合对班组长树立威信有着明显的效果。过度运用权力只能是压服，而非心服，看起来职工俯首帖耳，实际上内心深处是否定和拒绝的，有损职工工作积极性；个人魅力则会使职工发自内心的敬佩班组长，使职工自觉跟随班组长做好每项工作。

在工作中，班组长要负起管理责任，行使好管理权力。不要把私人感情在工作中滥用，要清楚自己在做什么，并且知道为什么要这样做。班组长必须在制度框架内正确行使好自己的决策权、指挥权、激励权和处置权，树立好自己的权威。当然，行使权力要斟酌再三，权力只有使用得当才能让职工心悦诚服。

管理的艺术不在于发指示、下命令，而在于如何唤醒、激励、鼓舞职工为工作目标去奋斗。受尊重是人类较高层次的需要，商量的语气意味着对职工的尊重，关心他的感受。只有赢得职工的心，才能让大家真正地行动起来。

班组的事情不单是班组长的事，而应是大家的事。当班组取得成绩时，班组长要与大家一起分享；当班组遇到困难和问题时，班组长要让大家都参与进来，群策群力解决问题，特别是在与职工利益相关的事情上与他们商量，依靠职工，尊重职工，维护职工权利和利益就会激发职工的自豪感和责任感，调动职工参与班组建设的积极性。班组长的威信是靠实打实的领导方法和让所有人为之信服的个人魅力来实现的。

二、营造氛围促和谐

良好的班组氛围能让职工自觉各尽所能，也更能调动起职工的积极性，让他们愿意参与到班组的日常管理工作中。良好的氛围能减少一些消极情绪和心理的产生，进而使班组长组织、安排工作时，变得容易和高效。班组长处理好人际关系、协调好职工关系、做好职工的思想工作，适当加入一些管理理念，营造一个和谐的班组氛围应从以下几方面着手。

1. 树立目标实现价值

帮助职工树立职业目标，实现职工个人价值。班组长要从大局出发关注企业文化，挖掘本班组及班组内各岗位的意义，引导职工感受到其工作岗位的重要性和存在价值，明确职工岗位在企业整体运转中的作用。把职工的付出同实现个人价值和为企业增效联系起来，激励职工树立自己的职业目标，帮助职工进行职业发展规划，激发职工工作热情，关心职工的成长，随时纠正职工在成长道路上偏离的方向，也要让他们认识到自己的错误，能够更快地实现其个人理想。职工在工作中犯错误是难免的，但班组长要想方设法让职工尽量减少错误，走正确的路，做正确的事，营造积极向上的班组氛围。

2. 公平处事以诚待人

职工能够谅解班组长在工作能力、文化水平等方面的缺点和不足，但无法容忍班组长处事不公平。班组中琐事繁多，很多事情都会涉及职工的切身利益，若不能公平处理这些事情，势必给班组长带来极大的负面影响。班组长要做到在制度面前人人平等，在对待职工的同等事宜上，切不可有所偏私，要公平处事，否则会降低职工对班组长的信任度，甚至是从内心排斥班组长，导致班组凝聚力下降，最终导致执行力下降。班组长公平处事的同时要做到以诚待人，这样能够拉近与职工之间的距离，切忌做事摆官架，说话打官腔，营造融洽的班组氛围。

3. 关心职工凝聚力量

在日常班组管理工作中，班组长要从思想、生活、学习、身体等多方面主动关心职工，针对职工存在问题寻找解决对策，例如对于有自卑心理的职工，班组长可以通过关心职工寻找、发现和捕捉他们身上的长处，因势利导，帮助其重新认识自己、塑造自己，鼓励职工自己的问题自己解决，敢于承担责任。

班组长与职工不仅仅只存在工作中的上下级关系，在日常生活工作中也应当有情感上交流，情感的力量可以消除隔阂，增强向心力和凝聚力，与职工建立良好的感情基础，营造团结的班组氛围。

4. 善用语言加强沟通

尽量不用命令的口气来压职工，这一点很重要。职工都有自己的思想与自尊，命令的口气能让下属完成工作，但不一定能做好工作。多用一些委婉的语言布置工作，例如："你可能第一次做这样的工作，不过……。"在任何情况下，都不要看低职工，不说轻视的话语，而应把职工当作合作伙伴，切忌颐指气使。只有赢得职工的心，才能让职工真正地行动起来。

三、落实规章须规范

1. 严格执行规章制度

规章制度都是无数人实践中，用汗水和鲜血写成的，不按照规章制度去做，就要付出血的代价，或者使生产效率大大降低。为了保证企业安全生产和经营指标完成，必须制定并严格执行相关的规章制度，以此来对职工进行约束。规章制度要根据企业形势的变化进行制定、修改和补充，在法律规定范围内，经民主程序通过，才具有效力。

2. 利用制度激发潜能

规章制度从表面上来看是一道"绳索"，束缚了职工的行为，但归根结底是维护了职工的利益，给职工带来健康、安全和经济收益。因此，当职工意识到这一点时，就会获得激励。由"要我执行"转变成"我要执行"，变被动为主动。在这样的状态下，职工的潜能被激发出来，各个方面都会表现得积极主动，对待工作也会全力以赴。由此可见，自觉执行规章制度，能够激发职工的潜能。

3. 制度面前人人平等

班组在执行规章制度时，不能因人而异。班组长要带头做到"制度面前，人人平等"，只有这样才能突显制度的权威性，使职工对制度产生敬畏之心。在班组内，人人都要认真严肃地对待各项规章制度，从行动上自觉遵守制度，才能体现制度执行的平等性、公正性和严肃性。否则，就会严重地影响职工的士气和工作的积极性，影响班组执行力的提升。

四、奖惩结合促激励

班组长要真正把制度执行到位，保证每一项制度都能起到有效的作用，应合理的运用奖励和处罚等激励手段。对于经常受到表扬的职工要及时指出他的不足，予以鞭策和警示，避免职工产生自傲心里;对于落后职工不应一味进行批评处罚,也要对其优点适当给予肯定。在班组管理中把奖励和处罚相结合有助于班组长更好的管理班组。

班组长要采用各种激励手段来调动职工的积极性和创造性。当职工取得成绩时,要及时给予肯定甚至奖励;当职工手头上的活干得漂亮时,要及时给予赞美;当职工有了新的发明创造、做了好事时,要及时给予表扬;多给职工表现自我的机会,如开会时多让职工发言,班组长讲话时多引用部下的观点等,都能起到意想不到的激励效果。

五、班组管理要民主

班组管理要民主切记不搞“一言堂”。班组长考虑问题有局限性,个人决定有一定的片面性,班组管理要综合职工的意见才能保证做出决策的合理性和有效性。在班组管理中班组长要充分调动职工参与管理的积极性,为职工搭建平台,把班组管理工作落到实处。

1. 鼓励职工提意见

班组管理要广开言路,鼓励职工多发表意见和建议。当职工的意见与班组长的观点相悖时,班组长要积极反思,善于抓住职工意见的闪光点。班组长切忌板起脸来听意见,甚至对职工意见大加抨击,这会使班组长走向孤立,再向职工征求意见建议时,职工不愿意也不敢阐述自己的观点,这对班组管理工作的开展是极为不利的。

2. 集思广益搭平台

班组管理过程中,班组长要为职工搭建建言献策的平台。有时职工并不是对班组决策没有意见,而是缺少表达的途径。班组长可以采用意见箱、建立网络班组群、班组会等多样的形式,就一些班组管理问题征询大家的意见。

3. 民主管理求实效

民主管理若流于形式,会大大打击职工参与管理的积极性。特别是最后形成的决议要能体现出职工有价值的意见。当职工意见未被采纳时,班组长也应及时向职工说明未被采纳的原因。

六、接受检查有准备

检查不是目的,但却是促进工作提高的一种手段。接受上级检查是班组工作的一项重要内容,有些班组长因无经验,不知所措,无法应对,形成被动局面。那么,怎样接受上级领导的检查呢?班组长应该从以下几方面着手。

1. 摆正心态正确对待

班组长一定要正确对待检查工作,把检查看成是自己查漏补缺促进工作的一个机会。面对检查人员保持一个良好的心态,悉心听取意见建议,按部就班地做好接待工作。

2. 清楚内容明确分工

检查部门根据工作分工差异,检查重点也各有侧重。班组长一定要理解检查的程序和内容,做到有的放矢才能更好地配合检查部门尽快完成检查工作。

一般上级检查工作有着固定的程序,内容则包括基础台账资料、人员管理情况以及现场设备情况等等。在日常管理工作中,班组长要有意识地做好工作分工,确保上级检查时能有专人负责解释和陪同。

3. 做实工作全员覆盖

班组工作重在平时,临时突击干工作是不可取的。只有把工作做实才是应对上级检查的万全之策，例如在日常工作过程中，完成好生产任务的基础上，要保证台账资料保存完整、业务学习有详细记录等。班组长只有平时带领职工把日常工作做实做细，面对检查的时候说话才能有底气。

班组长在检查前应召开迎检会，使全班组职工对检查内容有一个完整的了解。确保在检查中每名职工都能应对突发状况，顺利通过上级的检查。

4. 主动汇报巧用数据

检查过程中，班组长要学会主动汇报工作。特别是班组的一些特色工作以及获得的成绩要及时反馈给检查人员，也可以反映班组面临的一些问题和困难，争取政策的支持。汇报过程中，尽量引用事实和数据说明问题。任何情况下，事实和数据是最有说服力，也是最直观的，能让检查人员清晰明了地了解具体情况。

七、调整情绪讲方法

班组长要学会调整自身情绪和职工情绪。班组长面临着烦琐的日常事务和巨大的工作压力，难免会产生负面情绪，如无法进行有效控制和管理，就会对班组正常工作产生影响。班组长要善于正确对待情绪，合理表达情绪，有效控制情绪，恰当纾解情绪，保持良好的状态来开展工作。同时管理职工的情绪，创造良好的情绪宣泄空间，也是班组长的重要职责之一。

1. 调整自身情绪

班组长要有序地推进工作，首先要学会调整自身情绪。每个人都有情绪低落的时候，班组长也不例外，当班组长对自身无法进行有效控制时，班组长可以找朋友聊聊天，做一些自己喜欢的事情，转移当下的注意力，舒缓情绪，也可通过暗示来转移情绪，切忌带着情绪工作，看谁都不顺眼，看谁都挑刺。比较有效的控制情绪的办法有：语言暗示，如“不能发火”等；想一些比较振奋人心的事情来转移注意力；后果预想，如“如果责骂他一顿，他可能会……”；移情换位，易地而处，如“如果我做这件事情，可能也就是这样的结果”等。班组长可以尝试用上面的方法控制自己的情绪。

2. 调节职工情绪

班组长应主动调节班组职工的情绪。班组长要努力成为班组压力的倾诉对象，及时掌握他们的思想动态。当职工情绪不良时，班组长应适当地给予关心和鼓励。职工有情绪，抑制不是办法，应该让他们宣泄出来。因此，班组长要主动为职工的情绪表达创造条件，如在办公区角落里放一些杂志或者轻松的书刊；设置专门的意见箱；在休息时间，放一些舒缓的音乐调节职工情绪，丰富职工的业余生活等，减轻职工的工作压力，愉悦职工的心情。

八、班组讨论显实效

班组讨论要讲究技巧，确保讨论的实效性。班组中经常会召开班组讨论会，商讨如何完成工作任务或如何改进工作方法等问题，但有些班组经常会把讨论流于形式或者班组长把讨论会变成了自己的意见宣讲会，为避免此类情况发生，在班组讨论的过程中应注意以下几点。

1. 明确讨论议题

班组长在阐述议题时要简明扼要，议题要小而具体，要把议题阐述清楚，避免职工产生模糊或误解。同时一次的讨论议题不要过多，否则讨论效果会大打折扣。

2. 避免冷场

班组长要学会调节讨论节奏，避免冷场。班组长在开讨论会之前要提前透露讨论主题，留给职工思考的时间，对敢讲真话的职工要鼓励，班组长在讲话时最好先不要表明自己的立场，防止职工顺杆爬，听不到反对的声音，得不到有价值的意见。同时，班组长要学会主持讨论，学会引导，避免讨论会变成了聊天会，达不到实际效果。

3. 处理好不同意见

班组长要善于处理好不同意见。既然是讨论会就会出现不同的观点，就事论事避免讨论变成了争吵，善于调节气氛，让大家充分阐述自己的观点，当出现理解偏差时要及时纠正。

4. 善于归纳总结

总结时要表达上级的意图和个人的见解，把职工分散的意见条理化、系统化，使职工觉得自己有价值的意见被吸收或是肯定。

九、当众讲话有技巧

班组长经常要组织和参与班组现场会、班组总结会或汇报工作等，这时班组长通常要做简要发言，总结过去，展望未来。班组长讲话时要避免主次不明，中心意思表达不突出，要做到语速平稳、抑扬有度，特别是眼神要坚定，展示自己的自信，尽量不要有小动作。这里，班组长不妨使用以下讲话公式：感谢（过去）—希望（现在）—祝愿（将来）。

第三节　班组团队建设

团队建设包括有计划有组织地增强团队成员之间的沟通交流，增进彼此的了解与信赖，对团队目标认同更统一明确，在工作中分工合作更为默契，完成团队工作更为高效快捷等一系列工作。团队建设是企业真正的核心竞争力。一个高效、团结、协作的班组团队对确保企业安全生产和提高企业绩效至关重要。

一、团队的概念与特征

1. 团队的概念

团队是指为了实现某一共同目标由相互协作的个体所组成的正式群体。也就是说，团队是由一些具有共同信念的人为达到共同目的而组织起来的，各成员通过沟通与交流保持目标、方法、手段的高度一致，从而能够充分发挥各成员的主观能动性，运用集体智慧将整个团队的人力、物力、财力集中于某一方向，形成比原组织具有更强战斗力的工作群体。

组成一个团队的人员未必都来自一个班组，但一个班组必定是一个团队。

2. 团队的特征

无论哪种类型的团队，要想协调好内外关系、顺利地开展工作，使团队成员之间相互信任、相互帮助、相互影响、相互理解，工作环境得到优化，工作效率得到提高，都必须具备以下的特征。

(1)共同的团队目标

确立团队的使命愿景与共同目标，是团队存在的基础，也是团队凝聚力的精神之源和根本意义。团队的每个成员可以有不同的目的、不同的个性，但作为一个整体，必须有共同的奋斗目标。团队成员要将个人目标与团队目标紧密地结合，并将个人目标升华到团队目标，个人服从团队，局部服从整体，并且愿意为团队的工作目标做出承诺，尽最大努力发挥自己的潜能，正所谓“上下同欲者胜”。

(2)彼此的团结协作

团结协作是管理和建设团队的关键。团队由具备不同知识、不同技能、不同性格的成员组成，通过团队成员的合理分工、年龄互补、能力优势互补和成员之间相互信任、相互配合、团结一致的默契的合作关系与科学有效的团队管理，保证整个团队的高效运作。团队协作并不要求团队成员牺牲自我，相反，挥洒个性、表现特长才能保证团队成员实现共赢，完成个人不能完成的团队目标任务。

(3)出色的团队领导

出色的团队领导者和强有力的指令落实是实现目标的有力手段。团队的成功靠的是全体成员的齐心协力，而步调一致则是团队获得成功的必要保证；团队成员分工不同、职责各异、局部目标相互依托而又互存矛盾。因此，通过正确的领导及强有力的指令把整个团队行为统一在大目标下，为团队指明发展方向，鼓舞和激励团队成员的自信心，帮助他们更充分地发挥自己的潜力，是顺利实现团队目标的有力保证。

(4)必要的相关技能

人是构成团队最核心的力量。一个优秀的团队必然是高素质的团队，必定是由一群有能力有技术的成员组成。他们具备实现团队目标所必需的技能和素质，具备完成团队要求的工作能力和处理群体内部关系的高超技巧。同时，团队成员还需不断充电更新，学习新技术新技能，随着团队环境的变化而不断进行调整。团队成员的技能应该是相互补充的，不同知识、技能和经验的人在一起高效协作，形成角色互补，从而达到整个团队的有效组合。

(5)良好的团队环境

从内部条件看，团队应拥有一个合理的基础结构，可以支持并强化成员的行为，以取得高绩效的成果。从外部条件看，企业应当给团队提供完成工作所必需的各种资源，倡导优秀的文化氛围，培养职工的参与意识和自主性。

二、团队的管理

作为团队领导，要着力改变传统的管理方式，切实提高团队的综合能力，重点培育团队精神，才能更加有效地开展团队工作，将自己所带的团队建设成高效能团队。具体应从以下几个方面着手。

1. 团队管理要治“本”，提高团队的内在素质

(1)培养团队的责任能力。责任感和团队意识是打造优秀团队的基础与前提。责任是最基本的职业精神，责任是做人做事的底线。没有做不好的工作，只有不负责任的人，责任承载着能力。在团队中要培养团队成员的责任力，工作中遇到问题，要多从自己身上找原因，而不是互相推诿、逃避责任。要明确团队中除了领导者要负责之外，每一个团队的成员也都必须负责，强调共同担责。

(2)建立团队的信任能力。信任是团队开展工作、发挥作用的基础。一方面是指团队领导要充分信任团队成员，在团队中善于授权，鼓励成员创新性地解决问题，而不是什么事情都认为自己最能干而亲力亲为；另一方面是指团队成员之间相互高度信任与包容，只有建立相互信任关系，提高团队成员的信任能力，才会发挥积极协同效应，带来“1＋1＞2”的绩效。

(3)提高团队的沟通能力。在团队中要建立充分的沟通渠道，塑造平等顺畅的沟通环境和积极、正面、共鸣的沟通氛围，鼓励成员进行充分沟通交流，激发思维的碰撞与技术的创新。高效的团队必定沟通良好。一方面通过交流信息、看法、经验，能够促进团队成员共同进步，指导

团队成员的行动；另一方面团队成员能迅速、准确地了解彼此的想法和意见，消除误解，达成共识，从而高效协作。

2. 团队管理要强“根”，强化团队的综合能力

(1)执行能力。团队执行能力是当上级下达指令或要求后，迅速做出反应，将其贯彻或者执行下去的能力。一个团队的执行能力，直接决定企业的生命。无论怎样好的经营、管理策略，假如执行不力，都是废纸。执行能力也折射出团队领导者的统筹能力和团队成员的整体作战能力。

(2)学习能力。学习能力是提高团队素质、确保较强攻坚能力的基础要素，是一个团队创造能力、自我超越能力和系统思考能力的综合体现，是企业发展的原动力。只有不断地加强学习，在最大程度上提高每一个成员的单兵作战能力，才能综合提高整个团队的实力，打造一支能够打硬仗、素质过硬的高效能团队。

(3)绩效能力。要工作就要有效率和效果，绩效能力反映了团队成员对团队的贡献能力。建立有效的绩效管理机制，提高团队绩效能力，对整个团队出色完成工作有着很强的推动作用。

(4)和谐能力。和谐融洽是衡量团队凝聚力、战斗力的一个重要标准，团队和谐的核心是团结力。提升团队团结力的根本方法是提高团队成员的道德水平，树立正确的价值观观念，心往一处想，劲儿往一处使。

3. 团队管理要塑“魂”，培育团队的文化精神

团队的文化精神简称团队精神，是指团队的成员为了团队的利益和目标而相互协作、尽心尽力的意愿和作风，是团队所有成员都认可的一种集体意识，被称为优秀团队的灵魂。团队精神的核心是合作协同，目的是最大程度发挥团队的潜在能量。团队精神尊重每个成员的兴趣和成就，要求团队的每一个成员都以提升自身素质和实现团队目标为己任。团队精神是团队所有成员价值观与理想信念的基石，是凝聚团队、促进团队进步的内在力量。良好的团队精神，来自正确的管理文化，没有良好的从业心态和自我牺牲的精神，就不会有坚实的团队精神。培养良好的团队精神包含四个层面的内容。

(1)大局意识。团队精神提倡个性张扬，但个性必须与团队相一致，团队每个成员，都必须有整体意识、全局观念，一切考虑团队的需要。团队的每个成员都要互相帮助、互相照顾、互相配合，为集体确定的目标而努力奋斗。工作中出现了问题，遇到了难处，团队每个成员都要主动地想办法帮着解决，任何时候、任何事情都不能只考虑自己的需要而不关注别人的感受。要把团队的成绩和自己的荣辱紧紧地联系在一起，在团队发展中成为受益者。

(2)协作意识。协同合作是团队精神的核心。对于一个团队的队长来说，需要有团队组织能力。对于队员来说，不仅要个人能力，还需要在不同的位置上各尽所能，发挥团队精神、互补互助以共同发挥最大潜力，这就是团队协作能力。团队协作能力对于一个团队至关重要，团队的根本功能或作用即在于提高团队整体的业务表现，只有协同合作的团队，才能使团队的工作业绩超过成员个人的业绩，团队业绩大于各部分之和。团队的所有工作成效最终会在一个点上得到检验，这就是协作精神。

(3)归属意识。团队精神表现为团队强烈的归属感和一体性，每个团队成员都能强烈地感受到自己是团队当中的一分子，把个人工作和团队目标联系在一起，对团队表现出一种忠诚，对团队的业绩表现出一种荣誉感，对团队的成功表现出一种骄傲，对团队的困境表现出一种忧虑。要提高团队的凝聚力，就要确立一个目标，树立主动服务的思想，建立系统科学的管理制度，经常沟通和协调，强化激励，形成利益共同体。

(4)团队士气。团队士气是团队精神的一个重要方面。拿破仑曾说过:“一支军队的实力四分之三靠的是士气”。为团队目标而奋斗的精神状态对团队的业绩非常重要。团队建设要始终关注职工士气的高低,以提高工作效率。一是要采取措施让职工的行为与团队的目标一致。如果团队成员赞同,拥护团队目标,并认为自己的要求和愿望在目标中有所体现,职工的士气就会高涨。二是利益分配要合理。每位职工进行工作都与利益有关系——无论是物质的还是精神的,只有在公平、合理、同工同酬和论功行赏的情形下人们的积极性才会提高,士气才会高昂。三是要充分发挥职工的特长,让职工对工作产生兴趣。职工对工作热爱、充满兴趣,士气就高,因此,团队的管理者应该根据职工的智力、能力、才能、兴趣以及技术特长来安排工作,把适当的人员安排在适当的位置上。四是实行民主管理。团队内部的管理方式,特别是团队的管理层的领导方式对职工的积极性影响很大。管理层作风民主、广开言路、乐于接纳意见、办事公道、遇事能与大家商量、善于体谅和关怀下属,这时士气就会非常高昂。而独断专行、压抑成员想法和意见的管理者就会降低团队成员的士气。五是营造和谐的内部环境。团队内人际关系和谐、互相赞许、认同、信任、体谅,这时凝聚力就会很强。六是要进行良好的沟通。管理层和下属之间、下属之间、同事之间的沟通如果受阻,就会使职工或团队成员出现不满的情绪。

三、团队建设“四戒”

1. 戒“团队利益高于一切”

在一个团队里过分推崇和强调“团队利益高于一切”,可能会导致两方面的问题。一方面是极易滋生小团体主义。团队利益对其成员而言是整体利益,而对整个企业来说,又是局部利益。过分强调团队利益,处处从维护团队自身利益的角度出发常常会打破企业内部固有的利益均衡,侵害其他团队乃至企业整体的利益,从而造成团队与团队、团队与企业之间的价值目标错位。另一方面,过分强调团队利益容易导致个体的应得利益被忽视和践踏。如果一味只强调团队利益,就会出现“假维护团队利益之名,行损害个体利益之实”的情况。目前不可否认的是,在团队内部,利益驱动仍是推动团队运转的一个重要机制。作为团队的组成部分,如果个体的应得利益长期被漠视甚至侵害,那么他们的积极性和创造性无疑会遭受重创,从而影响整个团队的竞争力和战斗力的发挥,团队的总体利益也会因此受损。团队的价值是由团队全体成员共同创造的,团队个体的应得利益应该也必须得到维护,否则团队原有的凝聚力就会分化成离心力。所以,不恰当地过分强调团队利益,反而会导致团队利益的完全丧失。

2. 戒“团队本身搞内耗”

团队精神在很大程度上是为了适应竞争的需要而出现并不断强化的。这里提及的竞争,往往很自然地被我们理解为与外部的竞争。事实上,团队内部同样也需要有竞争。如果一个团队内部没有竞争,在开始的时候,团队成员也许会凭着一股激情努力工作,但时间一长,他发现无论是干多干少、干好干坏,结果都是一样的,每一个成员都享受同等的待遇,那么他的热情就会减退,在失望、消沉后最终也会选择消极混日子,这其实就是一种披上团队外衣的大锅饭,是极低效能的内耗。通过引入竞争机制,实行赏勤罚懒,赏优罚劣,打破这种看似平等实为压制的利益格局,团队成员的主动性、创造性才会得到充分的发挥,团队才能长期保持活力。同时在团队内部引入竞争机制,有利于团队结构的进一步优化。一方面可以在内部形成“学、赶、超”的积极氛围,推动每个成员不断自我提高;另一方面,通过竞争的筛选,可以发现哪些人更能适应某项工作,从而实现团队结构的最优配置,激发出团队的最大潜能。

3. 戒“团队内部皆兄弟”

纪律是胜利的保证，只有做到令行禁止，团队才会战无不胜，否则充其量只是乌合之众，稍有挫折就会作鸟兽散。过于追求团队的亲和力和人情味，认为“团队之内皆兄弟”，极易导致管理制度的不完善，或虽有制度但执行不力，形同虚设。严明的纪律不仅是维护团队整体利益的需要，在保护团队成员的根本利益方面也有着积极的意义。比如说，某个成员没能按期保质地完成某项工作或者是违反了某项具体的规定，但他并没有受到相应的处罚，或是处罚根本无关痛痒。从表面上看，这个团队非常具有亲和力，而事实上，对问题的纵容或失之以宽会使这个成员产生一种“其实也没有什么大不了”的错觉，久而久之，遗患无穷。如果他从一开始就受到严明纪律的约束，及时纠正错误的认识，那么对团队对他个人都是有益的。指出谁是团队里最差的成员并不残忍，真正残忍的是对成员存在的问题视而不见，文过饰非，一味充当老好人。宽是害，严是爱。对于这一点，每一个时刻直面竞争的团队都要有足够的清醒认识。

4. 戒“牺牲小我，换取大我”

很多人认为，建设团队就是要求团队的每个成员都要牺牲小我，换取大我，放弃个性，追求趋同，否则就有违团队精神，就是个人主义在作祟。诚然，团队建设的核心在于协同合作，强调团队合力，注重整体优势，远离个人英雄主义，但追求趋同的结果必然导致团队成员的个性创造和个性发挥被扭曲和湮没。而没有个性，就意味着没有创造，这样的团队只有简单复制功能，而不具备持续创新能力。其实团队不仅仅是人的集合，更是能量的结合。团队精神的实质不是要团队成员牺牲自我去完成一项工作，而是要充分利用和发挥团队所有成员的个体优势去做好这项工作。

四、如何将班组打造成为优秀团队

将班组建设成为一个具有发展潜力和竞争实力的优秀团队，其实就是以团队管理的方法，充分调动班组成员的积极性、主动性、创造性，使班组能够形成和谐的人际交往环境和良好的工作氛围，从而科学、优质、高效、低耗、均衡、安全地组织生产，保质、保量地完成工作任务。班组长必须做到以下几点。

1. 认清目标，明确责任

在工作前必须认清“我们要做什么”和“我要做什么”，使班组的每一个成员都能明确任务，明确责任，明确工作的发展方向，对整个班组的工作都做到心中有数。每个人要清楚自己的职责和权力范围，清楚谁该干什么、清楚谁在做什么、谁有权做什么。这样目标和责任明确了，在完成任务的过程中班组成员自然而然地会投入到工作中，激发个人不断进取的力量，形成一体的意向力。

2. 积极沟通，解决冲突

班组在生产中难免会产生冲突和矛盾。班组长作为班组这个家庭的家长，班组长要及时沟通，注重自己处理冲突的技巧。冲突解决得当还能带来生产效率的提高，开拓思维，消除隔阂，通过发现对方的不同观点激发集体智慧，有利于积极解决工作中的疑难杂症，使班组达到更好的决策水平。

3. 制度约束，高度自律

没有规矩，不成方圆。只有军纪严明的军队才能百战不殆。一个优秀班组必须建立自己的规矩，这个规则是告诉班组成员该做什么，不该做什么。制定严格而科学的制度，有利于班组成员培养良好的工作习惯，规范大家的行为，使班组的每一个成员都自觉遵守纪律、自发地工作,从班组的利益出发,自觉维护班组的声誉。

4. 任人唯贤,发挥特长

班组成员各有特点、各有所长,在布置工作时,应注意将个人的特点与职务的布置和工作的筹划联系起来,和谐一致,发挥个人特长、扬长避短,既能为班组服务、为他人服务,也能促使班组尽早实现目标,完成任务。

5. 适当分权,合理分工

在团队中并无主管与部属之分,个人能力是有局限性的,必须依靠集体的力量。班组长必须学会将合适的班组成员配备在合适的岗位上,让他们尽其所能地完成班组的共同目标。权力的适当分解,有助于提升个人的责任感,班组成员可能既是某个项目的负责人,又是其他工作的参与者,既需要他人的帮助,又需要帮助他人,这样,工作之间相互配合,权限之间相互制约,充分调动班组成员的积极性,工作自然可顺利开展。为此,班组长一方面要不断培养班组成员的各种工作能力,栽培、扶植班组骨干力量,另一方面要学会适当放权。

6. 采用激励,鼓舞士气

按照班组成员不同的需求,根据工作的实际情况,采用不同的激励手段,使班组成员在班组工作中更杰出,对班组工作更投入,士气更高涨。激励班组需从满足班组成员需求出发,按照马斯洛需求层次理论和期望理论,可采取如下激励方法:不断认可,真诚赞美,给予荣誉和头衔,特别指导,适度授权,开展活动,树立榜样,呈现新的目标和愿景,传递激情,等等。

第四节 “毛泽东号”式班组建设

一、“毛泽东号”机车历史

“毛泽东号”机车作为新中国铁路的一面旗帜,从诞生至今,已经跨越了蒸汽、内燃、电力3个时代,历经5次机车换型,历任13任司机长。在“报效祖国、忠于职守、艰苦奋斗、永当先锋”为内涵的“毛泽东号”精神的指引下,“毛泽东号”机车已连续安全走行超过1 200万公里,被誉为“机车领袖”“火车头中的火车头”。

这是一台诞生于战火硝烟之中、伴随着新中国而成长、趁着改革的春风而繁荣、向着实现伟大复兴的中国梦奋斗奔跑的机车——1946年,为了给东北民主联军提供更多的支援,给前线运送弹药给养,哈尔滨机务段的工人开展了“死车复活”运动。经过27个昼夜的奋力抢修,滨洲线肇东车站一台破旧的蒸汽机车率先被成功修复。同年10月30日,这台光荣的机车被中共中央东北局正式命名为“毛泽东号”。从此这台以伟人名字命名的机车,开始了它史诗般的征程。

在解放战争炮火中诞生的“毛泽东号”机车在支援前线的运输中发挥了主力军的作用,执行了很多急难险重任务。他们提出了“宁叫机车等命令,不叫命令等机车”“解放军打到哪里,铁路修到哪里,‘毛泽东号’机车就开到哪里!”的响亮口号,从辽沈战役、淮海战役到平津战役,“毛泽东号”机车组的英雄们冒着枪林弹雨一次次地圆满完成了运输任务。

1949年,“毛泽东号”机车奉命南下入关,落户丰台机务段,从此,“毛泽东号”机车不仅是全国铁路战线的一面旗帜,更成为北京市工业交通战线上的一面旗帜。新中国建立初期,“毛泽东号”艰苦创业,永不停轮,开展了“日产百万吨公里”“增产节约”等一系列劳动竞赛,勇当社会主义建设的排头兵。抗美援朝时期,机车组一面派最熟练的司机,火线运输援朝物资,一面在后方积极响应中共中央关于迅速恢复国民经济的号召,率先在铁路开展爱国生产竞赛,并于1950年12月7日首创机车组安全运行20万公里的全国最高纪录,有力响应了“抗美援朝、保家卫国”的号召。1968年,“毛泽东号”机车奔赴外地,支援恢复当地的铁路运输。南下武汉,“毛泽东号”三闯武胜关为恢复北线畅通创奇迹;奋战徐州,“毛泽东号”排除万难为矿区人民雪夜送粮;北上包头,“毛泽东号”火场抢救易燃易爆物资,避免了一场极其重大的爆炸事故。1976年,唐山大地震的消息传来,“毛泽东号”机车满载救援物资,冒着线路变形、余震不断的危险,第一时间奔赴重灾区丰润、古冶,与当地群众一同抗震救灾。在祖国和人民最需要的时刻,“毛泽东号”从不缺席,它如钢铁奔流,一路向前,胜利完成了党和人民交给的各项运输任务。

改革开放以来,“毛泽东号”始终坚守“人民铁路为人民”的宗旨,将“安全正点”作为每次出发的起点和终点,将“责任、制度、标准”深植内心,播撒在绵延的铁道线上。“机车保养最好、节省燃料最多、安全运行最长”是他们交出的成绩单,也是他们为“毛泽东号”精神做出的最好诠释。2014年,“毛泽东号”机车告别货运转岗客运,从“服务生产”到“服务旅客”,机车组人员再挑重担,运用之前积累的经验,制定安全行车手册,为每一次的“舒适旅行”护航。面对突如其来的新冠疫情,“毛泽东号”机车组没有丝毫畏惧,圆满完成了北京驰援湖北医疗人员及防疫物资的运输任务,谱写了新时代的英雄赞歌。

如今,“毛泽东号”机车组依旧以强烈的使命感和责任感,投入我国交通运输生产的最前线。而“报效祖国、忠于职守、艰苦奋斗、永当先锋”的“毛泽东号”精神也在一代代人心中传承和生根,“毛泽东号”精神将永远作为一种崇高的精神力量,不断激励、鞭策我们为建设富强、民主、文明、和谐、美丽的现代化国家,为实现中华民族伟大复兴的中国梦做出贡献。

二、“毛泽东号”精神的丰富内涵

(一)“毛泽东号”独具特色的基本精神

“毛泽东号”精神是在波澜壮阔、砥砺奋进的实践发展中升华提炼的,是北京局集团公司最为宝贵的财富。深入学习“毛泽东号”精神,强化“毛泽东号”精神示范引领,对深入推进标准化班组建设具有十分重要的历史意义和现实意义。

在漫长的历史岁月中,一代代“毛泽东号”人,始终把毛泽东思想当作自己的“精神长城”,在实践中不断加深理解,并将这种理解自觉地加入工作实践中,孕育出闪耀着毛泽东思想光辉的、最具有“毛泽东号”自身特色的精神。

1.“毛泽东号”机车组早在诞生初期就有顶着三辆平板车蹚地雷的“顶风上”精神。解放战争时期踏碎千里雪,勇闯“一面坡”;抗美援朝时期坚持“开革命车永不停轮”的精神,星夜兼程运送军需物资;在武汉,三闯武胜关,为恢复北线畅通创奇迹;在徐州,排除万难,为矿区人民雪夜送粮。在紧张的铁路运输中,“毛泽东号”形成了一路带头“迎着困难顶风上,永拉上坡车”的革命精神。

2. 安全是铁路运输生产永恒的主题。1967年9月,“毛泽东号”机车实现安全走行200万公里,系统地总结出“严是爱,松是害,抓小防大拿猫当虎斗”“执行制度一点也不含糊”“坚持自我改造,给个人主义撂死闸”“开革命车没有终点站,永不停轮”等独具自身特色的四种精神。

3. 在社会主义建设初期,“毛泽东号”机车组积极开展增产节约劳动竞赛,探索出“锹锹数、两两算”和用小锹添煤的爱煤、省煤的好方法,成为当时全路节约煤炭最多的机车。新时期的“毛泽东号”机车组在铁路运输实践中不断发扬勤俭节约精神,提出内燃机车“一滴油不算多,天长日久汇成河”和电力机车“精打细算节支降电,少耗能多拉车”等不同时期新的精神。

4. 爱岗、实干、育人、进取。2012年,丰台机务段对“毛泽东号”文化进行了丰富完善和深度挖掘,总结提炼出“爱岗、实干、育人、进取”的“毛泽东号”精神,以及“开领袖车,做领军人”的核心价值观,集体创作了“毛泽东号”之歌,不断赋予“毛泽东号”文化新内涵,“毛泽东号”精神得到进一步丰富和发展。

5. 报效祖国,忠于职守,艰苦奋斗,永当先锋。历史川流不息,精神代代相传。一代代“毛泽东号”人始终把祖国和人民的利益放在首位,把“永开安全车”当作天职,把艰苦奋斗、勤俭节约的良好家风融入血脉,始终以拼搏进取、争创一流的决心勇担时代重任,形成的“报效祖国、忠于职守、艰苦奋斗、永当先锋”精神正激励着京铁儿女奋勇前进。

(二)深入学习“毛泽东号”精神的时代内涵

在新征程上,“毛泽东号”精神是一代代“毛泽东号”人宝贵的精神财富、永不褪色的精神坐标,是克服艰难险阻、践行初心使命、走好新时代赶考之路的不竭精神动力,必须赓续传承、代代发扬。

1. 要深入学习“毛泽东号”班组报效祖国、服务人民的坚定信念。牢记“人民铁路为人民”的宗旨,爱党爱国爱路,信念坚定、胸怀大局、不辱使命,以高度的主人翁精神和强烈的政治责任感,争做铁路现代化建设和实现中华民族伟大复兴中国梦的实践者。

2. 要深入学习“毛泽东号”班组忠于职守、责任至上的优秀品质。始终对工作极端负责,对技术精益求精,对标准一丝不苟,把实现远大理想与立足岗位紧密结合起来,以工作的高标准、严要求,把本职工作干到极致,争当新时期产业工人的排头兵。

3. 要深入学习“毛泽东号”班组艰苦奋斗、苦干实干的优良作风。始终保持和发扬艰苦奋斗的光荣传统,厉行节约、克勤克俭、百折不挠、埋头苦干,以思想艰苦、工作刻苦、脚踏实地、时不我待的精神,争做新时代艰苦创业的领军人。

4. 要深入学习“毛泽东号”班组与时俱进、永当先锋的进取精神。始终坚持用党的科学理论建班育人,以解放思想、实事求是、与时俱进、开拓创新的科学态度和良好作风,做“思想政治的合格人、安全行车的规矩人、完成任务的带头人”,永当集团公司高质量发展的开路先锋。

三、“毛泽东号”班组的管理经验

(一)“毛泽东号”班组的基本经验

“毛泽东号”班组在生产实践中不断摸索安全生产的规律,不断总结安全生产的经验,安全生产恒等式“责任心＋责任制＋基本功＝安全正点”已经成为京铁员工岗位准则。在这个等式中责任心是根本,责任制是基础,基本功是保证,三者相互联系缺一不可。

1. 高度的责任心

(1)一往无前的革命精神。始终坚持党和人民的利益高于一切,做到党有号召、我有行动,只要一声令下,都义无反顾冲锋在前。

(2)对理想信念执着追求。始终牢记工人阶级的历史使命,树立正确的世界观、人生观、价值观,对社会主义事业和共产主义事业充满必胜的信念。

(3)对机车组荣誉无比珍惜。坚持做到“越困难越鼓劲,越繁忙越沉着,越顺利越谨慎,越有成绩越虚心”。

(4)对本职工作极端负责。坚持在工作中敢于和善于较真碰硬,保证在安全生产中立于不败之地,充分体现对事业、对工作极端负责的主人翁责任感。

2. 严格的责任制

“毛泽东号”机车组坚持对工作从严过细,对规章制度“一点不含糊”的严谨态度,“抓小防大,拿猫当虎斗”,把责任制具体落实到每班、每人、每个作业过程中。

执行规章制度做到“五严五不含糊”，即：有人添乘严格执行，没人添乘也不含糊；白天行车严格执行，夜间行车也不含糊；好天气严格执行，坏天气也不含糊；正常情况严格执行，非正常情况也不含糊；行车方面的严格执行，其他方面也不含糊。

3. 过硬的基本功

(1)熟记规章一口清。把严格执行规章制度作为安全行车的生命，长年坚持班前一道题，每月一考试，针对实际讲解规章，做到熟记一口清。

(2)自检自修一手精。全面落实分工保养责任制。在整修机车上下功夫，在检查质量上花力气，在自检自修上练硬功。在保养机车上突出一个“勤”字，狠抓一个“练”字，落实一个“好”字，做到人人会干、个个精通。

(3)标准值乘不走样。乘务员值乘作业坚持安全值乘“手不离闸把，眼不离前方，背不靠座椅，说话不对脸，吃饭不同时，沏茶不谦让”的“六不”安全值乘法。机车组成员从蒸汽机车提出的“37 字作业法”，到内燃机车“28 字值乘作业法”，以及目前的电力机车“30 字安全值乘法”，都自觉做到程序一项不乱，标准一丝不苟。

4. 育人的大熔炉

(1)坚持在实践中努力塑造思想政治上的合格人、安全行车的规矩人、完成运输生产任务的带头人。

(2)坚持“毛泽东号”优良传统代代相传。用机车的光辉历史和优良传统教育一代代成员，使每个新人在上车的第一天就受到一次具体生动的传统教育。

(3)坚持团结互助、平等友爱、凝聚人心。做到在人格上互相尊重，工作上互相支持，学习上互相帮助，生活上互相关心，遇到问题互相商量，有了分歧互相谅解，使全组同志思想统一，行动一致。

(4)坚持反骄破满、虚心好学、永不停轮。几十年如一日，始终保持谦虚谨慎、永不自满、永远向前的好风气。一有成绩就提出新的奋斗目标，受表扬就检查不足改进工作；一有机会就学习先进经验，博采众家之长，做到永攀高峰不停轮。

(二)“毛泽东号”班组建设基本方法

1. 有一个以身作则、领导有力的司机长。在日常工作中司机长做到：“四个首先”“四个在前”。四个首先：要求组员做到的，司机长首先做到；要求组员不做的，司机长首先不做；小组工作有了缺点，组员间有了矛盾，司机长首先检查自己，承担责任；小组工作有了成绩，受到表扬，司机长首先带头找差距，把功劳归于大家。四个在前：党的方针、政策学在前，艰苦的工作干在前，执行制度走在前，关心同志想在前。

2. 有一个密切联系群众、团结一致的班组核心。这个核心由司机长、党小组长、工会小组长组成。通过核心作用，将组员紧密团结在一起，做到心往一处想，劲往一处使，拧成一股绳。

3. 有一套行之有效的岗位责任制。主要包括：《安全值乘作业法》，机车保养分工负责制，辅修、小修分工制，政治、技术业务学习制度以及民主管理制度。各项制度符合实际，易于执行。

4. 有一种对制度、纪律敢于较真碰硬的好作风。培养这种作风的关键是做到“两个明确”“三个不怕”。两个明确：明确简化作业是安全生产的最大隐患，明确严格规章制度是安全生产的最大保证。三个不怕：不怕麻烦、不怕超劳、不怕脏累。

5. 有一支觉悟高、技术精、干劲足的工人队伍。这支队伍不怕困难，纪律严明，忘我劳动，不计名利，讲求奉献，顾全大局，干活不分你我，对运输有利的事情就办，对人民有益的活就干。

四、争创“毛泽东号”式班组

1.“毛泽东号”式班组基本条件要求

过硬的政治素质。班组成员坚定理想信念，听党话、跟党走，作风硬朗，敬业爱岗，责任心强，服从命令，听从指挥，在急、难、险、重等各项工作任务方面先锋作用突出。

过硬的班组团队。班组成员觉悟高、技术精、干劲足，班组长以身作则、率先垂范、领导有力，班组骨干密切联系群众、团结一致、联劳协作，班组自管自控能力强，具有干事创业的工作环境和团结向上的班组文化。

过硬的业务能力。班组成员刻苦钻研技术业务，熟练掌握业务知识和业务技能，具有较强的实际工作能力和技术业务素质，做到“规章一口清，作业一手精”，在应急故障处理、学规背规等方面名列前茅。

过硬的工作业绩。班组成员牢固树立安全生产新理念，模范遵守各项规章制度，严格执行作业标准。班组安全基础扎实、管理规范高效，在增运增收、节支降耗、经营创效等方面取得显著成效。年度内各季度均被评为标准化建设标杆班组。

2.“毛泽东号”式班组创建的重点内容

创新班组管理增强责任心。要健全完善班组管理机制，围绕强化责任心的培育，激发班组成员有热情、想干事、守纪律的良好精神状态。建立健全班组激励考核评价机制和全方位的班组人才晋升通道，突出对班组责任心的正向引导，实现人人想干事、事事有人管的良好工作态势。

严格执行标准落实责任制。要将作业指导书中的要点、难点、易错点提炼成易学易会、易记易懂、朗朗上口的顺口溜、几字作业法等，便于职工执行。积极推行诚信管理机制，确保班组成员一丝不苟地落实工作标准，严守规章制度职业底线，做到知职责、严执行、会处置，全面落实责任制。

强化岗位练兵提升基本功。要创新职工学技练功的途径，通过强化集中培训、网络考试、微信答题、师徒传帮带、班组团队技术比武等形式，提高职工学技练功的效果，使班组成员真正做到应知应会、必知必会，成为本岗位行家里手，切实提升基本功。

3. 组织开展“毛泽东号”式班组评选

本着宁缺毋滥、优中选优的原则，每年由集团公司负责组织开展“毛泽东号”式班组评选工作。“毛泽东号”式班组由各专业部门从年度标准化建设标杆班组中择优推荐1～2个。在初评推荐基础上，采用加分评选的方式产生不超过10个集团公司“毛泽东号”式班组。主要的加分项点有：

(1)年度内班组获得集团公司级及以上集体荣誉。

(2)年度内班组及成员被集团公司及以上记功表彰。

(3)年度内班组成员技术比武、青工职业技能竞赛获得集团公司级及以上本工种前三名。

(4)年度内班组成员获得集团公司级及以上先进生产者。

(5)班组有特色工作招法、管理创新经验在本系统推广普及。

(6)年度内班组思想政治工作案例、班组文化建设或先进事迹在集团公司级以上媒体报道。

承担集团公司重点任务、做出重大突出贡献等加分项由集团公司评先工作领导小组具体确定。

4.“毛泽东号”式班组的表彰奖励

集团公司对评选出的“毛泽东号”式班组给予命名表彰。

(1)颁发统一编号的荣誉证书和奖牌。

(2)班组长直接当选集团公司级先进生产者,享受集团公司级先进生产者待遇。

(3)对班组成员给予奖励。

(4)集团公司“毛泽东号”式班组每年命名一次,不搞终身制,当年评比、当年命名、当年有效,鼓励更多班组参与创建,形成比学赶超的浓厚氛围。

思考题

1. 班组长应怎样进行角色定位?
2. 班组长角色的修炼包括哪些内容?
3. 班组长准入、退出机制有哪些规定?
4. 团队有什么特征?
5. 如何将班组打造成为优秀团队?
6. 京铁员工岗位准则是什么?

第二章　班组基础管理

本章导读

班组管理是企业管理最基层、最小的管理单元，企业的一切经营活动都要在班组中进行，它包含计划、组织、指挥、协调、控制和激励等活动，涵盖安全、生产、设备、质量、劳动、定置、学习、教育、和谐等管理行为。通过明确科学的、合理的管理制度、工作标准、行动范围和任务目标，约束班组中人、财、物的不合理、无效行为，强化班组的科学管理水平和自营能力，形成科学的、有序的工作链条，最终实现企业“强基达标、提质增效”的目的。

第一节　制度管理

铁路运输企业的班组管理主要包括安全管理、生产管理、设备管理、质量管理、劳动管理、成本管理、定置管理、思想政治工作和民主管理九项基本管理制度。

一、安全管理

班组安全管理是铁路管理的重要内容之一，通过安全管理，加强职工安全生产教育，严格遵守劳动作业纪律和执行岗位作业标准，建立健全作业过程中各岗位、班组、车间及部门间的自控、互控、联控和监控，本着“四不放过”的原则，对危及安全的问题及时纠正，对违章、违纪现象认真分析处理，查找原因，吸取教训，提出防范措施，确保运输安全生产。

1. 班组安全管理主要制度

安全双重预防机制(安全风险管控、安全隐患排查治理)、岗位安全生产责任制、安全三控(自控、互控、他控)制度、班组各项工作的安全措施和应急预案(人身、行车、设备、消防、交通、防洪、火灾、综合治理等)。

2. 班组安全管理工作内容和标准

(1)认真学习和贯彻执行有关安全生产的各项规定，落实岗位安全生产责任制。

(2)在生产过程中，做好安全风险项点的研判、控制和隐患的排查、治理。按章作业，做好自控、互控、他控措施，在任何情况下，不违章蛮干，发现违章蛮干立即制止，对解决不了的问题，要采取应急控制措施并及时上报。

(3)对“三新”人员，要及时进行安全生产思想教育、安全技术教育、现场安全教育，指定专人负责指导，按照岗位任职条件和要求，及时签订师徒合同。

(4)根据生产任务、生产环境、气候条件和职工思想状况特点，做到班前预想、班中检查互控、班后总结分析。

(5)出现安全风险隐患、发生事故及苗子等要详细记录，本着“四不放过”的原则，及时召开分析会，查找原因，吸取教训，提出防范措施。

(6)职工要正确使用个人劳动防护用品，经常互相检查修理工具设备、安全防护和尘毒治理设施，整顿工作场所，保持作用良好、整齐清洁。

(7)班组安全员应随时检查监控本班组各工作岗位作业情况，纠正违章违纪现象，及时提出改进建议，协助班组长做好本班组的安全工作。

(8)根据上级下发的有关安全生产文件、制度措施、通话记录等，做到及时组织职工学习、传达，并做好记录。

二、生产管理

班组生产管理是指根据企业、车间下达的生产任务，合理编制生产作业计划，安排好季、月、周、日、班的工作计划，做到均衡生产、任务到岗、责任到人，对班组的生产活动进行组织与指挥、协调与控制。班组长组织本组成员主动参与生产管理，充分调动广大职工的积极性与能动性，切实增强本班组"精细、高效、文明"的生产意识，严格执行班组各项生产管理制度、岗位标准和工艺要求，科学组织生产，合理组织劳动力，实现班组生产目标。同时针对生产难点、工作重点开展技术攻关活动，实现企业利益最大化。

1. 班组生产管理主要制度

班前计划会制度、班后总结会制度、材料物品使用制度、文明生产制度和技术业务学习制度等。

2. 班组生产管理工作内容和标准

(1)班前点名：做好班前预想，传达上级有关指示，布置工作任务，班组长要做好检查班组人员精神状态等他控工作，结合当前生产状况，对互控人员提出相关要求。

(2)班中根据车间下达的生产计划，合理组织人员，严格执行标准化作业程序，按时完成任务，按要求认真填写好各种技术台账。认真遵守劳动纪律和作业纪律，加强现场的自控、互控、他控措施落实。防止人身、交通等意外事故发生。职工要严格按照规章制度作业，与互控人员注意配合，班组长和安全员要检查、互控班组职工的作业及人身安全情况，遇有违章及时纠正，并积极解决生产中存在的问题。

(3)班后整理工具设备，搞好场地环境卫生。总结经验，纠正不足，按职工业绩进行考评，汇总职工在工作中的自控、互控问题，填写当天(班)各类台账，做到准确、工整。

三、设备管理

班组设备管理就是应用经营决策的科学方法来选择和评价设备，主要包括设备的日常管理、维护保养，设备的利用、改造和更新，以及工具管理等。班组作为设备的使用部门，对设备的管理必须做到正确使用、精心养护、科学维修，认真执行设备维护规程和安全操作规定，使设备始终处于良好的技术状态。要注意对现有设备的挖潜改造，积极推行新的检修工艺，提高设备的综合效能，不断满足生产发展和工艺更新的需要。密切做好设备有关指标的原始数据记录和统计工作，严格执行设备保管、使用和养护的各项规定。对于突发性设备故障采取有效措施尽快查找原因进行抢修，减少生产损失。班组要经常开展岗位练兵活动，组织班内设备维修保养的检查评比和考核工作。同时要针对所管辖的设备进行动态管理，清楚设备的运行状态，了解作业的关键部位和薄弱环节，不断提高设备故障应急处理能力。

1. 班组设备管理主要制度

设备使用制度、设备维修保养制度、设备操作规程、操作办法和设备赔偿制度等。

2. 班组设备管理工作内容和标准

(1)维修人员要严格执行上级有关规章制度、命令和细则,落实岗位责任制,认真执行维修计划,严格落实工艺流程,按计划维修,确保维修质量,认真填写好各种记录。

(2)设备标准要按照《铁路技术管理规程》(以下简称《技规》)、《行车组织规则》(以下简称《行规》)等有关规定执行。

(3)班组要建立健全设备台账和运行档案,明确专人负责,做好更换、运行记录。

(4)班组要积极推行新的检修工艺,开展红旗设备评比活动,做到包机包人,全面管理。

(5)设备使用人员要严格执行岗位责任制和操作规程及持证上岗制度,无操作证不准操作,按时逐项填写检修纪录。

(6)交接班时,要做好自检、互检及重点交接事项。

四、质量管理

班组质量管理是对产品质量的全面管理,包括产品质量计划、分析、检查、控制和改进等。做好班组的质量管理工作是企业开展全面质量管理的重要基础,在激烈的市场竞争中发挥着重要作用。班组要增强质量意识,完善班组质量负责制,搞好工序质量控制,关键工序、关键部位要建立工序质量管理点,对工序质量状态进行严格控制。班组每位职工应牢固树立"质量就是安全、质量就是生命、质量就是效益"的理念,不断提高服务质量、产品质量和设备质量,针对存在的质量问题大力开展攻关活动。按照岗位作业指导书进行标准化作业应贯穿于班组管理的全过程,是班组质量管理的核心,也是保质保量完成生产任务的根本保证。班组必须建立健全全面质量检验制度,严格按企业标准进行工作。

1. 班组质量管理主要制度

质量分析会制度、质量管理(QC)小组活动制度和质量检验制度等。

2. 班组质量管理工作内容和标准

(1)班组每位职工要牢固树立"安全第一"的思想和"以质量保安全,以质量求效益"的意识。

(2)按照质量体系要求,班组要落实全面质量管理的各项工作,各环节、各岗位人员要充分发挥自控互控作用,关键工序、关键部位要建立工序质量互控措施,确保整个体系密切衔接。

(3)班组要建立健全全面质量检验制度,落实标准化建设要求,严格按规定的标准进行工作,加强质量管理。

(4)班组要针对存在的质量问题开展攻关活动,成立 QC 小组,要及时进行课题攻关,力争做到每年有课题注册、有成果。

五、劳动管理

班组劳动管理是指在班组范围内,合理组织劳动,加强劳动纪律和作业纪律,提高工时利用率,科学制定劳动定额组织,贯彻按劳分配原则等方面的管理工作。班组要定期核算班组出勤率、出工率和工时利用率情况,职工实行日评分、月考核,考核结果与奖金分配挂钩,做到公开、公正,严格工作业绩考核,加强激励机制约束。针对生产中的薄弱环节,积极开展技术革新和合理化建议活动,改进操作方法和劳动组织管理,努力提高劳动生产率,最大限度发挥班组资源优势,减少劳动力和工时的浪费,做好职工权益维护和劳动保护工作。

1. 班组劳动管理主要制度

企业奖惩制度、考勤管理制度、工资奖金分配制度、劳动用工制度、岗位职责和岗位工作标准等。

2. 班组劳动管理工作内容和标准

(1)合理安排使用劳动力和劳动工时，最大限度发挥班组资源优势，提高劳动效率。

(2)严格劳动用工制度，职工必须持证上岗，学历、技能等要符合岗位要求。

(3)严格执行劳动纪律、作业纪律及红线管理制度，加强考勤管理，对职工实行日检查、月考核、季评价，考核结果与绩效工资挂钩。

(4)认真贯彻各项规章制度，落实好岗位工作标准、职责和各项操作规程，提高出勤率、出工率和劳产率，确保安全生产。

六、成本管理

班组成本管理是加强成本核算，合理设计工作流程，合理使用、利用人力、物力、财力，从而达到企业节约资金、提高经济效益的目标，使企业取得最大化的社会效益和经济效益。

1. 成本管理内容

主要内容包括计划管理、财务管理和物资管理三方面。

(1)班组计划管理主要工作是对本班组的生产活动进行具体部署和安排，根据企业计划和班组计划指标将任务具体落实到班组每个人以及每台设备上，使班组的生产能力得以充分发挥，保证本班组生产或工作任务的圆满完成。

(2)班组财务管理主要工作是加强班组经济核算、控制生产成本，落实车间下达的各项经济指标，分解到每个岗位和责任人，对班组生产活动和经济事项进行记录、计算、检查、分析、监督和控制，做好指标分项核算和价值综合核算。班组经济核算由班组核算员进行核算，明确核算指标，定期进行经济活动分析和检查考核等。

(3)班组物资管理主要工作是指班组材料的保管和使用，既保证生产需要，又不造成浪费，经济、合理地搞好物资供应。加强班组物资管理是降低产品成本的重要措施，尽量用较少的物料投入取得较多的成果，用较少的资源消耗获得较大的使用价值。

2. 班组成本管理主要制度

成本核算制度、材料保管和使用管理制度、检查分析制度和成本考核奖惩制度、能源消耗管理制度等。

3. 班组成本管理工作内容和标准

(1)班组要建立健全核算组织，由班组长、经济核算员和班组成员对班组经济活动进行核算，形成人人有责、人人参与的核算网络。

(2)班组核算要以直接工料费为主，对原材料、动力、工具及工时等消耗指标进行数量和金额核算。

(3)班组要积极落实车间下达的各项经济指标，分解到每个岗位和责任人，对班组生产活动和经济事项进行记录、计算、检查和分析。

(4)班组要有明确的核算指标、详细的核算记录。按期分析、检查、考核和评比。

(5)班组要健全核算台账，原始票据真实完整，做到生产费用不超支，对超支原因有分析、有措施，要积极开展修旧利废和节约活动。

七、定置管理

班组定置管理是对生产现场中的人、物、场所三者之间的关系进行科学的地分析研究，使之达到最佳结合状态的一门科学管理方法，通过对生产现场的整理、整顿，把生产中不需要的物品清除掉，划分出适当的放置场所，确定需要的物品在场所中的放置状态，达到高效生产、优质生产、安全生产。定置管理的原则就是持之以恒。班组要建立健全定置管理和检查考核制度，做到定人、定标、定责。作业区域划分符合标准化作业流程，定置器具依照定置图按区、按类实施定置摆放，标志与实物相符，满足安全运输生产的要求。定置标牌要以醒目和不妨碍生产操作为原则，标牌的尺寸、形状、内容、颜色、高矮均要符合规定。生产现场、休息室等场所的定置图，均要符合站段标准，保持生产现场及设备处于完美和最佳状态，从而促进生产管理文明化、科学化、规范化。

1. 班组定置管理主要制度

环境卫生管理制度、材料物品定置存放制度等。

2. 班组定置管理工作内容和标准

(1)定置管理标准。班组内部使用和保管的设备、测试器具、工具、材料、备品以及岗位作业人员等，都要实行科学合理的定置、定位管理，绘制定置图，保证定置、定位图的实施，要做到定置图表符合标准，图物相符。

(2)落实定置管理标准，做到定人、定标、定责及现场要求环境整治，作业区域划分符合检修作业流程，满足运输生产及检修作业要求。

(3)根据“6S”现场管理法(整理、整顿、清扫、清洁、素养、安全)，加强对生产现场、设备、办公室、休息室等职场的管理。

八、思想政治工作

班组思想政治工作是使职工自觉、正确贯彻、执行党的路线方针政策，落实企业生产行为，在思想上与国家、集体保持一致的重要方法。通过加强思想政治工作，开展形势任务、民主法制、爱国主义、集体主义、职业道德、安全和综合治理等方面教育，教育职工遵纪守法，遵守社会公德、职业道德和企业规章，引导职工正确处理国家、集体、个人三者利益关系。及时鼓励先进，纠正不良倾向，了解分析职工思想情况，解决班组矛盾，协调人际关系，形成班组职工心往一处想、劲往一处使氛围，增强班组职工的向心力和凝聚力，确保班组工作任务的顺利完成。

1. 班组思想政治工作主要制度

政治业务学习制度、思想动态分析制度、家访谈心制度、包保帮促制度等。

2. 班组思想政治工作内容和标准

(1)班组政治学习要在段党委的总体部署和车间党(总)支部的具体安排下进行，做到有计划、有考勤、有记录、有检查、有考核，结合班组工作实际抓好落实。

(2)班组政治学习要认真贯彻落实《铁路企业班组思想政治工作规则》的精神，政治学习每月不少于2次，每次1小时。

(3)对未参加学习的职工要采取补培措施，保证班组每个职工都能参加学习，受到教育。

(4)班组政治学习由政治宣传员主持，班组长全面负责，抓好职工的政治学习和思想政治工作，以提高职工政治素质为宗旨，以安全生产为落脚点，进一步规范职工的职业道德行为，奠定确保班组各项工作完成的思想基础。

(5)班组要定期进行思想动态分析,总结班组思想政治工作情况,找出带有倾向性的思想问题,确定教育措施和方法,有针对性地做好思想政治工作。

(6)针对班组成员在生产生活、人际关系和邻里家庭中发生的突出矛盾,及时进行谈心家访,疏通思想,沟通感情、消除隔阂,帮助职工解除后顾之忧,集中精力做好本职工作。

(7)班组骨干要对后进职工要进行分工包保、重点帮促,使其不断提高。

九、民主管理

班组民主管理是完善企业管理体系的需要,是提高职工管理意识、体现主人翁责任、提高职工素质重要环节,对于搞活企业,提高经济效益,加强社会主义精神文明和物质文明建设,具有十分重要的作用。通过班组民主管理,从法律上保障了职工参与企业民主管理的权力,有利于职工直接参加管理,有利于调动职工的生产积极性,使其清晰企业现状、目标和愿景,对企业发展提出自己的意见和建议,发挥民主监督作用,形成人人关心安全生产,真正体会到自己是班组的主人,使劳动者的积极性、智慧和创造力充分发挥出来,企业发展才能具有活力和可持续性。

1. 班组民主管理主要制度

民主管理会制度等。

2. 班组民主管理工作内容和标准

开好每月一次班组民主管理会,做到全员参加,由工会小组长主持,其职责范围是:

(1)听取班组长工作总结,讨论班组月度工作计划,对搞好安全、路风、完成生产任务的措施,提出意见和建议;

(2)讨论通过班组经济责任分配制度、绩效工资考核分配办法,对职工重大考核事项提出建议;

(3)讨论决定班组职工评先及有关生活福利的事宜;

(4)民主评议班组长,评议结果作为考核班组长的依据。

第二节　班组骨干管理

班组是党政工团各项工作的落脚点,是企业最小的管理细胞,是各项规章制度、工作标准和执行程序落实的关键所在。因此,班组应建立以班组长为首,“三长”(党小组长、工会小组长、团小组长)和工管员(政治宣传员、安全管理员、业务辅导员、材料管理员、质量管理员)为核心的班组骨干队伍,做到岗位职责明确、作用发挥到位,在站段专业科室、车间专(兼)职管理人员指导下,做好班组各项工作的执行与落实。

一、政治宣传员职责

1. 协助班组长做好班组职工的政治思想工作,积极组织职工学习党的路线、方针、政策。

2. 严格落实政治学习制度,按照年度学习计划,组织班组职工采取多种形式认真学习,提高职工思想政治素质。

3. 表彰、宣传班组先进事迹,开展班组文明生产活动,不断提高班组职工职业道德水平。

4. 利用班组文化墙、板报、橱窗、局域网等各种形式,积极传达各项规章制度,宣传班组好人好事。

5. 做好相关的记录台账。

6. 主要工作任务是负责协助班组长落实班组的思想政治相关工作标准和制度。

专业指导科室:党委办公室、车间党(总)支部。

专业科室指导班组工作职责:

(1)指导车间管理人员(兼职)帮助班组设立班组政治宣传员。

(2)指导车间规范班组政治宣传员工作职责和班组管理制度、工作范围、工作写实和工作标准。

(3)定期对班组政治宣传员的工作进行检查和指导。

二、安全管理员职责

1. 协助班组长严格落实有关安全生产的法律法规及企业的规章制度。

2. 协助和督促班组长对班组职工进行安全教育,提高职工安全生产意识和技术技能。

3. 经常检查、互控班组全员职工、生产设备、工具材料、安全防护、工作环境等方面的安全措施落实情况,发现问题或隐患,要及时制止,马上报告,督促改正。

4. 开展班组安全预想,参加班后总结,协助班组长研究、分析各项事故隐患,并制定预防措施。

5. 把住人身安全、生产安全,发现安全紧急情况时,应立即采取必要的避险措施,及时报告。

6. 发生事故后,立即上报,迅速参加抢险急救,协助保护事故现场。

7. 做好班组劳动保护用品的请领、发放、使用、检查等工作。

8. 做好班组的消防工作。

9. 有权向上级提出安全生产、劳动条件和作业环境的改进意见。

10. 做好相关的记录台账。

11. 主要工作任务是协助班组长落实班组的安全风险管理、作业管理相关标准和制度。

专业指导科室:安全科、综治内保科。

专业科室指导班组工作职责:

(1)指导车间管理人员(兼职)帮助班组设立班组安全管理员。

(2)指导车间规范班组安全管理员工作职责和班组管理制度、工作范围、工作写实和工作标准。

(3)定期对班组安全管理员的工作进行检查和指导。

三、业务辅导员职责

1. 负责依据段和车间技术业务学习计划,制订本班组年度、月度学习计划。

2. 组织班组职工学习技术业务知识,组织好各种考试。

3. 协助班组长组织好本班组各项技术演练和教学工作,推广先进经验和技术,不断提高职工技术素质。

4. 协助班组长检查班组职工学习的效果。

5. 做好相关的技术业务台账和记录。

6. 主要工作任务是协助班组长负责落实班组的学习管理工作标准和制度。

专业指导科室:职工教育科。

专业科室指导班组工作职责:

(1)指导车间管理人员(兼职)帮助班组设立班组业务辅导员。

(2)指导车间规范班组业务辅导员工作职责和班组管理制度、工作范围、工作写实和工作标准。

(3)定期对班组业务辅导员的工作进行检查和指导。

四、质量管理员职责

1. 按照质量管理体系要求,协助班组长落实班组全面质量管理的各项工作,把控班组作业管理和质量管理的各环节、督促班组各岗位人员充分发挥自控互控作用,在关键工序、关键部位要建立工序质量互控措施,确保整个体系密切衔接、循环往复。

2. 建立健全班组全面质量检验制度,落实好"标准化""万安赛""百优赛""创先争优"等质量管理活动,严格按规定的各项工作标准进行工作,加强产品的质量管理。

3. 要针对存在的质量问题开展班组攻关活动,组织 QC 小组及时进行攻关活动,做到每年有课题注册、有成果。

4. 开展质量分析,做好技术革新、合理化建议工作。

5. 做好相关的质量管理台账和记录。

6. 主要工作任务是协助班组长负责落实班组的设备管理、质量管理、定置管理工作标准和制度。

专业指导科室:办公室、技术科、设备和信息化科。

专业科室指导班组工作职责:

(1)指导车间管理人员(兼职)帮助班组设立班组质量管理员。

(2)指导车间规范班组质量管理员工作职责和班组管理制度、工作范围、工作写实和工作标准。

(3)定期对班组质量管理员的工作进行检查和指导。

五、材料管理员职责

1. 协助班组长搞好经济核算,提出节约增产和技术改进建议。

2. 掌握班组出勤情况,严格考勤纪律,按时填报考勤统计表。

3. 协助班组长做好班组内部绩效分配,严格落实考核激励政策,公平、公正、公开,有关单据保存完好。

4. 掌握班组材料、工具的消耗情况,做好各项消费指标的核算工作。

5. 协助班组长开好班组经济活动分析会。

6. 严格把好材料、工具的领用手续,做好材料库管理,做到账料相符,摆放整齐符合要求,标明名称及数量。对损坏丢失工具、仪表、仪器及时上报。

7. 负责节能、节水、节电工作。

8. 做好相关的核算管理、劳动管理台账和记录。

9. 主要工作任务是协助班组长负责班组的劳动管理、核算管理、定置管理相关工作标准和制度的落实。

专业指导科室:物资科、劳动(人事)科、技术科、计划财务科、办公室、综治内保科。

专业科室指导班组工作职责:

(1)指导车间管理人员(兼职)帮助班组设立班组材料管理员。

(2)指导车间规范班组材料管理员工作职责和班组管理制度、工作范围、工作写实和工作标准。

(3)定期对班组材料管理员的工作进行检查和指导。

六、工会小组长职责

1. 搞好班组生活福利工作,搞好伙食团工作。

2. 建好家具备品台账,监督班组室内外及个人卫生。

3. 组织职工开展好健康有益的文艺、体育、家访、困难补助等活动。

4. 监督班组分配、考勤管理,落实"四公开"制度,组织职工为企业发展和管理提出合理化建议。

5. 协助班组长努力提高班组管理水平,维护职工利益,动员组织班组成员参加民主管理,组织民主管理会,听取班组总结和评议班组长。代表职工督促班组长更好为职工服务。

6. 做好相关的民主管理台账和记录。

7. 主要工作任务是协助班组长负责班组的民主管理相关工作标准和制度的落实。

专业指导科室:工会。

专业科室指导班组工作职责:

(1)指导车间管理人员(兼职)帮助班组设立班组工会小组长。

(2)指导车间规范班组工会小组长工作职责和班组管理制度、工作范围、工作写实和工作标准。

(3)定期对班组工会小组长的工作进行检查和指导。

七、工管员的管理

1. 各站段、车间要组织所属班组根据实际工作内容,结合工管员职责和班组管理范围对工管员管理内容进行细化,每年应根据班组人员状况、人员素质,确定工管员人员,并加强日常管理和督导工作。

2. 站段职能科室和车间(部门)要不定期对班组工管员工作进行业务指导和帮助,形成有效的三级管理网络,规范实施工作内容。

3. 为了调动班组工管员的积极性,促进其充分履职尽责,积极参与班组管理工作,并认真做好工作写实,班组可在车间指导下,通过民主决议和程序给予其经济政策倾斜,并在"班组小立法"中明确规定。

第三节　基础资料管理

班组基础资料是班组日常管理工作的呈现,通过建立、完善、有效的班组制度,规范管理班组台账,充分发挥班组长和"班组五大员"的核心效力,带动全班组成员共同努力工作。

一、班组基础资料管理目的

1. 班组管理工作全员化

能够使班组全员参加班组管理,并充分发挥每一名成员的作用,做到责任清晰、分工明确,各负其责、各尽其职。

2. 班组管理工作制度化

能够使班组管理活动用制度控制下来，做到有“法”可依，依“法”管理。用机制建设班组，用制度管理班组。

3. 班组管理工作标准化

能够使班组管理活动用数据、表格、文字形式，按照规定的工作标准和工作程序组织开展。

4. 班组管理工作档案化

能够使班组管理活动用文字形式记录下来，做到有据可查，能够使上级领导随时了解班组管理状况和生产任务完成情况。

二、班组基础资料分类

班组基础资料主要以台账的方式体现，包含对人的管理，对物的管理，对生产过程的管理，对信息、时间的管理，对学习的管理。根据工作性质分为两大类。

1. 技术台账。主要是有关技术统计数据、技术报表，以及企业规定技术操作方面的规范和要求、生产任务的指标。按照国铁集团、集团公司、站段各个技术部门要求而建立的相关技术资料，用于生产、运输、建设所需。

2. 管理台账。主要是企业班组应遵循的规章制度、劳动者的工作职责、工作标准、工作方法、工作程序和管理思路，以及依照企业班组相关工作标准和内容以文字形式将管理活动记录保存下来，并用档案化管理方式进行管理的过程。

本节中班组基础资料管理主要通过对班组管理台账的要求、整理、归档、填写等标准进行介绍，规范班组长的日常管理工作。

三、班组基础资料管理要求

按照“精简统一、实用有效”的原则，规范班组基础管理资料。应包含安全管理、生产管理、设备管理、质量管理、劳动管理、成本管理、定置管理、思想政治工作和民主管理等内容的管理资料。并根据班组实际需要，合理确定班组的台账数量和内容。

四、班组基础资料整理标准

1. 班组台账纸张要求以 A4 为准，可用拉杆式文件夹统一装订，做到三边对齐。

2. 班组制度要按班组台账归档标准，依时间顺序放置，可采取若干文件夹保存。文件夹第一页要求为封皮，文件夹第二页为目录，第三页开始为实际内容，要求目录上所标的内容要和夹内实际内容相符。

3. 班组制度盒应有标签，文件盒内所放内容要与文件盒标签内容一致，盒内不准放与班组管理无关的内容，盒内不得有散页。

4. 班组台账存放内容的共性部分由上级业务部门规定项目和内容，个性部分由班组按车间指导，依班组具体情况制订并按时间顺序排列。

五、班组基础资料归档标准

按照班组工作内容将班组生产、管理活动归纳，一般可合并归纳为“四卷一本”，即安全管理卷、技术设备卷、经济核算卷、综合管理卷、班组管理本，其卷名和内容可按班组工作性质和内容，结合实际情况有所差别。

1. 安全管理卷

主要包括安全管理方面内容。

①安全生产管理细则(包含安全双重预防控制机制、人防物防技防“三位一体”安全保障机制、环境综合治理机制);

②班组安全风险项点;

③班组各岗位安全生产责任制;

④班组人身、行车、设备安全措施;

⑤班组综合治理、消防、交通安全措施;

⑥班组安全“自控、互控、他控”制度;

⑦班组需要建立的各种应急措施,如防洪、火灾等;

⑧其他上级业务部门(车间)要求保存的安全管理方面有效执行文件;

⑨有关安全生产学习资料,如典型事故案例等。

指导部门:安全科、综合治理科。

2. 技术设备卷

主要包括生产管理、设备管理、质量管理等方面内容。

①设备(工具)管理、使用、维修办法,操作规程和工作标准;

②设备(工具)、备品、材料清单;

③备品(材料)保管、使用、赔偿管理办法;

④生产台账管理(按业务部门要求建立);

⑤职工岗位作业指导书、岗位标准;

⑥其他需要保存的企业规章制度,如《运规》、《技规》、《行规》、《铁路交通事故调查处理规则》(以下简称《事规》)等。

指导部门:技术科、物资科、劳动人事科等。

3. 经济核算卷

主要包含劳动管理、成本管理等方面。

①经济核算管理办法、物资消耗管理办法;

②班组绩效考核工资分配办法及分配台账、单据等;

③班组经济活动记录,如生产计划、领用料统计、核算本、经济活动分析等;

④考勤管理办法及与职工利益有关的文件等;

⑤标准化班组评比考核办法。

指导部门:物资科、计划财务科、办公室、劳动人事科等。

4. 综合管理卷

主要包括定置管理、思想政治工作、民主管理等方面。

①班组工作标准、班组长(副)岗位工作标准、后备班组长岗位工作标准、班组工管员岗位工作标准、安全生产责任制;

②班组台账归档、整理、检查、评比和验收考核标准;

③标准化班组评价考核标准和班组长考核标准;

④班组文明生产管理制度,班组民主管理制度,环境、卫生管理制度,班组技术业务制度,政治业务学习制度;

⑤班组长管理班组工作程序,班组长上岗协议书,职工安全承诺书;

⑥班组长职责、权利、待遇；

⑦日常管理班组长(后备班组长)的要求、程序、内容及准入退出制度；

⑧班组定置管理制度和定置图；

⑨班组人员基本概况，主要包括出生年月日、政治面貌、技术等级、家庭住址、联系电话等；

⑩车间与班组工作联系记录本及必须保存的会议记录等；

⑪站段(车间)发布的需要班组保存的班组管理、班组长管理、职工管理方面的文件、通知等，如社会保险、技术比武、岗位星级、奖惩办法等；

⑫站段(车间)发布的需要班组保存的有关工作标准和规章制度(不宜放在其他三卷中的)，如车间管理细则等；

⑬各种需要保存学习材料如社会保险指南、职工健康知识及职工利益相关的制度、资料等。

指导部门：劳动人事科、党委、办公室、工会、职工教育科等。

5. 班组管理本

主要记载班组日常管理活动，主要包含：

①班组工管员分工表；

②月度考勤簿；

③职工日考核记录；

④工作日志；

⑤经济活动分析；

⑥班组民主管理；

⑦政治业务学习；

⑧月度班组学习计划；

⑨业务学习、演练记录；

⑩月度工作总结。

指导部门：劳动人事科、党委、办公室、工会、安全科、技术科、物资科、职工教育科、计划财务科、综合治理科等。

六、班组管理本填写标准

班组管理本为每月一本，按月填写，保存在班组，保存期一年。

1. 工管员分工

班组应根据班组成员的工作经验、能力及特长，民主选配好班组工管员，即：政治宣传员、班组安全员、业务辅导员、班组材料员、质量管理员、工会小组长，形成班组管理的核心骨干力量。

填记指导部门：工会、车间工会。

2. 考勤填写

日班(日)、夜班(夜)、日夜班(日、夜)、乘务(乘)、休班(休)、工伤(伤)、产假(产)、婚假(婚)、计划生育假(计)、育儿假(儿)、丧假(丧)、入学(学)、探亲假(探)、年休假(年)、出差(差)、驻勤(驻)、无故欠勤(旷)、星期六、日(星)、法定节日(节)、零星假(零并注明时间)。同时，应将月度出勤情况进行统计(按劳资部门规定核算填写)。

填记指导：劳资、车间核算员。

3. 职工日考核填写

绩效成绩为职工当月工作质量的综合评价成绩。按日或班进行考核评定，月度累计每月满分100分。奖励和减分原因在当天对应的班组工作日志的班后总结中填写，分值(金额)标准与班组绩效工资考核办法一致。班组长根据月度绩效综合得分，分配职工的月度绩效工资。工会小组长在月度工作完成后对上述记载核实后签字确认。

填记指导：劳资、车间核算员。

4. 工作日志填写标准

班前预想：根据上级要求、当日作业分工、作业内容、天气变化、作业环境、作业特点、职工思想动态及可能出现的问题等，进行有针对性的安全预想和安排。

班中写实：按照专业系统班组管理本的格式不同，如实记载作业分工和安全控制、任务进度以及其他工作如学习、开会、其他活动情况。

班后总结：班组长根据当天工作，对本组人员作业数量、质量、作业中发生的问题，违章违纪、发牌考核情况、好人好事及现场控制率、日评分等情况进行认真总结，并如实填写。

工作日志的主要填写内容如下。

(1)时间：×月×日，天气：××，班组安全生产××天。

(2)需传达给职工的有关事项：安全通报、会议内容、文件精神等。

(3)班前预想。

①结合近期安全形势、工作要求、工作性质、当班天气情况和历史上的今天发生过的典型事故案例、做好自控、互控、他控方面的提示。

②结合车间、班组中出现的情况，对重点人、关键时刻、重点工作要提醒，针对职工思想动态，做好思想政治工作。

③结合实际情况，对班组职工可能出现的问题，做好安全预想，采取有效应急、应对措施。

(4)班中纪实。

①每日一题：按职教部门(车间)技术学习题目要求。答题人：×××，得分：××。

②班组职工出勤情况，休假、迟到、早退情况。

③当天安全作业和安全控制的具体内容(主要工作情况)、人员安排(重点岗位)。

④职工岗位达标考核情况，注明责任者姓名、考核原因(工作中出现的什么问题)、考核标准。

⑤利用工作业余时间的会议、学习、活动项目，要求同管理本具体会议时间、内容要一致。

⑥班组长当天工作中主要解决的问题，职工发现的重点故障。

⑦其他有必要填写的内容、重要事项。

(5)班后总结。

①当天工作情况总结，任务完成的质量、问题、数量。

②重点故障请奖情况。

③职工违章违纪情况，有考核姓名、原因、减分，未减分但批评的事项。

④好人好事。

⑤班组长现场控制率完成情况。

⑥日评分总结。

⑦工管员、工会小组长需要说的一些事情。

填记指导部门：安全(车间安全员)、技术(车间技术员)、劳资(车间核算员)、办公室、综合治理科等。

5. 经济活动分析填写标准

定期召开班组经济分析会，对职工当月经济收入、材料配件和设备的使用维修状态及修旧利废、能源消耗等情况进行分析，提出整改措施。

经济活动分析的主要填写内容如下。

(1)会议日期：×月×日，主持人：××，参加人数：××。

(2)分析记录。每月召开一次经济活动分析会，分析班组职工当月经济收入情况及材料、配件和设备的使用情况。

①班组职工工资分配存在的问题和原因，解决职工经济收入方面问题。

②修车材料费、成本费支出节超情况，修旧利废、能源消耗情况。

③工具、材料在使用的情况，有无浪费现象。

④职工提出问题，针对问题要解决问题，并要有整改措施。

填记指导部门：计划、物资、财务。

6. 民主管理会填写标准

每月召开一次工会小组民主管理会，学习传达贯彻上级指示及有关文件，班组长汇报当月班组管理情况，表扬本月好人好事，汇报开展谈心、进行家访活动；班组工管员汇报当月工作；评议班组长管理情况，做到"四公开"即职工考勤公开、工作考核公开、奖金分配公开、奖罚事由公开。

民主管理会主要填写内容如下。

(1)会议时间：××，主持人：工会小组长，参加人数：××。

(2)传达上级指示，学习有关文件。

(3)听取班组长汇报当月工作情况(总结)。

(4)根据班组长汇报情况，讨论班组长工作。

(5)听取各工管员当月工作汇报。

(6)开展批评与自我批评，职工谈心工作。

(7)对班组工作的合理化建议。

(8)讨论、公开绩效工资分配情况。

(9)民主选举先进职工工作。

填记指导部门：工会、车间工会。

7. 政治业务学习填写标准

按照党委、党支部制订的学习计划和要求，每月组织政治学习活动。

政治业务学习主要填写内容如下。

(1)会议时间：××，主持人：政治宣传员，参加人数：××。

(2)要写明学习的内容(题目及主要内容)。

(3)每月两次，每次不少于一小时。

填记指导部门：党委、党总支(车间支部)。

8. 月度业务学习计划演练记录填写标准

根据职教部门及车间的技术业务学习计划和要求，进行技术业务学习四次，每次不少2学时，并做好学习记录。

业务学习计划演练记录主要填写内容如下。

(1)学习时间:××,授课人:××,主持人:业务辅导员,参加人数:××。

(2)填写内容按学习计划内容要求,应有班组学习计划,学习形式根据班组特点自定。

(3)上级领导每月应检查学习情况,应写明检查部门、检查时间和意见(上级领导是指车间及以上级别的职教人员),检查人确认签字。

填记指导部门:职教部门(车间技教员)。

9. 月工作总结填写标准

由班组长组织召开月度工作总结会,总结安全、生产、设备、质量、管理等工作情况。上级领导(指车间及以上级别的班组建设管理人员)每月对班组全员工作情况、管理检查情况进行评定,提出检查指导意见和建议并签名、标注检查时间。

月工作总结主要填写内容如下。

①班组安全生产任务(安全、质量、路风等各项任务指标)和重点工作完成情况;

②班组基础管理工作;

③标准化班组评比情况及分析;

④班组职工岗位星级情况(各岗级人数,对不合格岗要说明原因);

⑤本月工作存在的问题,今后的整改措施;

⑥发牌情况;

⑦其他需写的内容;

⑧工班长、班组长签名、日期;

⑨领导指导意见(每月由车间班组建设管理人员签注检查意见,应有评语),检查人:××,检查时间:×月×日。

填记指导部门:劳资、××车间班组建设管理人员。

七、班组基础资料检查标准

为了使班组基础资料能够保持干净、整洁,按照各项标准随时填充、整理、填写,确保正确记载班组的日常管理活动。各车间还应建立班组基础资料检查验收标准。按照检查验收标准评定管理状态等级,纳入班组考核中,一般来讲对班组基础资料的评价分为四个等级,检查结果为95分及以上为优秀,80～94分为合格,70～80(不含)分为基本合格,70分以下为不合格。

主要检查内容和减分标准如下。

1. 安全管理卷

缺少班组安全生产各项管理制度、安全措施,少一项减3分;缺少上级业务部门(车间)要求保存的安全管理方面有效执行文件,少一项减1分;缺少班组安全风险管理项点库减3分,项点缺一处减1分。

2. 技术设备卷

无生产设备、工具、材料、备品台账及管理办法减5分;无设备操作规程、作业指导书、岗位标准减3分;无班组设备检修记录减3分;其他需要保存的企业规章制度,如《运规》《技规》《行规》《事规》等,缺一项减1分。

3. 经济核算卷

无班组领料核算本减3分;无班组经济核算制度减3分;无绩效工资分配台账减3分;无绩效工资分配办法减6分。

4. 综合管理卷

无定置、卫生、文明生产制度减 3 分;无班组民主管理制度减 3 分;无班组技术业务、政治学习制度减 3 分;无职工岗位星级评比考核标准、标准化班组评价标准减 10 分;无班组长管理班组工作程序减 3 分;无班组长岗位工作标准、班组长管理考核激励考核标准减 10 分;无其他管理制度减 5 分。

5. 班组管理本

班组工管员分工填写不齐全减 3 分,班组概况少人缺项减 3 分;经济活动分析每月未组织减 3 分;民主管理会每月未开展减 3 分;政治业务学习记录每月未组织,少一次减 3 分;技术业务学习每月未组织,少一次减 1 分;考勤、日考核表未按规定填写减 5 分;绩效工资分配未与岗位业绩完成情况挂钩考核,1 人次减 3 分;岗级评定与本人当月绩效分数不符,1 人次减 3 分;绩效分未注明减分原因,1 人次减 3 分;凡被上级、段、车间检查发牌卡者绩效分未考核,1 人次减 10 分。

6. 存放整理

未建立"四卷一本"减 50 分,文件未用文件夹装订减 5 分;卷内存放材料,出现非本卷应存材料减 3 分;卷内存放材料混乱,有散页不整齐减 3 分。

7. 具体考核分值和考核班组基础资料内容,各站段、车间可依照班组实际管理内容,参照此标准进行制定。

八、班组基础资料考核制度

为了促进班组基础资料管理不断提高,各车间、班组还应建立奖励考核制度,定期检查班组基础资料,评定班组基础资料状态,对各班组的管理资料进行横向评比,实行日常抽查、半年验收,年终总评,并与班组长的管理状态挂钩,纳入班组长业绩考核之中。对优秀班组应在绩效工资上进行倾斜,鼓励先进,对不合格班组应制定整改措施,在绩效工资上给予考核,奖励和考核力度应根据各站段实际情况而定。

九、班组基础资料管理注意事项

1. 制定制度规范化

班组在制定工作标准、考核标准、分配方式等班组规章制度时,一定要从细微处着手,从宏观出发,按照逻辑性、相邻性、相关性,并运用规范性的语言,建立、完善、有效的规章制度和工作标准。减少模糊概念,更要杜绝模糊行为。

2. 执行制度标准化

班组长在执行制度时,一定要按照标准贯彻执行,严防随意性、人本化,处理问题要对照规章制度和管理标准,要有依据支持,要形成闭环处理。

3. 考核标准数量化

班组在制定考核标准时尽量使处理的问题数量化,要建立统一的考核标准,使考核标准简单明了。杜绝大问题小处理、小问题大处理、同样的问题不同处理等人为倾向。避免职工和班组长间产生矛盾和误会,避免矛盾和误会上交,应将问题消灭在班组中。

4. 考核过程记载化

依照规章制度处理问题后,应将问题产生的原因,处理的过程以文字的形式如实记载,避免今后产生纠纷无从查找。

5. 资料管理全员化

班组虽小，但五脏俱全，是党政工团各项工作的落脚点，是企业的基础，班组管理不是班组长一个人的工作，班组管理是以班组长为首、以后备班组长、班组工管员为核心，班组全体人员共同参与的团队管理，班组每个零件（职工）都要充分发挥作用。班组是一个团结战斗的集体，集体的力量是无穷的，要充分发挥班组骨干的作用。班组基础资料管理也是需要班组每一个人，特别是骨干核心力量共同完成的。

总之，班组基础资料管理应从班组的具体实际出发，在段、车间职能部门的具体指导下，制定适合本班组的规章制度和行为准则，并按照标准进行整理、归纳、填写、检查，通过用机制建设班组，用规章管理班组，逐步提高班组科学的管理意识和水平，从而为企业的更好发展奠定坚实基础。

第四节　职工教育管理

职工教育在铁路企业的发展中处于先导性、全局性、基础性的地位，其对象为职工。班组培训是职工教育中的重要内容，具体说来，班组培训是指班组内根据不同岗位的规范标准和具体工作要求，以提高本班组内每位职工技术业务能力和综合素质为目的的培训，是培养企业内部高技能人才的主要途径之一。

一、班组培训的意义与作用

1. 班组培训的意义

班组培训的意义可以从对企业总体发展，对班组自身建设两方面来认识。

(1)对企业发展的意义

由于现代化企业的生产经营、民主管理、技术进步等均要在班组里落实，班组人员的素质高低直接关系到企业生产、经营的成败。因此，班组培训工作是促进企业培训工作健康发展的前提和基础。

(2)对班组建设的意义

班组建设，主要是班组成员能力建设和素质建设，而这一切都需要加强职工培训工作，班组是职工培训的主要阵地，而培训又是职工能力建设、素质建设的主要手段。

2. 班组培训的作用

(1)班组培训是整个企业职工培训的重要组成部分。班组培训是企业培训的一个基本组成部分，通过班组培训可以不断提高职工素质，以达到企业培训的总目标。同时在培训工作中不断发现新的问题，通过反馈以及时帮助企业调整培训方向。

(2)班组培训是开展岗位培训的基础与保障。岗位培训是通过班组进行的。职工的本职岗位知识、设备操作能力的提高和岗位素质培养，必须依靠职工在岗位工作中不断进行培训、技能锻炼促其成长。否则，岗位培训就难以落到实处。

(3)班组培训是企业构建终身职业培训平台的基础。现代化企业的主要特征是学习型企业，开展终身学习和终身职业培训，是企业发展的必然要求。没有班组的基础保障作用，就不可能搭建起终身职业培训平台。

(4)班组培训有利于降低培训成本，提升培训效果。班组培训的最大特点是针对性强。职工在日常工作中发现问题、解决问题的过程，正是实现工作中学习和培训的最好体现。节省时间就地培训，结合岗位解决实际问题，这些都是节约成本、提升培训效果的重要方面。

(5)班组培训是构建企业文化、促进企业管理素质提高的有效手段。班组是构成企业的核心单元，因此促进企业管理素质提高和企业发展，也是班组培训的最终目标。

二、班组培训的内容、形式、方法与流程

1. 班组培训的主要内容

班组培训的内容，是按照企业培训的总体需求，从班组生产岗位的实际情况出发，突出实际操作能力的培训，以提高职工本岗位实际工作能力为重点，以解决岗位生产问题为宗旨，不断提高职工的标准化作业能力和应急故障处理能力。具体包括以下六个方面。

(1)安全培训。在企业生产经营工作中，应时刻把安全工作放在最重要的位置。作为直接关乎安全生产的班组，尤其是生产一线的班组，更要把安全教育培训放在所有工作的首位。安全培训的主要内容是，国家安全生产方面的相关法律、法规，特别是企业各项安全生产规章制度和安全技术操作规程，培养职工遵章守法、安全无小事和安全就是生命的意识。

(2)规章培训。为使工作顺利高效地开展，企业都会制定各种相应的规章制度，其目的是为让职工知道能做什么、避免做什么、不能做什么。班组作为企业的最基层管理组织，要按照企业要求，针对工作的实际，向职工进行规章制度培训，以提高职工素质、规范职工行为，保证安全生产。

(3)日常技能培训。车间班组要结合班前岗前一题考试和事故案例教育，细化日常技术业务学习和演练的内容项目，立足本职岗位，开展经常性的学习演练和竞赛活动，将职工技能培训和竞赛演练落实在日常，严格落实每周一学、每月一练、每季一检、每年一评的"四个一"机制，班组每周组织一次技术业务学习，学习时间不少于 2 学时。

(4)应急情况下处理问题能力的培训。在班组生产过程中，经常会遇到一些设备上、现场处置上的问题，这些问题必须即时得到解决，否则生产任务就会受到影响。应急解决问题的能力，是班组培训的重中之重。在班组生产过程中，要有计划地利用现场条件进行应急情况下处理培训，培养职工如何解决和处理，并使其掌握处理类似问题的基本方法或思路。同时要不断发现问题，积累经验，做到举一反三。

(5)创新能力培训。班组创新主要体现在生产过程中的细节方面，如技术方面的小改革，管理方面的合理化建议等。培育职工要用创新思维的方式去看待平时的工作，用创新的方式去开展工作和解决实际问题。

(6)在岗技能人员脱产轮训。培训内容以作业标准、非正常应急处置和"四新"知识为主，脱产培训时间不少于 40 学时。采取分层连续或分段累计脱产培训方式落实脱产轮训方案和年度轮训计划。

2. 班组培训的基本形式

班组培训的最大特点是灵活多样、针对性强，本着"缺什么、补什么，干什么、学什么"的原则进行。结合实际情况，有下几种主要形式。

(1)传授式培训。也称师带徒培训，通常指在班组工作中，由工作经验丰富、技术过硬的老师傅，带若干名新到工作岗位的职工，采取边工作、边传授的形式开展培训。

(2)交流式培训。班组职工就生产、工作的有关问题进行经验体会方面的交流活动，起到相互启发、相互促进的作用。交流式培训形式很多，也很灵活，比如召开班组会议有组织、有计划地进行交流，或通过组织开展岗位练兵、技能竞赛、技术比武等方式进行交流，也可以是职工

之间进行的非正式交流。

(3)针对式培训。通常有两种情况,一是围绕着生产过程中出现的具体问题或存在的隐患,有针对性地教授职工如何解决,可以采取共同研究,"一对一"的方式,还可采取现场模拟的方法;二是纠正工作中长期形成的不规范操作或某一具体的错误操作方式。

(4)"送出去,请进来"式培训。班组按照企业的培训计划,有目的地派职工参加企业组织的或送外集中培训;或根据特殊需要,邀请有关技术管理人员或专家到班组来进行专题技术培训。

上述四种类型是班组生产过程中常见的培训组织形式,这些形式是相互交叉使用的,而不是互不相干、互相孤立的。

3. 班组培训的基本方法

针对不同的培训模式,要有具体方法的支撑,才能得以运行。班组培训的基本方法大致有以下几种。

(1)讲授法。通常是"送出去,请进来"式培训常用的一种具体培训方法,是教师通过语言系统连贯地向学生传授知识的方法。

(2)技能示范法。请本班组或外单位同工种技术能手现场示范先进操作技术,纠正技术要领。

(3)边干边教法。主要用于师徒培训。通过"干中学、学中干,师傅带徒工,先进带落后,老工带新工"等方式进行。边干边教、边干边学,是发挥班组培训主阵地的优势和岗位成才的主要方式。

(4)模拟法。设定一种特定培训目标,或工作中出现的问题,或新技术技能应用等,培训组织者让受训者按照培训的要求,模拟生产的真实性进行运作。这种模拟培训旨在让受训者身临其境,有真实的感觉,突出培训的实践性。

(5)技能比赛和岗位练兵法。岗位技能比赛可以检验职工操作技能水平,可以使班组成员很好地交流工作经验,并形成比、学、赶、帮、超的良好氛围,提高班组成员学习岗位技能的积极性。岗位技能比赛建立在日常的班组岗位练兵基础上,岗位练兵活动是促使职工迅速提高技术水平的有效手段。通过基本理论的测试和实际技能的演练,达到提高基本功的目的。

(6)专题培训法。班组可以结合生产实际,组织"一事一题"的专题培训。每次选择一两个生产中遇到的问题,召开技术研讨会,大家共同讨论、研究、消化、提高,也可以请行业内的专家就某一个问题来班组讲课,每次力求解决一个问题。专题培训法属于问题针对式培训常用的方法。

4. 班组培训的基本流程

班组日常每班可以按8项流程落实培训。

(1)班组日常理论技能补强培训组织流程

①每月制订学习内容。由班组长负责按照站段职教部门及车间下达的月份培训计划要求,结合各班组生产岗位实际进行细化微调,增加与本班组各生产岗位联系紧密的实际必用知识,形成班组理论技能补强培训计划。

②报车间审核。由车间主管职教人员对培训计划进行审核签字后,下发各班组执行。

③每班据实调整学习内容,选定考问对象,设计演练实作项目和人员,设计解说案例的方法。各班组长可按照培训计划,每日(班)组织实施。根据班组人员素质状况确定考问对象,根据实际情况可适当增加培训数量和考核人数;根据规章培训内容设计实作演练项目,重点突出

非正常情况下应急处置流程培训；根据班组作业实际，精心选择相关案例，设计通俗易懂的解说方法。

④班组点名会上组织学、考。如可由班组长利用班前点名会的 3～5 分钟时间，组织本班全体职工，以“每日学一题”的方式学一道新题，同时有针对性地抽考职工已经学过的旧题进行巩固，并对考核对象的考核结果评定。

⑤作业中组织演练。可由班组长组织对全班组人员，依据职工岗位作业标准和应急处置方法，采取现场示范或模拟操作方式，经常性开展实作项目演练，巩固和提高班组职工岗位标准化作业技能。

⑥班后会组织案例讲解。作业结束后，可由班组长精心选择典型事故案例和共性的安全信息组织职工认真学习讨论，分析发生原因、研讨解决方法和防控措施，加强职工对本岗位安全风险意识和岗位责任意识的教育，通过解析一个案例，使职工明白能够防止什么事故，掌握预防该类型事故的方法。

⑦培训资料的完善、整理、归档。班组长可在每日（班）组织的学考中，按照理论和实作的标准答案，对被考职工做出评定打分，并对每名职工学习成绩进行汇总评分，将职工的考核结果纳入班组综合考核之中。

⑧每月向车间上报相关资料。班组长负责将本月完成的相关培训资料统一保管，并将班组管理本上报车间。

（2）流程关键点

①突出学习内容的实用性。因为班组的培训对象都是一线的职工，所以在确定学习内容时要紧密联系本班组的生产特点和职工的素质现状，贴近实际，确定理论、实作及案例培训内容。

②突出学习形式的灵活性。按照“每班学一题、考一人，每班练一项、教一招，每班说一案、防一事”的内容要求，以提升培训效果为目的，可以根据班组班制等实际灵活选择培训项点和培训形式。

③突出学习进度的连续性。制订学习计划时要注意连续性，做到培训内容从学到考再到案例教育形成系统，提升培训效果。

三、班组长与班组培训工作

班组长既是企业生产管理的基层领导者，又是企业民主管理的关键人物；既要担当企业生产第一线指挥员的责任，还要做好班组成员的政治思想工作。班组成员素质的提高，班组培训的成败，与班组长的作用发挥密切相关。可以说班组长在培训中的组织能力和培训水平是至关重要的。

1. 班组长在班组培训中的地位

（1）班组培训计划的制订者。班组长作为班组全面工作的负责人，要统筹考虑班组的各项工作，结合上级的培训计划，做出合理安排。

（2）班组培训工作的组织者。班组长不仅是班组培训计划的制订者，更是组织者和带头人，是保证培训计划落到实处的责任人。

（3）班组培训工作的教练员。班组长作为本班组的技术业务骨干和技能带头人，肩负着带领全班成员共同提高技术业务素质的重任。同时，班组长与班组成员朝夕相处，工作生活在一起，对本班组的生产工作情况最清楚，能够最方便、最迅速地指导班组成员提高技术水平，是班组成员最直接的培训师和教练员。

2. 班组长在班组培训中的作用

(1)引领作用。带领班组成员开展班组培训。班组长有责任将车间下达的培训任务,不折不扣地落实在班组工作中,带领大家认真按照计划开展班组培训。

(2)凝聚作用。要把班组成员的精力吸引到培训工作上来,形成班组培训的合力。

(3)示范作用。班组长要在班组培训过程中,发挥最主要、最直接的教练作用。一是教给班组成员生产技能、安全规章等专业知识;二是将良好的工作态度、职业品质通过言传身教传授给每一个成员,形成良好的班组文化;三是及时发现班组成员工作中的问题,采取适当的形式予以纠正。

3. 班组长培训水平的提升

由于班组长在班组培训中的组织者和教练的作用,因而对班组长提出了更高的要求。不但在技术能力上要求班组长有更高的要求,对班组长综合素质也有更高的要求,包括沟通协调能力、培训能力的综合素养。这就要求班组长要不断提高自己的培训能力。自我提升是指班组长通过自身努力,提升培训能力的途径与方法。具体有以下几种途径。

(1)不断学习。一是不断钻研业务,使自己真正成为班组的业务尖子,为提升培训能力打好基础;二是不断学习培训方面的知识、技法,逐步积累培训方法;三是不断利用机会进行交流,向他人学习培训的新方法。

(2)不断思考。一是不断发现班组工作中存在的问题,思考如何通过培训解决问题;二是经常回顾以往开展培训所运用的方法,思考哪些方面是值得发扬的经验,哪些是必须改正的错误,哪些问题今后应该注意等。

(3)不断探索实践。一是从他人那里学到的新方法应用于实践,从中发现问题,改进完善;二是结合工作实际和学习结果,自己探索适合本班组实际的新型培训方法,并用于实践,在实践中逐步完善。

(4)不断积累。一是将从别人那里学到的方法进行积累;二是将工作实践中的做法不断积累。在积累的基础上,进行分析处理,将所积累的经验、方法按性质、类型予以划分,逐步形成适合本班组培训个性化发展的有效方法。

四、学习型班组建设

1. 学习型企业与学习型班组

(1)学习型企业简述

学习型企业建设,被越来越多的企业所重视。学习型企业是以共同愿景为基础,以团队学习为特征,以人为本,以企业和个人的全面发展为中心,以增强企业学习力,提高人的综合素质为目标所架构的学习求知的目标管理体系和所建立起的能够不断实现知识转化的运行机制的现代企业。其主要特点,就是提倡终身学习和终身职业培训,提倡工作中学习、学习中工作。重视职工的学习培训,积极创建学习型企业,才是提高企业长期竞争力的关键所在。

(2)学习型企业与学习型班组的关系

无论何种类型的企业,最终都要将班组作为管理的单元,班组在企业中的地位与作用,突出体现在它既是企业生产经营(工作)的基本单位,是职工日常生产、工作、学习的场所,又是企业进行专业管理和民主管理的结合部。因此,提高企业职工素质的落脚点必然是班组建设整体水平的提升。另外,班组还是培养职工队伍、建设精神文明的基本阵地。建设学习型企业没有学习型班组作支撑就如同在沙滩上建造大厦,必然要倒塌。简而言之,学习型班组是保证学习型企业的基础,而学习型班组长又是保证学习型班组建设的关键。

2. 学习型班组建设

学习型企业建设,虽然说经过近几年的探索和实践,也创造了某些学习型企业的典型,但仍存在某些问题,值得进一步探讨。如学习与工作如何有效结合,真正实现工作学习化、学习工作化的学习型企业应该如何运行等。总的来说,学习型企业的建设,是一个科学的系统工程,也是一个不断推进的过程。在建设过程中,要明确思路,掌握其工作方法。总结学习型企业建设的实践,关键一点是必须抓好学习型班组建设。如前所说,学习型班组是学习型企业的基石、根基。无论是学习型班组建设,还是其他的学习型组织建设,都应形成以下共识。

(1)学习型班组的特征

①形成了浓厚的学习氛围,宽容的工作环境,互动共进的学习热情,工作与学习进程相融合,并互相促进,实现了工作学习化、学习工作化。

②成员之间充满和谐与信任,充分交流与沟通。

③职工有较强的创新意识与创造性才能。

④具有共同的价值观和共同质量目标。

⑤具有柔性的规章和弹性的制度,可以实现高度的人性化管理及自主管理。

⑥实现各种技术专长和业务专长人员的最佳组合。

(2)学习型班组建设的基本思路与方法

①以更新观念、提高认识为先导。要使职工清楚地认识到:随着知识经济时代的到来,企业之间的竞争越来越表现为职工素质的竞争,而职工的高素质,在很大程度上取决于其学习能力。职工在思想上必须明确在新的时代背景下,企业竞争唯一的优势是来自比竞争对手学习得更快的能力。在此基础上,教育和引导广大班组职工树立新的学习理念,养成不断学习、终身学习、全员学习、团队学习习惯,在思想上牢牢树立工作就是学习的意识。

②组织重视,以创建良好学习环境为基础,要从两个方面入手:一是企业领导要积极为职工提供硬件设施和以学习激励机制为主的软件环境,为学习提供良好的条件;二是通过组织各种活动,建立各种机制,给职工提供学习新知识的平台,如革新小组、攻关小组等,又如在企业设立研究型班组及其学习型班组长机制等。

③注重坚持实用性,提高工作效率和工作质量。班组在制订学习计划时,要在调查岗位需求的基础上提出切实可行的目标,同时应引入学习考核激励机制,努力形成有利于学习型班组建设和学习型职工成长的机制和良好氛围。

④真正在增强能力上下功夫。学习型班组建设,不是渲染气氛、造虚假数据、树漂亮招牌,而是要在“学习”二字上下功夫,在增强能力上下功夫。企业要提倡和引导班组职工学真东西、学管用的东西,并使职工学有深度、有广度、有实践意义。要做到“学习工作化、工作学习化”“边学习、边实践”,要注重有针对性、有的放矢地学习。考核时,也要以实效、有作为和工作业绩为第一尺度,杜绝一切形式化的学习型企业、学习型班组。

⑤以注重创新为灵魂。学习型组织的核心理念是创新和成长,即知识创新、学习方法创新,组织成长和职工成长。学习型班组,就是应通过组织职工认真学习,踏踏实实地更新一些本职工作急需的知识,增强创新意识,在班组完成创造性劳动、获得成长的同时,也使职工学有所得、学有所为、学有所长,学习力、创新力都得到提升。

总之,创建学习型班组,重要的不是“学习型”的招牌,而是“学习型”的效果。不是一般地强调个体学习和组织学习，而是要能够不断主动学习，持续创造，真正与时俱进，与信息社会发展相适应的那种创造性学习。不是一般地强调学习的必要性、重要性，建立一般的学习制度，而是要形成一套推动全体职工不断学习、终身学习的机制，促使职工不断更新知识、更新观念，形成反思、反馈、共享、互动的、有活力、有效益的学习机制；不是一般地倡导某种学习方法、制订某种学习计划，而是培育与知识经济发展相适应，与系统论、控制论、信息论和先进管理理论相匹配的一整套学习技术和方法，不断提高创新力、领导力、执行力的变革式学习。只有如此，学习型班组才能名副其实。

(3)搭建学习平台，实现有效互动

创建学习型企业和班组，搭建学习平台，实现职工与职工、组织与职工、组织与组织，以上下、左右全方位的沟通与互动，实现信息共享、优势互补、共同学习和成长的机制，这是学习型的基本模式和特征。因此，如何实现互动、共同学习和成长，成为建立学习型企业和班组的关键要素。

①组织或领导与职工之间的互动。领导如果将真实的想法告诉自己的职工，就会得到职工的信任。这样职工就可以接近组织和领导，领导和组织也可以从中知道职工心里的想法。这样的互动不仅可以互相学习，重要的是可以调节和谐的气氛，增强企业或班组的凝聚力。

②职工与职工之间的互动。学习型班组的一个显著标志，就是通过学习形成团队精神。在一个班组里，如果职工之间的学习没有沟通，相互间不能通过学习达成工作中的默契，那么，就不会有班组的团队精神，企业的团队精神便无从谈起。因此，在学习的过程中加强配合、融合，注重团队学习就显得尤为重要。

③企业内部班组与班组的互动，实现班组间的沟通与交流，共同学习，共同进步，促进企业团队建设。

④实现职工家庭与事业之间的互动。在学习型组织中，应努力使职工丰富的家庭生活与充实的工作相得益彰。加强生活与工作、家庭与事业间的理解、交流、参与、支持，工作与家庭之间的界限会逐渐消失，两者之间的冲突也必将减少，从而提高职工家庭生活和工作的质量。

(4)班组长应该是建立学习型班组的带头人

①班组长应首先抓好自身的学习。在知识更迭极快的今天，作为一个班组的“领头雁”，班组长应有立足岗位、钻研业务、带头学习的精神，要通过学习不断丰富自己的头脑，扩大自己的视野，提高自身素质，才能与时俱进，跟上时代发展的步伐；同时，班组长还要注意结合自身的岗位工作，不断总结规律、发现问题，探索解决问题的新方法，成为工作中的有心人。

②班组长应成为学习型班组的组织者、沟通者、宣传者。创建学习型班组的核心是提高班组职工的岗位技能。开发职工的智力和创造才能，重在新观念的导入、新知识的学习和新环境的营造，强调“学习在工作中，成才在岗位上”。班组长要教育职工树立终身学习和终身职业培训的观念、工作与学习相结合的观念、团队学习的观念和创新学习的观念；要带领和引导职工寻找适当的学习内容，采取适当的学习方法；要善于听取职工在学习过程中反映出来的问题，帮助职工解决这些问题，共同实现学习目标。

班组培训是班组得以持续发展的动力，班组长在班组培训中既是培训师，又是培训的指导者和培训的学习者，班组长应充分认识到自身的责任和价值，提高培训能力，充分发挥班组培训的作用。

思考题

1. 班组为何要建立、完善、有效的规章制度？
2. 班组管理制度包括哪九项内容？
3. 班组基础资料整理标准是如何规定的？
4. 班组管理本填写标准有哪些？
5. 班组培训的基本方法有哪些？
6. 班组培训的主要内容包括哪些？
7. 学习型班组建设的基本思路与方法是什么？

第三章　班组现场管理

本章导读

现场是企业生产力的载体，是职工直接从事作业活动、创造价值与提供服务的场所。现场管理是用科学的管理制度、标准和方法对作业现场各生产要素进行有效的计划、组织、协调、控制和检测，使其处于良好的结合状态，达到优质、高效、低耗、均衡、安全、文明作业的目的。现场管理水平的高低，直接关系设备质量的好坏及服务水平的高低。班组现场管理是现场管理的最重要环节，是生产系统合理布置的补充和深入，其主要内容包括作业管理、设备管理以及料具管理。

第一节　现场作业

班组作业管理是对班组内生产作业全过程的控制，是企业生产经营管理的基础。其内容包括班组作业计划、岗位作业指导书、作业过程控制、应急处置等。

一、班组作业计划

班组作业计划是指在计划期内，生产班组应完成的工作总量，是为把班组的作业任务，落实到每名班组成员、每台设备上而编制的具体工作方案。它是车间作业计划的展开和细化，是上一级计划的具体实施，其时间单位一般细化到工作日、班次、小时，甚至具体到分钟。计划可以协调行动，减少重复和浪费，只有制订了作业计划，才能协调职工的行为，指导职工做什么和怎么做。

（一）作业计划的编制原则

作业计划的编制是否科学、合理、切合实际，直接影响企业整个生产计划的质量。班组作业计划的编制应遵循以下原则：

1. 沟通协调、统筹安排。编制班组作业计划时，要依据和服从企业和车间的作业计划。班组作业计划的制订要在车间的统一指导下进行。

2. 综合平衡、留有余地。班组长在制订作业计划时，既要掌握工作量与人员作业能力之间的平衡，充分了解班组人员状况、各种技术能力、相关设备情况，使作业能力得以充分发挥，又要根据班组积累的经验，做到计划留有余地，以防发生意外情况，影响作业计划的实现。

3. 动员职工、共同制订。班组长要组织和动员所有职工参与，共同制订班组作业计划，让所有职工明晰自身在班组建设中的任务和职责，使他们能够在生产作业中充分发挥自身的优势，提高作业效率。

（二）作业计划的编制依据

在编制班组作业计划时必须有依据，应根据以下情况进行编制：

1. 车间下达给班组的月计划进度要求，上级布置的紧急任务。

2. 上期未完成的任务优先安排。

3. 检查生产准备情况，如不具备生产条件则不能列入班组计划。

4. 编制作业计划时要考虑设备设施使用数量和状态、职工出勤情况等因素。在安排完第一个班任务后，要安排第二个轮班开始时的计划，防止停工、待料等问题。

(三)作业计划的编制内容

1. 明确目标。明确计划的目标、具体指标和要求、中心任务和工作重点。

2. 编制作业计划进度。按照车间生产计划或要求，确定班组计划中各项工作的开始和完成时间，以及每道工序所占的时间，利用进度表、生产进度指示图等工具进行编制计划进度。

3. 确定计划的实施地点。通过分析作业现场的资源以及条件限制，把计划任务具体分解到各个岗位，合理安排计划实施的地点。

4. 进行任务分解。把作业计划分解到每个职工，明确主要责任人，细分操作人、检验人、审核人、出现异常情况应向何人报告、特殊情况何人有权处理等。

5. 制定保证计划实施的措施、相应的政策和规定，主要包括企业的材料消耗、工作流程、操作规范、现场工作制度、应急预案等。

(四)班组生产计划的种类

班组生产作业计划的形式有多种，通常以周、日班计划为重点。每天重复同样生产作业任务的班组可根据上级下达的任务作业，不一定需要编制班组作业计划。生产对象经常改变的班组必须编制作业计划。

1. 月生产计划

月生产计划也称为准备计划，它是以年度计划为依据，综合车间最近生产实际制订的计划。该计划一般要提前1到2个月制订，覆盖周期为1个月，内容主要包括产品的型号、批号、批量、产量、生产组别等，计划确定后发送到各班组执行。

2. 周生产计划

周生产计划是对月作业计划的进一步具体化，它主要反映班组在一周内要完成的正常生产任务和其他重要事项，既有上周未完成的任务，也有本周要处理的问题。制订周生产计划的目的是督促班组成员按部就班地工作。

3. 日生产计划

日生产计划是生产现场需要严格执行的一种计划，是以周生产计划为依据给各班组的每日工作安排，规定了每个岗位、每个职工在一个工作日内所需完成的生产任务。

二、岗位标准化作业指导书

岗位作业指导书是用以指导某个具体过程、事物形成的技术性细节描述的可操作性文件。岗位作业指导书基于上级文件及规章制度而编制，是针对某个部门内部或某个岗位的作业活动的文件，侧重描述如何进行操作，是对程序文件的补充或具体化。

岗位作业指导书，能确保每一项作业都有标可依、有章可循，增强作业标准的针对性和有效性。职工应严格按照岗位作业指导书进行作业，自觉落实作业标准。

(一)岗位标准化作业指导书的内容

岗位作业指导书囊括了职工在自身岗位上应当掌握的知识与技能，是职工操作的标准文本和工作准则，也是企业和班组管理的基础。岗位作业指导书作业标准通过对班组作业人员进行技术性指导和控制，切实保证班组成员的作业安全和质量，全面提高班组的工作效率与品质，对于完成生产任务、加强企业管理，确保安全生产有序可控、实现企业的生产经营目标具有十分重要的意义，是我们搞好各项工作的前提。

针对不同岗位编制的岗位作业指导书，内容也会有所不同。因为有的岗位要巡回检查，有的重复性较强，有的随机、临时性工作较多，所以，有的岗位作业指导书内容较多，有的则比较简单。

一般说来，岗位作业指导书应包括以下十项内容。

1. 岗位描述。岗位描述是对某具体岗位的基本情况进行全面描述，使在该岗位工作的职工对本岗位有比较全面的了解和认识。这一项具体包括岗位名称、工作概述、岗位关系、特殊要求、工作权限、职业资格和工作考核七项内容。

2. 岗位工作目标和要求。这一部分讲解某具体岗位各方面的工作目标是什么，有什么要求和标准。这是一个总体的概述，使岗位职工对这个岗位的工作要达到什么要求有清楚的认识。

3. 安全职责。安全职责使职工清楚该岗位在作业过程中安全生产的具体职责范围，要做好哪些安全工作，落实怎样的安全措施，接受上级和专业人员的指导和安全检查等。

4. 岗位职责。岗位职责是职务与责任的统一，由授权范围和相应的责任两部分组成。此部分根据岗位性质确定岗位职务范围，明确实现岗位目标的责任和岗位任职条件。

5. 工作规范。工作规范部分要告诉职工对本岗位的具体作业应遵守什么规范，执行什么程序和流程。按照工种规定岗位使用的设备、工具、工作质量和效率，此项内容必须细致，方便职工在工作中明确和执行。工作规范可以量化的内容应尽量进行量化，具备可操作性和实效性，并对其内容不断修订和改进。

6. 隐患分析及削减措施。在危害（隐患）辨识分析的基础上，将该岗位职工参与的工作列出，按照标准危害（隐患）辨识分析卡的模式逐一编制，使岗位职工在工作实施前清楚这项工作的危害和预防措施、所需的准备工作和应达到的具体标准等。

7. 设备操作规程和参数。有的岗位在日常工作中须管理各种设备，要将该岗位所有设备的操作规程和基本参数一一列出。职工掌握了这些设备的操作规程和基本参数，才能做到正确操作和作业。

8. 工艺流程图。职工要对本岗位的工艺流程一清二楚，否则，出现异常情况就会不知所措，不会处理。因此，这一部分主要把该岗位的工艺流程图附上，流程的操作标准、操作步骤和方法也应当一并列出。

9. 应急预案。作为一名职工，在出现突发情况时，能够及时正确处理是至关重要的。针对岗位的实际情况，把可能遇到的情况从企业应急预案中摘录出来编入岗位作业指导书，使岗位职工清楚遇到意外或紧急情况如何处理。

10. 常用规章制度、法律法规、标准目录及附录。这一部分应列出该岗位职工应当遵守的规章制度、法律法规和标准，供查阅的地点或来源；附录指根据岗位实际需要列出的内容，比如岗位常用的安全知识和有关文件。

（二）岗位标准化作业指导书的应用

岗位标准化作业指导书是班组实施作业标准化的依据。因此，班组成员能否自觉执行岗位作业指导书是作业能否标准化的关键。班组长必须抓好岗位作业指导书的贯彻应用，严格对本班组职工标准化作业的培训考核，坚持进行现场指导和跟踪卡控，对岗位作业指导书使用过程中出现的问题进行分析、总结和上报，提出整改措施和建议。

1. 班组长必须在充分了解和深入掌握岗位作业标准和作业指导书要领的基础上，对本班组职工进行严格的教育指导和培训。作业指导书是指导职工作业的工具，必须让职工对其深刻理解和把握，在班中一切都要按照标准的要求去做，才能达到作业标准的要求。班组要按照岗位作业指导书的作业标准经常开展学标、对标、争标、达标活动，不断提高班组的岗位自控能力，落实作业互控机制。岗位作业指导书编制完成后，打印成册，班组长组织岗位人员学习培训，掌握其中的内容，为今后在工作中顺利执行打下基础。新上岗的职工培训完成后要经过考核，考核合格后，才可上岗。

学习培训完成后，岗位作业指导书发到职工手中，并放置在现场或班组统一放置的地点。岗位工作人员对岗位作业指导书内容都应了解，并在工作中切实贯彻落实，才能减少作业事故的发生和对自己的伤害。

2. 班组长要注意对班组成员的作业情况进行跟踪检查和监督，认真做好岗位作业指导书应用情况的现场把控。岗位作业指导书把整个作业过程分解为既互相联系、又互相制约的操作标准，班组长要督导职工使其作业行为限制在标准之中，从根本上控制违章作业，特别是习惯性违章作业，以保证班组作业成员"上标准岗、干标准活、说标准话、交标准班"，进而制约职工的侥幸心理、冒险蛮干等不良现象。特别是在关键岗位、关键地点和关键时间要密切巡视检查，确认岗位作业指导书标准化作业的执行情况和实施效果。对不遵守岗位作业标准的行为，必须毫不留情予以制止并立即纠正其错误行为。

3. 班组长要对职工作业过程中出现的问题进行分析和分类，对照岗位作业指导书进行考核和处理。岗位作业指导书代表的是目前应用的标准作业方法，班组成员必须按照岗位作业指导书的要求进行作业。如果职工没有按照现行岗位作业指导书的作业标准进行作业时，一定要查明具体原因，对职工作业过程中出现的问题进行分析总结，并提出具体的考核措施和处理意见。

岗位作业指导书的应用、作业标准的落实是一项复杂的系统工程，需要各级各部门间密切配合、分工协作。岗位作业指导书的应用要同日常开展的各项工作有机结合起来，强化激励考核，实现有责必有标、有标必考核、考核必联挂、联挂必兑现的良性循环，使标准化工作真正落到实处，切实提高班组科学管理水平。

三、标准化作业

标准是通过标准化活动，按照规定的程序经协商一致制定，为各种活动或其结果提供规则、指南或特性，共同使用的和重复使用的文件，是对需要协调统一的技术、管理和工作要求所制定的标准，是组织运输生产、强化企业管理和保证安全生产的基础。

标准化是铁路重要的基础工作。标准化工作的基本任务是贯彻执行国家和所在地方有关标准化的法律、法规，实施国家、行业及地方标准，实施国铁集团技术标准和铁路专用产品标准性技术文件，实施集团公司的企业标准等。

标准化作业，就是对在作业系统调查分析的基础上，将现行作业方法的每一作业程序和每一动作进行分解，以科学技术、规章制度和实践经验为依据，以安全、质量效益为目标，对作业过程进行改善，从而形成一种优化作业程序，逐步达到安全、准确、高效、省力的作业效果。

班组标准化作业就是贯彻落实国铁集团标准化管理要求，落实集团公司标准化管理办法，落实站段标准化管理细则、标准化工作计划，提高产品质量、工程质量、工作质量和服务水平，确保运输生产安全、有序、高效。

在标准化作业实施过程中，通过采取各种科学有效的措施，来保证作业人员及设备的安全。标准化作业包括三个阶段，即作业前的准备、作业中的控制和作业后的评价总结。

(一)作业前的准备

作业前的准备工作，是班组合理组织生产作业过程，保证作业计划完成的重要环节。作业前的准备通常包括以下两方面工作。

1. 合理筹划任务

对班组里的每位职工拥有的职业技能和工作能力列一份清单，根据不同职工的技能和专长，在其力所能及的范围内安排其适合的岗位和适合当日的工作任务。另一方面，还要将当日的工作量进行细化，安排好完成每部分工作量的时间，将各部分工作量合理分配到各个时间段内，做到总时间符合进度要求，确保当日工作安全可控。

2. 召开班前会

班前会，是企业基层管理的重要组成部分，是班组长向下属传达上层的指示、布置工作任务、做好作业准备的主要途径，也是班组长向职工进行工作教导、激励工作热情的手段。

班组长可以通过主持班前会来培养做领导的风范和气质，锻炼自己的组织和领导能力，还可以借此向班组成员宣传企业的规章制度和管理思想，带动班组气氛并提供良好的沟通环境。

(1)提前与车间沟通

班组长应提前与车间沟通，掌握第一手材料，了解是否有生产任务变化、车间人员是否需要参会、车间是否有临时安排等。

(2)了解职工的精神状态

班组长必须充分了解当日班组职工的精神状态，对于因家庭、工作、身体等因素造成的思想情绪不稳定、精神不饱满及班前饮酒的职工，不准其上岗，避免在作业中发生意外情况。

(3)明确班前会内容

班前会一般包括以下几方面内容：

一是检查职工着装、备品及料具情况，职工的着装、备品必须按规定执行和携带，并充分准备好当日作业所需的材料、工具。

二是布置作业任务。班组长在布置作业任务时，要向职工传达当日生产作业的情况，使每名职工做到四个明确：明确当日作业的工作量，明确作业中的重点和难点，明确安全生产和劳动保护方面的注意事项，明确上级对职工的临时性规定和要求。

三是进行安全预想。班前会必须认真进行安全预想。要结合天气情况、作业环境变化情况、人员情况、设备情况等，有针对性地开展安全预想，切实提高人身安全的自保意识。班前预想做到"四必须"：班前会必须进行人身安全预想，作业前必须布置人身安全注意事项，室外作业必须指定安全防护员，两人及以上作业人员必须做到同去同归。

(4)班前会的要求

①班前会每天应在作业前召开。

②当日当班人员必须全体参加班前会。

③班组长组织召开班前会，并指定专人进行班前会的会议记录，以备随时检查。

④班组内作业人员反映的问题应是自己在工作时无法解决的或客观存在的问题。

⑤班组长在讲话时应态度诚恳、吐字清晰，不可对班组人员语言攻击，不可胡言乱语、无故离席，班前会应保持轻松和谐的氛围。

（二）作业中的控制

作业中的控制关系着作业计划的落实和生产任务目标的实现，以及质量的保证等重大问题，所以作业中的控制至关重要，也是班组长日常工作中的主要方面。作业中的控制应包含以下工作。

1. 执行标准化作业

在生产作业现场，班组长的最重要任务就是执行标准化作业。执行标准化作业应做到以下几点：

（1）执行技术标准

技术标准是检验和衡量作业水平、工作质量的尺度，同时也是班组开展生产管理、技术管理、质量管理的依据。因此，严格遵守和认真执行技术标准，是加强技术管理、推进标准化作业的首要任务。

（2）遵循工作流程

严格遵循工作流程是执行标准化作业，推广运用先进生产方式的主要途径，它不仅可以保证作业质量，而且可以确保作业安全和提高设备利用率等。

（3）进行跟踪确认

班组长指导职工执行标准化作业后，还要跟进确认一段时间，看其是否领会，结果是否稳定。对不遵守标准作业要求的职工，班组长一旦发现，就要立即纠正其行为。

2. 落实班中安全控制

班组成员作业中要严格执行各项规章制度，落实自控、互控标准，不仅要熟练掌握本岗位的作业流程和作业标准，而且要熟知参与互控的工序和控制标准，在作业中认真落实。

（1）岗位自控。岗位自控，指职工具备自我管理、自我约束、自我控制能力，能胜任岗位工作，在岗位工作中，充分发挥主观能动作用，自觉遵守作业纪律，严格按照岗位标准作业。根据岗位作业指导书，明确每个岗位的作业内容和标准，促使每名职工严格履行岗位指导书的要求。只有班组中的每名职工都严格落实自控标准，才能达到确保行车和人身安全，落实岗位职责的效果。

（2）作业互控。作业互控，指班组内职工与职工之间、班组长与职工之间在作业中的相互控制。要求一个班组内互相协调的工种之间、上道工序与下道工序之间，在一个作业过程中需要互相监督、互相提醒、互相制约。对照作业标准和作业程序，明确每道作业工序和每个作业点的控制人、控制内容和控制标准，形成班组内人员互控的内容。班组成员之间每项作业都应纳入可控范围的闭环控制，并对照班组互控标准，建立互控联控的制度，做到失控问题及时发现解决，失控责任及时分析处理，问题整改专人追踪。

（3）人机联控。人机联控是指在原来的管理方式基础之上，运用先进的仪器、设备来加强对安全管理控制的一种管理方式，它有别于传统的人控是一种单纯靠人检查，人盯人的一种保守、落后的方式。在明确每道作业工序和每个作业点的控制标准和控制程序的基础上，操作人员充分利用先进的机械电子设备对安全生产过程进行跟控，以达到设备保安全、科技保安全的目的。

3. 做好班中检查

班中应进行严格的检查，防止作业不规范、作业质量不合格的现象产生。检查的重点是关键的岗位和事故的高发环节，新增、调整的岗位以及新职人职工作的岗位，对以上岗位除了在规定的时间检查外，还要注意不定期抽查。班中检查主要有以下几个方面：

(1)职工的工作状态，遵守劳动纪律和作业纪律情况，有无离岗串岗、偷懒和简化作业程序、未按标准化作业等问题，职工有无中途发病或精神状态不佳、精力不集中等现象。

(2)机械设备运转情况和正确使用情况。

(3)材料、机具的完好性以及使用和供应情况。

(4)安全规章制度执行情况。

以上几个方面如发生问题，应及时做出决策，采取有效措施，该调整的应及时调整，该制止的应及时制止，问题严重的应及时向上级部门汇报反映，保证生产作业的正常进行和计划的顺利完成。

4. 控制作业进度

控制作业进度是指对班组从开始作业到作业完成为止的全过程进行控制，是作业过程控制的关键，也是解决作业中的问题、保证作业按计划完成的有效方法。作业进度控制贯穿整个作业过程。

无论哪一种类型的作业，都要严格控制作业进度。作业进度控制的内容，一般包括开始时间控制、完成时间控制和工序进度控制。

(1)开始时间控制

开始时间控制是指对班组全体职工正式开始作业时间的控制。这是进度控制的第一个环节，目的是确保在班组开工前，所有人员、料具都准备妥当，并能够按照规定时间开始作业。

(2)完成时间控制

完成时间控制是指对班组完成当日工作量，结束作业时间的控制。每项作业都有规定的时间，尤其是现场作业的工种，对时间要求更为严格。所以，现场工作量必须要严格在给定的时间内完成，这是进度控制的基本要求。班组长要加强对每日作业完成时间的控制。

(3)工序进度控制

工序进度控制是指对作业过程中经过的每道工序的进度进行控制。作业进度控制根据各项原始记录及作业统计报表进行作业分析，确定每道工序的作业进度。如果进度滞后，班组长应在现场作业过程中查明实际进度比计划进度滞后的原因，并进行纠正，确保每一道工序进度符合总进度要求。

5. 控制作业质量

班组长必须牢固树立质量意识，并要求职工加强学习质量标准，促使职工遵守质量保障的作业制度及相关规范。在保证班组作业质量方面，除执行相关质量标准外，班组长还应研究使用确保作业质量的一些技巧和方法，以提高作业质量的保证系数。可采取以下实用的方法：

(1)不轻易使用不够熟练或尚未掌握的作业方法，应采用能够确保作业质量的成熟方法，以降低风险。

(2)能用机器设备和小型机械作业的，不采用人工作业，以确保作业质量和作业效率。

(3)对复杂的作业，不能为了图省事而简化作业程序，做到必须按照规定程序作业。

(4)在每项工序完成后，班组长还要进行现场复核，对不符合作业质量标准的要及时纠正。

(三)作业后的评价总结

1. 开好班后总结会

班后总结会一般由车间组织各班组长，或班组长组织班组内部成员，就生产工作中遇到的情况和问题、巡检中发现的问题、工作中的难点及下一步的工作进展、需要上级协调的有关工作等相关事项进行集中研究与讨论。其主要目的是解决工作中的问题,以及总结工作中的经验与教训。开会时间一般在当日作业完毕收工返回班组后。

班后总结会一般包含以下内容:

(1)针对当日重点、难点问题进行研究,总结出经验教训以及下一步打算,对发现的问题及事故隐患及时制定切实可行的整改措施。

(2)收集记录现场设备、机具等存在的问题和异常情况,为下次作业做好准备、提供依据,以便于及时进行检修。

(3)整理会议记录,及时得出有指导意义的结论,形成书面文字,以便归档、保留或形成可行性措施向上级呈报,对今后的工作起到指导作用。

2. 管理好交接班

铁路工作性质往往要求连续作业,所以相应的岗位就需要进行交接班。每天工作完成后,便会进行班组与班组之间的工作交接,管理好交接班是班组长的重要工作。

(1)明确目的

交接班是班组长的基本义务,其目的在于保证工作的顺畅进行,使作业得以顺利交接,避免因信息缺乏或者不正确而导致工作阻碍。另外,对于班组长而言,只有完成当天的交接工作之后,才能算是当日工作的完结。

(2)明确任务

交接班的主要任务是各岗位之间的衔接,并确保安全、文明、均衡的生产,关系各班组作业任务的完成质量,班组长应在每次交接工作时做好自己的工作。

(3)明确内容

交接班的内容:上一班组的生产进度、完成状况、物料状况、设备情况以及注意事项,需下一班组协助处理的事项,其他必要交流的信息等。

(4)明确原则

交接班应遵循“三不交班”与“三不接班”原则。

“三不交班”:接班者不到不交班,接班者没有签字不交班,事故处理不完不交班。

“三不接班”:岗位检查不合格不接班,事故没有处理完不接班,交班者不在不接班。

3. 做好班组绩效考评

建立班组日常绩效考评制度是现场管理体系中的重要工作。通过日常绩效考评制度将现场工作中所有的规章制度的执行、日常工作表现与薪资挂钩,保证制度的行之有效,保证现场管理的秩序和效率。而日常绩效考评制度也是班组长工作开展的有力法宝,通过对职工每日工作表现进行评分,达到激励先进、提示不足,提高班组长的权威,有效落实班组工作的作用。

班组的日常绩效考评制度提高了班组长的管理能力,把班组长这个兵头将尾练就成企业的得力干将,同时也能调动职工的积极性,使班组成为能吃苦、敢争先,攻坚克难的先进集体。

(四)改进作业方法

现场改进作业方法一般应用四步法,即作业分解、每道工序分析、新方法研发、新方法实施。这四步法是针对班组长等一线管理人员的工作特点,以最有效地利用现有人力、工具设备和材料为目的地展开,是最适合一线管理人员的改进方法。

作为一线管理人员的班组长,一方面对本职范围的工作细节、运行状况和职工特点非常了解,另一方面却缺乏足够的视野和能力去全盘展开改进作业方法。针对这样的特点,作业改进四步法避开较大的设备、流程、系统改善,而以针对具体作业进行分析和研发的方式来提高生产效率，同时又能起到消除现有浪费、使作业流程更经济有效运行及作业方法在短期内得到改进的效果。

（五）改善作业环境

作业环境中的各种有害因素不仅危害职工的身体健康，而且还会因对职工的生理和心理产生不利影响而降低劳动生产率。因此，改善职工的作业环境是班组长必须考虑的问题。改善作业环境的基本任务就是发现、分析和消除作业环境中的各种有害因素，防止职业病害的发生，创造良好的作业环境，保障职工的安全与健康，不断促进生产效率的提高和班组的和谐发展。

对于生产班组来讲，需要积极配合、大力支持企业对作业环境的改善工作。具体包括：积极配合企业进行有害因素的调查、有害作业点的界定、作业环境危害程度的评定、作业环境改善与防护措施的制定和实施、作业环境日常管理检查等。由于不同有害因素的特性不同，改善和预防的措施也不同，因此在现场就形成了针对不同有害因素的改善内容，包括安全防护、夏季防暑降温、冬季防寒设施的改善等内容。

四、现场管理方法介绍

（一）三现三即法

所谓“三现”是指现场、现物、现实，当发生问题时班组长要亲自到现场，对发生问题的对象进行现场确认，最后根据现场实际情况找到问题原因，针对现场实际情况采取合适的方法解决问题。同时针对“三现”我们相应地要做到“三即”。“三即”：立即赶往现场，即时了解现场实情想出处理方法，即刻解决问题。

（二）巡视法

巡视是指班组长深入作业现场，发现问题并解决问题的一种管理方法。

现场巡视以“巡”和“视”为主要作业行为，常见的巡视方法包括定期巡视和非定期巡视、全面巡视和专题巡视。在进行巡视前要确定巡视范围、巡视方法、检查内容和对象，巡视完后总结发现的问题，制定整改措施。

（三）5W1H 法

5W1H 法又称作“六问分析法”，是现场管理中一种综合分析的方法，适用于制订计划、分析问题、分配任务、改善作业方法等方面。5W1H 指 6 个英语单词，分别是 what、why、when、where、who、how，它们所代表的含义见表 1-1。

表 1-1 5W1H 的含义

What	是什么？（目的是什么？做什么工作？）
Why	为什么？（为什么要这么做？理由是什么？原因是什么？）
When	何时？（什么时间完成？什么时机合适？）
Where	何处？（在哪里做？从哪里入手？）
Who	谁？（由谁承担？谁来完成？谁负责？）
How	如何做？（方法怎样？如何提高效率？）

以检查产品的合理性为例：

What：目的是什么？重点是什么？规范是什么？标准是什么？

Why：为什么要用这个标准？为什么要做成这种形状？为什么用这种颜色？

When：何时完成？何时安装？何时交货？

Where：在什么地方作业？安装在什么地方最合适？

Who：谁会生产？产品适用对象是谁？谁是决策人？

How：怎么做更快？怎么做效率高？怎样改进？

实际应用

××车辆段××车间制动班组运用5W1H方法解决现场问题

×月×日××车辆段××车间发生车辆制动支管与法兰接头焊缝处开焊故障，没有及时发现问题，导致车辆漏风，造成车辆检修出现质量问题。为避免该类问题重复发生，制动班组立即采用“5W1H”方法，坚持问题导向，针对各级检查、自查发现问题，利用间休、完工等时间召开专题会议，坚持做到问题不过夜，查清责任、制定措施、监督整改，做到真分析、真整改、真有效，有效减少问题的发生和类似问题的重复出现。

1. 做什么（What）

根据制动班组工作特点，货车车辆制动管系漏风故障的检查和处理尤为重要，因此班组要查找货车车辆制动管系漏风故障发生的原因并且制定整改措施。

2. 为什么做（Why）

为提高检修质量，班组长组织班组召开分析会，商榷可行的整改措施，避免货车车辆制动管系漏风故障问题重复发生。

3. 何时做（When）

班组立即制定整改措施，利用一周的学习会、质量分析会等时机，各抒己见，群策群力，共同制定整改措施。

4. 何地做（Where）

一是利用班组学习室，组织班组职工重新梳理并学习段规、作业指导书、上级下发相关文件要求；二是利用现场生产间休时间，利用现有车辆，组织班组职工实作演练。

5. 何人做（Who）

一是班组技教员组织关键岗位、关键人员进行技术业务补强培训和考试；二是班组长、副班组长、小组长组织职工现场讲解并演练如何发现处理管系漏风故障，重点分析易出现裂纹的管系和容易忽略的检查重点。

6. 如何做（How）

(1)分析问题缘由。对发现的问题，班组采用“4M1E”方法进行原因分析，找出问题末梢及措施。第一，man（人员-1M）：职工的技术能力、熟练度、配合度、思想意识等，是否需要培训。第二，machine（机器-2M）：机器、工具、量具的功能、状况、准确度等，是否需要维修。第三，material（材料-3M）：材料是否能及时供应、品质是否符合要求，是否需要追料和调换。第四，method（技术和方法-4M）：是否备齐作业规程、技术、检验标准、图纸等资料，是否正确，是否需编制、修改。第五，environment（环境-1E）：工作现场的清洁、秩序、噪声、温湿度、安全等是否达到标准，是否需整理现场等。

(2)强调过程控制。一是重新明确班组各骨干人员的职责范围，对关键环节、关键时间、关键项点制定详细的盯控措施，每项工序责任到具体人，不能“一窝蜂”。强化班组管理人员作用发挥，消除临修作业管理盲区；二是严格落实“工作者自检和工班长交检”制度，细化完善质量互控制度，用考核和制度约束人员和工序，做到有违章必落实考核，从而不断强化工班长作用发挥和工作者责任意识。

(3)强化结果控制。一是班组长必须做到知关键懂重点，把控住班组内关键环节，加大抽查比例，抽查数量每班不少于30%，特别是针对“关门车”和“5T”查询的重点故障车辆进行重点盯控检查，对故障的排查和处理必须100%复查核实到位；两头时段需重点管理好人员，善始善终，班组长需以身作则实施监控的方法，随时检查，确保各工序条件、操作、验收符合要求。

(4)完善巩固措施。一是充分利用每日一题、每周一练、每月一考活动，对日常作业的关键岗位、生产过程的关键环节、班组作业的关键人员，加强相关业务培训。二是在完成“资质性”规定动作培训外，对关键岗位人员进行有针对性补强培训和考试，从而有效提高职工的技术业务素质，出现问题立即追查原因，采取措施，在工作中学习、创新、提高。

班组通过发现问题、分析问题、解决问题，充分运用“5W1H”方法处理问题，做到真分析、真整改、务求做到一人出错全组受教，从而有效减少问题的发生和类似问题的重复出现。

五、现场应急处置

铁路运输需要各专业、各部门之间的协调，列车在运行过程中可能会遇到各种各样的突发情况，现场作业也可能发生各种各样难以预料的故障，如果处置不当，极易发生铁路交通运输伤亡事故。掌握应急处置措施和应急处置方法，采取有效措施控制险情，可以有效规避险情，最大限度地减少事故损失，保障行车、设备和人员安全。

1. 现场应急处置的原则

(1)坚持统一领导，分级负责。在本单位领导统一组织下，发挥各职能部门及各班组作用，逐级落实安全生产责任，建立完善的突发事件应急管理机制。

(2)成立班组内部应急组织。应急小组组长由班组长担任，成员为当班上岗人员。班组长职责为全面负责本班组现场应急工作、应急措施落实和培训。

(3)及时汇报。要在第一时间汇报，汇报时要沉着冷静，内容要准确完整、详细客观。主要包括时间、地点、类型、影响区域、破坏程度、影响行车情况、作业人员数目、伤亡人员情况等。

(4)立即检查相关设备。有问题或异常的状况时，如出现故障、事故等，作为班组的管理人员应该立即到现场检查设备，查找原因并将之排除。

(5)当场采取暂行处置措施。问题发生时，往往是紧急的，所以首先要采取应急措施，将故障现象排除，以应付当前的局面，使运输继续进行。若有人员伤亡，现场班组长、重要岗位人员要承担本班组人员自救互救和避灾的现场组织指挥责任。

(6)对于现场处置得当、使单位避免了损失的职工，班组长要进行奖励。职工取得了成绩，一定要及时鼓励，这样能激发士气，调动职工的积极性和创造性。

2. 现场应急处置的报告程序

现场作业人员要认真确认设备故障，实事求是按照应急处置的报告程序进行报告。

(1)向车间报告。发现故障后班组长应及时通知车间干部上岗，上岗后立即参加设备故障的检查工作。如果是室外的设备故障必须指派胜任人员或亲自到达设备故障区段进行设备故障的确认，重点看外观，是否是人为原因造成的，是否能够保证行车安全。

(2)向站段报告。班组长应立即向站段报告，报告的信息要准确，以便于领导及时决策。

领导可根据报告问题的严重程度决定是否派人前往现场，现场班组长应在故障处理的过程中加强与站段的信息沟通等。

(3)向车站报告。现场如果确认是设备故障，班组长应立即报告车站值班员，便于车站值班员做出正确判断，保障行车安全。

3. 现场应急处置的注意事项

(1)佩戴个人防护用品方面注意事项。班组长要确认各班组成员佩戴合格防护用品，并保证佩戴的正确性，防护用品不可轻易摘取。

(2)使用抢险救援器材方面的注意事项。班组长根据施工现场的实际情况配备相应的抢险救援器材，器材必须是合格物品，使用人员必须对器材有相应的了解。

(3)采取救援对策或措施方面的注意事项。事故现场及受到威胁地区的班组成员，在发生事故、故障后应根据情况和现场局势，在确保自身安全的前提下，采取积极、正确、有效的方法进行救援。事故、故障现场不具备救援条件的应尽快组织撤离。

(4)现场自救和互救的注意事项。班组成员在自救和互救时，必须保持统一由班组长指挥和严密的组织，严禁冒险蛮干和惊慌失措，严禁个人擅自行动。事故现场处置工作人员抢修时，严格执行各项规定，以防事故扩大。

(5)现场应急处置能力确认和人员安全防护注意事项。应急小组领导、应急抢险人员到位并配备抢险器材，确认有能力进行救援，个人安全防护应做到位。

(6)应急处置结束后的注意事项。应急处置结束后切勿放松警惕，班组长必须立即带领全部班组成员撤离现场并远离事发地点，做好人员机具清点。认真分析事故原因，制定防范措施，落实安全责任制，防止类似事故发生。

(7)其他需要特别警示的事项。班组长应根据现场情况提出其他需要特别警示的事项。

第二节　设备设施

铁路设备是保障完成铁路运输生产任务，不断提高生产安全性和生产效率的重要基础。设备管理是企业管理的重要组成部分，是企业为保证生产作业按计划对设备进行的技术标准达标、保证设备利用符合企业的经济利益为目的的管理活动。加强设备管理，使设备处于良好的运行状态，能够保证企业生产的正常秩序，有利于企业的安全生产，取得良好的经济效益。

一、设备管理的特点

1. 全过程管理，即设备管理覆盖设备的购置、安装、调试、使用、维修、改造、更新、报废的全过程。

2. 全方位管理，即设备管理既涉及设备的物质形态的运动，又涉及设备的价值形态的运动，既要确立设备管理的物质形态目标，又要确立设备管理是价值形态目标。

3. 全员管理，即企业各个部门、车间、班组、岗位的人员均要参与。

班组是进行生产作业的基层组织，是企业的细胞，是组织实施设备使用维护的基层组织，因此各个班组都需要进行设备管理。班组设备管理是企业设备管理任务在班组层次的具体化，是企业设备管理在班组层次的落实。

二、设备管理的任务

1. 班组长在生产作业的一线，对于设备的使用规律和生产作业的要求有切身的体会，企业的发展需要班组长从设备的使用角度提出意见和建议，促进设备在技术上的改进。

2. 协助或组织进行相关设备的安装调试，力争在设备正式投入使用之前发现设备的隐患，把设备调整到最佳状态，使设备投入使用之后能够发挥其最佳性能。

3. 进行设备使用和保养的教育活动，合理使用设备。班组长要组织班组成员学习、贯彻企业关于设备使用、维护方面的规章制度，落实责任制。

4. 进行设备的检查、维护、保养、修理工作。班组长要定期对设备的性能、效率、完整性、安全性等进行检查，发现隐患及时进行修理、调整。

5. 做好设备的原始工作记录。班组长要布置、检查设备的原始工作记录，包括运行记录、交接班记录等，保证设备的原始记录真实、准确、完整、及时。

三、设备检查

设备检查是设备维护工作中的一项重要内容，包括检查设备技术状况的变化以及设备部件的磨损情况等。通过设备检查，可以为维护工作做好准备，提高维护质量和缩短维护时间。设备检查使用及维护人员也可根据设备检查发现的问题，提出设备维修养护工作的方法措施。

1. 设备的关键部位检查

关键部位检查是为了维护设备所规定的机能，按照指定的规范或标准，通过观察或检测工具，对影响设备正常安全运行的一些关键部位的外观、性能、状态与精度进行制度化、规范化的监测检查，属于动态的检查方法。关键部位检查能准确评价设备的能用程度、磨损程度等情况，是设备管理的重要部分。通过对设备关键部位的检查能及时发现和解决设备的问题和故障，动态地了解设备技术状态和安全状态，有利于提高设备的稳定性和可靠性。

按作业时间间隔和作业内容的不同，设备关键部位检查分为日常检查、定期检查两类。

日常检查：作业周期在一个月以内的关键部位检查为日常检查。日常检查的对象是正在使用的主要设备，由设备操作人员或设备维修人员根据规定的标准和方法，以感官为主借助便携式仪器(仪表)，以日或周等为周期，对设备的关键部位进行技术状态检查和监测，了解设备在运行中的声音、动作、振动、温度、压力等参数是否正常，并对设备进行必要的维护和调整，检查结果记入日常检查记录当中。日常检查的目的是及时发现设备关键部位的异常，防患于未然，保证设备正常安全运转。

日常检查的作业内容比较简单，作业时间也较短，一般可在设备运行中进行，所以对生产影响不大。

定期检查：作业周期在一个月以上的关键部位检查为定期检查。定期检查时，设备维修人员或专业检查人员根据检查项点的要求，凭感官和专用检测工具、仪器等，定期对设备的技术状态进行全面检查和测定。除包括日常检查的工作内容外，其检查作业主要是测定设备的劣化程度、精度和功能参数，查明设备异常的原因，记录下次检修时应消除的缺陷。定期检查的主要目的是确认设备的缺陷和隐患，掌握设备的劣化状态，为进行精度调整和安排计划修理提供依据，使设备保持规定的性能。

设备定期检查的对象主要是重点生产设备，其工作内容比较复杂，工作时间较长，一般需要停机进行，所以必须与生产计划协调编制检查计划。

2. 设备的巡视检查

设备巡视检查是设备运行工作中很重要的一种经常性的检查形式。处于运行状态之中的设备，其性能和参数的变化，除依靠设备的保护、监视、监测等手段外，对于设备故障和异常初期的外部现象，则主要地依靠职工定期和特殊的巡视检查来发现。班组的巡视检查工作主要内容包括：当值人员或各技术人员按照不同设备的运转情况制定出各自的巡视检查对象、路线及要求，并落实到各班次人员上。巡视检查人员严格根据时间和巡视检查内容开展检查，发现问题应及时解决或上报处理，保证各系统的有效运行和重点设备正常运转。

巡视检查的方式主要包括：眼看——用双眼来目测设备看得见的部位，观察其外表变化来判断是否存在异常现象，是巡视检查最基本最常用的方法。耳听——用双耳通过分析现场设备发出的声音，来判断现场设备是否处于良好运行状态。很多正在运行的设备，在其工作时能发出表明其运行状况的声音，巡视检查人员随着经验和知识的积累，用耳朵就能来判断设备是否运行良好。鼻嗅——对于一些电气设备，本身带有有机绝缘材料，而这些材料过热会产生气味，巡视检查人员一旦嗅到巡视范围内有烧损的焦糊味，应立即寻找发热元件的具体部位，判别其严重程度，如是否冒烟、变色、变形及有无异音异状，从而及时发现设备隐患，及时进行处理。

四、设备管理制度

设备管理必须严格执行和完善各项设备管理的规章制度，使设备得到有效、良好保护，确保设备管理秩序得到正常运行。

1. 专人负责制度

所有设备都要定机定人，并坚持巡回检查，认真填写相关运行记录。每个班组内，都拥有一定数量的设备，每台设备都要有专人负责维护和保养。倒班或多人同时操作的设备，要确定负责人，负责人将所属设备划分成若干部分，分别落实到不同岗位的个人，实行重点和一般相结合的责任制度。单班生产使用的设备，要实行包保制，使用或维护人员短期外出时，班组长应指定专人代管，并监督做好代管的交接工作。

2. 交接班制度

交班人员在下班之前，应将设备运转情况、故障处理情况等填写在班组交接班记录本内，并向接班人员当面交代清楚相关内容。

接班人员必须在上班时提前到达接班地点，按照班组交接班记录认真检查设备，发现问题及时提出，并及时进行解决。

接班班组长通过本班人员检查确认记录内容属实，没有争议时，方可接班。设备在接班后所发生的问题，由接班班组长负责。

单班生产的设备，在下班时，必须关闭风、水、电、汽（气）以及其他介质开关、闸门等，并将设备清扫干净。

3. 评比考核制度

班组内部可建立设备养护工作的评比考核制度，按照一定周期对设备操作人员或维护人员的设备日常维护保养情况进行评比，对评比结果优秀的职工进行奖励，也可对评比结果比较差的职工进行一定的考核，并在内部进行通报。

五、设备的维护保养

做好设备维护保养的意义在于提高设备运转效率，为生产安全、稳定、优质和低耗做好保障。设备维护保养通常由设备操作人员或维护人员负责。

1. 设备维护保养的基本要求

设备维护保养的基本要求应做到“三好”“四会”。其中,“三好”是:

管好:自觉遵守各项设备管理制度,不得随意改变设备结构,不得擅自动用与自己无关的设备,坚守自身岗位,对使用的设备及其附件做好保管。

用好:操作人员遵守安全操作规章,爱护设备,不让设备带病运转,更不能让设备超负荷使用,杜绝精机粗用、大机小用等现象发生。

修好:按照设备规定的检查周期,按时对设备进行检查,及时了解设备的运行状况,为可能或已经出现的问题及时进行解决并确保试验良好。

在“三好”基础上,还要做到“四会”,其具体要求是:

会使用:维修或操作人员应熟悉掌握设备的特性、结构、原理和操作方法,正确合理地使用设备。

会保养:维修或操作人员应熟悉并掌握设备基础的保养内容和要求,按照一定的保养周期,按时对设备进行保养,保证设备内外清洁。

会检查:维修或操作人员在设备停止运行时应会检查设备的相关静态参数,对简单的不良情况做出调整。设备启动后,能够根据设备的运行情况发现设备有无异常,是否存在一定的故障隐患。

会排除故障:维修或操作人员通过对设备的外观、声响、温度、运行情况等现象分析判断,能及时发现设备的异常状态,并能判断出异常状态的部位及原因。根据自己确切掌握的专业技能,采取适当的处理措施,解决好设备存在的问题。自己不能解决的,应及时通知其他检修人员协同处理,排除故障。

2. 设备维护保养的内容

设备维护保养的内容包括及时对污浊位置进行清扫,活动部位进行注油,相应松动零部件的紧固,活动部分的间隙调整,以及相关位置的油饰、油封等。简单地说,即“清洁、润滑、紧固、调整、防腐”十字作业法。

(1)清洁:设备的内外要清洁,各润滑面无油污,无碰伤,各部位不漏油、不漏水、不漏气,垃圾打扫干净。

(2)润滑:设备的润滑面、润滑点按时加油、换油、油质符合要求,油壶、油杯、油枪齐全,油毡、油线清洁,油窗、油标醒目,油路畅通。

(3)紧固:设备中需要紧固连接的部位,经常进行检查,发现松动,及时扭紧,确保设备安全运行。

(4)调整:设备各动作部位、配合部位经常调整,使设备各零件、部位之间配合合理,不松紧,符合设备原来规定的配合精度和安装标准。

(5)防腐:设备外部及内部与各种化学介质接触的部位,或长期在室外暴露环境下工作的设备,应经常进行防腐处理,如:除锈、喷漆等,以提高设备的抗腐蚀能力,提高设备的使用寿命。

六、设备运行不良情况的处理

在设备关键部位检查、巡视检查或设备使用过程中,如发现设备运行不良,应及时进行处理并做好记录并向上级报告。

现场使用的设备，特别是行车设备，应保证备有一定的备品备件，相关电子或电气设备还应定期进行上道试验，确保其可靠、可用，保证应急有备。对于双套或双系运行的设备应定期进行倒切试验，确保一套（系）故障时，另一套（系）切换成功，保证正常工作运行。

1. 对一般设备的处理

（1）若运行不良设备有备品备件，应检查核对后使用备品备件替代。使用备品备件之后，应对该设备进行重点跟踪检查。

（2）设备运行不良，维护或使用人员可自行修复或排除故障的，处理方法须得到班组长或上级主管人员的认可。

（3）班组人员不能修复的设备，应及时向上级部门汇报，经上级部门同意后交相关人员处理，必要时启动相应的应急预案。

2. 对行车设备的处理

凡与行车有关的工务、电务（含通信）、房建、给水、电力、牵引供电、车辆、信息系统等设备均应纳入行车设备的范畴。

发现行车设备异状或故障时，应记入"行车设备检查登记簿"，并通知维修单位及时检查修理或更换。如维修负责人认为能保证行车安全时，须在"行车设备检查登记簿"上签注意见，由车站签认。如危及行车安全时，应立即停用，进行防护。设备修复后，由负责人将修复情况记入"行车设备检查登记簿"并报告车站，经检查试验良好后，方可签认使用。

第三节　物料器具

料具是保障设备运行良好和运输秩序正常的重要基础之一，包括物料、工具和仪表。料具管理就是根据相关制度，合理的保管、使用、消耗相关料具，主要包括库房料具管理及上线料具管理，是班组管理的一项重要工作。料具正常调配使用，有利于促进生产维护保养工作的开展。

一、物料管理

班组长作为现场生产的组织者，应认真考虑班组在生产运输过程中的预算用量，结合需用资金、仓储容量、变质速率以及危险性等因素，合理制订物料计划。物料消耗要有明确详细的支出记录，杜绝班组对物料大撒手的管理和大敞口的使用，禁止产生浪费现象。

1. 物料存储管理

班组长应组织物料员对生产现场物料实行定置管理，在生产现场规划出专门区域放置物料，并根据物料类型和特点划分为若干子区域，每个区域之间应留有相应的通道和明显的分界线。班组每位职工都应清楚储放位置，充分做到随时用随时取。存储物料要建立相应台账，做到账物相符。

2. 物料清点核对制度

班组应定期对所管物料进行清点核对，对消耗量较大的物料及时进行补充。对上线作业携带物料，作业完毕后进行清点核对，不可遗留线路。替换下来的废旧物料要及时回收处理。

3. 物料存储安全管理

生产用的酒精、汽油、机油、润滑油、油漆等易燃易爆危险品要放置在远离工作区域的地方，要有醒目的"易燃易爆危险品"标识，并充分做好防盗工作。生产物料附近应配备完善的消防器材,并保证班组每位职工清楚存放位置及使用方法。班组长应配合相关维修人员定期对消防器材进行保养检查,使之处于良好状态,若出现故障或失效情况,应及时进行更换。

二、工具管理

工具是企业生产不可缺少的生产资料。班组工具管理,是指对班组使用的各种工具进行领取、使用、保管、修复及报废等管理工作。

1. 工具的存放

班组应有配发工具记录,记录工具的型号、数量、名称、规格等,班组应设立工具室对配发工具进行存放,工具应按照一定的类别分别保管,各种工具要在其保管地点挂上标签。班组应设工具管理员来具体负责工具的管理工作。

2. 工具的领取

职工使用工具时应办理使用手续,进行登记,并按要求及时归还和销记,如工具损坏或遗失,使用人需赔偿,并由班组长上报登记。

3. 工具的使用保管

工具的使用应按工艺要求,在工具强度、性能允许的范围内使用。在工具使用时应注意以下几点:

(1)严禁串规代用(如螺丝刀代凿子、钳子代榔头);

(2)严禁专用工具代替通用工具;

(3)严禁精具粗用的现象发生,并在使用中注意保持精度和使用的条件;

(4)特殊场所使用的工具还应粘贴相应的反光标识。

工具使用后应妥善保管,一般工具应进行清洁保养后放入工具箱内或工具架上。有精度要求的工具应按规定进行支撑、垫靠。特殊工具使用完毕后的应进行油封或粉封,防止生锈变形。

4. 工具的清点校验

由于工具使用的频繁性和作业地点的变更性,工具容易被遗忘在工作地点或作业人员互相误收,因此作业完毕后应对工具进行查对以保持账物相符。

5. 工具的修复和报废

工具都有一定的使用寿命,正常磨损和消耗不可避免,能修复的应及时采取措施,恢复其原有性能。对于不能修复的工具,在定额范围内可按手续报废。由于使用不当造成工具损坏或报废时,要查明原因,并及时上报工具管理人员,由当事人或所在班组负责按相同规格型号配齐损坏工具,必要时追究相关人员责任。

三、仪表管理

仪表是用以检出、测量、观察、计算各种物理量、物质成分、物性参数等的器具。在生产中对于分析、衡量设备的状况、参数有着非常重要的作用,因此应做好仪表的管理工作。

1. 仪表的保管

班组应对仪表建立台账,对型号、数量、名称、规格、日期、附件及生产厂家详细记录。使用时认真执行领用制度,进行登记,用后及时归还销记。

2. 仪表的使用

仪表使用前先检查合格证,无合格证的仪表不应投入使用。投入使用的仪表应注意以下几点:

(1)注意仪表的工作环境和工作条件,如温度湿度等;

(2)检查相关仪表电源和其他动力源是否匹配、接触或密封是否良好,各外设附件是否配置得当,准备就绪方可开机;

(3)未经许可不得拆卸分解仪表;

(4)仪表的操作顺序、方法、连续使用时间、使用精度、使用极限等应复合技术规范要求,不超负载使用;

(5)使用时对操纵和控制手柄、形状、按钮要用力得当;

(6)仪表不带病工作,不以粗代精。

3. 仪表的检查

为保证仪表功能的准确性、一致性、可靠性,仪表管理应遵守周期检查制度。班组必须按照主管部门有关周期检定制度的规定,按时、按量把仪表送交制定检验部门检定,并保存好检定卡片或表格、记录。

4. 仪表的维护保养

仪表维护保养的主要内容是防尘、防潮、防腐。对于仪表中的灰尘要请有关人员定期清除。

防尘:所有仪表使用后必须整理或清洗干净后进柜,精密仪表要用袋装好,不能裸露;所有仪表必须定期进行整理,切实保证仪表干净无灰尘。

防潮:保证仪表放置场所上不漏水、下不潮湿,保持四周空气流通,凡容易受潮的仪表都必须在周围放入干燥剂。

防腐:仪表周围严禁放置具有腐蚀性的化学物品,防止仪表因受腐蚀造成度量不准或损坏。装有电池的仪表,长期不用时应将电池取出。

5. 仪表的遗失报废

对于个人保管的仪表,建立仪表遗失赔偿制度,无论主还是客观原因造成的遗失情况,都应认真进行处理,并立即上报主管部门,针对不同情形,采取经济赔偿的方法。

仪表确因使用年限长久、性能低劣、严重损坏等原因无法修复,或因科技发展而失去价值,班组可通过车间向主管部门提出报废申请。主管部门经有关机构技术鉴定,审查同意后,填写报废申清单,报领导审批,正式报废。报废后的仪器由主管部门统一处理。

思考题

1. 作业计划的编制原则是什么?
2. 什么是标准化作业?
3. 设备管理的特点是什么?
4. 作业工具的修复和报废程序是什么?

第四章　班组安全管理

本章导读

安全是企业永恒的主题。铁路担负着输送旅客和各项物资的重任，安全生产更是丝毫不能放松。加强铁路班组的安全管理，掌握安全心理学、安全双重预防机制、铁路劳动安全以及网络信息安全的相关知识，解释、预测和调控人的行为，熟悉事故发生的原理，预防人身及设备、网络事故的发生，对于保障铁路安全运输有着至关重要的意义。

第一节　职工安全心理

人类的生产生活是在一种复杂的人—机—环境系统中进行的，而人是安全生产过程中最活跃、最难控制的因素，也是各企业安全管理体系的主体。人的因素在企业的安全管理中，处于核心和主体地位。美国安全工程学家海因里希曾经调查 75 000 件工伤事故，发现其中的 98%是可以预防的，在可预防的工伤事故中，以人的不安全行为为主要原因占 89.8%，而以物体的不稳定状态为主要原因的仅占 10.2%，反映出人的不安全行为在事故发生中占据了非常大的比例，如图 4-1 所示。因此，要搞好企业的安全生产，防止问题、事故的发生，必须及时地矫正影响安全的不良心理状态，纠正职工的各种违章违纪的行为，这就要求我们学习、研究并运用安全心理学的相关知识，深度探索人工作状态下的安全心理，查找不稳定心理状态的诱因，从而在源头上减少人的不安全行为，进而减少事故的发生。

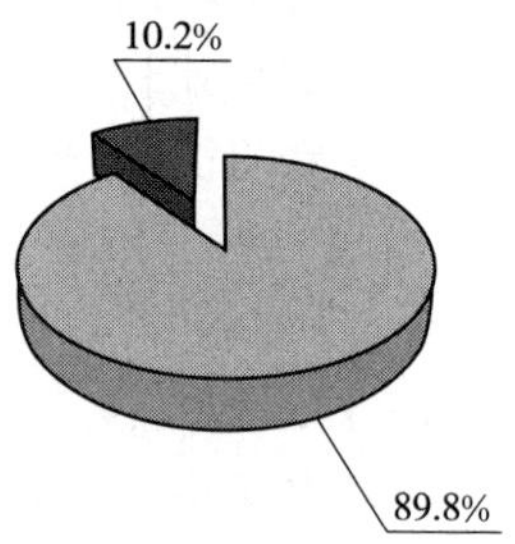

图 4-1　不安全行为比例图

一、人的心理现象

心理学是一个庞大而复杂的领域，任何一个人都可能在其中找到自己感兴趣的主题，这也体现了心理学的重要性。

心理学的定义为关于个体行为及精神过程的科学研究。这个定义的四个关键部分：个体、行为、心理、科学。人的心理现象是心理学研究的主要对象，也是安全心理学所研究的对象。它包括了既有区别而又紧密联系的心理过程和个性心理这两个方面，人的心理现象如图 4-2 所示。

心理过程是人心理活动的基本形式，是人脑对客观现实的反映过程，是人们共有的心理。由于每个人的先天素质和后天环境不同，心理过程在产生时又总是带有个人的特征，从而形成了各人的个性。个性心理是人对客观事物的稳定态度。个性心理一旦形成后又作为主观内因制约心理活动，并在心理活动中表现出来。因此，每个人的各种心理活动不尽相同，必然带有

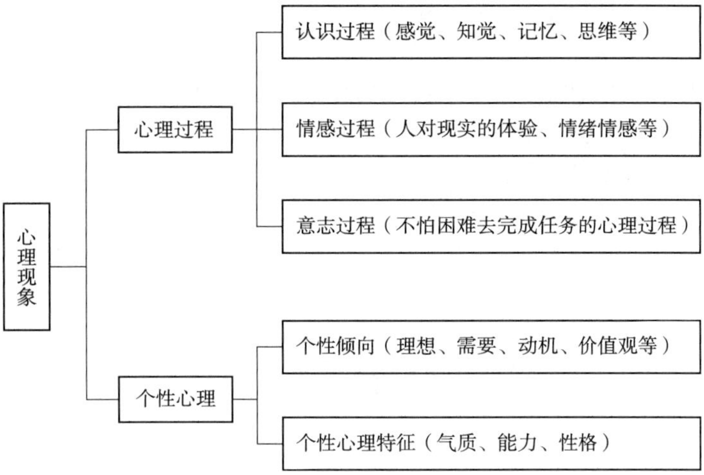

图 4-2　人的心理现象

个人自身的特点。事实上，心理过程和个性心理是同一现象的两个侧面，如同一枚硬币的正反面一样。以骄傲这种个性心理特征为例，在认识过程中常表现为不求甚解、漫不经心；在对待他人情感上常表现为夜郎自大、孤芳自赏；在意志上则表现为独断专横、刚愎自用。所以，人的心理活动过程与个性心理二者有密切的联系，它们共同构成了人的心理现象。在生产生活中，人的行为无一不受到心理现象的支配，客观事物的改变也都与人的心理现象有关，所以，一切有关人类的科学其实与心理学之间，都有着有机的联系，尤其是安全科学更是如此。

二、安全心理学概述

安全心理学是为防止事故发生，保证安全生产，减少人身伤害的角度进行研究人心理活动规律的一门应用性科学。它的研究的对象是劳动生产中的职工，研究的核心内容是职工的心理活动、个性心理、作业负荷、物理环境与社会环境等因素与事故之间关系；研究的目的是解释、预测和调控人的行为。安全心理学的提出、发展、运用是现实安全生产工作的需要，对铁路交通运输工作尤为重要。

安全心理学的研究对象具体有以下几个方面：

(1)人的安全行为规律的分析和认识；

(2)安全需要对安全行为的作用；

(3)注意在安全中的作用；

(4)个体差异与安全行为；

(5)导致事故的心理因素分析；

(6)挫折、群体等与安全行为关系；

(7)劳动过程中安全意识的规律；

(8)安全行为的激励。

在研究这些问题时，首先要研究人心理过程的特点以及这些特点对劳动者个人的作用，其次还必须考虑个性心理以及个人生活因素等情况。必须指出的是，虽然安全心理学在探讨事故原因和防止工伤事故中具有重要作用，但在安全科学领域中，它只属于“软件”范畴，不能越俎代庖，取代劳动安全“硬件”方面的工作，尤其是安全措施方面的工作，如防火、防暴的技术措施、设备的安全装置等。做好安全工作，若不从落实组织措施、加强企业管理、改善设备情况、改进工艺流程、改善作业环境条件、加强职工培训等方面去考虑,空谈安全心理学是没有任何意义的。

安全心理学的研究对于现场安全管理的指导作用是很明显的,主要体现在以下几个方面:

(1)可以为工程技术设计、制造部门提供设计、制造施工机械、施工器具及防护用品的依据;

(2)可以为生产环境的改善提供具体指导;

(3)可以为安全部门制定更加科学合理的法规、条例、制度、办法提供参考依据,进而提高安全管理水平;

(4)可以为安全教育提供理论依据,用更加有效的方法、手段来进行各类教育、培训活动;

(5)可以在分析事故时提供深层次的解释,进而找到预防事故的措施和方法。

三、典型心理过程与安全

心理过程是由认识过程、情绪过程和意志过程所构成。而人在安全生产过程中,心理过程主要体现出四种较为常见的心理现象,包括感觉、知觉,情绪、情感,记忆、思维和注意。每一种心理现象都影响着我们的现场作业安全,如图 4-3 所示。

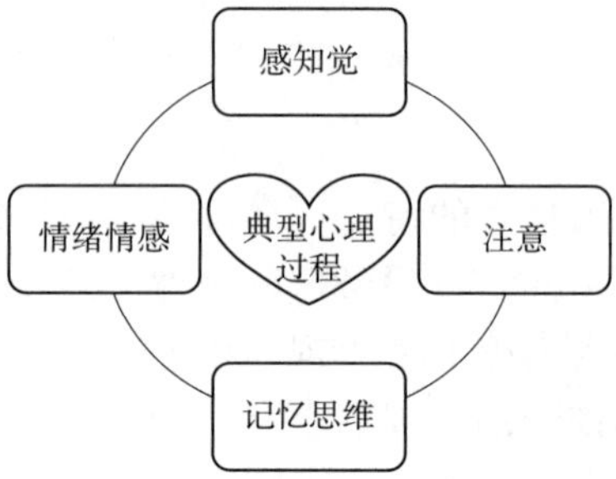

图 4-3　四种典型心理过程

1. 感觉、知觉与安全

在铁路安全生产过程中,有时需要将感觉、知觉所获得的信息加以融合,形成对机车车辆等设备运行状况的综合评价。如乘务员在后室巡检过程中,要充分调动起眼睛、鼻子和耳朵等器官,要对设备发生的一丁点的异状、异味、异响等提前感知,防范问题发生或问题的进一步扩大。但需要指出的是,有时我们的感觉、知觉会出现错觉,而这种错觉对于安全生产有着直接的影响,因此,感觉、知觉的敏锐和准确性是非常重要的。实际生产中,由于工作环境的影响,作业职工的视觉、知觉等敏感度都会降低,而这也大大影响了各工种信息间交流传达的清晰度和准确度,甚至于出现失误,存在潜在的安全事故风险。可以从以下几个方面提高感觉、知觉的准确性:

(1)培养良好的观察力;

(2)必须养成良好的生活作息习惯;

(3)保持积极而稳定的情绪状态;

(4)严格执行职业挑选的制度;

(5)注意休息,消除疲劳,保持充沛体力。

2. 情绪、情感与安全

情绪和情感是指人在现实活动中对客观事物所产生的主观体验,包括喜、怒、哀、乐等情绪情感,以及在此基础之上形成的其他心理表现。比如说,人在工作顺利时会产生对自己的能力、工作业绩产生肯定的态度,这种态度能带给人轻松和愉快的情感;相反,一个人遭受挫折或出现失败,则会感到懊恼、焦虑。对美好事物的爱慕、对丑恶现象的憎恶都是由于人对客观事物不同态度而产生的一种情绪情感。

客观事物与人的需要之间的关系造成了人好、恶态度的不同。只有与人的需要发生关系的事物,才有可能引起人的关注并产生一定的态度和评价,进而引发相应的情绪、情感体验。当事物满足人的需要时,就会引起人们积极、肯定的态度,并能够使人产生喜悦、满意、趋向等积极的、肯定的内心体验；当事物不能够满足人的需要时，就会引起人们否定的态度以及内心体验。从这个角度上说，情绪和情感是人的大脑对于客观事物与事物需要之间关系的一种反映。

情绪和情感除了影响人的工作、生活和学习效率外，还对人的身心健康有着非常大的影响。恐惧和紧张常作为危险因素而导致灾难和疾病，使人遭遇不幸。我国医学关于病因问题有内伤七情的论述，特别强调内脏疾患与七情失调的密切关系。在古代医学名著《黄帝内经》中明确指出"喜伤心、怒伤肝、忧伤肺、思伤脾、恐伤肾"。在疾病治疗方面，焦虑、压抑、恐惧、悲观的情绪会导致病情的加重，甚至死亡；而乐观、自信、积极的情绪则有助于战胜疾病，恢复身体健康。

人在生产生活中，几乎所有的行为都会受情绪、情感的影响。当情绪和情感处于积极的状态时，思维敏捷、感知快速、动作可靠，能保证系统的正常运转。当情绪、情感处于消极的状态时，感觉、知觉、思维能力和反应机能就不能够正常发挥，极容易造成差错增多，事故发生的可能性也就会增大。因此，积极的情绪和情感是保证作业安全的充分必要条件，而消极的情绪和情感状态所产生的自满、侥幸、麻痹、烦闷、惰性和好奇等心理倾向，是作业人员出现差错（如主观臆测、辨认不清楚、理解不到位、判断失误等）并引发事故的重要原因。

作业人员在实际生产过程中，要学会控制和调节紧张焦虑、抑郁冷漠和冲动敌对等负面情感，防范其对安全生产造成负面影响。

3. 记忆、思维与安全

要提高记忆水平、保障安全，可以从以下六个方面加强：

(1)要提出明确的记忆的任务，随时抽查。记忆有没有明确目的，任务是否得当，都会对记忆的效果产生直接影响。

(2)要努力提高对各种知识或事物记忆的积极性。从记忆的规律来看，凡是与人需要有关的学习内容，就容易被记住和记牢；凡是能激起人积极情感的事物，就能够比较长久地保留在脑海中；凡是能引起人兴趣的，就记得快、记得准、记得久。

(3)要不断加强理解，丰富知识和经验。理解是记忆的基础，在记忆过程中，多动脑筋、多琢磨，记忆效果就好，不能只是机械重复的记忆，因为这样不但效果不会令人满意而且容易遗忘。

(4)要树立记忆的信念。科学表明，一个人只要大脑正常，那么他的记忆潜力就是无穷无尽的。要增强记忆的信心，自觉运用科学的记忆规律，挖掘自己的记忆潜力，才能事半功倍。

(5)要注意用脑卫生。虽然说脑子越用越灵光，但是，如果无休止地让大脑处于紧张的活动状态，不仅会使人心神恍惚、身心疲惫，而且会损伤身体健康，因此在学习记忆时要注意劳逸结合、有张有弛。

(6)合理组织复习。复习要及时进行，因为所学的知识一开始忘得既快又多，所以要及时组织温习记忆过的知识，而不要等到忘得差不多了再从头学起。在多次复习之后，便形成了长久记忆，这种记忆在之后的很长时间，甚至是终身都是难以忘记的，能随时回忆、表达出来的。

日本学者保坂荣之介在《如何增强记忆力、注意力》一书中，提出了一些提高记忆力应注意的要点，如在记忆之前，首先要静下心来使精神放松，然后再开始记忆；尽量使脑细胞始终保持良好的兴奋状态；关键在于要对记忆的内容有信心，时刻提醒自己"我能记住"；要努力对记忆的对象产生兴趣，兴趣会成为增强记忆力的促进剂；强烈的需要可以促进记忆的水平；俗话说人逢喜事记忆强，在记忆时应注意调控自己的心境；细致入微的观察有助于记忆；边想边记效果好；不断运用记忆方法后会形成适合自己的记忆方法，而这种方法也是记忆效率比较高的方式。那么，我们要如何进一步提高思维的准确性呢？可以参考图 4-4。

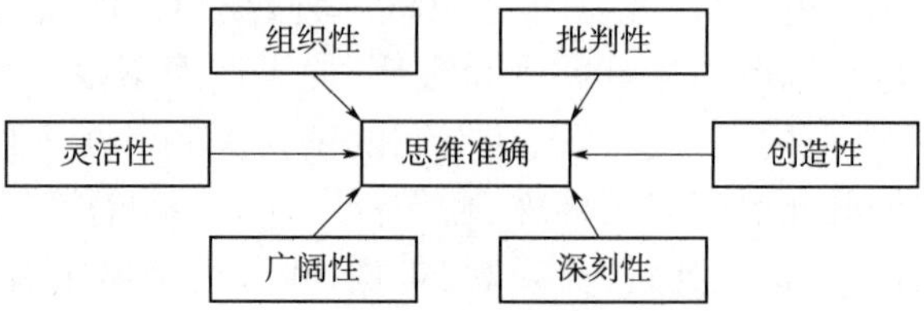

图 4-4　提高思维准确的方式

(1)要培养思维的组织性。思维有组织性的人，条理是清楚的，思路是清晰的，严守着考虑的问题和原则，不混乱、不游离，善于一步一步地进行思考，每一步的目的和要求都是非常明确的。

(2)要培养思维的批判性。要善于冷静思考问题，不盲信、不轻信、不迷信，要能够形成自己的主见，利用收集到的各类信息调节自身思维以及行为方式，形成属于自己的思维的独特的视角。

(3)要培养思维的深刻性和广阔性。思维深刻、广阔的人，对问题总是能够全面考虑，穷问深追，对事物不断进行深入分析，并能在简单而普遍的、众所熟悉的事物中看出和发现重大的问题；思维不广阔、不深刻的人，对问题的考虑难以全面，对事物的认识也是浅尝辄止，对重大问题没有意识或者熟视无睹，对调查来的情况，也是不深不透、若暗若明。

(4)要努力培养思维的灵活性。思维缺乏灵活性的人，不善于分析发生的问题，而是沿用以往的习惯化的处置方式，死套法则，盲目照搬公理解决问题。而具有灵活性思维的人则能根据不同条件和情况灵活的运用经验和知识。

(5)思维的创造性是智力的高级表现，也是人类思维的高级形态，是人们在解决问题的过程中所表现出来的独有的智力品质。没有创造，就没有发现、发明、革新等实践活动，没有创造，也就没有职业生涯的未来。

4. 注意与安全

平时人们常说的“精神集中”“聚精会神”“专心致志”等词汇都是指注意的意思。它和人的心理过程是紧密联系的，是心理活动的一种特性。例如，学生在上课认真听讲时，如果他的注意力集中于教师的授课内容，那么，他就会旁若无人，而这也正是表现出了他认知活动的指向性和集中性。注意的种类主要分为三种：

(1)无意注意。主要指没有既定的目的，也不需要任何意志的努力，就自发产生的注意。

(2)有意注意。是指有预定目的的，必要时还需要做出一些意志努力的注意。

(3)有意后的注意。是产生在有意注意后的一种与自觉的目的和任务相联系在一起的，但是又不需要做意志努力的注意。它是一种特殊形式上的注意，是在对任务、活动的意义有了深刻的理解，逐步掌握其活动规律，并对活动有直接兴趣后所产生的注意。我们铁路企业要努力通过加强对职工的业务能力、文化素质、职业道德职业责任等方面的培训，以及职工自身的主观努力，自觉地、逐步地、不需要意志努力把注意集中在工作任务上。

我们在实际安全生产工作中，注意的运用是十分广泛的。乘务员在值乘过程中，需要对前方线路、接触网等注意瞭望，需要对机车运行状态信息随时注意监测；施工现场的防护人员要随时注意监听电台，注意与驻站人员联系，确保施工现场的安全防护，及时提醒作业人员下道避车;横越线路时所要求的"一站、二看、三指、四通过"就是注意在铁路行业的良好运用,通过指认,能够大大减少路内伤亡事故。要积极、努力培养良好的注意品质。通过个人的努力和实际锻炼,使得我们的注意具有一定的稳定和广度性。

四、职工个性心理特征与安全

1. 个性心理概述

人的个性是指在一定的先天生理基础之上、在一定社会历史背景下所表现出来的,具有相对稳定性。个性倾向性和个性心理特征是个性心理的两个方面。个性倾向性是促使人进行活动的基本的动力,也是人个性中最积极、最活跃的因素。它主要包括人的需要、动机、兴趣、理想、信念、世界观和价值观等,其中需要是个性倾向性、个性积极性形成的推动力。

个性心理特征主要指人们在心理过程中所表现出来的心理特点,具有稳定特点。个性心理特征包括个人气质、个人性格和个人能力。气质是人心理活动在强度、速度、灵活性等方面所表现出的稳定的动力特征,例如,有的人直率热情,有的人活泼好动,有的人反应敏捷,有的人情绪易冲动等。性格是人们对待客观事物的态度以及行为上所表现出来的、稳定的心理特征,例如,有的人果断、坚韧不拔,有的人优柔寡断、朝三暮四等。能力则是人在完成某项活动时表现出的、潜在可能性上的特征,个体之间的差异性更大。例如,有的人具有高度发展的数学才能,有的人具有高度发展的音乐才能。气质、性格和能力在一个人身上的结合方式因人而异,而这也这就构成了千差万别的个性。

个性倾向性和个性心理特征是相互联系、相互制约的。人的气质、能力、性格是在理想、动机、信念、世界观等个性倾向性的推动下形成、变化并且日趋定的。但是,个性倾向性又通过个性心理特征表现出来。二者有机结合,表现出典型的心理活动,使人们的行为在时间上、情境上具有一贯的特性,如图 4-5 所示。

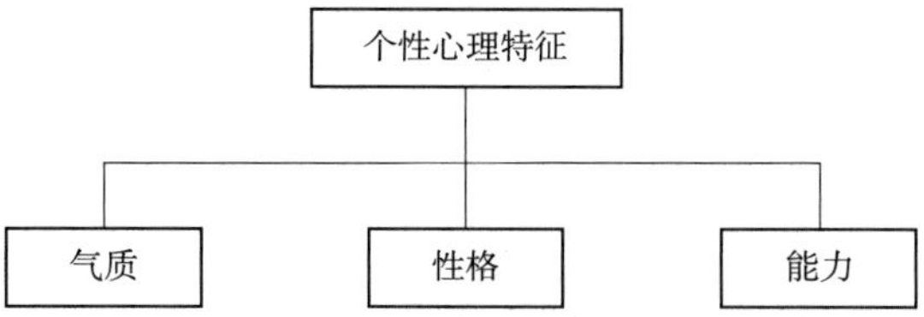

图 4-5　个性心理特征的构成

(1)影响个性形成的因素

个性的形成是一个非常复杂的过程,形成过程既受先天遗传因素影响,也受后天环境因素的影响,如家庭、学校、单位和社会,后天因素的影响要比先天因素影响更大。

环境因素。家庭、学校、单位和社会等环境对于一个人个性形成的影响是巨大的,我们常说的"蓬生麻中,不扶而直;白沙在涅,与之俱黑"就是这个道理。

遗传因素。人的能力、智力、气质等会受到一定的遗传因素影响。

社会文化因素。不同的地区、不同的民族也都有不同的社会文化;不同的文化背景会造就人们不同的行为标准、价值观、道德准则,进而影响人们的个性。

偶然因素。上述因素对个性的形成起着主要影响作用,但有时人们遇到的突发事件、重大变故等偶然因素对其个性的形成也会有着很重要的影响。例如,家庭解体、重大疾病伤残、下岗失业等状况都会对个性产生较大的影响。有时一次偶然的情境可能会改变一个人一生的个性。

(2)个性心理特征对安全管理的影响

个性是影响人日常行为的重要心理因素。不同个性的人对同一事情会有不同的看法、不同的态度、不同的工作方法以及处事方式,因此研究个体的个性心理特征,对于指导我们企业安全生产管理有着非常重要的现实意义。

不良的个性心理特征,常常是造成安全生产事故与人身伤亡的重要原因。例如,对待工作制度和操作规程,有人牢记在心、严格执行,而有人却置若罔闻、不以为然;对待自己的本职工作,有人踏踏实实、认认真真,有人却敷衍了事、马马虎虎;对待上级管理者违反安全规定的指挥,有些人据理力争、不予盲从,而有人却唯命是从、不管结果。凡是有不良心理特征的人,在生产过程中就容易出现不安全的行为,存在事故隐患。当事故发生后,有些人沉着冷静、积极采取一切可行的方法进行自救或将事故损失控制在最小范围;而有人却惊慌失措、盲目逃避加重事故伤害。因此,具有良好个性心理特征的人在处理危难紧急事件的时候,总能化险为夷或者减小损失。

人的个性心理特征是可以被认识并逐渐改变的,因此在我们企业的安全管理工作中,管理者要根据每个人所受的教育、所处生活环境、以往经历以及生理素质等的不同,认识每一名职工的个性,针对每名职工不同的个性心理特征,采取相应的安全教育管理手段,充分调动每个职工的安全生产责任感,实现安全生产。同时,针对职工的一些不良个性心理特征,也要通过安全心理教育手段,逐步改变职工不良个性,提高处理紧急事件的能力和水平。

2. 气质与安全管理

人们在日常生活中常说的性情、脾气、秉性,其实指的就是人的气质特点,这种气质特点与人的其他个性心理特征相比较,具有更强的稳定性。公元前5世纪古希腊医生希波克拉底把人的气质类型分为四种,即:多血质、黏液质、胆汁质、抑郁质。每一种气质类型的表现主要如下。

(1)多血质。主要心理特征表现:情绪兴奋度高,外部特征表现明显,反应速度快而灵活,不随意,具有可塑性,外倾性,但情绪不太稳定,心境变换快,注意力容易转移,易体验失败感和不快感。在日常生活中,这种气质类型的人,常动作言语敏捷迅速,活泼好动,待人亲切热情,喜欢和人交往、结交朋友,但又显得有些急性子脾气,粗心浮躁,这种人适合多变性多样性的工作和生活环境,典型代表如《水浒传》之武松。

(2)黏液质。主要心理特征表现:内倾性明显,情绪兴奋性低,反应速度慢而且不灵活;不随意,反应性弱,注意稳定且难以转移,抑制能力较强。在日常生活中常表现为稳重、安静、不易激动,沉默寡言,行动迟缓,性情温柔,慢性子脾气,善于忍耐,处事冷静而踏实,对人感情真挚而不丰富,这种气质类型的人严格恪守既定的工作制度和生活秩序,不为无谓的动因而分心,交际适度,不爱空谈,固定性有余,灵活性不足,对事物不够敏感,此类人适于做条理性强、持久性强、熟练性强和重复性的工作,典型代表如《西游记》之沙僧。

(3)胆汁质。主要心理特征表现:外倾显著,情绪兴奋性高,反应速度快,但不灵活。不随意反应性强,心境变换剧烈易冲动,情绪体验迅速而强烈,可塑性小,在日常生活中常表现出态度直率,精力旺盛,性情急躁,烈性子脾气,抑制能力差,这种气质的人能以极大的热情投身事业,勇于克服各种困难,但是当遇到比较大的挫折时,容易灰心,情绪沮丧而一事无成,此类人适合于做周期较短而且见效快的工作,典型代表如《三国演义》之张飞、《水浒传》之李逵。

(4)抑郁质。主要心理特征表现:严重内倾,情绪兴奋性低而体验深刻,不随意,反应性低,反应速度慢而不灵活。在日常生活中表现为对事物和人际关系观察细致,处事谨慎,机智敏感，多疑多虑，孤僻寡欢，柔弱易倦，动作缓慢，优柔寡断，不善社交，忍耐性差，易受挫折，使小性子，在工作中能任劳任怨，一丝不苟，认真负责，适合于做较为细致和持久性的工作。在特定的群体中，可能是一个容易相处的人，能胜任所委托的事情，这种气质的典型代表如《红楼梦》中为落花而立冢的林黛玉。

气质对人的行为有很大的影响。了解人的气质，对于安全管理工作有着重要的参考、指导意义。从气质的角度保障我们的现场安全，主要可以从以下几方面着手。

(1)合理配备、分配好组织成员。一个组织最好应该由不同气质类型的人构成，这样可以形成气质上互补，发挥气质的积极作用，克服气质消极的影响，使组织成员更加具有凝聚力和战斗力。如一个集体中既要有有威信、有号召力的人，也要有稳重踏实、细心谨慎的人，这样才能使组织成员各尽所能，各尽其才，有效地完成集体的各种工作。

(2)正确评价和认识个体的气质。气质类型虽然本身在心理特征和表现形式上有所区别，但其本身并没有好坏之分。无论哪种气质类型都有积极一面和消极一面。哪一种气质类型的人都有可能在工作中取得成绩，获得成功，因此，不能用好、坏来评价人的气质类型，这是失之偏颇的。

(3)根据职工的气质类型，合理安排工作岗位。管理者在给职工安排工作岗位时，要尽可能地考虑到职工的不同气质，使职工的气质与工作特点相符合、相适应，这样可以最大限度地保证安全。比如机务系统指导司机在组建机班过程中，要充分考虑到个体气质因素，尽量不让两名都很粗心的职工构成一个机班，而这从安全管理的角度讲也是不允许的。

3. 性格与安全管理

现实工作生活中，有的人总是活泼好动，而有的人则总是沉默寡言；有的人总是充满自信，而有的人则总是显得有些自卑；有的人办事动作迅速，而有的人则总是行动迟缓等，这些都是性格上的差异，这种对人、对己、对事的稳定态度和习惯化的行为方式，就是我们所说的性格。

性格是一个人独特、稳定的人格特征，是一个人主体意识的核心部分。性格表现了一个人的品德、价值观和世界观。性格是人性的集中表现，具有直接的社会意义。对人的善良爱心，对组织和团体忠诚尽责，对社会进步的无私奉献，对劳动和劳动产品的热爱，无疑对安全生产和事故预防有着积极的意义。反之，对他人敌意攻击，对组织和团体虚伪背叛，对社会进步的自私冷漠等，无疑是产生事故的潜在原因。

(1)气质与性格之间的关系

气质形成时间要比性格形成早，而且表现在先，不易变化。性格形成得较晚，表现在后，在社会生活条件影响下，性格比气质要容易发生改变。性格在形成过程中，受先期表现出来的气质影响，但是性格一旦形成又可以反过来影响或掩蔽气质。例如：胆汁质和多血质相混合的气质比黏液质和抑郁质的人，更容易形成勇敢、果断主动积极的性格特征；而黏液质的人更易形成稳重、顽强、忍耐自制的性格特征；抑郁质的人更容易形成细心、谨慎的性格特征。而热爱生活、关心组织和集体、具有较强事业心和责任心的人，就可以用情感意志的力量去中和多血质的分心、胆汁质的粗暴、抑郁质的悲观和胆怯、黏液质的迟缓。气质、性格有机结合起来，就构成了一个人的人格。知识和能力对于人格的社会性有一定的影响，但对人格的品质和倾向性没有必然的影响。解决了知识技能问题不一定能解决安全态度问题。

(2)性格结构的心理分析

性格的态度特征。表现在对他人、集体、工作、社会以及对自己的态度取向上。有的关心、热爱、真诚、勤恳、遵纪、自律，有的冷漠、仇视、虚伪、懒惰、自由散漫、自暴自弃。

性格的意志特征。表现在人对自己行为的自觉调节方式和水平上，在人的习惯化了的活动方式中表现出来。有的勇敢、果断、认真、具有目的性、自觉性、坚毅性和自制力；有的怯懦、软弱、马虎、具有盲目性、受暗示性、被动性、任性。

性格的情绪特征。性格的差异使人的情绪活动表现出不同的品质。有的情绪表现强烈，难以控制，波动性大；有的情绪表现冷静、容易控制，稳定持久。有的情绪饱满、积极乐观，总是处于愉快舒畅之中；有的情绪消沉，消极悲观，总是处于闷闷不乐之中。

性格的理智特征。性格的差异使人的认知过程表现出不同的特征。在观察事物时，有的注意细节，有的注意整体；有的主动有目的有计划不受干扰，有的被动易被他人影响易受环境干扰。在解决问题时，有的倾向稳妥保守，有的倾向创新冒险；有的爱独立思考，有的爱照搬别人的结论。各种性格特征在每个人身上总是构成相互协调、相互制约的统一整体，形成人在现实世界中的独特的精神风貌。

(3)性格与安全

人的性格与作业安全有着极为密切的关系，比如说公共汽车驾驶，事故发生率最低的并不是技术最好的司机，因为由于交通环境复杂多变，司机操作紧张，除了要求司机拥有高超娴熟的驾驶技术外，还要求司机有良好的性格，尤其是良好性格的情绪特征，如情绪的稳定性、持久性等方面的特征。可以说，个人性格的弱点是事故发生的潜在诱因。

①容易引发事故的性格类型

不良的性格特征，常常会酿成安全生产事故。那么，哪些性格容易引发事故呢？可参考图 4-6。

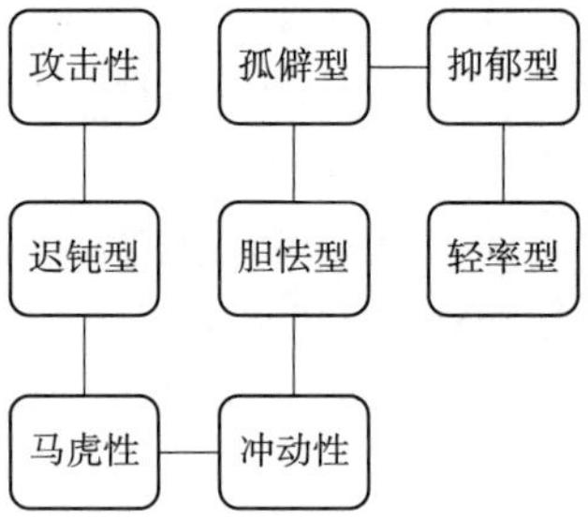

图 4-6　容易引发事故的八种性格类型

a. 攻击型：具有这类性格的人，常表现为妄自尊大，骄傲自满，喜欢挑衅，在工作中喜欢冒险，不接纳别人意见，争强好胜。这类人虽然一般技术比较好，但也很容易出大的事故。

b. 迟钝型：思维和反应迟钝，做事懒惰，行动缓慢，不爱操心，处理突发事件能力不足，这是导致事故发生的主要原因。

c. 马虎型：工作态度常常马马虎虎、敷衍了事，粗心大意，这往往是造成事故的直接原因。

d. 冲动型：性情不稳定，易受情绪感染支配，情绪波动大，容易冲动，在工作中易受情绪影响，忽视安全规程。

e. 胆怯型：遇事懦弱胆怯、缺乏主见，不敢坚持原则，不辨是非，人云亦云，不负责任，在某些特定情况下，也很容易造成事故。

f. 孤僻型：对人冷漠、性情孤僻固执，其性格多属于内向型，与单位同事的关系可能不好。

g. 抑郁型：这类人心境抑郁、浮躁不安，由于长期精神萎靡不振，心境闷闷不乐，干什么事情都提不起精神，因此，很容易因工作失误而造成事故。

h. 轻率型：这种人在紧急、困难情况下，或者在发生异常情况时，常表现为惊慌失措、优柔寡断或鲁莽行事、轻率决定，错失排除故障、消除事故隐患的良机，使一些本可以避免的事故最终发生。

上述不良性格特征，对安全生产极为不利，也对职工的工作产生消极的影响。平时针对具有不良性格特征的职工，要加强安全教育和安全生产的监督检查，尽可能安排他们在发生事故概率较小的工作岗位上。那些较易引发重大事故的工作岗位在聘用人员时要充分考虑其性格特征。

②根据性格差异进行科学有效的安全管理

要做好铁路安全管理工作，单靠领导干部是不行的，必须依靠全体职工，要使他们都能够严格地执行铁路各类规章制度，自觉维护铁路运营安全。虽然说一个人的性格具有相对稳定性，不是一朝一夕就能改变的，但作为班组管理人员，也要充分调动职工性格在积极方面的特性，努力克制消极状态。在培养职工良好的性格素质时要做到以下几点：一是要营造出一个安全舒适的工作环境；二是引导职工以不同方式进行自我修养，如自我分析、自我努力、自我控制等；三是在对职工进行安全教育时，要结合职工的不同性格采取不同的教育方法。

总之，在进行安全管理过程中，管理者必须正视职工的性格差异，了解和掌握职工性格属性。在顺应职工性格发展规律的同时加强其思想教育，促使职工思想认识的逐步转变，尤其对那些拥有不良性格的职工，更要注意教育的方式方法，要对他们因势利导，不可急于求成，要有耐心。要努力避免在安全管理时职工受到心理挫折，要处理好班组内人际关系，从而调动职工们安全生产的积极性。

4. 能力与安全管理

能力是安全生产的保证。在安全管理中应根据职工能力大小、现实表现等合理地分配其工作，用其长、补其短，充分调动职工的潜能。能力在安全管理中的运用体现在以下几个方面。

(1)了解不同工种、岗位对人员能力的要求。在安全管理中要考察、了解各工种或岗位的工作性质，确定该岗位人员实现安全生产的能力要求，制定不同的选人和用人标准。

(2)开展职工能力测评，以能选人、以能定岗。在选择或对职工进考核时，不应该把安全知识和操作技能作为唯一的指标，在有可能情况下，还应根据工种或工作岗位的实际要求，采用相应方式进行能力测试。

(3)安全组织管理是针对人的不安全行为的管理。一般包括安全方针目标的确定、规章制度的制定以及落实安全生产的监督与检查安全总结评比、安全教育与培训、奖励与惩罚等工作。这些工作需要我们的企业安全管理人员具有良好的人际沟通能力、缜密的思维能力、明晰的写作能力、流畅的口头表达能力。

(4)安全技术管理是针对物的不稳定状态所进行的管理。一般包括危险源的识别研判，还需要有一定观察能力和分析能力。

(5)工作必须与人的能力相匹配。人与人之间的能力是有差异的，这体现在能力水平和能力类型方面的不同。因此在安排职工工作时，要尽量根据其能力的水平和类型安排适当工作。

人的能力能够通过教育或训练形成和提高。对于大多数职工来说，不管原来素质以及个性心理特征怎样，通过教育和训练，个人能力都可以获得提高。但同时也必须清晰的认识到，培训所能达到的效果是有一定限度的，它主要受天赋的制约，也受人长时间生活过程中形成的心理特征制约。培训只能使职工“达到一定的能力水平”，而不能达到很高甚至最高的水平。不同的人所适宜从事的职业或岗位也不尽相同，因此，通过学习研究安全心理学的方法，通过能力测试选拔人员，既可以招收到适宜的人员，又利于节省培训经费，提高工作效率，保障现场生产和安全。

5. 影响作业安全行为的异常心理因素

影响作业安全行为的异常心理因素大致可以分为三类：疲劳、压力和挫折。

(1)疲劳

疲劳现象的出现是有一个过程，具有明显的积累特征，它大体上分为三个阶段：轻度疲劳阶段、一般疲劳阶段、重度疲劳阶段。

轻度疲劳阶段:疲劳感相对轻微,劳动效率不降低或稍有降低。

一般疲劳阶段:劳动效率下降明显,可被人体所觉察,但是随着工作的进行,疲劳感逐渐上升,但一般说来,这个阶段只会涉及产品的质量,对于产品的数量则影响不大。

重度疲劳:倦怠感强烈,作业者试图维持原来的工作进度,但这种情况不能持久,最终则是作业动作紊乱使人感到一种病态而无法继续工作。

消除疲劳、保障安全,可以采取以下几点措施:

①保证合理休息,消除生理疲劳;

②改善职工的工作环境;

③安排力所能及的工作;

④提高职工对单调工作的满意度。

(2)压力

人在现实生活中,总会有各种各样的压力,工作、生产、生活,我们也随时都在体验着压力的感觉。实际工作中,职工对情况认知的不同造成他们所体验到的工作压力也不同,比如说同样一件工作任务,张三认为是学习提高的好机会,而李四却认为是领导故意刁难找麻烦,那么他们二人对于这项任务的体验也是截然不同的;有经验的职工要比没有经验的职工压力要小;现场有没有旁观者也会对职工的内心压力产生影响;个体特征的差异也会对压力有着不同的体验。

(3)挫折

日常工作生活中,当人们所做的事情进行的不顺利或者失败,没有达到预期的目的,或者需要的物件得不到满足,人们便会感受到挫折。挫折的结果也有利有弊,有利的方面,它能够磨炼人的意志,丰富人的经验,增加和提高其解决问题的能力;不利的是,挫折会给个人心理带来的伤痕,严重时可能会导致人格分裂形成行为失常或心理疾病。因此,我们一方面正确认识和对待挫折,另一方面要设法减少挫折。

人们在遭受挫折的过程中,也从自身的经验中学会了如何去面对挫折,这种方式就是对挫折的适应方式,由于个体、个性、心理等的差异,面对挫折的适应方式也是多种多样,大致可以分为发泄紧张情绪、为自己找积极理由以解脱、代偿、升华等四种积极的适应方式,此外还有推诿、退化、冷漠、幻想、反向、投射等偏消极的适应方式。

五、群体心理与安全

在这个社会之中,任何人都不可能孤立存在,总是工作和生活在一个或者若干个群体之中。而群体也作为社会环境以它自身的特点影响并制约着群体内人们的活动,与此同时,人们为了适应群体环境,也会表现出与个体或单独情况下所不同的心理状态和行为举止。研究和掌握群体中的个体行为、人际关系、群体凝聚力,对于更好发挥群体作用、保障现场作业安全,具有十分重要的作用。

群体作为成员学习交流以及工作生活和场所,大家在通过工作得到满足的同时,个体部分需求的同时,也在通过群体中获得以下四种心理需求:

(1)获得归属感和依赖感;

(2)获得安全感;

(3)满足自尊的需要;

(4)增加自信心和力量感。

六、影响安全生产的心理和行为

人的行为是受人的内在生理、心理和环境因素相互作用影响的。分析人的不安全行为表现时，分清是生理还是心理的原因、是主观还是客观的原因十分必要。通过研究、分析人的不安全心理和行为，人的行为实质等，进一步通过管理、教育、监督、检查等手段来控制、调整、激励人的安全行为，避免和克服不安全行为，最终达到铁路的安全生产目的。

1. 影响安全的心理

人的行为过失、不安全行为及不安全状态，都可以直接导致事故的发生，而这些大多数情况下都是由于人的思想、行为相对于安全规程及安全状态发生了偏差而造成的，这种偏差产生的原因，离不开人的心理活动。

良好的安全心理活动可以发挥人的积极性、主动性、创造性，可以为提高安全效果提供稳定可靠的保障。在实际工作中，如果使工人保持良好的心理状态，有一个稳定的心态，安全就会在很长一段内呈现稳定的势头。我们在事故分析中，总结出容易发生事故的 10 种心理状态。

(1)省能心理

人类在同大自然长期斗争和生活中养成了一种心理习惯，总是希望以最小能量，或者说付出最少，但获得最大效果。工作中有了这种心理，就会产生简化作业程序的违章行为，贪图眼前的少许利益，往往失去的是更大的利益，这是在安全生产上造成事故的典型心理因素之一。

(2)侥幸心理

在研究分析事故案例中可以发现，明知故犯的操作占有相当的比例。有的违章人员不是不懂操作规程，也不是技术水平低，在他们看来"违章不一定出事，出事不一定伤人，伤人不一定是我。"这实际上是把事故的偶然性绝对化了。有的时候由于偶然的原因侥幸能避免灾祸，但现实生产中妄图通过偶然的因素取得成功或避免灾害，那么本该避免的灾祸往往避免不了。"下不为例"却又屡屡再犯，"凭经验办事"等这些行为都是事故的毒苗。

(3)逆反心理

某些条件下，个别人在好胜心、好奇心、求知欲、偏见、对抗情绪等心理状态下，产生与常态心理相对抗的心理状态，偏偏去做不该做的事情，即逆反心理。由于管理者工作态度，或奖金分配不公平等工作原因或个人恩怨，职工常存在不满情绪，处处与领导作对，有时发泄到工作中，这种主观的违纪违章，严重影响安全生产。

(4)轻视心理

在一些管理者潜意识中价值观还是见物不见人，没有真正形成"以人为本"的价值理念。对待安全往往满足于表面化和形式化。具体表现有三种现象："亡羊补牢"现象。对安全生产工作平时不重视，把安全工作停留在口头上、文件里，事故隐患不及时排除，直至发生事故才悔之晚矣。"愚民政策"现象。有的单位出了事故欺上瞒下，大事化小，小事化了，极尽内部"摆平"。"归于外因"现象。出了事故不是从主观上找原因，而是怨天尤人，归因外部，没有找出真正原因就敷衍了事、总结定论。

(5)盲目自信

有些时候职工自认为对设备非常熟悉或自认为操作任务简单，盲目自信，不认真核对设备编号，不唱票，不复诵，监护制度流于形式，随便看一眼，甚至连看都不看，就进行操作，最终导致事故发生。有些职工能力不强，但自信心过强；有些职工经验主义思想严重，不按规章做事，习惯于臆测行事……这些行为都是生产中要不得的。

(6)从众心理

从众心理是人在社会群体中产生的一种人际关系的心理反映。一方面是人在思维上的惰性,不愿进行思考,希望能从别人那里直接获得答案或者结果;另一方面是人在心理上存在惯性,他们习惯听从和执行别人的命令,而不是自己去思考、发挥和随机应变。当他们独立面对问题时,往往找不到思考和判断的立足点,同时他们对自己也缺乏信心,因而不能及时处理设备隐患,造成事故的发生。

(7)麻痹大意

有些职工认为自己工作时间长、经验多、从来未发生过事故等,从而“也不过如此”的思想慢慢形成,工作中随意性大,不仔细查,不认真看的行为慢慢养成。这种麻痹心理,其危害性在于有了麻痹心理就会逐渐丧失自我保护意识、降低人的感知觉的兴奋程度,出现抑制或愚钝,从而不能有效地预见事故。

(8)情绪心理

情绪是影响行为的重要因素,不良的情绪状态是引发事故的根本原因。情绪波动,心神恍惚,主要受社会、家庭环境等客观条件的影响,诸如:家庭暴力、离婚、家庭成员患重病或死亡、子女就业困难、家庭不和睦、操心日常开支、本人患病、人际关系出现问题等,往往会产生烦躁、神志不安、思想分散、顾此失彼、手忙脚乱,或者高度兴奋、手舞足蹈、得意忘形等思想状态,从而导致不安全行为的发生。

管理者在安全管理中要善于了解职工的精神状态,某段有个班组总结出“三看”(班前看情绪、班中看表现、班后看贡献),“三知五必访”等非常有效。此外在和职工日常接触中通常还要注意如下心理状态:低沉、兴奋、好奇、紧张、急躁、抵触、厌倦,这些情绪对于安全生产的影响作用不可低估。

(9)好奇乱动,无意酿祸

有的新工人,看到什么都新鲜,乱动乱摸,致使一些设备处于不正常、不安全状态;也有的老工人串岗到其他岗位,无意乱动,其结果都危及本人,甚至殃及他人。

(10)工作枯燥,厌倦心烦

铁路一线工人的工作往往是重复操作,容易产生心理疲劳,久而久之便会形成厌倦心理。工作中警惕性不高,有些危险没能及时意识到造成的伤亡不在少数。如某电工进行变压器避雷实验,当天已完成 7 台,在进行第 8 台测试时,由于心理疲劳,感觉乏味,一时走神,违章触电,导致死亡。

当前社会竞争日趋激烈,铁路企业职工工作压力较大,职工心理问题亟须重视。深入做好心理训练、疏导和调试工作,不断增强职工的适应能力、承受能力、自控能力和化解能力,使职工遇到困难事知道如何解决,心中的不满有倾诉的对象,而不是朝着泄愤、报复方向发展,这是铁路企业安全稳定持续发展的基础保障之一。

2. 影响安全的行为

(1)人的行为失误概念

人的不安全行为是导致许多事故的直接原因,在安全生产中研究不安全行为的发生原因及预防措施具有重要意义。

人失误是指人的行为的结果偏离了规定的目标,或超出了可接受的界限,并产生了不良的影响。发生的原因有两个方面,一是由于工作条件设计不当,二是由于人的不恰当行为引起的人失误。

(2)人失误的分类

①按人失误原因,将人失误分为三类。

随机失误。由于人的行为、动作的随机性质引起的人失误。例如,操作时用力的大小,精确度的变化,操作的时间差等。随机失误往往是不可预测、不能重复的。

系统失误。由于系统设计方面的问题或人的不正常状态引起的失误。系统失误主要与工作条件有关,在类似的条件下失误可能发生或重复发生。

偶发失误。偶发失误是一些偶然的过失行为,它往往是事先难以预料的意外行为。

有时对人失误的分类也不是很严格的,同样的人失误在不同的场合可能属于不同的类别。例如,坐在控制台前的两名操作工人,为了扑打一只虫子而触动了控制台上的启动按钮,造成设备误运转,属于偶发失误。但如果控制室里蚊子很多,又无有效的灭蚊措施,该操作工人的失误应属于系统失误。

②按人失误表现形式,将人失误分为三类。

遗漏或遗忘、做错和进行规定以外的动作。

做错又可分为几种情况:弄错、调整错误、弄颠倒、没按要求操作、没按规定时间操作、无意识的动作、不能操作。

(3)从心理学角度看人失误的原因

认知心理学认为,"感觉(信息输入)→判断(信息加工处理)→行为(反应)"构成了人体的信息处理系统,所谓不安全行为就是由于信息输入失误导致判断失误而引起的误操作。按照"感觉→判断→行为"的过程,可对产生不安全行为的典型因素作如下的分类。

①感觉(信息输入)过程失误,如没看见或看错、没听见或听错信号,产生的原因主要有:

a. 信号缺乏足够的诱引效应

即信号缺乏吸引操作者的注意转移的效应。为确保及时发现信号,仅依赖操作者的感觉是不够的,关键在于信号必须具备较高的诱引效应,以期有效地引起操作者的注意。

b. 认知的滞后效应

人对输入信息的认知能力,总有一个传递滞后时间。如在理想状况下,看清一个信号需0.3 s,听清一个声音约需1 s,若工作环境由于其他因素干扰,这个时间还要长些。若信息呈现时间太短,速度太快或信息不为操作者所熟悉,均可能造成认知的滞后效应。因此,在有些人—机系统中,常设置信号导前量(预警信号),以补偿滞后效应。

c. 判别失误

判别是大脑将当前的感知表象的信息和记忆中信息加以比较的过程。若信号显示方式不够鲜明,缺乏特色,则操作者的印象(部分长时记忆和工作记忆)不深,再次呈现则有可能出现判别失误。

d. 知觉能力缺陷

由于操作者感觉通道有缺陷,如近视、色盲、听力障碍,不能全面感知知觉对象的本质特征。

e. 信息、歪曲和遗漏

若信息量过大,超过人的感觉通道的限定容量,则有可能产生遗漏、歪曲、过滤或不予接收现象。输入信息显示不完整或混乱,特别是噪声干扰。在这种情况下,人们对信息的感知将以简单化、对称化和主观同化为原则,对信息进行自动的增补修正,其感知图像成为主观化和简单化后的假象。此外,在人的动机、观念、态度、习惯、兴趣、联想等主观因素的综合作用和影响,也会将信息同化改造为与主观期望相符合的形式再表现出来。如小道消息的传播,越传越走样,就是一个典型的例子。

f. 错觉

错觉对客观事物不正确的知觉,它不同于幻觉。它是在客观事物刺激作用下的一种对刺激的主观歪曲的知觉。错觉产生的原因往往是由环境、事物特征、生理、心理等多种因素引起的,如环境照明、眩光、对比、物体的特征、视觉惰性等都可引起错觉。

②判断(信息加工处理)过程失误

正确的判断,来自全面的感知客观事物,以及在此基础上的积极思维。除感知过程失误外,判断过程产生失误的原因如下。

a. 遗忘和记忆错误

常表现为没有想起来、暂时记忆消失、过程中断的遗忘,在作业时,突然因外界干扰,如接听电话、别人召唤、外环境的吸引等使作业中断,等到继续作业时忘记了应注意的安全问题。

b. 联络、确认不充分

常见有如下情况:联络信息的方式与判断的方法不完善、联络信息实施的不明确、联络信息表达的内容不全面、信息的接收者没有充分确认信息而错误领会了所表达的内容。

c. 分析推理失误

多因受主观经验及心理定势影响,或出现危险事件所造成的紧张状态所致。在紧张状态下,人的推理活动受到一定抑制,理智成分减弱,本能反应增加。有效的措施是加强危险状态下安全操作技能训练。

d. 决策失误

主要表现为延误做出决定时间和决定缺乏灵活性。这在很大程度取决于个体的个性心理特征及意志的品质。因此,对一些决策水平要求较高的岗位,必须通过职业选拔,选择合适的人才。

③行为(反应)过程失误

常见的行为过程失误的原因主要如下。

a. 习惯动作与作业方法要求不符

习惯动作是长期在生产劳动过程中形成的一种动力定型,它本质上是一种具有高度稳定性和自动化的行为模式。从心理学的观点来看,无论基于什么原因,要想改变这种行为模式,都必然有意识地和下意识地受到反抗,尤其是紧急情况下,操作者往往就会用习惯动作代替规定的作业方法。减少这类失误的措施是机器设备的操作方法必须与人的习惯动作相符。

b. 由于反射行为而忘记了危险

因为反射(特别是无条件反射)是仅仅通过知觉,不需要经过判断的瞬间行为,即使事先对这一不安全因素有所认识,但在反射发生的瞬间,脑中却忘记了这件事,以致置身于危险之中。反射行为造成的危害的情况很多,特别是在危险场所,以不自然姿势作业时,一旦偶然的恢复自然状态,这一瞬间极易危及人身安全。如有一埋头伏案设计的电气工程师忽然想起要测一下变电站电机的相应尺寸,于是没换工作服穿着长袖衫到低矮的变电间屈身蹲下去实测,头上有高压线,正当测量时,右手衣袖脱卷,他下意识地举起右手企图用左手卷上右衣袖,结果右手指尖触及电线而触电死亡。因此,进入危险场所必须有足够的安全措施,以避免反射行为造成伤害。

c. 操作方向和调整失误

操作方向失误主要原因有：有些机器设备没有操作方向显示（如风机旋转方向），或设计与人体的习惯方向相反。操作调整失误的原因主要是，由于技术不熟练或操作困难，特别是当意识水平低下或疲劳时这种失误更易发生。

d. 工具或作业对象选择错误

常见的原因有：工具的形状与配置有缺陷，如形状相同但性能不同的工具乱摆乱放，记错了操作对象的位置、搞错开关的控制方向。如有一井下巷道装岩机司机，要前进却按了"后退"的按钮，致使装岩机后退将其挤压于岩壁而死亡。此外工作中误选工具、阀门及其他用品等行为也屡见不鲜。

e. 疲劳状态下行为失误

人在疲劳时由于对信息输入的方向性、选择性、过滤性能低下，所以会导致输出时的程序干扰，行为缺乏准确性。

f. 异常状态下行为失误

人在异常状态下特别是发生意外事故生命攸关之际，由于过度紧张，注意力只集中于眼前能看见的事物，丧失了对输入信息的方向选择性能和过滤性能，造成惊慌失措，结果导致错误行为。如井下火灾或爆炸、高层建筑失火、高炉事故等，缺乏经验的人，常会无目的地到处奔跑或挤向安全出口，使灾害扩大，故应平时进行实况演习和自救训练。此外，如睡眠之后，处于朦胧状态，也容易出现错误动作。高空作业、井下作业由于分辨不出方向或方位发生错误行为。低速和超低速运转机器，易使人麻痹，发生异常时，直接伸手到机器中检查，致使被转轮卷入等。

七、安全心理与行为控制

人是生产活动中最活跃、最重要的因素，人也是操作设备、改变环境的主体。铁路生产安全管理，主要是对人、设备和自然环境的安全防护的管理，其中，对人的管理是核心。在安全生产中人的因素是主导、管理因素是关键、物的因素是基础、环境因素是条件。避免事故的关键在于提高人的安全意识。

1. 加强职业道德建设，进一步强化职工"安全第一，预防为主"的思想理念

铁路安全管理实质上是对职工安全生产积极性和创造性保护，同时也是对不安全的人和事进行制约和限制，人与人、人与事之间关系要结合安全文化建设，通过多种渠道，多种形式使干部职工牢固树立"安全高于一切""安全是最大的效益""安全第一，预防为主"的思想，引导教育职工正确处理安全与效益的关系，从而增强职工安全意识和遵章守纪的自觉性。

各级领导干部要深入车间班组，与一线职工面对面、心交心，摸清职工思想上影响安全的不利因素，及时消除事故隐患。作为车间、班组管理人员，要担当职工的"心理医生"，及时掌握各个时期职工的思想动态。同时，要加强职工的思想教育和引导，使职工树立正确的人生观、价值观，正确认识安全生产规律，这是预防事故、保障安全、杜绝"三违"的思想基础。

2. 运用安全文化手段，营造"大安全"的氛围

要在铁路企业内部营造人人讲安全、事事讲安全的环境和氛围，建立职工共同的安全需求和价值取向，使每名职工都在这个"安全文化场"中工作，都受到"场"力的吸引，将自己的行为自然地用安全文化进行规范。营造浓厚的安全文化氛围，要注重抓好三个环节：一是日常性的安全文化活动要以班组为单位开展。班组是企业的细胞，班组的安全文化活动搞得好，才能增

强企业整体的安全文化活力。二是安全文化建设要与铁路企业的日常工作相结合。安全文化是一门艺术，生产劳动也是一门艺术，生产的过程就是保安全的过程，就是艺术创造的过程，明白了这个道理，日常的生产生活就不是枯燥无味的，而是充满挑战、充满乐趣的。三是安全文化建设要用发展的眼光，面向未来，着眼持久。营造一种氛围是短期的，而保持并发展这种氛围则是长期的，安全文化建设要克服短期行为和功利主义的影响。

3. 加强安全文化教育，提高职工安全素质

安全文化建设的实践之一就是要提高全员的安全文化素质。不同的对象对其安全文化的内容和要求是不一样的，不同的对象需要采取不同的安全文化建设，如管理、宣传、教育等方式。人的行为受心理、生理等内部因素的支配和作用，也受人文环境和物态环境等外部因素影响和作用，因此人的行为表现出其动态性和可塑性。这样，对于行为的控制和管理就需要动态、变化的方式与之相适应，要靠艺术、形象、美感的技巧才能达到理想的效果。因此，安全文化活动需要定期与非定期相结合；安全教育在必要的重复基础上，需要艺术的动态；安全宣传有技巧与关键；安全管理要从简单的监督检查变为艺术的激励和启发等。

4. 以安全心理学为指导，创新安全管理机制

先进科学的管理理念，要有与之相适应的管理机制和具体的管理方法作保证。铁路现有的规章、制度已经很完善，但涉及操作规程方面的较多，依据心理学知识，注重“以人为本”对人员的管理方法、规程、措施还比较欠缺。人有趋利避害的本能，规章制度在有外界监督的情况下能够得到较好的履行，那么在单独作业、无人监控时如何保证其安全？许多现实的问题需要我们做更加深入、更加细致、更加科学的分析。如果工作中能够让职工充分认识到了作业中存在的危险性，提高对后果严重性的认识，职工就会相应地提高安全意识，就能够提高自我约束、自我防范的能力。努力激发职工安全自保的本能意识，增强在无人监控的情况下的自我安全保障能力，变“要我安全”为“我要安全”。

5. 建立自我调节管理机制

自我调节就是自我控制，做到自觉遵守安全操作规程和劳动纪律，保证安全生产。从心理学的角度来分析，人的精神状态与工作效率成正比。但是，精神状态与安全状态不一定是正比的关系。精神状态的高潮期或低潮期属情绪不稳定时期，最容易发生差错或失误，属事故多发期。精神状态处于精神稳定期，这时能力发挥最稳定，工作起来有条不紊，不易发生事故。据此，要努力提高职工的个人修养，学会自我调节精神状态，要有自制力。人逢喜事容易冲动，要告诫自己保持冷静、淡然的心态，记取乐极生悲的教训；遇到困难和挫折打击时不要气馁，要有广阔的胸怀，宠辱不惊，努力摆脱激情的不利影响；工作压力大或精神状态欠佳的时候，要合理安排工作，劳逸结合；业余时间多参加文娱、体育健身活动，忘却烦恼或找知心朋友、同事、领导倾诉，沟通思想释放压力，自我调节紧张状态。

6. 建立相互调节、相互制约管理机制

相互调节、相互制约就是要相互提醒、相互帮助、相互制约，共同搞好安全生产工作。人际关系之间的相互理解、默契和支持，会对双方心理状态产生重大的影响。稳定的心理状态与人的安全行为紧密相关，因此，相互调节、相互制约对安全生产起着重要的作用。相互调节、相互制约分群众调节和制约，领导调节和制约，组织调节和制约。

群众调节和制约，就是人与人之间要形成良好的人际关系，相互关心、相互爱护，相互帮助、相互提醒。常言说，拉拉袖子牵牵手。看到违章现象时要立即制止和纠正。在现实生活中，因一句话、一挥手而避免和防止了事故发生的事例是不胜枚举的。相互调节、制约就能使

我们的周围形成人人、事事、处处讲安全的良好氛围。

领导调节和制约。就领导个人而言，一方面要以身作则，遵纪守法率先垂范，决不违章指挥；另一方面要敢抓敢管，认真组织好本单位的安全生产工作，坚决贯彻执行上级有关安全生产的指示精神，严格落实安全生产责任，建立健全安全生产规章、制度、操作规程。

组织调节和制约。就是单位要做好安全宣传教育、培训工作，增强全员安全生产意识，提高职工安全素质，尤其要做好安全心理素质和自我保护能力的提高。根据铁路工种繁多、流动分散、点多线长的特点，可以分层次、分专业、分对象、分期分批进行培训。既抓全员教育，又突出抓重点对象的安全教育，形成人人懂安全、人人要安全的安全文化环境。

7. 建立事故分析管理机制

运输安全的事后管理即运输事故发生后的安全管理工作，它是运输安全系统管理中不可缺少的重要组成部分，是一项政策性、权威性、技术性和后效性很强的工作。

规章制度是用血的教训写成的。认识和把握事故的运动规律；挖掘事故信息资源；实事求是地分析事故；有效利用事故信息资源；建立健全事故档案；日后工作中吸取教训，遵章守纪、标准作业，这是安全生产制胜的法宝。加大对作业现场的监控和违章违纪的考核力度，不给偷懒者任何可乘之机。同时，班前提醒、班中督促、班后教育也是十分必要的。

8. 重视职工身心健康，确保安全生产

我们常常提出希望通过培训来提高职工的素质，但往往强调他们的思想素质、技术素质和身体素质，而忽视了他们的心理素质。虽然思想素质、技术素质、身体素质不可少，但它们都要受心理素质的制约，必须重视心理素质的培养。从事生产的劳动者产生的各种心理过程都带有个人的特点，相同的客观事物作用在不同的操作者身上会引起不同的反应，反应不同，人的行动自然也不一样。因此，相同类型和环境的作业中，有的人很少发生事故，而有的操作者就容易发生事故，这是值得管理者深思的问题。

职工安全心理和安全态度的形成，不是自发产生的，可以说是一个自觉学习的过程。对职工进行安全心理培训，就是要运用心理学这个手段，建立职工安全心理模型，形成安全心理定势，提高安全心理容量，从而使职工在生产中能够根据客观情况的变化做出适应性的反应，用心理指导行为达到安全生产的目的。

职工安全心理培训是一个新内容、新任务。培训工作要采取逐步展开的方式，内容从简到繁，方式由易到难，做到经常化、渐进式，有计划、有步骤、有程序地进行。通过培训，使职工自觉地控制心理活动，指导好自己的工作行为，保障安全生产的正常进行。

9. 心理调适机制

心理调适就是采取一定的手段将容易引发事故的不良心理状态，调节到有利于操作安全的心理状态。

做好情绪控制和调节工作。情绪对安全的影响极大，发挥情绪对安全的积极作用，避免其不利影响，引导职工学会控制自己的情绪，做到胜不骄、败不馁，遇到高兴的事情，要平心静气，不能忘乎所以；遇到不顺心的事，要不为逆境所困，拿得起、放得下，及时解脱。只有保持良好的心理状态，才能具有充沛的精力、旺盛的斗志，才能减少工作中的失误，保证安全生产。

操作人员的性格调节。人的性格与安全生产有着极为密切的关系，无论技术多么好的操作人员，如果性格不好，马马虎虎，也会发生事故，因此加强职工自我修养十分必要。工作中随着立场和观点的变化，性格也会随之变化，引导职工增强和巩固好的性格，改造和丢弃不良性格，使自己不断进步，做一个有崇高理想、高尚情操和优良作风的操作人员，这是管理中十分重要的问题。实践证明，很大一部分不安全行为是由职工思想麻痹、注意力不集中、判断不准确等心理因素造成的。因此，从研究职工的情感、态度、意志、精神状态、注意力等个性心理特征出发，建立相应的心理调适机制。及时发现职工心理异常，加强异常心理预防。适时进行相关安全心理教育、安全心理矫正、安全思想教育，培养职工积极的安全心理，使其不断提高自我保护意识，养成良好的自觉安全行为习惯十分必要。

主要调试方法包括：安全心理讲座、谈心、观看安全教育录像片、安全知识竞赛、安全主题演讲会、安全板报、事故预想、危险点分析等。

10. 激励与安全生产

安全行为的激励是进行安全管理的基本方法之一，根据安全行为激励的原理，可把激励的方法分为以下两种。

(1)外部激励。所谓外部激励就是通过外部力量来激发人的安全行为的积极性和主动性，如设安全奖、改善劳动卫生条件，开展安全竞赛等手段和活动，都是通过外部作用激励人的安全行为。严格、科学的安全监察、监督、检查也是一种外部激励的手段。

(2)内部激励。内部激励是以提高职工的安全生产和劳动保护自觉性为目标的激励方式，通过增强安全意识、素质、能力、信心和抱负等起作用。内部激励的方式很多，如更新安全知识、培训安全技能、强化观念和情感、理想培养、建立安全远大目标等等。

外部激励与内部激励都能激发人的安全行为。但内部激励更具有推动力和持久力。前者虽然可以激发人的安全行为，但在许多情况下不是建立在内心自愿的基础上，一旦物质刺激取消后，又会回复到原来的安全行为水平上。而内部激励发挥作用后，可使人的安全行为建立在自觉、自愿的基础上，能对自己的安全行为进行自我指导、自我控制、自我实现。从安全管理的方法上讲，两种方法都是必要的。作为一个安全管理人员，应积极创造条件，形成人的内部激励的环境，同时也应有外部的鼓励和奖励，充分地调动每个领导和职工的安全行为的自觉性和主动性。

安全管理机制的管理对象是人和物，而对物的管理最终也是对人的管理。激励是安全管理的“高线”，它使职工明确努力的方向和达到目标的途径；约束是管理的“基线”，它是职工基本的行为准则。建立符合安全文化要求的激励机制和约束机制，要从人的行为特性出发，利用现代管理理念，逐步把管理和被管理的关系转变为契约关系、责任关系、效益关系，形成一个奖罚公开、标准公平、考核公正、彼此双赢的氛围。

总之，在企业的生产经营活动中，人是最宝贵、最活跃的生产力，各级领导、安全技术人员、特别是操作者要学习安全心理学知识，掌握心理活动规律，在事故发生前调节和控制操作者的心理和行为，将事故消灭在萌芽状态。这无疑会对安全生产起到积极的作用。班组管理工作坚持以人为本，注重研究和掌握职工生理和心理状态及其变化趋势，自觉地将实情、亲情、真情和深情融为一体，使职工始终有一个好的心情和心境，才能充分调动职工确保安全生产的积极性，为构建和谐企业，推进和谐铁路建设作出应有的贡献。

第二节　安全双重预防机制

构建安全风险管控和隐患排查双重预防机制，是国务院对发展与安全进行统筹，对加强改进新时期安全生产工作的重要部署；是新形势下推动安全生产领域改革创新的重大举措，是贯彻人民至上、生命至上，坚持安全第一，落实企业安全生产主体责任、提升本质安全水平的治本之策。铁路企业各系统、各部门、各层级应认真贯彻落实习近平总书记关于安全生产重要论述精神，依法推进安全风险管控和安全隐患排查治理双重预防机制，以全员开展安全风险辨识和分级管控为基础，运用现代安全管理和事故预防理论，规范具体工作程序和方法，最大限度把各类安全风险控制在可接受范围内；以安全隐患排查和治理为手段，全面排查治理安全风险管控过程中出现的漏洞和风险控制失效环节，促进安全生产持续稳定。

一、安全双重预防机制建设的目的与意义

构建安全风险管控和隐患排查治理双重预防机制就是针对安全生产领域"认不清、想不到"的突出问题，强调安全生产的关口前移，从安全隐患排查治理前移到安全风险管控。要强化风险意识，分析事故发生的全链条，抓住关键环节采取预防措施，防范安全风险管控不到位演变成事故隐患、隐患未及时被发现和治理演变成事故。

构建安全风险管控和隐患排查治理双重预防机制，是准确把握铁路安全生产的特点和规律，坚持目标导向和问题导向，人防、物防、技防综合施策，推进安全关口前移、源头治理、超前防范的重要举措；是把安全风险控制在安全隐患形成之前、把安全隐患消除在事故发生之前，有效防范和遏制高铁和旅客列车安全事故的重要手段。

二、安全双重预防机制建设目标与内容

1. 建设目标

构建安全双重预防机制就是要形成有效管控安全风险、排查治理安全隐患、防范和遏制事故的思想共识，推动建立领导有力、监管有效、责任落实、全员参与的工作格局，形成安全风险自辨自控、安全隐患自查自治的常态化机制，切实提升安全生产整体预控能力。构建安全双重预防机制，要形成安全风险管控和隐患排查治理双重预防性工作体系，使安全生产管控能力得到显著提升。

2. 主要内容

(1)开展风险辨识研判，形成安全风险库；
(2)明确岗位安全风险管控措施；
(3)依法开展安全风险警示公告；
(4)形成安全风险分级管控机制；
(5)开展隐患排查，形成安全隐患库；
(6)实施安全隐患排查治理；
(7)形成安全隐患排查治理闭环管理机制；
(8)依托安全管理综合信息系统有效运行安全双重预防机制。

三、术语和定义

安全风险——可能导致人员伤亡或财产损失的危险源或各种危险有害因素，是事故发生的可能性和后果严重性的组合。

重大安全风险——可能导致人员群死群伤，或旅客列车冲突、脱轨、火灾、爆炸，或重大经济损失，或引起媒体和公众强烈关注的安全风险。

较大安全风险——可能导致人员伤亡，或其他列车冲突、脱轨、火灾、爆炸，或较大经济损失，或引起媒体和公众普遍关注的安全风险。

一般安全风险——可能导致人员伤害，或发生安全险情，或设备设施损坏的安全风险。

低安全风险——可能危及人员安全，或导致中止行车，或设备设施故障的安全风险。

风险评估——对危险源所伴随的风险进行定性和定量的分析预判，以确定风险等级，分析论证现有管控措施的充分性，以及是否可接受或可容许的过程。风险评估的过程也是风险分级的过程。

安全风险警示——安全风险变化转移或管控效果不好，有可能导致安全事故，应及时进行安全风险预警，明示存在的安全风险、等级、可能导致的安全危害，提出加强安全风险管控的要求。

安全隐患——安全风险管控失效后形成的缺陷或漏洞，主要包括人的不安全行为、物的不安全状态、环境的不安全因素和管理的缺陷。

重大隐患——危害程度较大，可能引发严重后果的安全隐患。危及高铁和旅客列车安全、以及可能造成人员群死群伤和重大经济损失的隐患。

一般隐患——其他危害程度较小，发现后能够及时整改排除的安全隐患。

危险源——可能导致事故发生的不安全因素的根源、状态或行为，或它们的组合。

危险源辨识——识别危险的存在并确定其特性的过程。

四、安全风险管控机制

（一）安全风险辨识研判

1. 安全风险辨识研判组织流程

安全风险辨识研判由车间组织工区（班组）、站段组织车间、专业部组织站段、集团公司组织专业部，采取逐级负责、自下而上的方式。针对铁路安全风险全系统、全过程和易发多变的特点，突出高铁、客车、旅客列车及安全关键，通过安全座谈会、集中研讨、现场调查、安全生产全过程分析等方法，结合监测检测、安全信息和事故故障致因，辨识全过程安全风险，特别是规章制度、技术标准、生产组织、作业行为、设备状态、结合部、外部环境、季节性特点、恶劣天气、自然灾害和应急处置等方面存在的安全风险。

安全风险辨识可依托相关安全数据平台，运用大数据技术，综合分析监督检查问题、监测检测信息、安全信息和事故故障致因，全过程深入辨识显性、潜在的风险。也可通过梳理生产组织过程、作业流程或某一作业环节，科学合理划分并梳理明确危险源，遵循大小适中、功能独立、易于管理、范围清晰的原则，对危险源所涉及的风险点进行划分，运用事故树等方法标注危险源、风险点，解决好操作层面上某一风险中包含多个具体风险源应当如何区分和管理的问题。辨识过程中要高度关注安全决策、专业管理、人力和投入保障、考核机制等源头性安全风险，持续探索辨识未知安全风险，确保安全风险辨识及时、准确、全面、覆盖全员。

2. 安全风险辨识研判方式

安全风险辨识研判主要认定期集中和动态辨识两种方式开展。集团公司每年组织开展一次全面、全过程安全风险辨识，专业部门每半年组织专业系统开展一次安全风险辨识。当安全生产要素、生产环境变化时，要开展动态安全风险辨识，研判在安全管理、技术规章、生产组织、作业环节、设备质量、环境因素、职工素质等方面可能出现的安全风险。

3. 安全风险辨识研判参考规章制度

安全风险辨识研判具体可参考《铁路交通事故应急救援和调查处理条例》《铁路交通事故调查处理规则》对各类铁路交通事故构成要素的描述，以及发生耽误列车、危及行车安全或影响列车正常运行的各类设备故障致因的分析开展风险辨识研判；同时，参考《企业职工伤亡事故分类》(GB 6441)、《生产过程危险和有害因素分类与代码》(GB/T 13861)分析生产经营过程中的危险、有害因素，综合开展风险辨识研判。

(二)安全风险辨识方法

安全风险辨识首先要考虑的就是系统存在的能够致害的能量，致害能量决定了危险源的潜在危险性；辨识风险源时必须明确风险源的存在状态，以及是否采取了有效的约束措施，既包括具体装备设施，也包括管理制度、作业规程等，这些都是安全风险辨识的重要依据。

1. 作业危害分析法(JHA 法)

是指从作业活动清单中选定一项作业活动，将其分解为若干个相连的工作步骤，识别每个工作步骤的潜在危险有害因素，然后通过风险评价判定风险等级，制定控制措施。是一种定性风险分析方法。主要用于在每项作业开始前，用于识别工作过程中可能存在的危险有害因素。该方法重点关注的是作业人员、工作任务、使用工器具以及工作场所环境之间的关系。目的是在识别出不可控的危险有害因素时，能够按部就班地采取有效控制措施，消除风险或者使风险降低到可以接受的水平。

作业危害分析法主要用来进行设备设施安全隐患、作业场所安全隐患、员工不安全行为隐患等的有效识别，被广泛应用于军事、航空航天、原子能及化工等行业生产和工程施工的各个环节。例如：2005 年中国神舟六号飞船发射升空前，曾组织有关专家对 327 个活动或部件进行风险分析，并根据风险分析结果制定了可靠的控制措施和相应的应急预案，保证了神舟六号飞船的成功发射。

以下类型的工作可优先采用作业危害分析法：伤害和职业病概率较高的作业；可能诱发潜在严重工伤、职业病或其他疾病的作业；即使之前未发生过事故，因人为失误能够导致严重工伤或职业病的作业；现场操作程序、工作环境变化时的作业；工作较为复杂，需要书面指示的作业等。

工作危害分析方法具有以下特点：

(1)方法简单易行。工作危害分析方法较为直观，分析过程简单，计算过程易于掌握，适于全员进行风险识别和管理的推广。

(2)要求分析人员具备丰富的安全经验。伤害发生的可能性和严重程度，需要掌握企业的安全管理状况和具有丰富经验的人才可能做出尽可能准确的判断。

(3)工作危害分析法实现了对工作场所和作业活动的全面覆盖。工作危害分析法是基于工作分析基础之上的，因此能够全面地识别出生产作业活动中所有可能的风险，并针对可能风险采取相应的控制措施。

2. 作业条件危险性分析法(LEC 法)

作业条件危险性分析法是人们在具有潜在危险性作用环境中作业时的危险性半定量评价方法。采用与系统风险率相关的三个方面指标之积来评价系统中安全风险的大小。三个方面分别是指：L，发生事故的可能性大小；E，人体暴露在这种危险环境中的频繁程度；C，一旦发生事故会造成的损失后果。以上述三者的乘积 D(危险程度)来评价风险的大小：$D=L\times E\times C$。是一种简单易行的评价作业条件危险性的方法。

通常针对作业活动类的安全风险评价宜选用作业条件危险性评价法。

3. 风险矩阵评价法(LS)

风险矩阵评价法指特定危害性事件发生的可能性和后果的结合。人们常常将可能性 L

的大小和后果 S 的严重程度分别用表明相对差距的数值来表示，然后用两者的乘积反映风险程度 R 的大小，即 $R=LS$。

通常针对设备设施的安全风险评价宜采用风险矩阵评价法。

4. 安全检查表法(SCL 法)

安全检查表法是开展事故隐患排查最直接、最简单、最便于发动全员参与的方法。

安全检查表法是依据相关的标准、规范，对工程、系统中已知的危险类别、设计缺陷，以及与一般工艺设备、操作、管理有关的潜在危险性和有害性进行判别检查。适用于工程、系统的各个阶段，是系统安全工程的一种最基础、最简便、广泛应用的系统危险性评价方法。安全检查表的编制主要依据以下四个方面的内容。

(1)国家、地方的相关安全法规、规定、规程、规范和标准，行业、企业的规章制度、标准及企业安全生产操作规程。

(2)国内外行业、企业事故统计案例、经验教训。

(3)行业及企业安全生产的经验，特别是本企业安全生产的实践经验，引发事故的各种潜在不安全因素及杜绝或减少事故发生的成功经验。

(4)系统安全分析的结果，如采用事故树分析方法找出的不安全因素，作为防止事故的控制点列入检查表。

安全检查表法具有以下优点。

一是安全检查表能够事先编制，可以做到系统化、科学化，不漏掉任何可能导致事故的因素，为事故树的绘制和分析做好准备。

二是可以根据现有的规章制度、法律、法规和标准规范等检查执行情况，容易得出正确的评估。

三是通过事故树分析和编制安全检查表，将实践经验上升到理论，从感性认识到理性认识，并用理论去指导实践，充分认识影响事故发生各种因素的危险程度(或重要程度)。

四是安全检查表按照原因事件的重要顺序排列，有问有答，通俗易懂，能使人们清楚地知道哪些原因事件最重要，哪些次要，促进职工采取正确的方法进行操作，起到安全教育的作用。

五是安全检查表可以与安全生产责任制相结合，按不同的检查对象使用不同的安全检查表，易于分清责任，还可以提出改进措施，并进行检验。

六是安全检查表是定性分析的结果，是建立在原有的安全检查基础和安全系统工程之上的，简单易学，容易掌握，符合我国现阶段的实际情况，为安全预测和决策提供坚实的基础。

安全检查表法也有缺点：一是只能做定性的评价，不能定量；二是只能对已经存在的对象评价；三是要有事先编制的各类检查表，但编制安全检查表的难度和工作量大。

铁路运输企业使用安全检查表法，应结合《铁路技术管理规程》《铁路行车组织规则》，各专业安全管理规定、规章、标准、办法，以及相关岗位作业指导书、作业手册和各种事故经验教训分析材料，针对相关专业领域编制适合的安全检查表，通过深入现场观察、查阅有关资料、与作业人员交流，以及各专业人员的理解，以回答安全检查表所列问题的形式，发现生产组织流程、作业过程等方面与标准、规定不符的地方，经过对差异的分析，提出改正措施建议。安全检查表应注意简明扼要，突出行车安全和人身安全等重点，抓住关键环节、关键岗位、关键时段的要害。安全检查表法不能等同于安全操作规程。

在实际工作中各部门、各单位可根据本单位生产组织特点、作业流程特点、岗位作业特点、技术复杂程度、现有监督检查问题(隐患)库、从业人员素质等方面的实际情况，选择适用的风险评价方法对风险进行定性、定量评价，按照重点关注事故后果的基本工作思路，确定安全风险可接受程度，根据评价结果划分安全风险等级。必要时，可选用几种评价方法对同一对象进行评价，互相补充、互为验证，以提高评价结果的准确性，一旦安全风险得以辨识，应对现有的控制措施，包括规章制度落实效果、设备设施质量保障措施、人员按标作业管控措施、生产组织过程安全冗余、应急处置措施和系统安全管控措施等进行分析。无论采用哪种方法、技术，风险研判过程中都要着重分析人的不安全行为、物的不安全状态、环境和管理的缺陷，特别要将生产经营活动的异常状态、紧急状态作为风险辨识研判的重点。

（三）安全风险等级评估

风险等级评估方法很多，总体上可分为两类，一类为定量的，一类为定性的。各部门、各单位可以根据自身实际情况选用适当的风险评估方法（见附表 1），推荐采用风险判定矩阵确定安全风险等级（见附表 2），综合考量事故发生的可能性和后果严重度，紧密结合本单位安全红线和底线、安全目标、对现实安全的影响程度等，从高到低依次划分为重大、较大、一般、低 4 个风险等级，分别用红、橙、黄、蓝四种颜色标示。事故发生的可能性，可采用事故统计分析、事件树分析等方法来判定；事故后果的严重程度，可采用事故统计分析和事故后果定量模拟计算等方法来判定。风险判定矩阵可通过考虑事故发生的可能性和事故后果严重程度两个维度来确定，其中事故发生的可能性分为五个等级（见附表 3），事故后果严重程度分为四个等级（见附表 4）。

（四）安全风险库建立

集团公司运用安全管理综合信息系统建立安全风险库，实行无纸化、数据化管理。在安全风险辨识研判和分级之后，集团公司、专业部、站段、车间要分别建立健全四级安全风险库。

1. 统一安全风险库模板

由专业部负责，按照类别、项目、项点三层，统一规范各专业、各层级（车间、站段、专业部）安全风险库模板，做到风险类别、项目全系统统一，具体项点与各车间、各站段实际紧密结合，体现个性，为规范建立安全风险库奠定基础。其中，安全风险类别设定为行车、劳动、外部环境与综合治理、建设、特种设备、食品卫生、消防、规章制度、综合保障、结合部十个基本类，自身工作不涉及的可不设该类别。在此基础上，专业部可根据工作实际拓展设定。

2. 全面构建安全风险库

集团公司、专业部、站段、车间要分别建立健全四级安全风险库。车间级安全风险库要按照模板，密切结合实际，对本车间涉及的各类具体风险做出全面分析和确认。站段级风险库是在本站段各车间级风险研判基础上，汇集、梳理、提炼各车间风险库的风险项点，并全面补充站段各科室研判出的安全风险内容后，形成符合本站段实际的安全风险库。专业部风险库是在管内各站段风险库基础上，汇集、梳理、提炼形成的本专业系统的风险库。集团公司级风险库由集团公司安委会办公室牵头组织形成。通过分层次的安全风险库建设，形成全集团公司规范完善的安全风险库体系。

3. 规范管理安全风险库

各层级纳入安全风险库的风险主要应为短期无法消除，需要长期管控的风险。集团公司将重大、较大以及全局性管理源头和结合部安全风险纳入安全风险库，安委会办公室负责日常管理；专业部要将本系统重大、较大、典型、一般以及专业管理全过程的安全风险纳入安全风险库，实施专业管理，专人负责；站段要将本单位重大、较大、典型、一般以及管理源头和结合部安全风险纳入安全风险库，安委会办公室负责日常管理；车间要将所有辨识研判出的安全风险纳入安全风险库，专人负责。当安全生产要素、外部环境发生变化时，各级要动态及时开展安全风险辨识，补充修订安全风险库。

（五）安全风险管控措施

1. 确定安全风险管控原则

安全风险管控应针对安全风险特点和分析研判结果，按照全员、全方位、全过程管控和人防、物防、技防综合施策、源头防范的原则，依据安全风险的不同级别、所需管控资源、管控能力、管控措施复杂及难易程度等因素，针对每个风险点分别研究保证安全风险可控、受控的管控措施，确定不同管控层级的安全风险管控方式和管控责任。组织领导层面的管控措施应侧重所管控安全风险涉及的安全决策、研究部署、调查指导方面；专业管理层面的管控措施应侧重所管控安全风险涉及的专业管理方面，其中，专业部门应侧重专业、技术、安全、应急管理和专业对规检查方面，综合部门应侧重机构设置、人员配备、安全投入、教育培训、考核机制和监督检查方面；生产组织层面的管控措施应侧重所管控安全风险涉及的规章、制度、标准的组织、执行、检查、鉴定等方面；作业执行层面的管控措施应侧重所管控安全风险涉及的操作规程、作业标准、应急预案等方面。做到同一安全风险在不同层级、不同岗位的管控措施、责任各有侧重，为本层级安全生产职责、各管理岗位安全生产职责、工作标准制定提供准确依据，防止“上下一般粗”。

2. 制定安全风险管控措施

一是分层级制定。针对各安全风险项点，各部门、各单位要结合专业管理和日常督导检查制定安全风险管控措施，车间要结合现场全过程控制制定安全风险管控措施，做到不同层级对同一安全风险管控措施和量化要求各有侧重。重大安全风险由单位安委会、较大安全风险由单位分管领导负责组织全过程管控，一般安全风险由专业干部、低安全风险由主管人员负责全过程管控。

二是综合施策。专业部门要重点健全专业管理方面安全风险管控措施，综合保障部门要重点健全人员配备、安全投入、教育培训、考核机制等安全综合保障方面安全风险管控措施，做到人防、技防、物防“三位一体”，综合防控。

3. 明确安全风险管控要求

安全风险管控措施的制定应依据现行规章制度、技术标准和有关管理要求，紧密结合既有安全管理有效做法，重点从应用工程技术措施、完善制度管理措施、强化培训教育措施、增强个体防护措施、优化应急处置措施等角度，区分安全管理和现场作业分别，力求做到简明、直观、显性，易于各级管理人员、作业人员学习领会掌握，并能在安全工作实际中对照落实。验证有效的安全风险管控措施应及时纳入规章制度、技术标准和有关管理制度进行固化。安全风险管控措施制定过程中，对重大、较大、一般安全风险须统筹考虑人防、物防、技防相结合的综合管控措施，按照消除、替代、隔离、降低、个体防护、应急处置的顺序控制和降低安全风险，需进行升级改造、监测监控等资源投入的，应根据安全风险等级确定优先级；对低安全风险根据实际需要有针对性、选择性地采取人防、物防或技防措施，做到安全风险等级越高，管控措施越丰富、越完善、越强化。

（六）安全风险管控责任落实

按照“领导负责、专业负责、分工负责、岗位负责”原则，结合管理机构、运输组织、生产条件变化和安全风险研判等情况，健全完善覆盖各层级、各岗位的安全生产责任制，形成严密的安全责任体系。每级安全风险库的每个安全风险项点的管控责任要紧密结合岗位安全生产责任范围，对管控风险工作量化要求要分层级做出明确的规范。

涉及管理层面的风险管控责任、措施，要全面体现在干部履责说明书中，纳入干部安全履责考核评价内容。涉及作业层面的风险防范责任、措施，要有针对性地纳入相关作业岗位需遵循的作业指导书，以及应急预案、流程、岗位应急指导手册、应急卡控流程表等，把风险管控的责任落实到相关管理与作业岗位、相关管理与作业环节，按岗位予以明示，做到人人清楚风险点、人人掌握风险控制措施，确保风险受控。集团公司通过干部安全履责考核评价和职工岗位星级评定等方式实施动态考核评价。

（七）风险公告

采取各种有效手段，明示作业岗位存在的主要安全风险、风险描述及危害程度、管控措施、应急处置等内容，使每名员工都掌握安全风险的基本情况及防范、应急措施。在铁路道口（平过道、通道门）、重点站区、客运电梯、危险化学品储藏场所、重点防火区域等重点部位设置明显的警示标志或安全风险公告栏。安全风险变化时应及时组织更新。

（八）安全风险预警

安全风险预警要主动适应新时代铁路运输安全面临的新形势、新变化、新要求，强化安全管理关口前移、预防为主、源头防范。集团公司在传承工作经验的基础上，以安全预警、管理预警、约谈和帮促为手段，实施安全风险预警。

1. 安全预警

（1）专项预警。集团公司、专业部门、运输站段及时针对全路或管内发生的典型事故、突出问题及季节性、阶段性重点工作任务，辨识研判安全风险，做出专题预警提示和工作要求，形成《安全风险专题预警报告》，通过集团安管系统实施闭环管理。

（2）周期预警。集团公司、专业部门、运输站段每周组织对管内发生的各类安全信息进行定性定量分析，通报检查发现的典型问题，研判突出安全风险，结合工作实际和季节性特点，做出预警提示，每周形成《安全风险周分析预警报告》，通过集团安管系统实施闭环管理。

2. 安全约谈

按集团公司安全生产约谈实施细则实施。

3. 管理帮促

按集团公司相关制度实施。

（九）风险管控效果评价

结合交班会、安全分析会、安委会、专业考核评价等机制，分层级建立风险管控效果评价机制，对风险项点、管控措施、受控状态等进行全面评价，依据评价情况持续改进完善。集团公司每年组织对重大安全风险管控效果进行评价；各专业部每半年对本系统重大、较大风险管控效果进行评价，并对各单位进行常态化检查指导，掌握安全风险管控状态，加强专业诊断和技术攻关，确保安全风险管控措施落实到位。站段要组织开展全面、全过程安全风险管控履责督查，建立常态化督导检查评价机制，确保安全风险管控责任落实到各岗位和各作业环节。各专业部、站段、车间安全风险库全部纳入集团公司安全管理综合信息系统风险库中，与各级干部安全履责考评工作有机结合，形成动态考核评价机制。

五、隐患排查治理机制

风险管控措施失效或弱化极易形成隐患，酿成事故。各部门、各单位须建立隐患排查机制，常态化开展隐患排查治理工作。

（一）安全隐患分级分类

根据铁路运输工作特点和实际，充分考虑铁路运输安全隐患的严重性、治理的复杂程度，以及导致事故、故障发生的可能性等因素，安全隐患级别分为重大隐患、一般隐患。

隐患分类方法对应安全风险分类方法，使风险管控与隐患排查建立关联关系，实现从风险分级管控到隐患排查治理的系统运作。安全隐患分类方法对应安全风险类别，也划分为行车、劳动、外部环境与综合治理、建设、特种设备、食品卫生、消防、规章制度、综合保障、结合部十个类别。

（二）安全隐患排查

1. 排查重点

按照确定的风险及管控措施，重点排查规章制度、技术标准、生产组织、作业行为、设备状态、结合部、外部环境、季节性特点、恶劣天气、自然灾害和应急处置等方面存在的隐患，将失控可能性大、后果严重的风险所在部位确定为隐患排查的重点部位，全面查找人的不安全行为、物的不安全状态、环境的危险状态和管理的缺陷。

2. 排查方法

安全隐患排查实行定期集中和日常动态排查。

定期集中排查：集团公司安委会定期部署组织各专业部门、各单位开展安全隐患集中排查治理。各专业部每季度、各单位每月由主要负责人组织开展一次全面安全隐患排查。

日常动态排查：结合日常工作内容，对照安全风险管控措施，动态排查安全管理和现场作业隐患。隐患排查应结合不同时期安全生产特点，突出高铁和旅客列车安全，从安全管理、现场作业、设备质量、环境状态等方面，与各类安全监督检查、安全评估评价、专项整治攻关、设备质量鉴定、阶段性安全大检查等工作有机结合，通过全面排查、专项排查、日常检查、专题调研、事故故障剖析、安全信息大数据分析、季节性和关键时期排查等，查找每个岗位、每项流程、每个环节、每个生产场所等可能存在的事故隐患。

针对铁路外部安全环境方面的隐患，应采取人防、物防、技防相结合的措施，进行全天候排查，全面掌握沿线外部环境隐患动态，遇有恶劣天气、自然灾害以及周边环境变化等情况，应加大隐患排查频次，确保隐患排查无死角、无遗漏。

针对组织机构调整、运行模式和运输组织调整、业务变化、季节更替等影响安全生产的重要变更，新项目、新技术、新材料、新工艺、新设备设施准备实施或投入使用，规章变化，以及季节、气候变化等对安全生产影响较大的事件，在实施风险辨识研判后，应同步加强相关隐患排查，必要时组织开展专项排查。相关部门、单位在发生事故后，应举一反三，开展风险辨识研判，必要时开展同类隐患专项排查。

任何单位和个人发现安全隐患，均有责任和义务主动向所在单位或部门报告。相关部门或单位接到隐患报告后，应立即组织调查核实。发现重大安全隐患的，专业主管部门要立即审核评估并提交集团公司安全生产委员会研究解决；发现涉及路内其他单位或本层级难以协调整治的，转入安全问题解决机制流转处置；发现需要路外单位或地方政府协调解决的，主动采取行文（函）等方式与责任主体单位沟通协调，督促制定落实整改措施，并抄报上级主管部门。

（三）安全隐患库建立

集团公司安全隐患库分为五类：安全信息追踪整改库、事故故障暴露问题整改库、安全监察(监察)通知书(红、黄、白牌)库、自查自报隐患库、安委会挂牌督办问题库运用安全管理综合信息系统建立安全隐患库,实行无纸化、数据化管理。集团公司、专业部、站段、车间要建立健全四级安全隐患库,对排查出的安全隐患进行全面梳理汇总,逐件确定隐患等级、责任单位、治理措施、隐患未消除前控制措施、完成时限、治理情况等内容。日常安全信息追踪分析和常态化检查发现的安全隐患要及时纳入,动态更新,全过程跟踪排查治理情况。

安全信息追踪分析、事故故障暴露问题整改、发放安全监察通知书督办整改的安全隐患,按照安全管理综合信息系统功能设置分别归档管理。外部环境安全隐患按管理要求执行。

(四)安全隐患治理措施

隐患治理应分析隐患产生的具体原因,重点从技术和管理手段等方面制定治理措施。治理措施应包括针对隐患的纠正措施和预防措施,并尽量将措施融入现有的工作程序、标准中,确保措施的持续有效实施。

1. 一般隐患治理

一般隐患要按照责任分工立即或限期组织治理,并注重源头治理,杜绝问题重复发生。一般安全隐患由相关单位安全生产委员会负责组织治理,治理过程中制定可靠的安全措施,治理后组织复查、销号。对属于一般安全隐患范围,但影响程度较为突出的,由专业主管部门实施督办治理,督促整治责任单位落实隐患治理方案,定期公布督办项目和销号情况。对源头性、结合部隐患由集团公司安委会实施挂牌督办治理。安全监督检查过程中发现安全隐患,应及时发放安全监察通知书进行督办治理。安全信息追踪分析、典型事故故障暴露问题整改等,按照相关规定实施闭环治理。

2. 重大隐患治理

各单位排查发现重大安全隐患,立即向主管部门报告,由主管部门调查核实后向集团公司安全生产委员会报告,经集团公司安全生产委员会研究认定为重大隐患后实施专题立案治理,明确治理的项目和任务,采取的方法和具体措施,负责治理的机构(部门)和人员,经费和物资的落实,治理的时限和要求,监控保障和应急措施,做到责任、措施、资金、时限和预案“五落实”,实行“一事一档”挂牌督办。督办隐患完成时限原则上不超过3个月,整改难度较大的可分阶段细化整治措施。责任部门或单位定期通报治理情况,逐级上报备案,资料长期保存。重大安全隐患立案后依法向相关政府部门报告。

3. 结合部隐患治理

为促进结合部安全隐患解决,集团公司在安全管理综合信息系统内建立安全问题解决机制,具备提报、审核、流转、处置、销号和考核评价功能,实现横纵流转、闭环治理。

安全问题提报。安全问题实行车间、站段、专业部门、集团公司四级管理,逐级负责安全问题提报、流转、处置、销号等工作,问题提交须由提报部门(单位)主要领导审核确认,并提出解决处置建议。

安全问题流转。安全问题流转分为纵向流转、横向流转。纵向流转指车间、站段、专业部门、集团公司间相互流转,须按照管理权限逐级提交。横向流转指在站段、专业部间流转,不得越级横向流转。安全问题不允许在同一部门或单位间重复流转处置。

安全问题处置。各单位、各部门接到安全问题后,按照规定程序协调解决;一时难以解决或解决难度较大的,提交所在单位安全生产委员会研究解决,并采取防控措施。安全问题由承办单位(部门)负责整改、提报单位(部门)负责销号。

（五）安全隐患治理责任落实

各级管理人员和现场作业人员均负有安全隐患排查治理责任，纳入各级管理人员和作业人员的安全生产职责中。

安全隐患治理过程中，应视情况采取停止作业、封锁线路、限速运行、现场监控、干部盯控等安全控制措施。隐患排除前或排除过程中无法保证安全的，须采取全部或局部停产停业、停止施工、封锁线路，以及从危险区域撤出人员等强制措施。

既有应急预案和应急处置办法不能满足突发情况下应急处置需要的，要修订完善既有应急预案和应急处置办法，或制定专门应急处置办法，并组织教育培训和演练。因生产技术、工艺、设计等原因暂时难以停产或停止使用相关装置、设备、设施的，要采取加强应急值守、增加监控检测频率、物理隔离隐患等手段，有效降低风险。

各部门、各单位应当在年度安全生产费用中保证安全隐患排查治理所需的资金，建立资金使用专项制度，做到专款专用。安全隐患排查治理资金需求超出年度安全生产费用使用计划的，有关单位应当及时调整。计划、财务等综合部门应做好安全投入等综合保障工作。

（六）隐患治理效果评价

重大安全隐患治理工作完成后，牵头治理部门应组织相关部门进行隐患治理情况的现场验证，评价治理效果，形成书面报告。一般安全隐患治理工作完成后，由相关单位负责组织现场验证和治理效果评价。

六、安全双重预防机制建设要点

（一）工作原则

1. 坚持安全风险管控优先原则

以安全风险管控为主线，把全面辨识评估安全风险和逐级管控安全风险作为安全生产的第一道防线，通过健全完善安全生产责任制，明确岗位责任，切实解决“认不清、想不到”的突出问题。

2. 坚持系统性原则

从人员、设备、管理、环境四个方面，构建安全风险管控和安全隐患排查治理两道防线，努力把安全风险管控挺在隐患之前、把安全隐患排查治理挺在事故之前，绝不让故障上升为事故，绝不让事故演变成灾难。

3. 坚持全员参与原则

将安全双重预防机制建设各项工作责任，逐级分解落实到各层级管理部门和每个具体工作岗位，确保责任明确。

4. 坚持持续改进原则

持续进行安全风险分级管控与更新完善，持续开展安全隐患排查治理，实现安全双重预防机制不断深入、深化，促使机制建设水平不断提升。

（二）建立考核评价机制

集团公司安委会办公室负责对各部门、各单位安全双重预防机制运行情况进行考核评价，主要依据安全质量考核细则，利用安管系统数据采集分析运用情况，纳入安全质量考核。

各部门、各单位也要建立机制，对安全风险管控机制九个方面主要内容建立情况、安全隐患排查治理六个主要工作流程闭环管控情况进行考核评价。各级人事部门要对各级干部管控安全风险、排查治理安全隐患情况实施考核评价。

七、全员安全生产责任制

生产经营单位的每一个部门、每一个岗位、每一个职工，都不同程度直接和间接影响着企业安全生产。建立健全全员安全生产责任制，就是要把全体职工的积极性和创造性调动起来，建立起安全生产工作层层负责、人人有责、各负其责的工作体系，形成人人关心安全生产、人人提升安全素质、人人做好安全生产的局面，从而提升整体安全生产水平。

1. 全员安全生产责任制建立的背景和意义

责任制是抓好安全生产工作的灵魂。建立健全党政同责、一岗双责、齐抓共管、失职追责的安全生产责任体系，全面抓好安全生产责任制和管理防范、监督检查、奖惩措施的落实，强化责任落实，既是中国共产党维护人民群众生命财产安全的政治使命和责任担当，又是社会主义制度优越性的充分体现。安全风险存在于企业生产经营全过程、各环节，由于安全工作的特殊性，要求全时段、全方位、全要素到位，因而企业要生存发展，开展生产经营活动，就必须让企业全员把安全生产这个责任牢牢扛在肩上。

全面加强企业全员安全生产责任制工作，是推动企业落实安全生产主体责任的重要抓手，有利于减少企业“三违”现象的发生，有利于减少因人的不安全行为而造成的生产安全事故，对解决企业安全生产责任传导不利问题，维护广大从业人员的生命安全和职业健康具有重要意义。

在企业的日常生产活动中，全员安全责任有时会出现人人推诿责任的情况。一旦出了事故，很多人都异口同声说，这事与我无关，我没有责任。正是这种事不关己的态度，导致一些事故企业从领导层、管理层、车间班组都对安全生产工作视而不见、见而不管、管而无效，最终酿成了事故，造成了严重后果。

(1)视而不见。认为抓安全生产是安全部门的事，是安全员的事，对产生的各种各样的问题、缺陷、故障苗头等不安全因素，因司空见惯而熟视无睹，对职工和工友的小规章、小过失、小疏忽，认为是小节而不去制止。

(2)见而不管。各层级对安全工作存在不想管、不能管、不敢管的误区。怕抓严了影响队伍稳定，怕抓紧了影响感情关系，怕认真了影响工作效率。

(3)管而无效。虽已进行监督管理，但职工安全意识淡薄，违章操作的现象偶有发生，安全管理制度难以实在落地。

在实际操作中，如何有效落实全员安全责任，破解安全生产管理机构或管理人员才专门管安全这一错误认知，避免企业其他职能部门对安全生产推诿扯皮，解决之道就是坚持“三管三必须”原则。

《中华人民共和国安全生产法》(以下简称《安全生产法》)第三条明确规定:安全生产工作实行管行业必须管安全、管业务必须管安全、管生产经营必须管安全。企业的安全工作不再只是安全部门的职责，管业务必须管安全，管生产经营必须管安全。长期的实践经验表明，责任制是最直接、最有效的制度力量，任何一方面的责任缺位，都会留下监督和管理上的漏洞，埋下事故发生的隐患。履职时间有长短，追责时间却没有期限，失职失责必追责，绝不可心存侥幸。各单位、各层级务必依法落实“三管三必须”原则，只有明晰责任、层层把关、人人负责，才能将安全生产各项规定和政策真正落到实处、见到实效。

2. 落实企业全员安全生产责任制

(1)依法依规制定，完善企业全员安全生产责任制。企业全员安全生产责任制是企业根据安全生产法律、法规和相关标准要求，在生产经营活动中，根据企业岗位的性质、特点和具体工作内容，明确从主要负责人到一线从业人员（含劳务派遣人员、实习学生）的安全生产责任范围和考核标准。安全生产责任制应覆盖本企业所有组织和岗位，在形成横向到边、纵向到底责任制网络的基础上覆盖企业领导层、管理层、车间班组和基层所有岗位。安全生产责任制包括安全生产责任、责任范围和考核标准，内容应简明扼要、清晰明确、便于操作。其中安全生产责任、责任范围，在《岗位安全管理职责》中体现。考核标准，包括事故追究标准和履责考评标准等，集团公司机关部门依据铁路交通事故和生产安全事故责任追究办法、干部履职督查及问责办法、干部安全履责考核评价管理办法实施考核。安全生产责任制的制定既要简明扼要、清晰明确，更要符合实际、切实可行。尤其是企业一线从业人员的安全生产责任制，必须充分考虑从业人员的理解和接受能力，力求通俗易懂。

(2)加强企业全员安全生产责任制公示。企业要在适当位置对全员安全生产责任制进行长期公示，公示的内容主要包括所有层级、所有岗位的安全生产责任、安全生产责任范围、安全生产责任考核标准等。

(3)加强企业全员安全生产责任制教育培训。企业主要负责人要指定专人组织制定并实施本企业全员安全生产教育和培训计划。企业要将全员安全生产责任制，教育培训工作纳入安全生产年度培训计划，通过自行组织或委托具备安全培训条件的中介服务机构的实施，要通过教育培训提升所有从业人员的安全技能。培养良好的安全习惯。要建立健全教育培训档案，如实记录安全生产教育和培训情况。

(4)加强落实企业全员安全生产责任制的考核管理。企业要建立健全安全生产责任制管理考核制度，对全员安全生产责任制落实情况进行考核管理。要健全激励约束机制，通过奖励主动落实、全面落实责任，惩处不落实责任、部分落实责任，不断激发全员参与安全生产工作的积极性和主动性，形成良好的安全文化氛围。加强对企业全员安全生产责任制的监督检查。

3. 岗位安全管理职责的制定

(1)制定依据

《安全生产法》中规定的与本岗位工作相关的内容。

《中华人民共和国职业病防治法》中第二章"前期预防"规定的与本岗位工作相关的内容。

《中华人民共和国消防法》《铁路安全管理条例》《高速铁路安全防护管理办法》中规定的与本岗位工作相关的内容。

集团公司劳动安全监督管理实施办法、站段劳动安全"一岗双责"责任制等相关内容。

本部门的劳动安全职责分解细化后与本岗位相关内容。

(2)制定原则

按任务定职能、按职能配权力、按权力定责任，依据所在部门安全管理职责，按照不同的岗位、不同的管理职能层层细化，责任逐级落实。同一工作项目，不同职级相关岗位应区别表述，不能上下一般粗。

(3)制定要点

围绕如何深化安全风险分级管控和隐患排查治理双重预防工作机制、落实专业管理责任、履行安全管理中规章制度建设、安全生产标准化建设、设备设施质量管理、教育培训质量、组织开展危险源辨识和评估、安全生产组织、安全决策机制、现场安全监督检查、综合职能保障、设备质量控制、结合部管理、事故故障调查处理、非正常应急处置等方面的内容分解细化，突出高铁、客车安全方面的管理责任。

(4)注意事项

明晰各层级结合部安全管理权责。安全生产责任中涉及结合部安全工作内容,前面冠以“负责”“配合”“参与”“监督”等加以区分,重点解决责任内容不全,权责不清、交叉、错位等问题。

安全工作每名职工一个都不能少。建立落实全员安全生产责任制,一方面是一次绝佳的契机,可以深挖责任落实不到位的原因,找出制度任务,补齐制度管理,力求从根本上解决问题,从源头上化解风险;另一方面,也让安全与每个人紧密相连,只有企业全员重视安全、全员管理安全、全员监护安全,才能实现真正的安全生产。

第三节　劳动安全

劳动安全是指在生产经营活动中控制和减少作业人员伤害、职业卫生危害,避免和消除作业场所的人身安全风险,保障作业人员和相关人员的人身安全、健康以及劳动场所的设备、财产安全,是为了保障劳动者在生产活动过程中的安全与健康,从法律、制度、组织管理、教育、技术、设备等方面采取的一系列技术、组织等综合措施。劳动安全是国家安全法律、行政安全法规和安全标准强制约束企业必须要首位抓好的公共安全,是安全生产的重要组成部分。

一、劳动安全概述

劳动安全的主旨是保护劳动者的生命安全和健康,即保护劳动者在生产经营活动过程中实现基本人身生存权的安全与健康。劳动安全事关劳动者的切身利益,事关劳动者的生命安全和健康,事关安全、稳定、发展大局,确保劳动者的生命安全和健康是现代人类社会文明、进步、发展的重要标志。

(一)劳动安全的特点

1. 劳动安全的公共特性。劳动安全是集国家法规性、政策性、技术性、专业性为一体的公共安全,它是一项综合性很强的系统安全管理工程。

2. 劳动安全的广泛性。劳动安全工作的领域广泛,涉及社会科学政治、经济、法律(政策、制度、管理)等内容。

3. 劳动安全的自然属性。劳动安全工作的内容涉及自然科学改善作业环境、减轻劳动强度、消除危害和危险因素等多学科技术范畴。

(二)劳动安全的重要性

1. 劳动安全关系劳动者的基本权利和利益

保护劳动者的安全与健康是社会公正、安全、文明、健康发展的基本标志之一。《中华人民共和国宪法》和《中华人民共和国劳动法》(以下简称《劳动法》)赋予劳动者享受包括安全与健康的各项权利,如果企业管理者违章指挥,冒险蛮干造成职工伤害事故,就是对职工生存权利的侵犯。

2. 劳动安全关系职工的安全健康和家庭幸福

人们在生产过程中,无不关心着自己的生存、生活和劳动,并逐渐形成了对待安全生产的态度和看法,每一个劳动者都希望能有一个舒适又安全的工作环境顺利地进行生产,如果劳动者本身得不到保护,生产安全就会受到威胁。

“一次伤害，一片血泪”，死亡事故夺走职工的生命，幸福家庭顷刻破碎。严重工伤和职业病造成劳动者终身残疾，完全或部分地丧失谋生能力，使他们在经济上、生活上和精神上都陷入长期的困难和痛苦。因此安全生产不仅是劳动者本身的第一需要，也是劳动者家庭幸福的第一需要。

3. 劳动安全关系企业的生产发展和社会稳定

无数事实和教训证明，安全就是效益，事故就是损失。抓好劳动安全是实现企业经济效益的前提。企业无事故，职工本人安全健康、家庭幸福美满，社会就稳定，国家经济就会不断发展。因此安全生产也是国家经济发展和社会稳定的需要。

二、铁路劳动安全

安全生产是一切工作的重中之重，作为国民经济的大动脉，铁路的安全意义重大。铁路劳动安全具有与其他作业相同的事故伤害风险源，同时又有其特殊性。影响铁路劳动安全的因素涵盖铁路生产系统内的各个环节，此外还包括与铁路运输生产有关的旅客、货主，铁路沿线外部环境、机动车辆、非机动车辆，以及天气情况等。

(一)惯性人身伤害风险防范

惯性人身伤害风险防范主要以防止机车车辆伤害、触电伤害、高处坠落伤害、机械伤害、物体打击伤害为目标，细化劳动安全关键控制项点和人身安全风险互控联防措施，构筑坚实的劳动安全防线。

1. 预防机车车辆伤害

铁路机车车辆伤害事故是指在铁路线路上运行的铁路机车、客车、货车、动车组及各类自轮运转特种设备等在运行过程中碰、撞、轧、挤、压、摔等造成铁路职工伤亡的事故。机车车辆伤害事故是铁路运输生产过程中的主要伤害之一，职工在站场和线路上行走侵入限界、避车安全距离不足、施工作业防护不到位、未执行安全作业标准等，都可能造成机车车辆伤害。归纳起来可分为以下两方面：一是上线作业不设防护、安全防护不到位、作业环境不良、违章指挥等管理因素造成的伤害，二是作业人员违章抢道、走道心、钻车底、跳车、扒车、以车代步、作业侵线等人为因素造成的伤害。

(1)车站作业人员防止机车车辆伤害措施

①班前禁止饮酒；班中按规定着装，佩戴防护用品。

②顺线路走时，应走两线路中间，作业人员及所携带的工具不得侵入机车车辆限界，并注意邻线的机车车辆和货物装载状态。严禁在道心、轨枕头上行走。不准脚踏钢轨面、道岔连接杆、尖轨、辙叉心等。

③横越线路时，应一站、二看、三通过，注意左右机车车辆的动态及脚下有无障碍物。

④横越停有机车车辆的线路时，应先确认该机车车辆暂不移动，然后在距该机车车辆较远处通过。严禁在运行中的机车车辆前面抢越。

⑤必须横越列车、车列(组)时，严禁钻车。应先确认该列车、车列(组)暂不移动，然后由车辆通过台或两车车钩上越过；越过时勿碰开钩销，上下车时要抓紧蹬稳并注意邻线有无机车车辆运行；经车辆通过台越过应从车梯上下车。

⑥严禁在机车车辆底下坐卧，以及钢轨上、轨枕头、道心里坐卧或站立。

⑦严禁扒乘运行中的机车车辆、以车代步。

⑧作业人员应熟知站内作业区域、行走径路及两侧相关的设备设施，并随时注意使用情况，如遇设备设施、走行通道发生异状或变化时，应及时通知有关人员并采取安全措施。

⑨接发列车时，应站在规定地点，随时注意邻线机车车辆动态。

⑩安装、摘解货车列尾主机、中继器，吊起列车尾部软管时，确认车列暂不移动方可进行作业。

⑪作业人员必须熟知调车作业区的技术设备、作业环境和作业方法，以及接近线路的一切建(构)筑物的形态和距离。

⑫在车列、车辆运行中，禁止下列行为：

a. 在车钩上，在平车、砂石车的端板支架上坐立，在平车、砂石车的边端站立。

b. 在棚车顶或装载超出车帮的货物上站立或行走。

c. 手抓篷布或捆绑货物的绳索，脚蹬平车鱼腹形侧梁。

d. 车梯上探身过远，或经站台时站在低于站台的车梯上。

e. 在装载易于窜动货物的车辆间和货物空隙间站立或坐卧。

f. 骑坐车帮。

g. 跨越车辆。

h. 两人及以上站在同一闸台、车梯及机车一侧脚踏板上。

i. 进入线路提钩，摘结制动软管或调整钩位。

⑬手推调车时，必须在车辆两侧进行，并注意脚下有无障碍物。

⑭在电气化铁路区段，接触网未停电、未接地的情况下，禁止到车顶上调车作业。在带电的接触网线路上调车时，作业人员及所携带的工具等须与接触网高压带电部分保持 2 m 以上的距离。

⑮去岔线、段管线或货物线调车作业，须事先派人检查线路大门开启状态及线路两侧货物堆放情况；事先派人检查有困难时，应在《车站行车工作细则》中规定检查确认办法。

⑯带风作业时，必须执行一关(关折角塞门)、二摘(摘制动软管)、三提钩的作业程序。

⑰摘结制动软管、调整钩位、处理钩销、采取或撤除防溜措施时，必须等列车、车列(组)停妥，并得到调车长的回示，昼间由调车长防护，夜间必须向调车长显示停车信号。

调车人员须确认列车、车列(组)停妥，得到调车长同意，并使用无线调车灯显设备发出"紧急停车"指令后，方可进入车挡。调车长进入车挡作业时，由其本人向司机显示(发出)停车信号进行防护。

使用手信号调车时，调车长须向司机显示停车信号进行防护后，方可同意作业人员进入车挡；调车长得到所有作业人员均已作业完毕的汇报后，方可撤除防护。

⑱调整钩位、处理钩销时不要探身到两车钩之间。对平车、砂石车、罐车、客车及特种车辆，应特别注意端板支架、缓冲器、风挡及货物装载状态。

⑲溜放调车作业应站在车梯上，一手抓牢车梯，一手提钩，不准用脚提钩或跟车边跑边提钩(驼峰调车作业除外)，严禁在车列运行中抢越线路去反面提钩。

⑳使用人力制动机时(在静止状态下，站在地面或低于车钩中心水平线的人力制动机闸台上使用时除外)，必须使用安全带。要做到上车先挂钩、下车先摘钩。不能使用安全带的车辆，如平车、砂石车、罐车等，作业时必须选好站立地点。

㉑使用铁鞋制动时，应背向来车方向，严禁徒手使用铁鞋，并注意车辆、货物状况和邻线机车车辆的动态。严禁带铁鞋叉子上车。

㉒严禁在运行中的机车前后端坐卧。

㉓使用折叠式人力制动机时，须在停车时竖起闸杆，确认方套落下、月牙板关好、插销插上后方可使用。

㉔作业中严禁吸烟。

㉕清扫道岔（含降雪天气清扫道岔积雪）前须得到车站值班员或有关人员的同意。清扫电气集中道岔或联动道岔，必要时应先将安全木楔置于尖轨与基本轨之间。清扫后及时将清扫工具、安全木楔等撤除，并向车站值班员或有关人员报告。

㉖扳道员接发列车时，应站在规定地点，随时注意邻线机车车辆动态。

㉗扳道作业时，应遵守扳道作业方法。除因作业需要必须进入道心外，均应站在安全地点。

(2)上线作业人员防止机车车辆伤害措施

铁路职工在上线施工维修作业中，违反预防机车车辆伤害的安全规定，不执行作业防护措施，是造成机车车辆伤害的直接原因。在线路上进行施工维修作业主要涉及工务、电务、供电等专业作业人员。

①上线作业安全基本要求

作业人员在作业前必须充分休息，严禁饮酒，保持精神状态良好，作业中应按规定着装，正确佩戴劳动防护用品。

行车设备管理单位要严格执行“行车不施工、施工不行车”的规定，对各类行车设备的检修应安排在天窗点内进行，并加强天窗修管理，提高天窗作业效率。

凡在营业线进行各类施工（含施工准备）、维修、检查等作业，必须设置驻站联络员和现场防护员，并佩带相应的防护备品及用具，驻站联络员、现场防护员不得临时调换。

遇有降雾、暴风雨（雪）、扬沙等恶劣天气影响瞭望时，应停止线上作业和上道检查，必须作业时，应采取特殊安全措施，保证来车之前按规定的距离及时下道。

接到来车信息后，作业人员应按规定距离到指定地点下道避车。人员下道避车应面向列车认真瞭望，防止列车上的抛物、坠落物或绳索伤人。

在站内作业时，要时刻注意瞭望列车运行，根据站场线路布置，建立作业安全岛。

②上线作业安全防护

施工维修作业前，必须按规定设置驻站（调度所）联络员、现场防护员，驻站（调度所）联络员或现场防护员不得临时调换。现场防护员应根据施工作业现场地形条件、列车运行特点、施工人员和机具布置等情况确定站位和移动路径，并做好自身防护。

施工维修作业过程中，驻站（调度所）联络员与现场防护员必须保持通信畅通并定时联系，确认通信良好。一旦联控通信中断，作业负责人应立即命令所有作业人员下道。集团公司应制定驻站（调度所）联络员、现场防护员及施工负责人之间的联控办法，明确通信设备管理要求，对联控时机、联控内容、联控对象、联控标准用语及复诵确认等环节进行规范。

防护员必须是相应工种岗位上的在职职工，且工作责任心强、业务熟练、应变能力强、身体健康，并经过营业线施工安全知识培训考试合格，由持证上岗人员担任。

防护员在作业前必须参加作业安全预想会，掌握防护对象、作业内容、作业区段、作业人员等情况。

防护员从作业人员离开班组或指定地点起至全部返回止，必须不间断防护（含往返路程）。

防护过程中，应使用标准联系用语，定时联系，落实室内外复诵制度，必须严格执行防护员工作标准，不得做与防护工作无关的事情。

施工负责人、防护员必须携带列车无线调度电话等通信设备，随时监听列车运行情况。

驻站联络员必须于室外作业人员出发前到达行车室开始防护，确认室内外作业人员已离开作业区域、并全部到达工区或指定安全地点后，方可终止防护。

驻站联络员在作业过程中必须严格执行作业标准，密切监视列车运行情况，与车站值班员加强联系，随时掌握列车运行和调车作业动态，及时准确地把列车、调车动态通知室外专职防护员，监督现场人员及时停止作业、下道避车。

室外专职防护员必须做到“最先上道，最后下道”。根据现场作业实际，选择瞭望条件较好、位置醒目、便于通知的安全处所进行防护工作，室外防护员接到来车（含邻线）通知或发现来车，应及时通知、督促作业人员停止作业、下道避车。

作业完毕，室外专职防护员必须在确认最后一名作业人员下道到达安全地点后，方准离开防护位置。

当发出停止施工命令时，施工人员应立即撤除妨碍行车的一切障碍，按规定修整好线路，迅速下道至安全地点避车。

施工现场四周，通行道路路口等地，须设置安全标志和警示牌；施工现场周围和悬崖、陡坡处应设置防护栏杆。

线上施工必须根据铁路机车车辆限界和建筑限界，制定施工临时行车限界，施工人员严禁侵入临时行车限界。

2. 预防触电伤害

触电是指电流流经人体或电弧烧灼造成生理伤害的事故。作业人员缺乏电气安全知识、思想麻痹、违章操作是造成触电伤害的主要原因。加强用电安全教育，从根本上规范用电安全管理是防止触电伤害事故发生的关键。

（1）常见伤害类型

①直接接触触电

人体直接接触电气设备及线路的带电导体而发生的触电现象称为直接接触触电，分为单相触电和两相触电。

②间接接触触电

间接接触触电是由于电气设备（包括各种用电设备）内部的绝缘故障，造成其外露可导电部分（金属外壳）可能带有危险电压（在设备正常情况下，其外露可导电部分是不会带有电压的），当人员误接触设备的外露可导电部分时，便可能发生触电，分为跨步电压触电、感应电压触电、雷电触电和静电触电。

（2）安全防范措施

①低压用电人身安全防护措施

经常使用的电气设备，在安全检查及维修时，要抓好“装、拆、检、修”四个环节。“装”即安装的电气设备是否符合安全规定的要求，是否对电气设备设施和危险场所设置安全标志等。“拆”即对不用的电气设备设施（如电线、开关等）要彻底拆除。“检”即对电气设备设施，要经常和定期进行检查，要着重检查电气设备的接地线、接零线和相线的接续点是否松脱，开关插头插座的胶壳是否破裂，绝缘是否良好，电线有无破损，线路是否合理，接线是否正确等。“修”即制定维修制度和计划，对不安全的和有损坏的电气设备设施要及时修理。

电工必须持特种作业人员操作证上岗，非专职电气操作人员，不得擅自检修、安装、拆除电气设备。

用电设备检修时，必须先切断电源，在开关处悬挂“禁止合闸、有人工作”警示牌，并要有人监护；严禁随便乱动或私自修理电气设备；严禁不断电移动电焊机、照明灯、电风扇等电气设备。使用两路电源的用户，必须有可靠的返送电措施，严禁向停电的线路返送电，以确保人身及设备安全。

配电箱、配电板、闸刀开关、按钮开关、插座、插销和导线必须保持完好，不得有破损或带电部分裸露，严防短路或保险丝熔断飞溅伤人；严禁非专业电工操作开关。

用电单位对用电设施、设备和用电工具，必须采取防漏电和防触电的安全技术措施。对触电、防火要求较高的场所使用的各类低压用电设备、开关等，必须安装漏电保护器；低压电柜（箱、屏）、动力柜（箱）、开关箱（柜）、操作台、试验台，以及机床、起重机械、各种传动机械等机电设备的动力配电箱，必须有可靠的接地保护装置；对建筑施工场所、临时线路的用电设备、手持电动工具（除Ⅲ类外）、移动式日用电器（除Ⅲ类外）、电焊机等其他移动式机电设备以及高温和食品加工场所，锅炉房、食堂、浴室等场所必须安装漏电保护器。

漏电保护器每年进行一次安全性能检测；对安全技术性能不良的漏电保护器，须由生产厂家维修保养或更换。漏电保护器的检查、检验、维修保养必须分别建立专门记录台账，存入技术档案。开关和漏电保护器动作后，须查明跳闸原因，排除故障后方准再次使用。

供用电单位所需的用电设施、设备必须由集团公司物资部门统一采购和统一供货，所购置的电气设施、设备和用电工具，必须是国家公布的“3C”目录产品。

凡未经检验合格的电气设备，均不得安装和使用。在用的电气设备，实行“一机一闸一器（漏电保护器）”，禁止带故障运行；各种开关、接触器等均应动作灵敏、接触良好，不得存在严重烧蚀等现象，严禁使用其他导线代替熔丝。

在室内外进行电气检测时要严格执行安全防护制度；测量使用的仪器、仪表等工具，必须在使用前进行检查；电气测量工作至少由两人进行；必须穿着绝缘防护服、绝缘靴、绝缘手套、戴防护镜，与带电部分保持安全距离，方可进行作业。室外进行电气检测时，遇五级以上大风、雨、雾天气，必须停止作业。

在有感应电压的线路上作业时，应做好防感应电措施；必须穿屏蔽服、戴屏蔽手套和屏蔽帽。对挤压、切割、搅拌、喷溅、流体流动、感应、摩擦等作业，要采取防静电危害安全措施。

②电气化区段作业人身安全防护措施

为保证人身安全，除牵引供电专业人员按规定作业外，任何人员及所携带的物件、作业工器具等须与牵引供电设备高压带电部分保持 2 m 以上的距离，与回流线、架空地线、保护线保持 1 m 以上距离，距离不足时，牵引供电设备须停电。

电气化铁路区段，具有升降、伸缩、移动平台等功能的机械设备进行施工、装卸等作业时，作业范围与牵引供电设备高压带电部分须保持 2 m 以上的距离，与回流线、架空地线、保护线保持 1 m 以上距离，距离不足时，牵引供电设备须停电。

机车、动车及各种车辆上方的接触网设备未停电并办理安全防护措施前，禁止任何人员攀登到车顶或车辆装载的货物上。

发现牵引供电设备断线及其部件损坏，或发现牵引供电设备上挂有线头、绳索塑料布或脱落搭接等异物，均不得与之接触，应立即通知附近车站，在牵引供电设备检修人员未采取措施以前，任何人员均应距已断线索或异物处所 10 m 以外。

所有进入电气化区段作业的人员必须按规定穿戴劳动防护用品。

各单位在电气化区段作业前，必须进行安全预想；使用绝缘护品和绝缘工具前，必须进行双人互检,确认状态良好;施工作业时,必须制定三级安全卡控措施;需接触网停电时,必须由供电部门按程序办理停电手续,装设可靠的临时接地线,并设专人监护,必须明确监护的对象、范围和安全注意事项。

禁止在接触网支柱上搭挂衣物、攀登支柱或在支柱旁休息。禁止在吸流变压器下、支柱、铁塔下避雨。在雷雨天气巡视设备时,不准靠近避雷针、避雷器。雨天作业时,必须远离接触网支柱、接地线、回流线等设备。

遇雨雪等不良天气情况下,禁止靠近接触网设备部件;禁止使用带金属的雨伞等物在接触网下作业。

3. 预防高处坠落伤害

高处坠落是指人由站立工作面失去平衡,在重力作用下坠落(坠落高度超过 2 m)造成伤害的事故。辨识高处作业安全风险,提高作业人员的自我保护意识才能有效预防高处坠落事故的发生。

(1)常见伤害类型

高处坠落常见伤害类型包括攀登作业坠落伤害、临边作业坠落伤害、悬空作业坠落伤害、脚手架上坠落伤害、石棉瓦等轻型屋面坠落伤害等。

(2)安全防范措施

①高处作业等级划分

一级高处作业:作业高度在 2～5 m 时,称为一级高处作业。一级高处作业存在着一定的危险性,在一级高度发生的坠落事故,大部分是轻伤和重伤事故。

二级高处作业:作业高度在 5～15 m 时,称为二级高处作业。在二级高处作业中发生的坠落事故,大多数为重伤和死亡事故。

三级高处作业:作业高度在 15～30 m 时,称为三级高处作业。在三级高处作业中发生的坠落事故基本上是死亡事故。

特级高处作业:作业高度在 30 m 以上时,称为特级高处作业。

②高处作业人员要求

作业人员必须经过安全教育培训考试并合格,方可上岗。

对在高处从事电气焊、电工、建筑登高架设等特种作业人员,还须按国家特种作业安全管理部门规定的周期进行培训考试,取得特种设备作业人员证,方可从事相应作业。

对患有高血压、心脏病、贫血、精神病、癫痫以及其他不适于高处作业的疾病和年老体弱、疲劳过度、恐高、视力不佳及酒后人员等,不准进行高处作业。

作业人员必须佩戴符合安全标准的安全帽、安全带,且衣着要灵便。禁止穿硬底或带钉易滑的鞋。

作业人员应熟悉现场环境和施工安全要求,熟悉安全防范措施和事故应急处置措施。

③安全审批

高处作业前,由施工现场负责人事先勘查现场,针对现场实际情况制定具体的人身安全防范措施,上报逐级审批。未办理高处作业安全审批手续,不得进行高处作业。

④高处作业人身安全防护措施

高处危险作业现场必须设置安全防护、警示标志,并安排防护人员现场监护。

安全、技术部门要派有关管理人员现场监督防控。

作业前,施工现场负责人、作业人员及现场安全防护人员要认真执行安全预想提示防控制度，技术人员要对施工现场负责人进行安全交底。

作业前，施工现场负责人应对作业人员穿着佩戴的劳动防护用品、用具和登高器具以及安全防护设施逐项检查和验收，验收合格并签认后，方可进行高处作业。

对解系安全带、转移作业等关键环节必须落实监护制度，并认真执行两人安全确认呼唤应答制度。

登高梯子不得缺挡，不得垫高使用。梯子横挡间距以 30 cm 为宜，下端应采用防滑措施，单面梯与地面夹角以 60°～70°为宜，如需接长使用，应绑扎牢固，经现场负责人验收确认合格后方可使用。人字梯底脚须拉牢使用。

简易脚手架所用的铁凳、木凳、人字梯等，要码放牢固，并设防滑装置。铺板长度不得大于 3 m，宽度不得小于 25 cm。

深基础临边、楼梯口、屋面周边、采光井周边、卸料平台边等临边处所以及楼板孔洞等洞口处防护要牢固可靠，并设置警示标志。

安全带必须挂在施工作业处上方的牢固构件上，不得系挂在有尖锐棱角的部位，安全带系挂点下方应有足够的净空，安全带应高挂(系)低用。严禁用绳子捆在腰部代替安全带。

高处作业严禁上下投掷工具、材料和杂物等。作业人员上下时手中不得持物，工具应放在工具套(袋)内，并有防止坠落的措施。

高处作业人员严禁在没有防护设施的外墙和外壁板上行走。严禁在没有安全防护设施的屋架、支撑、擦条、挑架、挑梁、砌体、未固定的构件上行走或作业。不得站在不牢固的结构物(如石棉瓦、木根条等)上进行作业。不得坐在平台、孔洞边缘和躺在通道或安全网内休息。

禁止两人同时在登高梯上作业。凡遇恶劣天气，大雾、下雪、暴雨、雷电和六级以上大风时，应停止露天高处作业。

30 m 以上的特级高处作业与地面要有互相联系的专用通信装置，并设专人负责。

夜间高处作业应有充足的照明。在电杆上作业时，要先确认电杆编号，非带电作业时，要进行验电，确认已停电，方可作业。

4. 预防机械伤害

机械伤害是指机械设备部件、工具、加工件直接与人体接触引起的夹击、碰撞、剪切、卷入、绞绕、甩出、切割、切断、刺扎等形式的伤害。各类转动机械的外露传动部分和往复运动部分都有可能对人体造成机械伤害。

(1)常见伤害类型

机械设备零、部件做旋转运动时伤害，机械设备的零、部件做直线运动时伤害，刀具切割伤害，被加工的零件伤害，电气系统伤害，手持工具伤害。

(2)安全防范措施

①操作人员的安全管理

建立健全安全操作规程和规章制度；抓好三级安全教育和业务技术培训、考核，提高安全意识和安全防护技能，做到"四懂、三会"(懂原理、懂构造、懂性能、懂工艺流程，会操作、会保养、会排除故障)；正确穿戴个人防护用品；按规定进行安全检查；严格遵守劳动纪律，杜绝违章操作和习惯性违章。

②机械设备的安全性能

设计要求：在设计过程中，对操作者容易触及的可转动零部件应尽可能封闭，对不能封闭的零部件必须配置必要的安全防护装置。

运行要求:对运行中超过极限位置的生产设备或零部件,应配置可靠的限位、限速装置和防坠落、防逆转装置。所有机械的传动、转动部分及机械设备易对人员造成伤害的部位均应有防护装置,没有防护装置不得投入使用。机械设备启动前应事先发出信号,以提醒他人注意。打击工具的固定部位必须牢固,作业前应检查其紧固情况,合格后方可投入使用。清理电缆沟、抬运盖板以及搬运笨重物件时,应统一指挥、协调动作。

用电要求:电气线路要有防触电、火灾报警装置。

③劳动保护措施

作业前应穿戴好个人防护用品,着装要"三紧":领口紧,袖口紧,下摆紧。2 m 以下的齿轮、三角带、联轴器均需设置安全防护罩。操作车床、铣床等设备,操作人员应佩戴防护眼镜,禁止徒手清理铁屑等杂物。操作旋转设备,严禁戴手套、穿宽松的衣服,长头发必须用帽子包好。

④提高零、部件的安全可靠性

合理选择结构、材料和工艺;操纵器必须采用联锁装置或保护措施;安装防滑、防坠落及预防人身伤害的防护装置,如限位装置、限速装置、防逆转装置、防护网等;加装安全控制系统,如自动监控系统、声光报警装置等;配置足够数量,其形状有别于一般装置的紧急开关。

⑤危险部位的安全防护措施

对各种机械的传动带、明齿轮、接近地面的联轴节、皮带轮、飞轮等容易伤害人体的部位,要配备完好的防护设施。投入运行的机械设备,必须按规定进行维护保养,不合格的机械设备应停止使用。

检修机械设备时,落实各项安全措施,被检修的机械必须切断电源,落实电源控制安全措施,防止因定时电源开关作用或临时停电等因素而误判造成事故。检修试车时,严禁人员留在机械设备内进行试车。

各种电源开关要布置合理并有明显标志,防止误启动设备发生伤害事故。对人孔、投料口、绞笼井等部位应设置警示牌、护栏及盖板等,防止操作人员误操作。

5. 预防物体打击伤害

物体打击是指失控的物体在惯性或重力等作用下产生运动,打击人体而造成的人身伤害事故。物体打击适用于落下物、飞来物、滚石、锤击、碎裂、崩块等造成的伤害。

(1)常见伤害类型

物体打击常见伤害类型包括物体从高处掉落砸伤;起重作业时,吊物坠落砸伤;起重作业时,正在运行的设备突然出现故障,零部件飞出伤人;人为从高处扔杂物、废弃物砸伤人;工、器具误碰运转设备,工器具反弹伤人;各类容器爆炸的飞出物伤人等。

(2)安全防范措施

①作业人员防护措施

进入作业场所应戴好安全帽,扣紧下帽带;常用工具应放在工具袋内,物料传递不准向下或向上抛掷;高处安装起重设备或垂直运输机具,注意零部件落下伤人;拆除或拆卸作业要设置警戒区域,在有人监护的条件下进行作业;高处拆除作业时,对拆卸下的物料、建筑垃圾要及时清理和运走,不得在通道上乱放或向下丢弃;禁止戴手套使用手锤或单手抡大锤;高处作业的下方不得有人作业,必须同时作业时,应做好防止落物伤人的措施,并设专人看护。

②设备设施防护措施

高处作业应铺设隔离层,隔离落物;临边设施的盖顶不得使用石棉瓦;边长小于或等于

250 mm 的预留洞口应用坚实的盖板封闭，用砂浆固定；高处物料应堆放平稳，不得放在临边及洞口附近，不得妨碍通行；吊运大件应使用有防止脱钩装置的吊钩或卡环，吊运小件应用吊笼或吊斗；吊运长件应绑牢，吊运散料应用吊篮；机器启动前应保证安全可靠，防止零部件飞出伤人。机器转动部位应加装防护罩，不得触及转动部位；防止压力容器爆炸事故的发生。

（二）特种设备伤害风险防范

特种设备是指涉及生命安全、危险性较大的锅炉、压力容器（含气瓶）、压力管道、电梯、起重机械、客运索道、大型游乐设施和场（厂）内专用机动车辆等。

1. 预防起重伤害

起重伤害是指在进行各种起重作业（包括吊运、安装、检修、试验）中发生的重物（包括吊具、吊臂）坠落、夹挤、物体打击、起重机倾翻、触电等事故。

(1)常见伤害类型

起重机械通常结构庞大、机构复杂，在作业过程中常常是几个不同方向的运动同时操作，技术难度大，易发生机械伤害。

大多数起重机械，作业环境复杂，需在较大的空间范围内运行，易发生触电、倾翻等事故。吊运的重物多种多样，形状不规则，吊运过程复杂，潜在许多偶发的危险因素，易发生高处坠落、物体打击伤害。

起重作业需要指挥、捆扎、驾驶等人员共同实施，如动作不协调、配合不熟练，易发生挤压和其他伤害。

(2)安全防范措施

①单梁桥式起重机、双梁桥式起重机龙门（半门式）起重机

工作前对制动器、吊钩、钢丝绳和安全装置等部件的安全状态进行检查，必须在确认走台或轨道上无人时，才可以闭合主电源。

工作中第一次起吊重物时，应在吊离地面高度 0.5 m 后将重物放下，检查制动器性能可靠后，再进行正常作业。操作中应按统一规定的指挥信号操作。工作中突然断电时，应将所有的控制器手柄置于“零”位，在重新工作前检查起重机动作是否正常。不准利用极限位置限制器停车，严禁在有负载的情况下调整起升机构制动器。操作者应密切注视运行方向及其附近有无人员或障碍物。当风力大于 6 级时，一般应停止工作，并对轮对采取防溜措施，将起重机用夹轨钳或锚定装置锁定。

工作后将吊钩升至一定高度，大车停靠在指定位置，控制器手柄置于“零”位，切断电源。露天作业的龙门式起重机，工作结束后应对轮对采取防溜措施，并将起重机用夹轨钳或锚定装置锁定。

②移动式起重机

工作前起重机作业应有足够的工作场地，起重臂杆起落及回转半径内无障碍物，起重机不得靠近架空输电线路作业，必须在线路旁作业时，应采取安全保护措施，起重机与架空输电线路的安全距离不得小于 2 m。夜间应有充足的照明设备。起重机的变幅指示器、力矩限制器以及各种行程限位开关、保护装置，必须齐全完备、灵敏可靠，严禁用限位装置代替操纵机构进行停机。起重机使用钢丝绳的规格、强度必须符合该型起重机的要求，钢丝绳在卷筒上至少保留三圈以上。

工作中起重机在雨雪天气作业时，应先试车，证明制动器灵敏可靠后，方可进行作业。操作人员进行起重机吊钩升降、回转、变幅、行走等动作前，应鸣笛示意。重物下方不得有人员停

留或通过，严禁用起重机吊运人员。严禁用起重机斜拉、斜吊和起吊地下埋设或凝结在地面上的重物。严禁急快急慢和突然制动，当回转未停稳前不得做反向动作，严禁带载自由下降。起吊重物应绑扎牢固、保证平稳，对可能晃动的重物应拴拉绳，不得在起吊重物上堆放或悬挂零星物件。遇有风、雨、雪、雾等恶劣天气时，应停止起重机露天作业，并将起重机锚定住。

工作后将吊钩升至一定高度，大车停靠在指定位置，控制器手柄置于“零”位，切断电源。如停机时间较长，应将台车行车轮用防爬器塞住，回转机构脚踏制动器用重锤制动住。

2. 预防场(厂)内专用机动车辆伤害

场(厂)内专用机动车辆是指除道路交通、农用车辆以外仅在工厂厂区、旅游景区、游乐场所等特定区域使用的专用机动车辆。

(1)常见伤害类型

工厂厂区内超速行驶，易发生车辆撞轧伤害；场内机动车辆的规格、型号差别很大，易发生机械伤害；装载货物行驶时，易发生货物高处坠落、物体打击等伤害；汽油、柴油等易燃易爆物品泄漏，易发生爆炸伤害。

(2)安全防范措施

①通用安全防护措施

驾驶员必须经专业培训，取得特种设备作业人员证后方可独立操作，严禁无证驾驶。

必须穿戴好劳动防护用品，如工作服、劳保鞋、劳保手套、口罩、防护眼镜。

行驶中必须精力集中，严禁酒后驾驶。

定期保养车辆，确保车辆处于良好状态，坚持“五不出车”，即制动、转向、喇叭、灯光和安全装置不良不出车。

场内行驶速度不得超过 5 km/h。

②叉车作业安全防护措施

货叉的上、下方禁止人员停留。必须站人检修时，应将起升装置支抵牢固，防止突然下滑发生事故。

叉车装卸作业时，严禁进行保养检修工作。

严禁货物提升下降时行车。

不准装载超过允许载重的物体。

对稳固情况不好和重心位置高的货物，要用钢丝绳捆好，防止货物崩塌和倾倒。

装货后的高度离地面不得超过 4 m，高出车身的货物应加以固定，车上货物伸出车厢前后的总长不能超过 2 m。

叉车作业货物重心超过货叉的载荷中心不叉，单叉偏载不叉，货物堆码不稳不叉，叉尖可能损坏货物不叉，超重或重量不明不叉。

③装载机作业安全防护措施

起步前应将铲斗提升到距离地面 0.5 m 左右，作业时应使用低速挡，用高速挡行驶时，不得升降和翻转铲斗，严禁铲斗载人。

装载机行驶的道路应平坦，不得在倾斜度过大的场地作业，铲斗满载运送时，应保持低位，运送距离不宜过大。

在松散不平的场地作业，可将铲臂放在浮动位置上，使铲斗平稳推进，如阻力过大，可稍稍提升铲臂。装料时，铲斗应从正面低速插入，防止铲斗单面受力。

向运输车辆上卸料时应缓慢，铲斗应处在合适的高度上，前翻或回位不得碰撞车厢。

应经常注意装载机零部件的运转声响,发现异响立即停车,排除故障。

3. 锅炉及压力容器伤害风险防范

锅炉、压力容器(含气瓶)涉及生命安全,危险性较大,其工作介质具有一定温度、压力或毒性。锅炉、压力容器(含气瓶)事故一般都发生在使用过程中,加强对设备运行的安全管理,做好使用过程中的安全监护是保证安全运行的关键。

(1)常见伤害类型

锅炉在运行中会出现超压、缺水、爆管等事故,处理不当会引起锅炉爆炸事故,锅炉爆炸时锅筒发生破裂,锅内汽水混合物会产生巨大的作用力和冲击波。

压力容器中承压元件和安全保护装置失效,可能引发爆炸、火灾、中毒、腐蚀、热烫伤或金属损伤等。

由于腐蚀、材质劣化、机械破坏导致气瓶瓶壁破裂,引发泄漏、爆炸、中毒或金属损伤等。

(2)安全防范措施

①锅炉

必须使用符合安全技术规范要求、取得生产许可并经检验合格的锅炉。

司炉工必须经过培训和考试合格后方能独立操作,无操作证严禁操作锅炉。

锅炉点火前必须检查压力表、安全阀、水位计等安全附件是否完好,燃烧系统及其控制阀门是否漏气,安全附件不合格时严禁开炉操作。

锅炉运行中,司炉工应经常监视压力表和水位计,确保规定的水位和操作压力。

若炉内发生特殊响声,司炉工应立即检查,必要时停炉检查。

停炉后,待水慢慢冷却到 70 ℃以下,方可把炉水放出,进行停炉保养处理。

司炉工离开锅炉房时,必须关闭电气开关,水、燃料油(气)阀门和门窗。

②压力容器

压力容器有特种设备使用证,操作人员有特种设备作业人员证。

日常加强对安全阀、压力表巡视检查,保证齐全、灵敏、可靠,发现有异常现象及时处理。

容器各部无裂纹变形,各紧固螺栓无松动丢失现象,阀门、管路畅通无漏泄。

冬季应检查排污管的防寒措施,并增加排污次数,以防冻结。

安全阀每周手动试验一次、每年至少校验一次,压力表每半年至少校验一次。

压力容器安全阀的整定压力一般不大于该压力容器的设计压力。

③气瓶

采购和使用有制造许可证的企业的合格产品,不使用超期未检的气瓶。

使用者必须到已办理充装注册的单位或经销注册的单位购气。

气瓶使用前应进行安全状况检查,对盛装气体进行确认,不符合安全技术要求的气瓶严禁入库和使用。使用时必须严格按照使用说明书的要求使用气瓶。

气瓶的放置地点,不得靠近热源和明火,应保证气瓶瓶体干燥。盛装易起聚合反应或分解反应气体的气瓶,应避开放射线源。气瓶立放时,应采取防止倾倒的措施。

气瓶投入使用后,不得对瓶体进行挖补、焊接修理。严禁擅自更改气瓶的钢印和颜色标记。

夏季应防止曝晒,严禁用温度超过 40 ℃的热源对气瓶加热。

严禁敲击、碰撞瓶体,严禁在瓶体上引弧,严禁将乙炔瓶放置在电绝缘体上使用。

瓶内气体不得用尽,必须留有剩余压力或重量,永久气体气瓶的剩余压力应不小于 0.05 MPa,

液化气体气瓶应留有不少于 0.5%～1.0%规定充装量的剩余气体。

乙炔瓶使用时，必须直立，并应采取措施防止倾倒，严禁卧放使用。其放置地点与明火的距离不得小于 10 m(高空作业时，此距离为在地面的垂直投影距离)。

乙炔瓶阀出口处必须配置专用的减压器和回火防止器。正常使用时减压器指示的放气压力不得超过 0.15 MPa，放气流量不得超过 0.05 $m^3/(h \cdot L)$。如需较大流量时，应采用多只乙炔瓶汇流供气。

4. 电梯安全风险防范

电梯是指动力驱动，利用沿刚性导轨运行的箱体或者沿固定线路运行的梯级(踏步)，进行升降或者平行运送人、货物的机电设备。近年来，电梯数量快速增长，电梯使用愈加频繁，电梯安全直接关系人民群众的生命安全和生活质量。

(1)常见惯性伤害

电梯运行时，正常的操作方式无法使电梯停止运行，电梯出现失控，发生高处坠落伤害。

电梯超载、超速、厅门或轿厢门未关闭，即运行发生的剪切、挤压伤害。

非正常停车，发生滑(跌、绊)倒伤害。

(2)安全防范措施

①日常安全检查

电梯机房门锁闭良好，通往机房的通道保持畅通；保持机房内空气流通，照明良好，消防器材配备齐全；机房屋顶不漏雨，门窗关闭良好，防止电气设备淋雨；不得将机房改做其他用途(如居住或储存杂物)；日常保持轿厢内外及轿厢门地坎槽的清洁；轿顶定期清洁，无尘土、杂物堆积；电梯的底坑不得积水、进水，发现积水要及时排除，底坑应定期清扫，不得有易燃物；除特别设计的载货电梯之外，轿厢内不得用机动叉车装卸货物；层门紧急开锁用的机械钥匙(三角孔、四方孔等钥匙)应由持证管理人员保管，不得给其他人，以免发生意外事故；按照技术规范要求，电梯每年检验一次，未经定期检验或检验不合格的电梯不得使用。

②乘梯安全注意事项

乘坐电梯时要查看电梯内有无特种设备检验单位核发的安全检验合格标志，标志是否在有效期内。

未成年人及老年人乘坐电梯必须有健康成年人陪同。

乘客在电梯楼层门开启后，要注意观察电梯轿厢是不是在相应楼层位置，如不在平层位置，不得进入轿厢。

电梯在正常运行中楼层门和轿厢门应处于关闭状态，乘坐电梯时不要在楼层门与轿厢门之间过多逗留，以防电梯在故障状态下突然运行造成剪切。

电梯出现故障，应设法通知电梯使用管理部门和维修人员救援，不要乱动有关按钮或强行扒门，等待专业人员救援。

电梯轿厢内禁止吸烟，发生火情时不要乘坐电梯。

乘坐自动扶梯时，乘客应面向扶梯的运行方向，手握扶梯两侧的扶手，脚站在踏板四周的黄线以内，防止裤脚边卷入运动的缝隙中。头和手不要伸出扶梯，防止在自动扶梯运行过程中被障碍物碰伤。

禁止在自动扶梯和自动人行道上反方向行走和奔跑。

③电梯的安全操作

电梯司机应经过安全技术培训，考试合格取得特种设备作业人员证后，方可上岗。

电梯司机上班前不得饮酒，睡眠充足。定期进行体检，凡患有心脏病、精神病、传染病、色盲等疾病，不能从事电梯司机工作。

电梯司机熟悉所驾驶电梯的原理、性能，熟练掌握电梯故障应急处理的技能。

爱护电梯设备，做好电梯门槛滑动槽的清洁工作。

电梯发生事故或故障时，及时通知维修人员，维修人员到达前，不得擅自检修设备。

配合维修人员修理电梯时要服从维修负责人的统一指挥，对指挥人员下达的操作指令，必须应答并复述后再操纵电梯。

④电梯运行前的安全防护措施

做好交接班工作，了解上一班电梯运行情况，及时消除存在的设备故障。

确定轿厢位置，做简单试运行；观察选层、启动、换速、平层消号、开关门速度及安全触板等有无异常现象和声响；检查各种指示灯、信号灯指示是否正确，各限位开关、急停按钮等动作是否正常，地毯对电梯有无卡阻现象。

检查门联锁是否良好，厅门关闭后不能从外面扒开，轿门和厅门未闭合到位情况下，电梯应不能启动。

试验警铃作用，电话是否畅通。

对连续停用七天以上的电梯，使用前应详细检查。

⑤应立即停止使用的故障

选层后关闭厅门、轿厢门或门已闭合电梯不能正常启动行驶；厅门或轿门没有闭合而电梯能启动行驶；电梯运行方向与选层方向相反，电梯运行速度有明显变化；内选、平层、换速、召唤和指层信号失灵失控；电梯在正常运行条件下，安全钳突然发生误动作；运行中发现有异常噪声、较大震动和冲击；电梯在正常负荷下，超越端站位置继续行驶，造成冲顶或蹲底；电梯在行驶中无故障停车、停车不开门、厅门可随意从外面人为扒开；电梯部件过热散发出焦热的气味，人接触到任何金属部分有麻电现象；电梯机房内有大量漏油并通过绳孔等处滴入轿厢，电梯发生漫水事故。

（三）职业伤害风险防范

为了保护作业人员在生产过程中的身体健康，避免有害物质的危害，防止、消除职业中毒和职业病，企业必须采取有效措施，保证作业场所达到劳动保护和职业卫生的有关标准。

1. 预防中毒窒息伤害

中毒窒息是指接触有毒物质，引起人体急性中毒或窒息，以及缺氧造成窒息的事故。为作业人员提供良好的生产环境、正确配发和使用劳动防护用品，可以有效预防中毒窒息伤害事故的发生。

（1）常见伤害类型

①中毒窒息

中毒窒息伤害是人体在硫化氢、一氧化碳、氨等毒性气体环境中，当毒性气体达到一定浓度时，造成人体出现窒息死亡、呼吸系统损伤、急性中毒症状、眼结膜损伤等。

②缺氧窒息

作业环境中由于单纯性窒息气体浓度增高，氧气浓度降低，导致人因缺氧出现窒息症状。如头晕、头痛、呼吸困难、心跳加快，以至昏迷和死亡。

（2）安全防范措施

中毒窒息、缺氧窒息伤害多发生在封闭和半封闭的有限空间内。有限空间作业存在的危害大多数情况下是可以预防的,如加强培训教育,完善各项管理制度,严格执行操作规程,配备必要的防护用品和应急抢险设备等。

有限空间作业严格落实作业许可审批制度,必须配备监护人员和应急救援人员。

进入有限空间作业前,应根据有限空间盛装(过)物料的特性,对有限空间进行清洗或置换,并达到相关要求。

进入有限空间作业,对作业面可能存在的电、高、低温及危害物质须采取可靠隔断(隔离)措施,将有限空间与其他可能危及作业安全的管道或其他空间隔离。

在易燃易爆的有限空间作业时,应穿防静电工作服、工作鞋,使用防爆工具和照明器具。

在有酸碱等腐蚀性介质的有限空间作业时,应穿戴好防酸碱工作服、工作鞋、手套等护品。

进入有限空间时,应佩戴隔离式空气呼吸器、佩戴氧气报警器。

进入有限空间时应佩戴有效的通信工具,系安全绳。

在产生噪声的有限空间作业时,应佩戴耳塞或耳罩等防噪声护具。

在有限空间进入点附近应设置醒目的安全警示标识,并提前告知作业者存在的危险有害因素和防控措施。

有限空间作业前和作业过程中,应采取强制性持续通风措施降低危险,保持空气流通。严禁用纯氧进行通风换气。

进入有限空间作业必须严格执行"先通风、再检测、后作业"的原则,未经通风和检测,严禁作业人员进入有限空间作业。

检测有限空间气体浓度时,检测人员应处于安全环境,做好检测记录,包括检测时间、地点、气体种类和检测浓度等。检测指标包括氧浓度值、易燃易爆物质(可燃性气体、爆炸性粉尘)浓度值、有毒气体浓度值等。检测标准与检测工作应符合相关标准和要求,确认安全后方可进入。

有限空间作业工作环境变化时,应视为进入新的有限空间,重新通风和检测后方可进入。

其他安全要求:应保持有限空间出入口畅通;对多工种、多层交叉的有限空间作业,应采取避免互相伤害的措施;从业人员不得携带与作业无关的物品进入有限空间,作业中不得抛掷材料、工器具等物品;严禁作业人员在有毒、窒息环境下摘下防毒面具;作业前后应清点作业人员和作业工器具。作业人员离开有限空间作业点时,必须将全部作业工器具带出。

2. 预防职业病伤害

职业病指企业、事业单位和个体经济组织等用人单位的劳动者在职业活动中,因接触粉尘、放射性物质和其他有毒、有害物质等因素而引起的疾病。

(1)常见伤害类型

粉尘进入人体后,人体能通过滤尘、运送和吞噬功能将大部分吸入的尘粒清除掉,但若长期吸入高浓度粉尘,可对人体产生不良影响。依据其理化性质和毒性、进入人体的数量及沉积的部位不同,有尘肺、粉尘沉着症、过敏性疾病、中毒等危害。

长期在噪声环境下工作,人们会感到烦躁、注意力不集中、反应迟钝。在工作场所,噪声的影响掩盖了异常信号或声音,容易发生人身伤害事故。尤其是无防护措施的生产性强噪声,容易形成噪声性疾病,如暂时性听阈位移、永久性听阈位移、噪声性耳聋、爆震性耳聋,同时会产生神经衰弱、血压不稳、肠胃功能紊乱等影响。

长期接触生产性振动有时会产生头晕、失眠、心悸、乏力等不适,还有手麻、手痛手凉、手掌多汗、遇冷后手指发白等症状,严重的会引起手臂振动病。

长期在高频电磁场、微波、红外辐射、紫外辐射环境下工作，会引起轻重不一的各类神经症、眼部疾病、皮肤灼伤等症状。

在高温环境下作业会发生中暑，按其发病机理不同可分为热射病、日射病、热衰竭、热痉挛四种类型。

在生产过程中接触汽油、苯、甲醇、二硫化碳等有机溶剂，使皮肤脱脂，引起职业性皮炎、表皮脱落。慢性苯中毒可能损害造血系统，引起各种类型白血病。

(2)安全防范措施

①生产性粉尘

生产性粉尘防治八字方针是“革、水、密、风、护、管、教、查”。

革：即工艺改革和技术革新，这是消除粉尘危害的根本途径。减少原料中含矽量，或以不含矽的材料代替，生产工艺达到机械化、连续化、自动化，以减少粉尘。

水：即湿式作业，可防止粉尘飞扬，降低环境粉尘浓度。

密：将尘源密闭，对产生粉尘的设备，尽可能在通风罩中密闭，并与排风结合，经除尘处理后再排入大气。

风：加强通风及抽风措施，在密闭、半密闭尘源的基础上，采用局部抽出式机械通风，将工作面的含尘空气抽出，并可同时采用局部送入式机械通风，将新鲜空气送入工作面。

护：如佩戴防尘口罩、防尘安全帽、穿着防尘服，不在工作场所进食吸烟等。

管：经常性地维修和管理防尘、除尘设备。

教：加强宣传教育，使职工清楚粉尘作业的危害，自觉提高自我防护意识。

查：定期检测空气中的粉尘含量，对作业人员进行在岗期间的定期职业健康体检，目的是早期发现、早期治疗职业病，发现有职业禁忌症者，调离粉尘作业岗位。

②噪声

控制噪声源：根据具体情况采取技术措施，控制或消除噪声源是从根本上解决噪声危害的一种方法。通过工艺改革，采用无声或低声设备代替发出强噪声的设备。

控制噪声的传播：

吸声——对室内的噪声，可利用多孔吸声材料进行吸声；

隔声——如操作室与存在噪声源场所之间安装双层玻璃窗隔声；

防振动——如加大空气压缩机的机座重量，用橡胶等软质材料制成垫片或利用弹簧等部件垫在设备下面使其减振；

消声——对机泵、电机、空气压缩机之类的设备可根据吸声反射、干涉等原理设计消声部件，可降低噪声。

个体防护：如果生产场所的噪声强度暂时不能得到有效控制，需要在高噪声条件下工作时，要合理选择和使用个人防护用品，如耳塞、耳罩、防噪声头盔等。佩戴个人防护用品是保护听觉器官的一项有效措施。

健康监护：定期对接触噪声的作业人员进行听力检查，观察听力变化情况，以便早期发现听力损伤，及时采取有效的防护措施。对发现有明显听力降低者，要及时调离噪声作业岗位。

③振动

控制振动源。改革工艺过程，采取技术革新，通过减振、隔振等措施，减轻或消除振动源的振动。

限制作业时间和振动强度。限制作业人员接触振动的强度和时间，可有效地保护作业人员的健康。

改善作业环境，加强个人防护。加强作业过程或作业环境中的防寒、保湿措施，特别是北方寒冷季节的室外作业，配备必要的防寒和保暖设施。佩戴减振手套和穿着防寒服，经常用热水泡手。

④辐射

高频电磁场的主要防护措施：场源屏蔽、距离防护、合理布局。

微波的主要防护措施：辐射源的屏蔽、操作和维修时有合理的防护措施。

红外辐射的防护措施：严禁裸眼观看强光源，佩戴能有效过滤红外线的防护眼镜；穿反射性铝箔衣物减少红外线暴露量及降低作业人员的热负荷。

紫外辐射的防护措施：采取技术措施把手工焊接工序改为自动化机器焊接，以减少接触紫外线的机会。电焊工要正确使用个人防护用品，应备有绿色防护玻璃片的防护面盾，辅助焊接人员应备有透光较好的黄绿色眼镜。对上肢和脚部的皮肤暴露部位，应配用长筒皮质手套和帆布脚面盖布，以避免紫外线对皮肤的直接照射。在操作位设置防护屏障，保护周围人群不受紫外线照射。同时要劝阻无关人员不要直视电焊弧光。对电焊作业人员要进行上岗前和离岗时的定期健康检查，发现患有不宜从事电焊作业疾病的人员，应对其工作岗位进行调整。

⑤高温

优先采用有利于控制高温的新技术、新工艺、新材料、新设备，从源头上降低或者消除高温危害。

在高温天气来临之前，对高温环境作业人员进行健康检查，对身体状况不适合高温环境的作业人员，调整作业岗位。

在高温天气期间，根据生产要求合理安排工作时间，减少高温时段室外作业。在高温工作环境设立休息场所，休息场所应当设有座椅，保持通风良好或者配有空调等防暑降温设施。

向作业人员提供符合要求的个人防护用品，并督促和指导作业人员正确使用。

为高温作业、高温天气作业的劳动者供给足够的符合卫生标准的防暑降温饮料及必需的药品，如供给高温作业人员盐汽水、盐茶水、绿豆汤、酸梅汤等。饮水方式以少量多次为宜。

对作业人员进行上岗前职业卫生培训和在岗期间的定期职业卫生培训，普及高温防护、中暑急救等职业卫生知识。

⑥有机溶剂

杜绝设备的跑、冒、滴、漏，提高机械化、自动化水平，遵守安全操作规程。

加强工作场所通排风，督促作业人员正确使用个人防护用品。

做好职业健康监护及上岗前的职业健康体检，对及早筛出的职业禁忌症及可疑中毒人员，应调整工作岗位或进行治疗。

第四节　网络信息安全

随着信息技术在铁路运输生产、经营管理和对外服务等领域的广泛应用，铁路业务对信息系统的依赖程度越来越高，特别是系统的逐步集中化，系统规模越来越大，覆盖范围越来越广，承载的关键业务越来越多。控制系统在铁路中大量使用，如中国列车控制系统（CTCS）、铁路供电远动系统（SCADA）、编组站自动化系统（CIPS、SAM）。控制系统越来越多地采用了通用信息技术和网络技术，管控一体化的趋势越来越明显。铁路无线移动通信系统、铁路通信基础承载网是所有信息系统和控制系统的基础承载网络，铁路网络和重要信息系统一旦发生重大故障或遭到破坏，将严重影响铁路的正常运行，甚至给铁路安全带来重大威胁，确保铁路网络和重要信息系统的安全稳定运行是铁路各部门的重要责任。

一、开展铁路网络安全管理的必要性

1. 国家政策的要求

国家层面对网络信息安全高度重视，把网络信息安全提升到国家安全的高度，相继出台了《中华人民共和国网络安全法》《关键信息基础设施保护条例》等法律法规，并以等级保护制度为抓手促进全民网络安全工作的开展。铁路作为我国关键信息基础设施之一，需要有针对性地开展网络安全相关问题的研究。

2. 智能铁路网络信息安全合规性管理的需要

《中华人民共和国网络安全法》的实施，网络安全等级保护制度的贯彻，《中国铁路总公司网络安全管理办法》的发布，都对信息化系统的网络安全建设提出了强制性要求，使得网络安全合规性管理成为信息化系统建设的必要前提。

3. 智能铁路网络信息安全运营的需要

铁路的调度指挥、客货运输、经营管理等越来越依赖新技术；12306、95306 电子商务平台涉及大众利益，社会影响力极大；中欧班列等跨境铁路运输使跨境铁路联运信息传输日益频繁，这些铁路重大项目在系统性、工程化和数据安全等各方面都需要网络信息安全运营的支撑。

二、铁路网络信息安全管理存在的隐患及防范措施

网络信息安全不是通过单一的技术、软件、设备、手段就可以解决的，也不是只靠培养专业的技术人员就可以做好防范的。每一名职工都是铁路网络安全的重要组成部分，每一名职工在日常工作中不注意正确用网，都会对网络安全造成威胁。

（一）内部安全隐患

目前，网络管理依旧存在很多疏漏，主要是管理人员操作不当，缺乏必要的网络安全知识，涉密档案保存不当，造成了管理混乱，实时传输无法实现。在管理过程中，应按照“谁主管谁负责，谁使用谁负责”的原则定期对所有信息系统和网络开展全覆盖的安全隐患排查。对等保三级以上的信息系统（操作系统、中间件、数据库、存储、终端）进行重点排查，主要包括以下内容。

1. 一机两网、违规外联

（1）计算机通过有线网卡、无线 Wi-Fi 等方式同时或交替连接铁路内网和互联网；手机接入内网计算机充电、拷贝数据；内、外网混用计算机、打印机、多功能一体机等设备；内、外网网络设备交叉错接，都是违规外联行为。这些行为导致内网和信息直接暴露在互联网上，存在外部网络攻击、重要数据泄露的风险。

建议：严禁计算机在内网和互联网间同时或交替连接；严禁内网计算机通过任何形式连接互联网及智能手机等可上网的设备；严禁私搭乱建 Wi-Fi；计算机、打印机、多功能一体机等设备应专网专用，严禁内、外网混用。

（2）为工作“方便”，私自将个人笔记本、台式机、智能手机等设备接入铁路内网；内、外网 U 盘交叉使用。这些行为导致个人终端因安全防护不到位，可能存在病毒木马或安全漏洞，接入

后病毒、木马等直接入侵，对内网进行恶意攻击。

建议：专机专网专用，终端必须经相关部门审批同意后方可接入内网，且按要求部署终端安全防护软件，分别配备内网和外网 U 盘，不得用同一 U 盘在内、外网间交叉使用。

(3)工作过程中想上外网查找资料，发现没有密码的 Wi-Fi 直接连上就用。这些也将导致内部信息泄露风险。

建议：禁止连接不明 Wi-Fi。

2. 私搭乱建局域网

在互联网使用无线设备组建无线局域网。这种行为导致外部攻击力量利用无线信号入侵互联网或互联网系统。存在网络攻击、重要数据泄露、内容篡改等风险，易导致部分具备无线功能的内网终端违规外联。

建议禁止互联网使用无线设备组网；严禁私搭乱建互联网 Wi-Fi。

3. 账号权限管理混乱

发生岗位变更、人员离职等情况时，未及时申请变更(注销)相关账号的权限；部分账号权限大于岗位职责应赋予的管理权限。这些行为将导致内部信息泄露风险。

建议加强账号及权限管理，人员岗位出现变动时，应及时对相关账号、权限进行清理和分配，账号权限应与岗位职责相符，并对长期不使用及外部人员临时账号加强管理。

4. 内部敏感信息资料泄露

将内部文件资料通过 QQ、微信、互联网、邮箱、云盘等进行存储和传输，且将信息保留记录，不做删除，将内部文件直接拍照发朋友圈等，甚至发布敏感信息，这些行为将导致内部敏感信息泄露风险。

建议：内部敏感信息禁止通过互联网传输和存储，禁止在微信、微博等发布敏感信息和内部资料。

5. 弱化口令易破解

内、外网计算机及各应用系统口令太多，不少人会设置成简单且有规律的密码，方便记忆，比如，123456、888888 等；在应用系统账号分配后，未及时修改初始口令，使用空口令、通用口令或者默认口令，工作账号和生活账号使用相同口令等。这些行为将导致计算机或应用系统被非法登录，数据窃取风险发生。

建议：口令设置应符合“大小写字母＋特殊字符＋数字，且不少于 8 位”的要求。重要系统口令设置应不少于 10 位，同时应注意不能采用键盘上连续的字母和数字；及时修改系统账号初始口令，不自动保存系统账号；工作账号和生活账号不使用相同口令。

6. 关键部门管理缺陷

机房等关键部门日常不上锁或进出管理不到位，外部单位人员在机房作业未安排本单位人员陪同。这些行为将导致信息系统和设备破坏风险。

建议：加强机房等关键部门管理，钥匙应由专人保管，无关人员不得进入；外部单位人员进入机房作业前，需查验单位证明和对方身份，并安排人员全程陪同或监督。

7. 公共场所设备终端管理漏洞

有自称某铁路单位的人到火车站、营业厅、办公场所等要求借用铁路内网或互联网电脑，工作人员未核实对方身份，随便同意使用。这些行为将导致内部信息泄露或系统破坏风险。

建议：工作用电脑不经批准，严禁借他人使用；如遇特殊情况，应经上级部门和对方单位确认身份和事由后，再决定是否允许借用；不向不明身份人员提供个人账号；加强公共场所各类终端的安全管理。

8. 不明来历数码设备的使用

在外捡到一个U盘或者不知道来历的U盘等外接设备，直接拿来就用，这些行为将导致计算机中病毒风险。

建议：发现来历不明的U盘等外接设备，禁止插入办公电脑使用，应交由单位信息运维部门处置。

9. 私自送修单位电脑

故障电脑擅自找外部单位维修处理。这种行为将导致铁路内部信息泄露，内网终端违规外联等风险。

建议：故障设备应在信息运维部门专业人员的指导下处理，严禁私自送修。

（二）外部安全隐患

专用网络的复杂性、开放性会让网络病毒乘虚而入，极大地危害了网络安全与性能，会给铁路系统带来不可预估的直接经济损失。

三、网络安全事件应急预案

（一）网络安全事件概念

网络安全事件是指由于人为原因、软硬件缺陷、自然灾害等，对各单位以及与铁路网络直接连通的其他单位的网络或其中数据造成危害，对铁路运输生产、经营开发、建设管理、客户服务等造成负面影响的事件，分为有害程序事件、网络攻击事件、信息破坏事件、信息内容安全事件、设备设施故障事件、灾害性事件和其他网络安全事件。

有害程序事件：分为计算机病毒事件、蠕虫事件、特洛伊木马事件、僵尸网络事件、混合程序攻击事件、网页内嵌恶意代码事件和其他有害程序事件。

网络攻击事件：分为拒绝服务攻击事件、后门攻击事件、漏洞攻击事件、网络扫描窃听事件、网络钓鱼事件、干扰事件和其他网络攻击事件。

信息破坏事件：分为信息篡改事件、信息假冒事件、信息泄露事件、信息窃取事件、信息丢失事件和其他信息破坏事件。

信息内容安全事件：通过网络传播法律法规禁止信息，组织非法串联煽动集会游行或炒作敏感问题并危害国家安全、社会稳定和公众利益的事件。

设备设施故障事件：软硬件自身故障、外围保障设施故障、人为破坏事故和其他设备设施故障等造成的信息系统故障事件。

灾害性事件：由自然灾害等其他突发事件导致的网络安全事件。

其他网络安全事件：不能归为以上分类的网络安全事件。

网络安全事件应急工作包括监测预警、应急处置和调查评估。其中，监测预警包括监测、预警报告、预警研判和发布、预警响应、预警结束，应急处置包括事件报告及研判、应急响应、应急结束。

（二）网络安全事件分级

网络安全事件分为四级：特别重大、重大、较大和一般网络安全事件。

1. 符合下列情形之一的，为特别重大网络安全事件：

(1)铁路关键信息基础设施遭受特别严重的系统损失（造成系统大面积瘫痪，使其丧失业务处理能力，造成系统关键数据的保密性、完整性、可用性遭到严重破坏，恢复系统正常运行和消除安全事件负面影响所需付出的代价十分巨大，对于事发组织是不可承受的)，造成业务完全中断 12 小时以上或部分中断 24 小时以上。

(2)重要敏感信息和关键数据丢失或被窃取、篡改、假冒，对国家安全和社会稳定构成特别严重威胁，或对铁路运输生产、经营开发、建设管理、客户服务造成特别严重影响。

(3)其他对国家安全、社会秩序、经济建设和公众利益构成特别严重威胁，或对铁路运输生产、经营开发、建设管理、客户服务造成特别严重影响的网络安全事件。

2. 符合下列情形之一且未达到特别重大网络安全事件的，为重大网络安全事件：

(1)铁路关键信息基础设施遭受严重的系统损失(造成系统长时间中断或局部瘫痪，使其业务处理能力受到极大影响，或系统关键数据的保密性、完整性、可用性遭到破坏，恢复系统正常运行和消除安全事件负面影响所需付出的代价巨大，但对于事发组织是可承受的)，造成业务完全中断 6 小时以上或部分中断 12 小时以上。

(2)重要敏感信息和关键数据丢失或被窃取、篡改、假冒，对国家安全和社会稳定构成严重威胁，或对铁路运输生产、经营开发、建设管理、客户服务造成严重影响。

(3)其他对国家安全、社会秩序、经济建设和公众利益构成严重威胁，或对铁路运输生产、经营开发、建设管理、客户服务造成严重影响的网络安全事件。

3. 符合下列情形之一且未达到重大网络安全事件的，为较大网络安全事件：

(1)铁路关键信息基础设施遭受较大的系统损失(造成系统中断，明显影响系统效率，使重要信息系统或一般信息系统业务处理能力受到影响，或系统重要数据的保密性、完整性、可用性遭到破坏，恢复系统正常运行和消除安全事件负面影响所需付出的代价较大，但对于事发组织是完全可以承受的)，造成业务完全中断 2 小时以上或部分中断 4 小时以上。

(2)重要敏感信息和关键数据丢失或被窃取、篡改、假冒，对国家安全和社会稳定构成较大威胁，或对铁路运输生产、经营开发、建设管理、客户服务造成较大影响。

(3)其他对国家安全、社会秩序、经济建设和公众利益构成较大威胁，或对铁路运输生产、经营开发、建设管理、客户服务造成较大影响的网络安全事件。

4. 符合下列情形之一且未达到较大网络安全事件的，为一般网络安全事件：

(1)铁路关键信息基础设施遭受一般的系统损失(造成系统短暂中断，影响系统效率，使系统业务处理能力受到影响，或系统重要数据的保密性、完整性、可用性遭到影响，恢复系统正常运行和消除安全事件负面影响所需付出的代价较小)，造成业务中断。

(2)重要敏感信息和关键数据丢失或被窃取、篡改、假冒，对国家安全和社会稳定构成一定威胁，或对铁路运输生产、经营开发、建设管理、客户服务造成一定影响。

(3)其他对国家安全、社会秩序、经济建设和公众利益构成一定威胁，或对铁路运输生产、经营开发、建设管理、客户服务造成一定影响的网络安全事件。

(三)网络安全事件预警分级及响应

1. 网络安全事件预警分级

网络安全事件预警分级分为红色、橙色、黄色和蓝色四个等级，分别对应发生或可能发生的特别重大、重大、较大和一般网络安全事件。

2. 网络安全事件预警响应

(1)红色预警响应

集团公司网络安全专项应急领导小组按照国铁集团要求，组织专家和有关单位研究制定防范措施和预警响应方案,开展预警响应工作。实行 24 小时值班制度,协调组织资源调度和联动的各项准备工作。

信息技术所和相关单位进入待命状态,加强网络安全事件监测和事态发展信息搜集,检查应急所需设备设施等,确保处于良好状态。

(2)橙色预警响应

集团公司网络安全专项应急领导小组按照国铁集团要求,组织专家和有关单位研究制定防范措施和预警响应方案,开展预警响应工作。实行 24 小时值班制度,协调组织资源调度和联动的各项准备工作。

信息技术所和相关单位通入待命状态,加强网络安全事件监测和事态发展信息搜集,检查应急所需设备设施等,确保处于良好状态。

(3)黄色、蓝色预警响应

集团公司网络安全专项应急领导小组组织专家和有关单位研究制定防范措施和预警响应方案,开展预警响应工作,协调组织资源调度和联动的各项准备工作。相关单位开展预警响应工作,实行 24 小时值班制度,加强网络安全事件监测和事态发展信息搜集工作。

(4)预警变更及解除

预警信息发布后,相关单位(部门)应密切关注事态发展情况,适时调整预警级别或及时更新预警信息内容。有事实证明不可能发生突发事件或危险已经解除的,应按规定及时宣布解除预警,终止预警期,并解除已采取的有关措施。相关单位(部门)应对预警工作及时进行总结,全面梳理存在的问题和薄弱环节,不断完善和强化预警体系建设,切实提升网络安全事件预警和响应能力。

3. 应急处置

(1)事件报告及研判

网络安全事件发生后,相关单位(部门)应立即启动专业系统应急预案或岗位应急处理办法,开展应急处置,控制事态,消除隐患,同时注意保存证据做好信息通报工作。

对于初步研判为特别重大、重大网络安全事件的,集团公司网络安全专项应急领导小组报国铁集团网络安全应急处置领导小组进行研判和响应;对于初步判断为较大和一般网络安全事件的,由集团公司网络安全专项应急领导小组指导应急响应工作。

事发单位(部门)应于事件发生 2 个工作日内,向集团公司信息技术所报送网络安全事件信息报告表。

(2)应急响应

网络安全应急响应分四个等级:Ⅰ级、Ⅱ级、Ⅲ级、Ⅳ级,分别对应特别重大、重大、较大、一般网络安全事件。

Ⅰ级应急响应:属于特别重大网络安全事件的,启动Ⅰ级应急响应。在国铁集团网络安全应急处置领导小组和集团公司应急委的统一领导、指挥、协调下,集团公司网络安全专项应急领导小组立即进入应急状态,组织开展应急处置工作和支援保障工作,实行 24 小时值班制度,并配合国铁集团开展应急处置工作。各单位开展应急处置工作,24 小时值班,跟踪事态发展,检查影响范围,及时汇报事态发展变化情况、处置进展情况。

Ⅱ级应急响应:属于重大网络安全事件的,启动Ⅱ级应急响应。在国铁集团网络安全应急处置领导小组和集团公司应急委的统一领导、指挥、协调下,集团公司网络安全专项应急领导小组立即进入应急状态,组织开展应急处置工作和支援保障工作,实行 24 小时值班制度,并配合国铁集团开展应急处置工作。各单位开展应急处置工作,24 小时值班,跟踪事态发展,检查影响范围,及时汇报事态发展变化情况、处置进展情况。

Ⅲ级应急响应:属于较大网络安全事件的,启动Ⅲ级应急响应。在集团公司网络安全专项应急领导小组的统一领导、指挥、协调下,网络安全事件事发单位立即进入应急状态,网络安全专项应急领导小组组织开展应急处置和支援保障工作,跟踪事态发展,检查影响范围,及时汇报事态发展变化情况、处置进展情况,实行 24 小时值班制度。

Ⅳ级应急响应:属于一般网络安全事件的,启动Ⅳ级应急响应。在集团公司网络安全专项应急领导小组的统一领导、指挥、协调下,事发单位立即进入应急状态,立即开展应急处置和支缓保障工作,跟踪事态发展,检查影响范围,实行 24 小时值班制度。

(3)应急响应结束

网络安全事件危害消除,系统恢复正常运行后,应及时宣布应急响应工作结束。

Ⅰ级、Ⅱ级应急响应由国铁集团宣布结束,Ⅲ级、Ⅳ级应急响应由集团公司网络安全专项应急领导小组宣布结束。

4. 后期处置

(1)善后处理

事件处理后,集团公司网络安全专项应急领导小组会同事发单位进行深入调查,分析事件原因,评估应急响应效果,对应急处置期间发生的设备、材料调用等进行汇总,及时补充完整。相关单位密切关注网络和信息系统设备运行状态,加强设备遇视检查,加强值班盯控,确保系统运行良好。

(2)调查评估

网络安全应急响应结束后,应对网络安全事件进行全面调查处理和总结评估:特别重大、重大网络安全事件,国铁集团组织开展调查评估工作;较大、一般网络安全事件由集团公司网络安全专项应急领导小组组织开展调查评估,形成总结调查报告,报国铁集团信息技术中心。总结调查报告应对事件的起因、性质、影响、责任等进行分析评估,提出处理意见和改进措施,调查处理和总结评估工作应在应急处置结束后 30 天内完成。报告内容包括事故概况、信息报告、预案启动、处置过程、资源调动、部门协调、舆情控制、造成损失、处置效果、原因分析、整改措施等。根据调查评估结果,及时修订完善相关应急预案。

思考题

1. 安全心理学的概念是什么?
2. 安全双重预防机制建设的主要内容是什么?
3. 什么是铁路机车车辆伤害事故?
4. 网络安全事件预警分为哪几级?

第五章　班组长能力提升

本章导读

铁路企业中，班组长的才能、素质对铁路发展起着至关重要的作用。班组长是生产的直接组织者和指挥者，也是直接生产者，班组长综合能力的高低，将直接影响班组管理的成败。因此，提升班组长的综合能力对于班组管理有着非常重要的意义。

第一节　法律法规

法律法规是国家制定或认可的，由国家强制力保证实施的。它通过设定权利和义务去规范人们的行为，从而确定、保护和发展有利于统治阶级的社会关系和社会秩序。

中国法律法规体系按法律效力和地位分为宪法、法律、行政法规和规章。

宪法具有最高的法律效力，一切法律、行政法规、地方性法规的制定都必须以宪法为依据，遵循宪法的基本原则，不得与宪法相抵触。

法律是中国法律法规体系的主干。宪法规定，全国人大及其常委会行使国家立法权。全国人大及其常委会制定的法律，解决的是国家发展中带有根本性、全局性、稳定性和长期性的问题，是国家法制的基础，行政法规和地方性法规不得与法律相抵触。

行政法规是中国法律法规体系的重要组成部分。国务院根据宪法和法律，制定行政法规。行政法规可以就执行法律的规定和履行国务院行政管理职权的事项做出规定，同时对应当由全国人大及其常委会制定法律的事项，国务院可以根据全国人大及其常委会的授权决定先制定行政法规。行政法规是法律规定的相关制度的具体化，是对法律的细化和补充。

规章是各级领导机关及其职能部门、社会团体、企事业单位，为实施管理，规范工作、活动和有关人员行为，在其职权范围内制定并发布实施的、具有行政约束力和道德行为准则的规范性文书的总称。

铁路运输法律体系按法律效力和地位分为法律、行政法规、规章三个层次。

一、相关法律

（一）《安全生产法》

《安全生产法》是我国第一部安全生产领域的综合法律，是安全生产的基本法。《安全生产法》的颁布实施，对保障我国的生产安全，防止重、特大事故的发生，保护从业人员的安全和健康，促进国民经济健康、稳步和持续发展提供了法律保证。《安全生产法》规定的一系列基本原则和制度，也是铁路运输生产活动必须遵循的。

《安全生产法》由中华人民共和国第九届全国人民代表大会常务委员会第二十八次会议于 2002 年 6 月 29 日通过，自 2002 年 11 月 1 日起施行。2021 年 6 月 10 日，根据第十三届全国人民代表大会常务委员会第二十九次会议《关于修改〈中华人民共和国安全生产法〉的决定》，对《安全生产法》做出第三次修正。

现行的《安全生产法》包括总则、生产经营单位的安全生产保障、从业人员的安全生产权利义务、安全生产的监督管理、生产安全事故的应急救援与调查处理、法律责任、附则等共七章119条，重点内容包括：

1. 以人为本，坚持安全发展。《安全生产法》明确提出安全生产工作应当以人为本，坚持人民至上、生命至上，把保护人民生命安全摆在首位，树牢安全发展理念，坚持安全第一、预防为主、综合治理的方针，从源头上防范化解重大安全风险。

2. 落实“三个必须”。《安全生产法》要求安全生产工作实行管行业必须管安全、管业务必须管安全、管生产经营必须管安全，强化和落实生产经营单位主体责任与政府监管责任，建立生产经营单位负责、职工参与、政府监管、行业自律和社会监督的机制。

3. 建立健全全员安全生产责任制。生产经营单位必须遵守《安全生产法》和其他有关安全生产的法律、法规，加强安全生产管理，建立健全全员安全生产责任制和安全生产规章制度，加大对安全生产资金、物资、技术、人员的投入保障力度，改善安全生产条件，加强安全生产标准化、信息化建设，构建安全风险分级管控和隐患排查治理双重预防机制，健全风险防范化解机制，提高安全生产水平，确保安全生产。

生产经营单位的全员安全生产责任制应当明确各岗位的责任人员、责任范围和考核标准等内容。生产经营单位应当建立相应的机制，加强对全员安全生产责任制落实情况的监督考核，保证全员安全生产责任制的落实。

4. 明确生产经营单位应当对从业人员进行安全生产教育和培训，保证从业人员具备必要的安全生产知识，熟悉有关的安全生产规章制度和安全操作规程，掌握本岗位的安全操作技能，了解事故应急处理措施，知悉自身在安全生产方面的权利和义务。未经安全生产教育和培训合格的从业人员，不得上岗作业。生产经营单位的从业人员不落实岗位安全责任，不服从管理，违反安全生产规章制度或者操作规程的，由生产经营单位给予批评教育，依照有关规章制度给予处分；构成犯罪的，依照刑法有关规定追究刑事责任。

5. 建立事故隐患排查治理制度。《安全生产法》把加强事前预防、强化隐患排查治理作为一项重要内容：一是生产经营单位应当建立健全并落实生产安全事故隐患排查治理制度，采取技术、管理措施，及时发现并消除事故隐患；二是政府有关部门要建立健全重大事故隐患治理督办制度，督促生产经营单位消除重大事故隐患；三是对未建立隐患排查治理制度、未采取有效措施消除事故隐患的行为，设定了严格的行政处罚。

6. 推进安全生产责任保险。《安全生产法》规定：生产经营单位必须依法参加工伤保险，为从业人员缴纳保险费。国家鼓励生产经营单位投保安全生产责任保险；属于国家规定的高危行业、领域的生产经营单位，应当投保安全生产责任保险。

7. 规定从业人员依法享有安全生产保障权利。生产经营单位的从业人员有权了解其作业场所和工作岗位存在的危险因素、防范措施及事故应急措施，有权对本单位的安全生产工作提出建议。从业人员有权对本单位安全生产工作中存在的问题提出批评、检举、控告；有权拒绝违章指挥和强令冒险作业。从业人员发现直接危及人身安全的紧急情况时，有权停止作业或者在采取可能的应急措施后撤离作业场所。因生产安全事故受到损害的从业人员，除依法享有工伤保险外，依照有关民事法律尚有获得赔偿的权利的，有权提出赔偿要求。

8. 规定从业人员依法应履行安全生产的义务。从业人员在作业过程中，应当严格落实岗位安全责任，遵守本单位的安全生产规章制度和操作规程，服从管理，正确佩戴和使用劳动防护用品。从业人员应当接受安全生产教育和培训，掌握本职工作所需的安全生产知识，提高安全生产技能，增强事故预防和应急处理能力。从业人员发现事故隐患或者其他不安全因素，应当立即向现场安全生产管理人员或者本单位负责人报告。

（二）《劳动法》

《劳动法》是为了保护劳动者的合法权益，调整劳动关系，建立和维护适应社会主义市场经济的劳动制度，促进经济发展和社会进步而制定的，并经 1994 年 7 月 5 日第八届全国人民代表大会常务委员会第八次会议通过，自 1995 年 1 月 1 日起施行。2018 年 12 月 29 日，根据第十三届全国人民代表大会常务委员会第七次会议《关于修改〈中华人民共和国劳动法〉等七部法律的决定》，对《劳动法》做出第二次修正。

现行的《劳动法》分为总则、促进就业、劳动合同和集体合同、工作时间和休息休假、工资、劳动安全卫生、女职工和未成年工特殊保护、职业培训、社会保险和福利、劳动争议、监督检查、法律责任和附则等共十三章 107 条。主要内容包括：

1. 明确劳动者享有的权利和需要履行的义务。劳动者享有平等就业和选择职业的权利、取得劳动报酬的权利、休息休假的权利、获得劳动安全卫生保护的权利、接受职业技能培训的权利、享受社会保险和福利的权利、提请劳动争议处理的权利以及法律规定的其他劳动权利。劳动者应当完成劳动任务，提高职业技能，执行劳动安全卫生规程，遵守劳动纪律和职业道德。

2. 规定用人单位、从业人员和政府在安全生产中的责任和义务。用人单位必须建立、健全劳动安全卫生制度，严格执行国家劳动安全卫生规程和标准，对劳动者进行劳动安全卫生教育，防止劳动过程中的事故，减少职业危害。劳动安全卫生设施必须符合国家规定的标准。新建、改建、扩建工程的劳动安全卫生设施必须与主体工程同时设计、同时施工、同时投入生产和使用。用人单位必须为劳动者提供符合国家规定的劳动安全卫生条件和必要的劳动防护用品，对从事有职业危害作业的劳动者应当定期进行健康检查。

3. 规定从事特种作业的劳动者必须经过专门培训并取得特种作业资格。劳动者在劳动过程中必须严格遵守安全操作规程。劳动者对用人单位管理人员违章指挥、强令冒险作业，有权拒绝执行；对危害生命安全和身体健康的行为，有权提出批评、检举和控告。

4. 明确国家建立伤亡事故和职业病统计报告和处理制度。县级以上各级人民政府劳动行政部门、有关部门和用人单位应当依法对劳动者在劳动过程中发生的伤亡事故和劳动者的职业病状况，进行统计、报告和处理。

5. 明确规定对女职工实行特殊劳动保护。禁止安排女职工从事矿山井下、国家规定的第四级体力劳动强度的劳动和其他禁忌从事的劳动。不得安排女职工在经期从事高处、低温、冷水作业和国家规定的第三级体力劳动强度的劳动。不得安排女职工在怀孕期间从事国家规定的第三级体力劳动强度的劳动和孕期禁忌从事的劳动。对怀孕七个月以上的女职工，不得安排其延长工作时间和夜班劳动。不得安排女职工在哺乳未满一周岁的婴儿期间从事国家规定的第三级体力劳动强度的劳动和哺乳期禁忌从事的其他劳动，不得安排其延长工作时间和夜班劳动。《劳动法》规定女职工生育享受不少于九十天的产假。

6. 明确规定对未成年工实行特殊保护（未成年工是指年满十六周岁未满十八周岁的劳动者）。不得安排未成年工从事矿山井下、有毒有害、国家规定的第四级体力劳动强度的劳动和其他禁忌从事的劳动。用人单位应当对未成年工定期进行健康检查。

7. 明确用人单位应当建立职业培训制度，按照国家规定提取和使用职业培训经费，根据本单位实际，有计划地对劳动者进行职业培训。

8. 明确社会保险水平应当与社会经济发展水平和社会承受能力相适应。社会保险基金按照保险类型确定资金来源，逐步实行社会统筹。用人单位和劳动者必须依法参加社会保险，缴纳社会保险费。

（三）《中华人民共和国铁路法》

《中华人民共和国铁路法》（以下简称《铁路法》）是为了保障铁路运输和铁路建设的顺利进行，适应社会主义现代化建设和人民生活的需要而制定的，并经 1990 年 9 月 7 日第七届全国人民代表大会常务委员会第十五次会议通过，自 1991 年 5 月 1 日起施行。2015 年 4 月 24 日，根据第十二届全国人民代表大会常务委员会第十四次会议《关于修改〈中华人民共和国义务教育法〉等五部法律的决定》，对《铁路法》做出第二次修正。

现行的《铁路法》分为总则、铁路运输营业、铁路建设、铁路安全与保护、法律责任、附则共六章 74 条。主要内容包括：

1. 公民有爱护铁路设施的义务。禁止任何人破坏铁路设施，扰乱铁路运输的正常秩序。铁路沿线各级地方人民政府应当协助铁路运输企业保证铁路运输安全畅通，车站、列车秩序良好，铁路设施完好和铁路建设顺利进行。

2. 铁路运输企业必须加强对铁路的管理和保护，定期检查、维修铁路运输设施，保证铁路运输设施完好，保障旅客和货物运输安全。铁路公安机关和地方公安机关分工负责共同维护铁路治安秩序。车站和列车内的治安秩序，由铁路公安机关负责维护；铁路沿线的治安秩序，由地方公安机关和铁路公安机关共同负责维护，以地方公安机关为主。

3. 铁路运输企业应当采取有效措施做好旅客运输服务工作，做到文明礼貌、热情周到，保持车站和车厢内的清洁卫生，提供饮用开水，做好列车上的饮食供应工作。

4. 铁路运输企业应当对承运的货物、包裹、行李自接受承运时起到交付时止发生的灭失、短少、变质、污染或者损坏，承担赔偿责任；而由于下列原因造成的货物、包裹、行李损失的，铁路运输企业不承担赔偿责任：

（1）不可抗力。

（2）货物或者包裹、行李中的物品本身的自然属性，或者合理损耗。

（3）托运人、收货人或者旅客的过错。

5. 对损毁、移动铁路信号装置及其他行车设施或者在铁路线路上放置障碍物的，铁路职工有权制止，可以扭送公安机关处理。对偷乘货车、攀附行进中的列车或者击打列车的，在铁路线路上行走、坐卧的，在铁路线路两侧 20 m 以内或者铁路防护林地内放牧的，铁路职工有权制止。

6. 对聚众拦截列车或者聚众冲击铁路行车调度机构的，铁路职工有权制止；对哄抢铁路运输物资的，铁路职工有权制止，可以扭送公安机关处理；在列车内，寻衅滋事，扰乱公共秩序，危害旅客人身、财产安全的，铁路职工有权制止，铁路公安人员可以予以拘留。

7. 在车站和旅客列车内，发生法律规定需要检疫的传染病时，由铁路卫生检疫机构进行检疫；根据铁路卫生检疫机构的请求，地方卫生检疫机构应予协助。

8. 因铁路行车事故及其他铁路运营事故造成人身伤亡的，铁路运输企业应当承担赔偿责任；如果人身伤亡是因不可抗力或者由于受害人自身的原因造成的，铁路运输企业不承担赔偿责任。违章通过平交道口或者人行过道，或者在铁路线路上行走、坐卧造成的人身伤亡，属于受害人自身的原因造成的人员伤亡。

9. 聚众哄抢铁路运输物资的，对首要分子和骨干分子依照刑法有关规定追究刑事责任。铁路职工与其他人员勾结犯此罪的，从重处罚。

10. 倒卖旅客车票，构成犯罪的，依照刑法有关规定追究刑事责任。铁路职工倒卖旅客车票或者与其他人员勾结倒卖旅客车票的，依照刑法有关规定追究刑事责任。

11. 铁路职工利用职务之便走私的，或者与其他人员勾结走私的，依照刑法有关规定追究刑事责任。

12. 铁路职工玩忽职守、违反规章制度造成铁路运营事故的，滥用职权、利用办理运输业务之便谋取私利的，给予行政处分；情节严重、构成犯罪的，依照刑法有关规定追究刑事责任。

（四）《中华人民共和国民法典》

《中华人民共和国民法典》（以下简称《民法典》）是为了保护民事主体的合法权益，调整民事关系，维护社会和经济秩序，适应中国特色社会主义发展要求，弘扬社会主义核心价值观而制定的，并经 2020 年 5 月 28 日第十三届全国人民代表大会第三次会议通过，自 2021 年 1 月 1 日起施行。自《民法典》施行起，婚姻法、继承法、民法通则、收养法、担保法、合同法、物权法、侵权责任法、民法总则等民事单行法律同时废止。

民法典分为总则、物权、合同、人格权、婚姻家庭、继承、侵权责任等共七编以及附则，共 1 260 条。主要内容包括：

1. 民事主体是民事关系的参与者、民事权利的享有者、民事义务的履行者和民事责任的承担者。民事主体包括自然人、法人和非法人组织三类。民事主体的人身权利、财产权利以及其他合法权益受法律保护，任何组织或者个人不得侵犯；民事主体在民事活动中的法律地位一律平等。民事主体从事民事活动，应当遵循诚信原则，应当节约资源、保护生态环境，不得违反法律，不得违背公序良俗。

2. 明确保护民事权利是民事立法的重要任务。民法典规定了民事权利制度，包括各种人身权利和财产权利。规定了民事责任、诉讼时效和期间计算制度。民事责任是民事主体违反民事义务的法律后果，是保障和维护民事权利的重要制度。诉讼时效是权利人在法定期间内不行使权利，权利不受保护的法律制度，其功能主要是促使权利人及时行使权利、维护交易安全、稳定法律秩序。

3. 规定物权制度基础性规范，包括平等保护等物权基本原则，物权变动的具体规则，以及物权保护制度。民法典规定了所有权制度，包括所有权人的权利，征收和征用规则，国家、集体和私人的所有权，相邻关系、共有等所有权基本制度。民法典规定了用益物权制度，明确了用益物权人的基本权利和义务，以及建设用地使用权、宅基地使用权、地役权等用益物权。民法典还对担保物权作出规定，明确了担保物权的含义、适用范围、担保范围等共同规则，以及抵押权、质权和留置权的具体规则。

4. 贯彻全面深化改革的精神，完善合同制度。民法典规定了合同的订立、效力、履行、保全、转让、终止、违约责任等一般性规则，完善了合同总则制度。为适应现实需要，民法典增加规定了四种典型合同：保证合同、保理合同、物业服务合同和合伙合同，并完善了其他典型合同。

5. 从民事法律规范的角度规定自然人和其他民事主体人格权的内容、边界和保护方式。民法典规定了人格权的一般性规则；规定生命权、身体权和健康权的具体内容；规定姓名权、名称权的具体内容，并对民事主体尊重保护他人姓名权、名称权的基本义务做出规定；规定肖像权的权力内容及许可使用肖像的规则，明确禁止侵害他人的肖像权；规定名誉权和荣誉权的内容；进一步强化对隐私权和个人信息的保护。

6. 以现行婚姻法、收养法为基础，在坚持婚姻自由、一夫一妻等基本原则的前提下，结合社会发展需要，修改完善部分规定，并增加新的规定。民法典重申了婚姻自由、一夫一妻、男女平等等婚姻家庭领域的基本原则和规则，进一步完善现行婚姻法；规定结婚制度，完善有关规定；规定夫妻关系、父母子女关系和其他近亲属关系，完善有关内容；对离婚制度做出规定，增加离婚冷静期制度，并针对离婚诉讼中出现的“久调不判”问题，以及离婚后子女的抚养问题做出明确规定；规定收养关系的成立、收养的效力和收养关系的解除。

7. 根据我国社会家庭结构、继承观念等方面的发展变化，修改完善继承制度。民法典规定了继承制度的基本规则，重申了国家保护自然人的继承权，规定了继承的基本制度；规定法定继承制度，明确继承权男女平等原则，规定法定继承人的顺序和范围，以及遗产分配的基本制度，完善代位继承制度；规定遗嘱继承和遗赠制度，进一步修改完善遗嘱继承制度；规定遗产处理的程序和规则，完善遗产处理制度。

8. 在总结实践经验的基础上，针对侵权领域出现的新情况，吸收借鉴司法解释有关规定，对侵权责任制度做出必要的补充和完善。民法典规定了侵权责任的归责原则、多数人侵权的责任承担、侵权责任的减轻或者免除等一般规则；规定侵害人身权益和财产权益的赔偿规则、精神损害赔偿规则等；规定无民事行为能力人、限制民事行为能力人及其监护人的侵权责任，用人单位的侵权责任，网络侵权责任，以及公共场所的安全保障义务等；对产品生产销售、机动车交通事故、医疗、环境污染和生态破坏、高度危险、饲养动物、建筑物和物件等领域的侵权责任规则做出具体规定。

二、行政法规

（一）《铁路安全管理条例》

《铁路安全管理条例》是为了加强铁路安全管理，推进依法行政，保障铁路运输安全和畅通，保护人身安全和财产安全以及其他合法权益而制定的法规。2013 年 7 月 24 日由国务院第 18 次常务会议通过，自 2014 年 1 月 1 日起施行。自《铁路安全管理条例》施行起，2004 年 12 月 27 日由国务院公布的《铁路运输安全保护条例》废止。

《铁路安全管理条例》（中华人民共和国国务院令第 639 号），包括总则、铁路建设质量安全、铁路专用设备质量安全、铁路线路安全、铁路运营安全、监督检查、法律责任和附则等共八章 108 条。其主要内容包括：

1. 规定铁路线路两侧应当设立铁路线路安全保护区。铁路线路安全保护区的范围，从铁路线路路堤坡脚、路堑坡顶或者铁路桥梁（含铁路、道路两用桥）外侧起向外的距离分别为：

（1）城市市区高速铁路为 10 m，其他铁路为 8 m；

（2）城市郊区居民居住区高速铁路为 12 m，其他铁路为 10 m；

（3）村镇居民居住区高速铁路为 15 m，其他铁路为 12 m；

（4）其他地区高速铁路为 20 m，其他铁路为 15 m。

铁路线路安全保护区内既有的建筑物、构筑物危及铁路运输安全的，应当采取必要的安全防护措施；采取安全防护措施后仍不能保证安全的，依照有关法律的规定拆除。拆除铁路线路安全保护区内的建筑物、构筑物，清理铁路线路安全保护区内的植物，或者对他人在铁路线路安全保护区内已依法取得的采矿权等合法权利予以限制，给他人造成损失的，应当依法给予补偿或者采取必要的补救措施。但是，拆除非法建设的建筑物、构筑物的除外。

2. 铁路与道路交叉的无人看守道口应当按照国家标准设置警示标志；有人看守道口应当设置移动栏杆、列车接近报警装置、警示灯、警示标志、铁路道口路段标线等安全防护措施。铁路运输企业应当对铁路线路、铁路防护设施和警示标志进行经常性巡查和维护；对巡查中发现的安全问题应当立即处理，不能立即处理的应当及时报告铁路监督管理机构。巡查和处理情况应当记录留存。

3. 铁路机车车辆的驾驶人员应当参加国务院铁路行业监督管理部门组织的考试，考试合格方可上岗。铁路运输企业应当加强铁路专业技术岗位和主要行车工种岗位从业人员的业务培训和安全培训，提高从业人员的业务技能和安全意识。

4. 铁路运输企业应当建立健全铁路设施设备的检查防护制度，加强对铁路设施设备的日常维护检修，确保铁路设施设备性能完好和安全运行。铁路运输企业的从业人员应当按照操作规程使用、管理铁路设施设备。

5. 铁路运输企业应当按照国务院铁路行业监督管理部门的规定实施火车票实名购买、查验制度。铁路运输企业应当采取有效措施为旅客实名购票、乘车提供便利，并加强对旅客身份信息的保护。铁路运输企业工作人员不得窃取、泄露旅客身份信息。

6. 铁路运输企业应当依照法律、行政法规和国务院铁路行业监督管理部门的规定，对旅客及其随身携带、托运的行李物品进行安全检查。从事安全检查的工作人员应当佩戴安全检查标志，依法履行安全检查职责，并有权拒绝不接受安全检查的旅客进站乘车和托运行李物品。

(二)《生产安全事故报告和调查处理条例》

为规范生产安全事故的报告和调查处理，落实生产安全事故责任追究制度，防止和减少生产安全事故，根据《安全生产法》和有关法律，制定《生产安全事故报告和调查处理条例》。该条例经 2007 年 3 月 28 日国务院第 172 次常务会议通过，以国务院第 493 号令颁布并于 2007 年 6 月 1 日起施行。自该条例施行起，国务院 1989 年 3 月 29 日公布的《特别重大事故调查程序暂行规定》和 1991 年 2 月 22 日公布的《企业职工伤亡事故报告和处理规定》同时废止。

全条例共分为六章 46 条，生产经营活动中发生的造成人身伤亡或者直接经济损失的生产安全事故的报告和调查处理，适用该条例；环境污染事故、核设施事故、国防科研生产事故的报告和调查处理不适用该条例。其主要内容包括：

1. 根据生产安全事故(以下简称事故)造成的人员伤亡或者直接经济损失，事故一般分为：特别重大事故、重大事故、较大事故、一般事故。

2. 事故报告应当及时、准确、完整，任何单位和个人对事故不得迟报、漏报、谎报或者瞒报。

3. 任何单位和个人不得阻挠和干涉对事故的报告和依法调查处理。

4. 对事故报告和调查处理中的违法行为，任何单位和个人有权向安全生产监督管理部门、监察机关或者其他有关部门举报，接到举报的部门应当依法及时处理。

5. 事故发生后，事故现场有关人员应当立即向本单位负责人报告；单位负责人接到报告后，应当于 1 小时内向事故发生地县级以上人民政府安全生产监督管理部门和负有安全生产监督管理职责的有关部门报告。

(三)《铁路交通事故应急救援和调查处理条例》

为了加强铁路交通事故的应急救援工作，规范铁路交通事故调查处理，减少人员伤亡和财产损失，保障铁路运输安全和畅通，根据《铁路法》和其他有关法律的规定，制定《铁路交通事故应急救援和调查处理条例》。该条例经2007年6月27日国务院第182次常务会议通过，以国务院令第501号颁布并于2007年9月1日起施行。自该条例施行起，1979年7月16日国务院批准发布的《火车与其他车辆碰撞和铁路路外人员伤亡事故处理暂行规定》和1994年8月13日国务院批准发布的《铁路旅客运输损害赔偿规定》同时废止。2012年11月9日，根据《国务院关于修改和废止部分行政法规的决定》，对《铁路交通事故应急救援和调查处理条例》进行修订。

现行的《铁路交通事故应急救援和调查处理条例》包括总则、事故等级、事故报告、事故应急救援、事故调查处理、事故赔偿、法律责任和附则共八章41条，主要内容为：

1. 铁路运输企业和其他有关单位、个人应当遵守铁路运输安全管理的各项规定，防止和避免事故的发生。事故发生后，铁路运输企业和其他有关单位应当及时、准确地报告事故情况，积极开展应急救援工作，减少人员伤亡和财产损失，尽快恢复铁路正常行车。任何单位和个人不得干扰、阻碍事故应急救援、铁路线路开通、列车运行和事故调查处理。

2. 事故等级类别和分类标准。按照条例规定，铁路交通事故等级根据事故造成的人员伤亡、直接经济损失、列车脱轨辆数、中断铁路行车时间等情形分为特别重大事故、重大事故、较大事故和一般事故。

(1)有下列情形之一的，为特别重大事故：

①造成30人以上死亡，或者100人以上重伤(包括急性工业中毒，下同)，或者1亿元以上直接经济损失的；

②繁忙干线客运列车脱轨18辆以上并中断铁路行车48小时以上的；

③繁忙干线货运列车脱轨60辆以上并中断铁路行车48小时以上的。

(2)有下列情形之一的，为重大事故：

①造成10人以上30人以下死亡，或者50人以上100人以下重伤，或者5 000万元以上1亿元以下直接经济损失的；

②客运列车脱轨18辆以上的；

③货运列车脱轨60辆以上的；

④客运列车脱轨2辆以上18辆以下，并中断繁忙干线铁路行车24小时以上或者中断其他线路铁路行车48小时以上的；

⑤货运列车脱轨6辆以上60辆以下，并中断繁忙干线铁路行车24小时以上或者中断其他线路铁路行车48小时以上的。

(3)有下列情形之一的，为较大事故：

①造成3人以上10人以下死亡，或者10人以上50人以下重伤，或者1 000万元以上5 000万元以下直接经济损失的；

②客运列车脱轨2辆以上18辆以下的；

③货运列车脱轨6辆以上60辆以下的；

④中断繁忙干线铁路行车6小时以上的；

⑤中断其他线路铁路行车10小时以上的。

(4)造成3人以下死亡，或者10人以下重伤，或者1 000万元以下直接经济损失的，为一般事故。由铁道部颁布、2007年9月1日施行的《铁路交通事故调查处理规则》(简称《事规》)对一般事故的分类与认定做出了详细规定。

3. 事故报告制度

事故发生后，事故现场的铁路运输企业工作人员或者其他人员应当立即报告邻近铁路车站、列车调度员或者公安机关。有关单位和人员接到报告后，应当立即将事故情况报告事故发生地铁路管理机构。

4. 事故应急救援制度

发生事故后，列车司机或运转车长应当立即停车，采取应急处置措施；对无法当场处置的，应当立即报告邻近铁路车站、列车调度员进行处置。对中断行车的，铁路运输企业应当立即组织抢修，尽快恢复铁路正常行车。事故发生后，国务院铁路主管部门、铁路管理机构、事故发生地县级以上地方人民政府或者铁路运输企业应当根据事故等级启动相应的应急预案。

5. 事故调查制度

条例充分考虑铁路交通事故调查处理的特点，明确了事故调查组的主体、参加部门及其调查权限，规范了事故调查程序、期限和事故责任认定形式，确立了事故处理情况的公布制度，强化了对事故防范和整改措施的监督。

6. 事故的赔偿原则及适用法律

条例根据我国相关法律规定，明确了铁路交通事故损害赔偿的基本原则、免责条款、旅客损害赔偿责任限额标准以及其他人员伤亡和财产损失赔偿的法律适用，同时还规定了相应的救济途径。

7. 相关法律责任

条例对铁路运输企业及其职工、国务院铁路主管部门、铁路管理机构以及其他行政机关在铁路交通事故应急救援、事故报告和调查处理中的违法行为以及违反法律、行政法规的规定导致事故发生等行为，都规定了较为严厉的处罚措施，包括行政处罚、处分和追究刑事责任等。

(四)《工伤保险条例》

为保障因工作遭受事故伤害或者患职业病的职工获得医疗救治和经济补偿，促进工伤预防和职业康复，分散用人单位的工伤风险，制定《工伤保险条例》。该条例经2003年4月16日国务院第5次常务会议讨论通过，自2004年1月1日起施行。2010年12月20日，根据《国务院关于修改〈工伤保险条例〉的决定》，对《工伤保险条例》进行修订。

现行的《工伤保险条例》包括总则、工伤保险基金、工伤认定、劳动能力鉴定、工伤保险待遇、监督管理、法律责任和附则共八章67条，重点内容如下。

1. 规定应当认定为工伤的情形

(1)在工作时间和工作场所内，因工作原因受到事故伤害的；

(2)工作时间前后在工作场所内，从事与工作有关的预备性或者收尾性工作受到事故伤害的；

(3)在工作时间和工作场所内，因履行工作职责受到暴力等意外伤害的；

(4)患职业病的；

(5)因工外出期间，由于工作原因受到伤害或者发生事故下落不明的；

(6)在上下班途中，受到非本人主要责任的交通事故或者城市轨道交通、客运轮渡、火车事故伤害的；

(7)法律、行政法规规定应当认定为工伤的其他情形。

2. 规定视同工伤的情形

(1)在工作时间和工作岗位，突发疾病死亡或者在48小时之内经抢救无效死亡的；

(2)在抢险救灾等维护国家利益、公共利益活动中受到伤害的;

(3)职工原在军队服役,因战、因公负伤致残,已取得革命伤残军人证,到用人单位后旧伤复发的。

职工有上述第(1)项、第(2)项情形的,按照《工伤保险条例》的有关规定享受工伤保险待遇;职工有上述第(3)项情形的,按照《工伤保险条例》的有关规定享受除一次性伤残补助金以外的工伤保险待遇。

3. 规定不得认定为工伤或视同工伤的情形

(1)故意犯罪的;

(2)醉酒或者吸毒的;

(3)自残或者自杀的。

三、铁路规章

(一)《铁路技术管理规程》

《铁路技术管理规程》(简称《技规》)规定了铁路的基本建设、产品制造、验收交接、使用管理及保养维修方面的基本要求和标准;规定了各部门、各单位、各工种在从事铁路运输生产时,必须遵循的基本原则、责任范围、工作方法、作业程序和相互关系;规定了信号的显示方式和执行要求;明确了铁路行车有关人员的主要职责和必须具备的基本条件。

我国《技规》的编制工作始于新中国成立后,第一版《技规》于1950年1月出版。2014年5月27日,中国铁路总公司以总经理办公会议审议通过,自2014年11月1日起施行新的《铁路技术管理规程》。现行的《铁路技术管理规程》由高速铁路部分和普速铁路部分组成。

《技规》是铁路技术管理的基本"法规",是每个铁路运输企业、每名行车有关人员都必须遵守的规章。

(二)《事规》

《事规》是为了及时准确调查处理铁路交通事故,严肃追究事故责任,防止和减少铁路交通事故的发生而制定的,是铁路自1949年颁布施行第一部《事规》之后的第十二部《事规》。为全面贯彻落实《铁路交通事故应急救援和调查处理条例》,铁道部于2007年对原有《事规》进行重新修订。现行《事规》与《铁路交通事故应急救援和调查处理条例》自2007年9月1日起同步施行。《事规》包括总则,事故等级,事故报告,事故调查,事故责任判定和损失认定,事故统计、分析、罚则和附则,共八章95条和7个附件。

《事规》规定了一般事故的分类和认定标准。一般事故分为一般A类事故、一般B类事故、一般C类事故、一般D类事故。

1. 有下列情形之一,未构成较大以上事故的,为一般A类事故:

A1. 造成2人死亡。

A2. 造成5人以上10人以下重伤。

A3. 造成500万元以上1 000万元以下直接经济损失。

A4. 列车及调车作业中发生冲突、脱轨、火灾、爆炸、相撞,造成下列后果之一的:

A4.1 繁忙干线双线之一线或单线行车中断3小时以上6小时以下,双线行车中断2小时以上6小时以下。

A4.2 其他线路双线之一线或单线行车中断6小时以上10小时以下,双线行车中断3小时以上10小时以下。

A4.3 客运列车耽误本列 4 小时以上。

A4.4 客运列车脱轨 1 辆。

A4.5 客运列车中途摘车 2 辆以上。

A4.6 客车报废 1 辆或大破 2 辆以上。

A4.7 机车大破 1 台以上。

A4.8 动车组中破 1 辆以上。

A4.9 货运列车脱轨 4 辆以上 6 辆以下。

2. 有下列情形之一,未构成一般 A 类以上事故的,为一般 B 类事故:

B1. 造成 1 人死亡。

B2. 造成 5 人以下重伤。

B3. 造成 100 万元以上 500 万元以下直接经济损失。

B4. 列车及调车作业中发生冲突、脱轨、火灾、爆炸、相撞,造成下列后果之一的:

B4.1 繁忙干线行车中断 1 小时以上。

B4.2 其他线路行车中断 2 小时以上。

B4.3 客运列车耽误本列 1 小时以上。

B4.4 客运列车中途摘车 1 辆。

B4.5 客车大破 1 辆。

B4.6 机车中破 1 台。

B4.7 货运列车脱轨 2 辆以上 4 辆以下。

3. 有下列情形之一,未构成一般 B 类以上事故的,为一般 C 类事故:

C1. 列车冲突。

C2. 货运列车脱轨。

C3. 列车火灾。

C4. 列车爆炸。

C5. 列车相撞。

C6. 向占用区间发出列车。

C7. 向占用线接入列车。

C8. 未准备好进路接、发列车。

C9. 未办或错办闭塞发出列车。

C10. 列车冒进信号或越过警冲标。

C11. 机车车辆溜入区间或站内。

C12. 列车中机车车辆断轴,车轮崩裂,制动梁、下拉杆、交叉杆等部件脱落。

C13. 列车运行中碰撞轻型车辆、小车、施工机械、机具、防护栅栏等设备设施或路料、坍体、落石。

C14. 接触网接触线断线、倒杆或塌网。

C15. 关闭折角塞门发出列车或运行中关闭折角塞门。

C16. 列车运行中刮坏行车设备设施。

C17. 列车运行中设备设施、装载货物(包括行包、邮件)、装载加固材料(或装置)超限(含按超限货物办理超过电报批准尺寸的)或坠落。

C18. 装载超限货物的车辆按装载普通货物的车辆编入列车。

C19. 电力机车、动车组带电进入停电区。

C20. 错误向停电区段的接触网供电。

C21. 电气化区段攀爬车顶耽误列车。

C22. 客运列车分离。

C23. 发生冲突、脱轨的机车车辆未按规定检查鉴定编入列车。

C24. 无调度命令施工,超范围施工,超范围维修作业。

C25. 漏发、错发、漏传、错传调度命令导致列车超速运行。

4. 有下列情形之一,未构成一般 C 类以上事故的,为一般 D 类事故:

D1. 调车冲突。

D2. 调车脱轨。

D3. 挤道岔。

D4. 调车相撞。

D5. 错办或未及时办理信号致使列车停车。

D6. 错办行车凭证发车或耽误列车。

D7. 调车作业碰轧脱轨器、防护信号,或未撤防护信号动车。

D8. 货运列车分离。

D9. 施工、检修、清扫设备耽误列车。

D10. 作业人员违反劳动纪律、作业纪律耽误列车。

D11. 滥用紧急制动阀耽误列车。

D12. 擅自发车、开车、停车、错办通过或在区间乘降所错误通过。

D13. 列车拉铁鞋开车。

D14. 漏发、错发、漏传、错传调度命令耽误列车。

D15. 错误操纵、使用行车设备耽误列车。

D16. 使用轻型车辆、小车及施工机械耽误列车。

D17. 应安装列尾装置而未安装发出列车。

D18. 行包、邮件装卸作业耽误列车。

D19. 电力机车、动车组错误进入无接触网线路。

D20. 列车上工作人员往外抛掷物体造成人员伤害或设备损坏。

D21. 行车设备故障耽误本列客运列车 1 小时以上,或耽误本列货运列车 2 小时以上;固定设备故障延时影响正常行车 2 小时以上(仅指正线)。

5. 事故报告的主要内容:

(1)事故发生的时间、地点、区间(线名、公里、米)、线路条件、事故相关单位和人员。

(2)发生事故的列车种类、车次、机车型号、部位、牵引辆数、吨数、计长及运行速度。

(3)旅客人数,伤亡人数、性别、年龄以及救助情况,是否涉及境外人员伤亡。

(4)货物品名、装载情况,易燃、易爆等危险货物情况。

(5)机车车辆脱轨辆数、线路设备损坏程度等情况。

(6)对铁路行车的影响情况。

(7)事故原因的初步判断,事故发生后采取的措施及事故控制情况。

(8)应当立即报告的其他情况。

第二节　有效沟通

沟通是成功的基石。可以说,没有沟通就没有管理。成功的管理者之所以能够不断地取得成功,原因就在于他们能够掌握良好的沟通技巧和协调能力,有效沟通对于班组长的成功起着至关重要的作用。要成为一名成功的班组长,就要多花时间、精力来学习有效沟通的方法,增强与人沟通的能力。

一、沟通的含义、作用、原则及分类

1. 沟通的含义

沟通是指人与人之间通过一定的方式传递思想、交流观点或交换信息,并彼此达成共识的过程。沟通是班组活力的来源,也是班组成员的黏合剂和润滑剂。沟通,靠的是诚信、尊重,也要靠技巧。

所谓有效沟通,是通过听、说、读、写等思维的载体,以汇报工作、班组会、业务学习、技能培训、集中讨论等形式将信息、思想、情感准确、恰当地表达出来,并取得预期的效果的过程。

2. 沟通的作用

主要包括:第一,收集信息,决策合理;第二,改善人际关系;第三,激励职工,激发职工的积极性和责任心。

3. 有效沟通的原则

(1)以问题为导向

沟通要以问题为导向,而不是以人为导向,也就是说,沟通是为了实现一定目的,或是为了解决一个问题。所以,班组长要以有利于问题解决的方式和手段进行沟通。例如,班组长沟通完以后要反问自己"我的沟通目的实现了吗?"如果职工没有听懂,就没有实现沟通的目的。

(2)采用描述的方式

班组长要采用描述方式而非评价方式进行沟通,就是要就事论事,对事不对人,少夹杂评价,不要因为一件事而否定一个人。

(3)讲话通俗易懂

班组长与职工沟通时要讲大实话,即职工听得懂的话。需要遵循以下步骤:

第一,讲给他听。

第二,做给他看。特别是对新职人员,作业的可操作性比较强,所以要做给他看。

第三,确认职工是否听懂,职工听懂后,要求他现场做一遍,班组长进行确认和纠正,这种保姆式的手把手教的方法,要求班组长必须讲得简单、具体、明了,确保职工能够听懂。

4. 沟通的分类

(1)按信息流动的方向可分为垂直沟通、平行沟通。垂直沟通又可分为下行沟通和上行沟通。

下行沟通是指由管理者向下级进行的信息沟通,起着控制、指导、激励的作用。目的是让职工明确任务目标。

上行沟通是指采用请示、汇报等形式与上级进行的沟通。目的是将班组信息及时、全面、准确地传递给上级管理者。

水平沟通是指在同一层次进行的信息传递,在班组管理中指班组长与班组长之间的沟通。

(2)按沟通的方式主要可分为语言沟通和肢体语言沟通。

语言沟通是指使用语言文字进行的信息交流。语言沟通分为口头语言、书面语言、图片或者图形。口头语言包括面对面的谈话、会议等形式;书面语言包括文件、通知、简报等形式;图片或图形包括幻灯片、示意图、宣传图册等形式。

肢体语言沟通包括动作、表情、眼神等,每种肢体语言均有其特定的含义。

手势:柔和的手势表示友好、商量;强硬的手势则意味着:“我是对的,你必须听我的。”

面部表情:微笑表示友善礼貌,皱眉头表示怀疑和不满意。

眼神:盯着看意味着不礼貌,但也可能表示有兴趣或寻求支持。

二、沟通前的准备步骤

班组长要想进行有效沟通,取得良好效果,沟通前的充分准备工作必不可少,具体可以从以下四个方面着手。

1. 明确沟通的对象。就是要知道对谁说。如果选错了对象,哪怕说得很好,也达不到沟通的目的。

2. 明确沟通的目的。就是要知道与沟通对象说什么。如果目的不明确,就意味着自己也不知道说什么,自然也不可能让别人明白,也就达不到沟通的目的。

3. 掌握好沟通的时机。就是要知道在什么时间什么地点说。掌握不好沟通的时间地点,就会影响沟通的效果。

4. 掌握沟通的方法。就是要针对不同沟通对象的性格特点,采用不同的沟通方法,从而达到沟通的效果。

三、有效沟通的技巧

(一)与上级的沟通

作为一名基层管理者,班组长很多时候需要和上级有工作中的沟通。有些班组长在与上级沟通时,总是战战兢兢,如履薄冰。其实,在与不同性格类型、不同处事风格的上级进行沟通时,班组长应该学会以下的方法和技巧,促使自己与上级的沟通更加顺畅、轻松。

1. 注重仪表精神饱满

在与上级沟通之前,班组长要先检查自己的衣装打扮和精神面貌。穿着干净整齐,如果穿着打扮很随意甚至很另类,都可能引起上级的反感,影响沟通效果;同时,班组长应注意精神要饱满,向上级展现出自己充满干劲的样子,而不能消极懈怠。

2. 转换立场换位思考

班组长在与上级沟通时,要学会站在上级的立场和角度考虑问题,结合上级的工作方向提出自己的建议,陈述自己的观点,以便让上级感觉到下级与自己立场相同、目标一致。

3. 因人而异方法恰当

班组长所面对的上级不会只有一个,而每个上级都有自己突出的个性特性,形成自己独特的领导风格,所以,在与这些领导风格不同的上级沟通时要采用不同的沟通方式。

支配型的上级比较自信,个性积极,喜欢冒险,做事果断、坚毅,一般要求下属绝对服从,班组长可以采取直截了当、开门见山的方式,简明扼要地与其沟通,尊重上级的权威。

分析型的上级行动谨慎,严谨和守时是他们的行事特征,讲究逻辑而不感情用事,喜欢弄清楚事情的来龙去脉,班组长在与此类上级沟通时要多关注细节,特别是沟通过程中的细节,提前准备资料，实事求是详细地进行汇报。

和蔼型的上级为人低调，有亲和力，关心下级，能为下级着想，有耐心，是很好的倾听者，班组长在处理问题时，要多征询上级的意见、建议，可以与其建立良好的关系。

表达型的上级性格外向，善于交际，喜欢与人打交道，班组长与此类上级沟通时，要着眼于大局，少说细节问题。

（二）与同级的沟通

同级之间，既是合作者，又是竞争者，所以班组长在与同级沟通中要求同存异，保持一种和谐的状态。同级班组长之间的沟通，最佳的效果是要达到“共赢战略”。因此，要想做好同级之间的沟通、协调，要注意以下几点。

1. 充分了解，建立良好人际关系

在与同级班组长沟通前，要充分了解对方的性格特征、兴趣爱好、工作风格等，如果不是分管同工种的班组长，还要了解对方班组分管的工作以及与自己班组的分工配合等。有了这些基本信息，就有了与对方沟通的着手点，更能引起对方沟通的兴趣。除了工作中的交流，在工作之余班组长也要和同级的班组长多接触，培养自己广泛的兴趣爱好，融洽的人际关系有助于班组长工作的顺利开展。

2. 尊重他人，要有合作精神

尊重为先是与人交往重要前提，再优秀的班组长也无法仅靠自己完成所有的工作，如果班组长不懂得尊重其他的同级班组长，没有合作的精神，就无法赢得别人的尊重，无法在生产过程中得到密切配合。

尊重他人，要充分肯定别人的成绩。虽然同级班组长之间存在竞争关系，但要正确看待这种竞争关系，良性的竞争环境有利于班组长的成长，班组长要懂得赞赏别人，懂得肯定别人的成绩，同样也会得到别人的尊重和认同。

尊重他人，要克服自傲心理。个人能力再强，班组长也不可自持甚高，觉得其他班组长都不如自己，如果带着这种自傲的心理去和同级班组长交流，对方会产生被轻视的感觉，要换种眼光去看待别人。不要盯着其他班组长的缺点，要学会发现别人的优点，取长补短，互相促进、互相进步。

同级班组长之间相互尊重，对于协调车间的各项生产工作、协调班组的工作都是相当重要的。只有互相尊重，才能互相信任；只有互相信任，才能形成一种融洽的合作关系。同级班组长在车间里的地位是完全平等的，没有谁高谁低之分，只有互相尊重才能一起精诚合作，才能更好地完成生产任务。

3. 避免争论抱怨，学会互相包容

同级之间的沟通难免会因为工作而产生争议，这时双方都要以大局为重，心胸宽广，坦诚协商，寻求最佳解决方法。只有大家都抱有“愿意让一步”的心态，拥有一颗包容的心，才能避免双方僵持的情况发生。事后少抱怨，避免因为班组长的负面情绪造成两个班组的成员的不和谐。

4. 乐于助人，困难之处给予支持

同级班组长遇到困难需要寻求帮助时，应耐心倾听对方的难处，需要哪方面的支持与帮助，多站在对方的角度考虑问题，多提建设性意见，在自己的能力范围内为其提供帮助。

（三）与下级的沟通

对班组长来说，与下级职工进行沟通是至关重要的。班组长要完成任务、做出决策，就必须从职工那里得到相关的信息，而信息只能通过与职工之间的沟通才能获得；同时，决策要得到实施，更要与职工进行沟通。再好的想法，再完善的计划，离开了与职工的沟通，都是无法实现的空中楼阁。

1. 与下级沟通的必备前提

(1)认识和了解职工。要做到和每一名职工充分沟通，就必须关心职工的日常工作和家庭生活，了解职工的性格特点、家庭情况以及职工的真正需求和困难，知道用什么方法可以解决职工困难，鼓励职工做好工作。

(2)学会真诚的赞赏职工。每一个职工在工作中都希望得到上级的肯定和赞赏，作为班组长要用好“赞赏”这个法宝，及时肯定职工在工作中取得的成绩，善于发现每一个班组成员的闪光点，真诚的赞赏他们。

(3)学会真诚的关心职工。作为班组长只有你真正关心职工，才能赢得他们的注意、支持和服从，他们才会主动与你进行有效沟通。

2. 与下级沟通的有效途径

(1)主动地询问、问候、了解职工的困难和需要。

(2)予以支持，帮助职工解决实际问题，及时地给予认可、信任，同时给予精神、物质双重的激励。

(3)耐心指导，合理地反馈、诱导、考核，并且进行在职辅导、培训。

(4)充分理解，认真倾听，让职工倾诉他们心中的疑虑或不满。

(5)合理地授权、信任、尊重、认可，是使职工积极工作的有效方法。

(6)定期对职工的工作进行反馈，让职工知道自己哪方面做得好，哪方面仍有欠缺，及时改正。

(7)合理协调、沟通、解决职工之间以及职工与班组长之间的矛盾。

3. 与下级有效沟通的技巧

(1)给职工安排工作的技巧

①清晰地表达

班组长作为现场管理人员，给职工安排工作，落实工作计划是必不可少的，现场人员多、设备多、材料多，如果对于具体工作内容，班组长不能清晰地表达，很容易导致职工无所适从或者自主性过大的情况，最终造成作业结果出现偏差的情况发生。因此，在安排工作时，就应该把工作说明白、讲透彻。要清楚、详细、耐心地向职工指明，由谁来做、做什么、为什么这样做、应该什么时候去做、在哪儿做、怎样去做。要做到清晰高效的表达就要掌握以下技巧：

一是字词使用恰当。在同一个班组中，不同的职工往往年龄、教育、文化背景和工作经历不同，所以安排工作时要注意对不同的职工选择不同的语言。班组长应该选择职工易于理解的词汇，避免使用晦涩难懂、专业性过强、有地方性特色、缩写性的字眼，使信息更加清楚明确。

二是表达内容简明扼要。表达要突出重点内容，使用语言尽量简短，最好能用几句话概括自己的中心思想，使职工明白自己想表达的想法。

三是控制说话语速。班组长在与职工的交流中要根据不同的沟通对象选择不同的语速。如果面对一个慢性子、性格相对保守的职工，班组长说话语速如果过快，职工就会因为跟不上语速而漏掉很多关键信息，导致工作效率低下，甚至工作出现偏差。在表达过程中，班组长也要注意不要一直说个不停，要适当停顿，有助于班组长根据职工的情绪状态、理解与否来调整语速，以便更清晰地阐述自己的观点。

②积极地聆听

沟通是双向的行为。要使沟通有效，双方都应当积极投入交流。当职工对班组长安排的工作发表自己的见解时，班组长也应当认真地倾听。班组长要掌握以下几点积极聆听的技巧：

一是运用适宜的肢体语言。适宜的肢体语言可以体现出班组长正在采取一种积极的倾听态度，例如与职工保持目光的接触，可以向职工传递理解和鼓励，表明自己很认真地在听取职工的意见建议，鼓励职工多发表自己的看法。

二是站在职工的角度理解职工意图。积极的倾听要求班组长把自己置于职工的角色上，以便正确理解他们的意图而不是你想理解的意思。当职工情绪激动或思维混乱时，要进行适当提问，引导职工平复情绪、理清思维，从而听清楚职工要表达的意思。

三是客观听取，不随意打断。倾听的时候应当客观地听取职工的发言而不做出判断。当班组长听到与自己不同的观点时，在别人说的过程中不要贸然打断，不要急于表达自己的意见，因为这样会使你漏掉余下的信息。积极的倾听应当是接受他人所言，而把自己的意见推迟到对方说完之后。

③及时地反馈

安排工作过程中，沟通的最大障碍在于职工对班组长的意图理解的不准确或者有误解。班组长可以让职工对自己的意图做出反馈。当班组长向职工布置了一项任务之后，可以向职工询问："你明白我的意思了吗？"同时要求职工把任务复述一遍，这样可以得到职工的反馈信息。如果复述的内容与班组长的意图一致，说明沟通有效；如果职工领会有偏差，要及时进行纠正。

对于工作安排职工提出质疑或有负面情绪时，班组长要及时地给予反馈。针对职工的问题，班组长的反馈要具有正面性，即肯定职工的积极态度，要具体、明确并有建设性，即针对职工考虑不完全的方面或需要改进的方面提出建设性的意见。如果在安排工作会议上不方便向职工进行说明，会后也要及时找适当的时机向职工指明。

(2)批评职工的技巧

"自非圣人，孰能无过"，日常工作中，职工的言行难免会出现一些小的瑕疵，甚至会犯一些错误。为了维护班组纪律，及时纠正职工的不当行为，适当的批评是必要的，但是班组长批评职工也要注意使用技巧，选择恰当的批评方式，使批评既能起到约束作用，又能起到激励作用。

①讲究原则善意批评

批评要做到"对事不对人"，本着公平公正的原则，对于职工进行善意的批评。从对职工关心、负责的角度出发，指出职工的错误，并要求其改进，这种善意的批评是对职工的个人发展以及对整个班组的发展都是有益的。班组长切不可仅因个人的成见批评职工，这样容易激发与职工的矛盾，不利于班组和谐氛围的营造。

②找准要点及时批评

班组长批评职工前要详细了解事情的原委，准确指出职工的错误，让职工明白因为什么事情而受到批评，错在什么地方，如果涉及多名职工，要对职工一视同仁，不可只批评一人。批评一定要及时，如果批评的时间与职工犯错误的时间相隔太久，批评的效果就会大打折扣，也会引起职工的反感，认为班组长喜欢翻旧账。

③维护自尊巧用赞赏

批评职工时，哪怕班组长的批评再正确，也要考虑职工的感受，采用职工容易接受的方式来表达。批评职工要注意维护职工的自尊，如无必要，避免当众训斥职工，给职工在众人前留有颜面，批评最好单独进行，避开众人，以免职工的自尊心受挫，从而产生抵触心理。批评时想要收到好的效果，使职工可以愉快接受，可以尝试把批评夹杂在赞赏之中进行。先以赞赏、肯定的方式开头，然后再提出批评意见，迎合职工的心理需求，减少批评产生的负面作用，激发职工的工作积极性。

④选树标杆善用表扬

班组长批评职工的目的有很多，有的是为了改进职工的工作方法，提高工作效率和工作质量，有的是为了培养职工良好的思维方式和职业习惯，无论是出于哪种目的，单一的批评都只能使批评具有约束作用，而不能起到激励作用。班组长想要职工自愿地做出行为的转变，积极引导比消极否定更能起到好的作用。积极的引导就是要把“批评”转变为“自我批评”，借用选树榜样和标杆的方式来感染职工，促使职工发生改变。班组长要有针对性的选树标杆，真正能为职工起到示范作用，使职工意识到自身的差距，自觉进行“自省”和“自我批评”，当职工确实作出改变时，班组长要及时在班组内给予表扬，充分肯定职工的这种自觉行为。

(3)妥善处理与职工矛盾的技巧

工作过程中，班组长难免会遇到与职工发生冲突、产生矛盾的情况，如果处理不当，就会给管理和日常工作造成巨大的影响，妥善处理与职工之间的矛盾，是班组长必备的一项技巧。

①放低姿态自我批评

如果是因为班组长自身疏忽导致工作中出现的失误，应该及时、主动地向职工承认错误，态度诚恳，取得职工的原谅。如果责任在于职工，只要不涉及原则问题，应该灵活变通，主动承担一部分责任，给职工一个台阶下，有利于更顺利地开展工作。

②保持冷静冷却处理

发生冲突双方，都会因心情激动导致失去理智，班组长一定要尽量克制自己的情绪，保持冷静，避免使用过激的言辞激化矛盾，尽量将事情搁置起来，进行冷却处理，工作中一如既往，该指示的时候指示，该表扬的时候表扬。

③选择时机化解矛盾

冷却处理的同时，也要选择好的时机，掌握恰当的火候，积极地去化解矛盾，例如职工遇到喜事或受到单位表彰时，及时给职工道喜、祝贺，此时与职工谈论问题、调节矛盾，有助于化解矛盾。如果班组长觉得当面沟通比较尴尬，也可采用电话沟通的形式，语言要亲切自然，语气要放松，尽量把话说开，使职工理解，达成共识。也可借助班组中有影响力的职工，出面进行调解，但是调解人只能起到穿针引线的作用，要真正化解矛盾，还是要靠班组长和职工进一步沟通解决。

④适度忍让坚持原则

有原则的适度忍让，既可避免冲突的发生，也可保留双方的颜面，但是如果职工纯属因为没有达到个人目的，存心刁难，明知自己不对还强词夺理、无理取闹，班组长绝不能放纵，一定要理直气壮、客观公正地给予严肃的批评，不能给对方造成软弱无能的印象，也要让班组职工明白你对事不对人，树立好个人权威。

(4)妥善处理职工间冲突的技巧

由于职工的个性、背景、年龄、技能、价值观等的不同，职工之间产生冲突在所难免，班组长不应漠视不理，应当及时有效地处理冲突，营造和谐的班组氛围，提升团队凝聚力。如果处理不当，可能导致冲突进一步升级，严重影响正常的生产工作，因此，班组长在处理职工之间冲突时应注意以下几点。

①把握时机寻找原因

一旦发现职工之间存在冲突，班组长应该把握时机，第一时间找出引发职工冲突的原因。首先要通过与冲突双方的沟通了解冲突发生的过程，避免听取一家之言，在沟通过程中，班组长可以表示适当的理解，但一定要持中立态度，不赞同也不批评某一方。其次要与其他职工进行沟通，多征询其他职工的意见，确保找出引发冲突的真正原因。

②对症下药公正处理

当班组长了解到冲突的根本原因后，要根据发生冲突的当事人不同的情况，根据不同的冲突原因，选择最佳的解决方式。班组长提出的解决方案切不可从自己的立场出发，要多征询班组其他职工意见，然后再决定解决冲突的方法，确保冲突双方都能接受解决方案。调解职工冲突，可以分开调解，再让职工互相进行自我检讨，在可控范围内，也可一起调解，但在调解过程中，班组长要始终站在公正的立场上，不因与职工的亲疏远近关系而偏袒。

③持续跟进做好收尾

在处理完职工冲突后，要提醒职工不可再重提旧账，班组长要持续观察职工状态，双方是否已经冰释前嫌，了解其他职工的反映，做好收尾工作。如果双方冲突点颇深，一时难以互相配合工作，班组长在分配工作时，要注意将两人岗位分隔开，用时间冲淡职工的负面情绪。

第三节　应急救护

在日常工作和生活中，因触电、食物中毒、一氧化碳中毒和心脏病发作等意外引发人身伤害时，如果我们每一位班组长和职工都能掌握一些基本的急救常识，很可能会争取到更多的抢救时间和机会，从而挽回生命和健康。

一、应急救护的基本流程

（一）现场处置

1. 事故发生后，现场负责人或事故第一发现人应根据伤者伤情，采取应急措施就近送医院治疗，或拨打120急救电话等待救援，必要时可拨打110、119电话请求救助。

2. 事故现场负责人要在10分钟内，向车间主要领导汇报事故概况，同时对事故现场痕迹、物证等加以保护。为抢救伤员或恢复生产必须移动现场物件时，应做好标记。

3. 车间负责人接报后，要第一时间内向站段安全部门报告事故概况，并立即携带抢救工具、摄影、摄像器材等赶往现场，记录事故现场原貌。如果为抢救伤员或恢复生产必须移动现场物件时，应采取摄像、摄影、绘图等方法记录事故现场原貌，妥善保存重要痕迹、物证、证言，为伤害事故准确定性定责提供强有力的依据。

4. 车间应及时指派干部前往伤者救治医院，协调人员救治事宜，详细了解伤者伤情及救治情况，并及时向车间负责人进行反馈。

（二）现场调查

1. 站段安全部门接报后，立即向本单位主要及主管领导、相关科室负责人进行汇报，并启动应急预案程序。

2. 由分管安全领导牵头，立即按照部门分工组成事故调查组，携带必要的摄像、摄影、绘图器材赶赴现场。

3. 到达现场后立即展开以下工作：

(1)对主要物证进行拍照、摄像及现场勘察工作。

(2)立即询问目击者、主要证人,了解事故经过。

(3)对主要物证、旁证材料进行封存。

(4)到医院了解伤者伤情,准确掌握伤害程度。

(5)将汇总后的安全信息立即上报局安监室、主管业务处和局工会等部门。

(6)根据事故严重程度,通知并积极配合公安部门进行现场勘察、调查、搜取人证物证等。

(7)组织有关人员对事故原因进行初步分析,形成事故调查报告。

(三)事故报告主要内容

1. 事故发生单位概况。

2. 事故发生的时间、地点以及事故现场概况。

3. 事故的简要经过(包括初步原因分析)。

4. 事故已经造成或者可能造成的伤亡人数(包括下落不明的人数)和初步估计的直接经济损失。

5. 已经采取的措施(包括伤亡人员救治措施)。

6. 其他应当报告的情况(包括医院诊断证明、伤者初步伤情),伤亡人员本人及家庭自然情况和其本人是否患有职业禁忌症等情况。

二、突发疾病的救护

(一)脑出血的急救

脑出血,又称脑溢血,是指脑的动脉、静脉或毛细血管破裂导致脑实质内的出血。发生脑出血的最常见原因就是高血压,凡患有高血压、动脉硬化的患者都是脑出血的高危人群。专家介绍,脑出血发作后,除了有死亡危险外,还有全身麻痹、半身不遂或持续昏睡、痴呆症等致残风险。

脑出血的特点是突然发病,常在白天发病。可由剧烈运动、饮酒、情绪激动等原因引起,起病非常急,通常出血量决定表现症状。脑出血量较小的患者有头痛、头晕、血压升高、视物模糊、肢体麻木等现象。重型脑出血表现为头部剧烈胀痛,突然倒地,大小便失禁,很快进入昏迷状态。脑出血的最高峰一般在上午 8～9 点,小高峰为午后 3～4 点,中午发生率相对降低,凌晨 1～4 点为低谷,凌晨发生率仅为上午的 1/12。脑出血急救在最初 5 分钟至关重要。

脑出血的救助措施:

1. 如果患者倒在厕所、浴池等狭小场所,尽快转移到宽敞之处。具体做法因地制宜,只要不振动头部,保持头部水平位搬运都可以,急救要点就是保持患者的呼吸通畅,使患者仰卧,头部稍垫高,使下颌稍微抬起。头偏向一侧,防止痰液或呕吐物回流吸入气管造成窒息。如果有呕吐物堵塞,要及时清除,保持患者呼吸道通畅,以免堵住呼吸道,造成窒息。

2. 未得到医师许可,不要给患者进食及饮水,有条件的可给患者吸氧。尽可能避免搬动和不必要的检查。

3. 避光和降温。头颈部、腹股沟区用水袋冷敷或放置冰水毛巾,降低脑部温度,有利于减轻脑水肿和颅内压。如果有高热,可在腋窝、腹股沟等处采取冷敷,以降低脑代谢率和耗氧量,增加脑缺氧耐受力,从而降低颅内压。

4. 患者舌根后坠易阻塞呼吸道引起窒息。因而在救护车到来之前,施救者要立即采取措施保证呼吸道通畅,即松解患者的衣领(如果有的话),取侧卧位头往后仰,便于口腔分泌物自行流出，并及时清除口腔呕吐物。一旦窒息，尽快掏净口腔，并进行人工呼吸。

5. 调整血压。可以让血压较高且神志清楚的脑出血患者口服心痛定（硝苯地平）；如果患者神志不清，可在医生的监护下使用硝酸甘油等静脉降压药物。

6. 在医师明确诊断之前，切勿自行给患者使用止血剂。往医院运送患者时，要安排至少3名救护者，一人托住头肩部，避免头部振动或扭曲，另一人托住背部和臀部，再一人托起患者下肢，三人一起用力，平抬患者移动到硬木板上再转运。切忌让患者坐起。

（二）心搏骤停的急救

心搏骤停的患者，常有心脏疾病，常在心肌梗死、情绪激动或过度运动时发生。主要表现为意识突然丧失，常出现短时间的抽搐，心音渐无，心搏骤停，大动脉搏动消失，呼吸断续或停止。在立即拨打120急救电话后，采取以下几个步骤的急救措施，有助于提高心搏骤停抢救的成功率。

1. 判断患者意识

发现患者晕倒后，拍其双肩，在其两侧耳边大声呼喊患者，轻拍重唤，判断患者是否有意识。

2. 判断呼吸、颈动脉搏动

同时听、看、摸。侧身低头，将耳垂靠近患者鼻孔，细听有无呼吸；眼睛观察患者胸部有无起伏；无起伏表示呼吸停止。判断呼吸同时，用食指和中指指尖触及患者颈动脉有无搏动。判断时间5～8秒，计秒方式可按1001，1002，1003，……，1008。

颈动脉位置：气管正中部（相当于喉结的部位）旁开两指（或向同侧下方滑动2～3 cm），至胸锁乳突肌前缘凹陷处。

3. 正确实施心肺复苏

如无意识、无呼吸、无脉搏，必须在4分钟内（心肺复苏的“黄金时间”）对患者立即进行心肺复苏。

心肺复苏（CPR）是指对心跳、呼吸骤停的患者采取紧急抢救措施（胸外按压、开放气道、人工呼吸等），使其循环、呼吸系统和大脑功能得以控制或部分恢复的急救技术。即用心脏按压或其他方法形成暂时的人工循环并恢复心脏自主搏动和血液循环，用人工呼吸代替自主呼吸并恢复自主呼吸，达到恢复苏醒和挽救生命的目的。适用于几乎所有原因造成的心搏骤停。

心肺复苏的步骤是：胸外心脏按压（C）、开放气道（A）、人工呼吸（B）。

心肺复苏按压—通气比例为30∶2，即进行30次有效胸外按压后，进行2次人工呼吸。

（1）胸外心脏按压（C）

①体位放置：患者呈仰卧位，置于坚实平面（外伤患者保护颈椎），检查是否硬板床，如为软床，胸下需垫胸外按压板，解开衣扣、腰带，暴露胸部，四肢无扭曲，去枕。

②按压部位：胸骨中下1/3交界处或剑突上2指处（乳头连线与胸骨交叉点），如图5-1所示。

③按压手法：一手掌根部放于按压部位，另一只手平行重叠于此手背上，下手指上翘，十指交叉，只以掌根部接触按压部位，双臂位于患者胸骨的正上方，双肘关节伸直，利用上身重量垂直下压，抬起时胸壁充分回弹，如图5-2所示。

④按压深度：成人5～6 cm；儿童大约5 cm；婴儿大约4 cm，按压姿势如图5-3所示。

⑤按压频率：100～120次/分钟；按压30次后执行“A”开放气道。

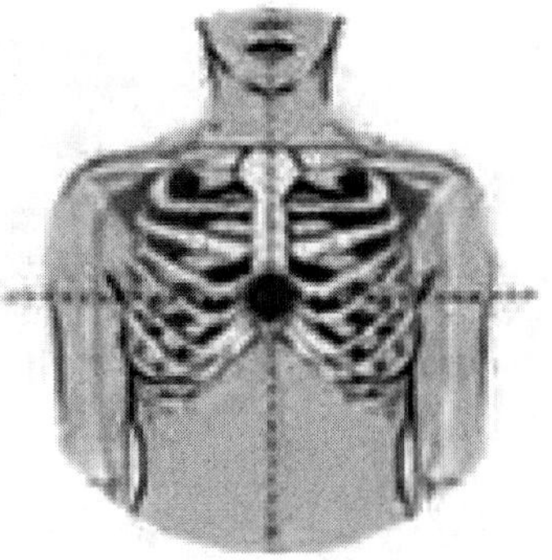

图 5-1 胸外心脏按压部位示意

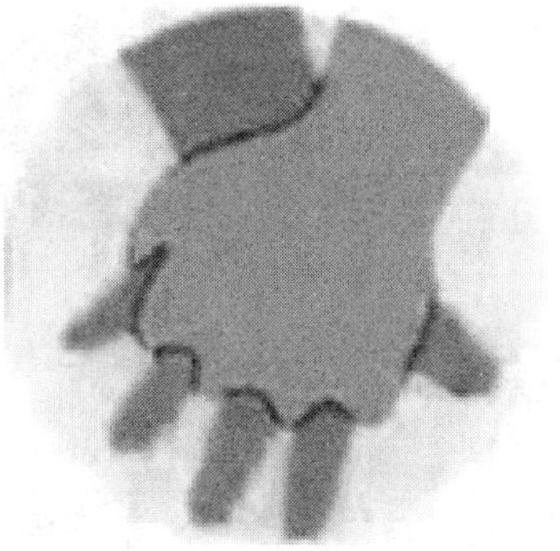

图 5-2 按压手法示意

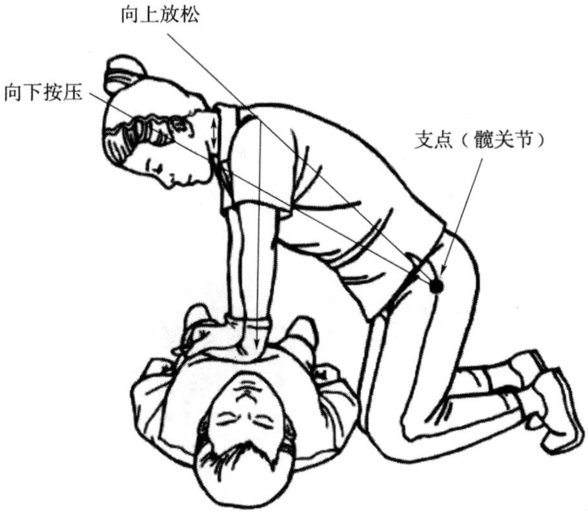

图 5-3 胸外心脏按压

(2)开放气道(A)

①清除口中异物。如发现患者口内有食物、假牙、血块等异物,可将其身体及头部同时侧转,迅速用一个手指或两个手指交叉从口角处插入,从中取出异物。要注意防止将异物推到咽喉深处。

②开放气道方法。采用仰头抬颌法开放气道。一手按压前额使其头向后仰,用另一只手的食指和中指将其下颌向上抬起。下颌、耳垂与身体长轴垂直。注意不要压迫病人的颈前颌下软组织,以免压迫气道。疑似颈椎有损伤的病人不适合仰头举颏法,要用拉颌法,如图 5-4 所示。

为使患者头部后仰,可于其颈部下方垫适量厚度的物品。但严禁垫在头下,因为头部抬高前倾会阻塞气道,还会使施行胸外按压时流向胸部的血量减少,甚至完全消失。

(3)人工呼吸(B)

①口对口人工呼吸。压额、捏鼻、包口吹气(双唇包绕病人口部形成封闭腔,用力吹气,吹气时间 1 秒,吹气前普通吸气即可)。用眼睛余光观察病人胸廓是否抬起。吹气量 500～600 mL。吹毕,松开鼻孔 1～2 秒,注意观察胸廓复原情况,见胸廓抬起即可。吹气 2 次后,立即进行胸外心脏按压,如图 5-5 所示。

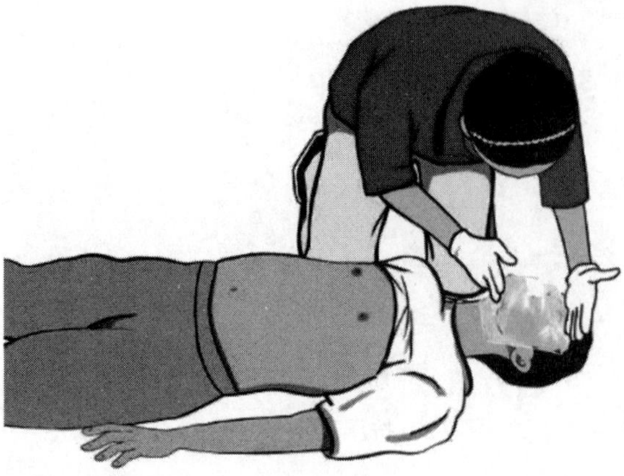

图 5-4　开放气道方法

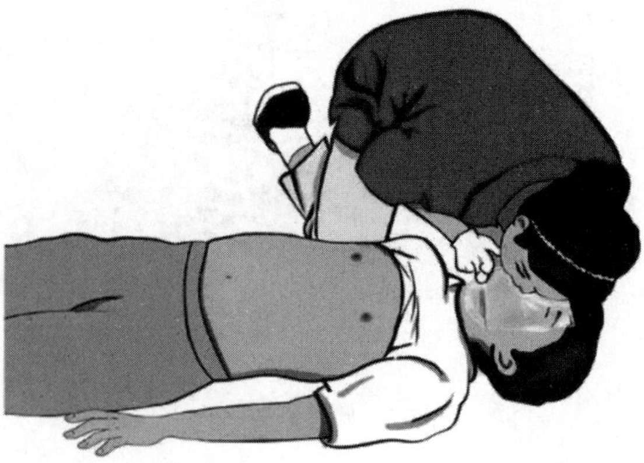

图 5-5　人工呼吸

②口对鼻人工呼吸。口对口吹气效果欠佳者，应迅速改为口对鼻吹气，向鼻吹气时将患者口闭住，此法尤适用于牙关紧闭的患者。

若现场只有一个抢救者，则应胸外按压 30 次，然后口对口或口对鼻吹气 2 次。如果有两个抢救者，则一个负责胸外按压，另一个负责口对口或口对鼻吹气，两者要紧密配合，如图 5-6 所示。

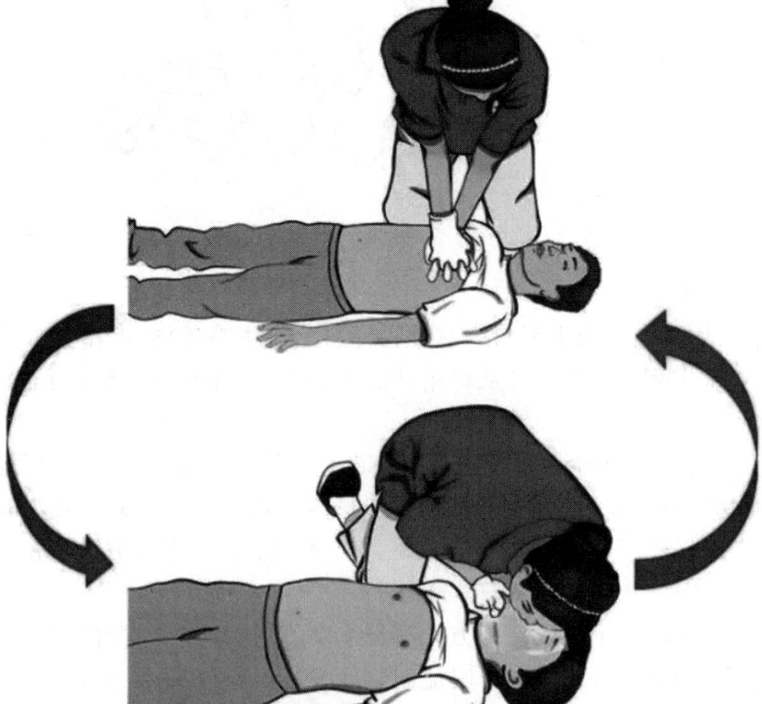

图 5-6　胸外按压和人工呼吸交替结合

结合胸外按压 1 分钟内需要做 100～120 次按压，根据按压呼吸比(30：2)，中间要做 3～4 次人工呼吸(对儿童吹气量宜小些，以免肺泡破裂)。

CAB 程序操作 5 个循环后，再次判断患者颈动脉搏动及呼吸，如已恢复，进行进一步的生命支持判断。如颈动脉搏动及呼吸未恢复，持续重复上述操作，直至急救人员赶到或患者出现自主循环体征。

4. 自动体外心脏除颤器(AED)的使用

(1)简介

自动体外心脏除颤器(AED)是一部具有心脏节律自动分析系统、除颤咨询系统、自动化诊疗、自动除颤及自动语音提示功能的医疗器具。它可以诊断特定的心率失常并给予电击除颤，是可被非专业人员使用的用于抢救心源性猝死患者的医疗设备。

除颤器使用有黏性的电极片，通过电线连接患者皮肤。除颤器内附微型计算机处理器，可监测分析患者心率，若分析结果为“建议除颤”，除颤器会自动充电，并提示使用者按下电击键进行自动电除颤。因此，AED 也被称为“傻瓜除颤仪”。据统计，心搏骤停病人早期 80%～90%的病因是室颤，除颤每推迟 1 分钟，存活率降低 7%～10%。因此心肺复苏和除颤器的早期有效搭配使用，是抢救心搏骤停病人最有效的手段。

(2)AED 使用方法

第一步，患者仰卧，解开患者胸前衣服，擦干净患者胸部。AED 放在患者一侧进行除颤操作，同时另一侧实施心肺复苏。接通电源，打开电源开关，仪器发出语音提示，指导操作者进行下一步骤。

第二步，迅速把电极片粘贴在患者的胸部，一个电极放在左乳头外侧，上缘距腋窝 7 cm 左右，另一个电极放在患者右上胸壁(锁骨下方)，在粘贴电极片时尽量减少心肺复苏按压中断时间。AED 的电极片在专业人员到来之前都不要取下来。

第三步，将电极片导线插入 AED 主机，提醒现场所有人包括抢救者自己不得接触患者，等待 AED 分析心率。如果患者发生室颤，仪器会发出声音报警或图形报警。

第四步，若 AED 显示“建议电击”，应再次确定已无人接触病人，或大声宣布“离开”，当分析有需除颤的心律时，电容器会自动充电，并有声音或指示灯提示。按下“电击”键除颤，患者有突然抽搐现象。第一次电击完成后立刻进行 5 个周期(约 2 分钟)心肺复苏后，由 AED 再次分析心率。如果 AED 分析后不建议电击，应该继续胸外心脏按压，等待下一次分析，只有患者有反应了，才可以停止心肺复苏。

在救治的过程中胸外按压和 AED 的使用要同时进行，随时观察患者意识，如果有了反应(包括喘气、皱眉、手脚动等现象)，则停止按压。在患者尚未恢复知觉或专业医务人员尚未到达前，应重复心肺复苏和 AED 的交替使用。关掉 AED 的权利在专业人员手中，即使患者被救活，AED 也不能关机。

(三)急性心肌梗死的急救

绝大部分的急性心肌梗死患者在发病前都会有“先兆”，这就是心绞痛增加。当胸骨后疼痛，有时还会向左肩部和背部放射时，一定要考虑是否是心绞痛，因为目前心肌梗死的发病率在日趋低龄化。

而当患者发病时，作为“第一目击者”的施救者，在呼叫 120、等待救护车到来时，一定要做现场急救，因为心源性猝死者最有效的抢救时间只有 4～10 分钟。其间每延误 1 分钟，心肺复苏的成功率就会下降 7%～10%，若超过 10 分钟则很少有复苏的希望。

尤其对于是 40 岁左右的壮年男患者，现场急救很重要，而这往往是由“第一目击者”——施救者或是当时在他身边的人来完成的。

1. 冠心病

冠心病是冠状动脉病变引发的心脏疾病。冠心病急症又称为急性冠脉综合征，如心绞痛、心肌梗死等。冠心病被称为人类疾病的头号杀手。它的发病症状为突然胸前区压榨性疼痛，常向上肢、下颌、上腹、后背放射，一般持续 3～5 分钟，不超过 15 分钟。如果每周数次，频繁发生，表明病情加重。

冠心病的急救措施：

(1)发病时，立即停止活动，就地休息并舌下含服硝酸甘油 1 片，观察患者情况。几分钟后病情如仍不见好转，则要考虑心肌梗死的可能。此时，硝酸甘油片可增至 3～5 分钟 1 次，最多 3 次，或嚼碎服冠心苏合丸一粒。一些针对冠心病急性发作的喷雾制剂(如硝酸异山梨酯气雾剂)也可在短时间内起效。

(2)发现患者烦躁不安，可让其口服 1 片安定，也可指掐或针刺内关等穴位。

(3)进行上述处理的同时，应迅速呼叫急救人员，进行紧急救助。

(4)尽量不要搬动患者，让患者平卧，吸氧。如果突然心搏骤停，马上进行心肺复苏。

特别注意，半卧位为患者含服硝酸甘油片的正确体位。硝酸甘油片不太稳定，应保存在褐色小瓶中，要避光、防潮、防热。要注意药片的有效期，一般每 1～2 个月更换 1 次。需特别注意，收缩压小于 90 mmHg、基础血压下降大于或等于 30 mmHg，以及右心室梗死患者，禁止服用硝酸甘油。

2. 心绞痛

心绞痛多见于 40 岁以上的脑力劳动者，男多于女，常发生在劳动、寒冷环境或情绪激动时。心绞痛是因供应心脏血液和营养的冠状动脉发生急剧的、暂时的缺血与缺氧，引起心脏细胞功能异常的临床综合征。发作时，患者胸骨后压榨性疼痛或闷痛，可伴有胃痛、牙痛、左肩、左上肢内侧疼痛等，持续时间每次发作历时 1～5 分钟，很少超过 10 分钟。相关症状包括呼吸困难、恶心、头晕、心慌等，伴有濒死感觉等。

心绞痛的急救措施：

(1)发作时，立即停止活动，解开患者衣领和腰带，让患者坐下，平卧者应改为倾斜 30°角半卧位，减少回心血量，以减轻心肌耗氧负荷。

(2)立即舌下含服硝酸甘油 1 片，5 分钟后观察结果，若症状没有改善，再服 1 片，医生到来之前最多服用 3 片。或含服消心痛 1～2 片，5 分钟内奏效，但会有头昏、头胀、头痛、面红及心悸等副作用，有青光眼患者忌用。或含服速效救心丸 10 粒或嚼碎服冠心苏合丸一粒，也可起到急救作用。

(3)有条件者可给患者吸氧，以增加心肌细胞的供氧。尽早叫急救车。如果出现心搏骤停，立即实施心肺复苏。

若现场无解救药，可以指掐内关穴(前臂掌侧横纹上两寸，掌长肌腱与桡侧腕屈肌腱之间)，或压迫手臂酸痛部位，也可起到急救作用。

需要特别注意，心绞痛持续不缓解时，可能发生心肌梗死。尽早请专业医生进行诊治。

3. 心肌梗死

心肌梗死常为心绞痛进一步发展的后果。患者多在饱餐安静或睡眠中发病。最先出现疼痛的部位、症状和性质与心绞痛类似，但心肌梗死比心绞痛持续的时间较长，程度也严重，并会出现急性循环功能障碍。心肌梗死的患者持续性胸痛在 15 分钟以上，有强烈的压榨性疼痛或压迫、烧灼感。患者服硝酸甘油片不能缓解胸痛。严重者可发生休克、心力衰竭、心律失常、心搏骤停，甚至猝死。一些患者疼痛的性质及部位不典型，例如，位于上腹部，常被误认为胃溃疡穿孔或急性胰腺炎等急腹症。位于下颌或颈部，常被误认为牙疼或骨关节病。部分患者无疼痛，多为糖尿病患者或老年人，一开始即表现为休克和急性心力衰竭，少数患者在整个病程中都无疼痛或其他症状。

心肌梗死的急救措施：

(1)帮助患者立即停止活动或运动，卧床休息。就地抢救，松解领口，室内保持安静和空气流通，不可搀扶患者走动或乱加搬动，以免加重病情。有条件可立即吸氧。

(2)含服硝酸甘油片，成人一次用 0.25～0.5 mg(1 片)舌下含服，5 分钟后观察结果，若症状没有改善，再服 1 片，医生到来之前最多服用 3 片。或含服消心痛 1～2 片，或嚼碎服冠心苏合丸一粒，或含服速效救心丸 10 粒含服等，有条件可肌注杜冷丁 50～100 mg，以缓解疼痛，同时立即呼叫急救中心。

(3)如患者发生休克，应把患者头放低，足稍抬高，以增加头部血流。烦躁不安时可服用安定等镇静止痛药。暂不给吃食物，少饮水，要保暖。

(4)如患者突然意识丧失、脉搏消失，应立即进行人工呼吸和胸外按压，以最快速度叫急救车，送就近医院诊治。注意患者有血压突然下降的过程，避免摔伤。

(5)心脏病确诊后，家中应备救心盒、自动注射针、氧气等应急药品以备急用。

(四)急性肠胃炎急救

一般来说，急性肠胃炎好发于盛夏，由于气温高湿度大，食物易腐败，极易吃坏肚子。当人们吃了被细菌及其毒素污染的食物就会引发疾病。临床表现为恶心呕吐、腹泻腹痛等，具有潜伏期短、时间集中、突然爆发、来势凶猛等特点。90%以上发生在 7～9 月，主要是食品在加工、运输、储存、销售、制作等过程中，由于忽视食品卫生，引起交叉感染。如出现呕吐、腹泻和剧烈腹痛等症状可选择痢特灵、黄连素等药物口服，或将大蒜拍碎服。同时将患者送往就近医院诊治，并将其排泄物按防疫要求进行消毒处理，以防传播扩散。

(五)客运车站、列车旅客突发疾病应急处置

1. 客运车站、列车旅客突发疾病，站车工作人员应第一时间联系拨打 120 急救电话并迅速通知值班站长、列车长到场，组织救护、广播寻医、稳定旅客情绪、维护现场秩序。需要保护现场时，应当及时采取措施保护现场。

2. 因旅客在列车突发疾病需交车站处理时，应移交前方县、市所在地车站或者当地具备公共医疗条件的停车站。同时，提前报告运行所在局客运调度，请求调度通知车站做好救护准备工作。列车向车站移交突发疾病旅客时，车站不得拒绝接收。

3. 疾病旅客不同意在前方停车站下车治疗时，应当由旅客出具拒绝下车治疗的书面声明，收集两份及以上证人证言，同时收集音视频资料。

4. 车站对本站发生的及列车移交的突发疾病旅客，应当及时联系当地医疗急救机构或送就近医院抢救。

5. 发生旅客突发疾病后，值班站长、列车长应当及时组织现场查验，全面搜集、梳理相关证据资料，检查旅客所持车票的票种、票号、发到站、车次、有效期及有效身份证件信息等，描绘现场旅客定位图，收集不少于两份同行人或见证人的证言及查验记录、现场照片、录音录像等其他相关证据，形成完整的证据链，确保能够证明发生的过程和原因，初步明确性质，并妥善保管证据。

6. 旅客或第三人能够说明事件发生经过或责任的，应当由其出具书面材料，并签字确认，拒绝签字的要留存音视频资料。

7. 证人应当具有完全民事行为能力。证人证言中应当记录证人的姓名、性别、年龄、地址、联系方式、有效身份证件信息等内容。请求医务工作人员参加救治时，需核实医务人员身份，救治结束后应当由其出具参与救治经过的证言。证言、证据应当真实，能够反映发生的时间、地点、过程、原因和结果。

8. 在处置旅客突发疾病时，值班站长、列车长必须打开音视频记录仪，对处置全过程进行录音、录像。如音视频记录仪未配备到位或发生故障时，值班站长、列车长必须使用手机，对处置全过程进行录音、录像。

三、突发意外伤害的救护

（一）食物中毒急救

食物中毒后第一反应往往是腹部的不适，中毒者首先会感觉到腹胀，一些患者还会腹痛，个别的还会发生急性腹泻。与腹部不适伴发的还有恶心，随后会发生呕吐的情况。

食物中毒急救的最常用办法就是催吐。对中毒不久而无明显呕吐者，可用筷子或手指伸向喉咙深处刺激咽后壁、舌根进行催吐。但因食物中毒导致昏迷的时候，不宜进行人为催吐，否则容易引起窒息。

当然，这种紧急处理并不是治疗食物中毒的最好办法，只是为治疗急性食物中毒争取时间，在紧急处理后，患者应该马上进入医院进行治疗。同时注意要保留导致中毒的食物，以便医生确定中毒物质。

（二）有毒有害气体中毒急救

1. 常见的有毒有害气体

（1）一氧化碳，为无色、无味、无刺激性的气体。

（2）硫化氢，可燃性无色气体，具有典型的臭鸡蛋味。

（3）氮氧化物，因氧化程度不同而品种不同，主要包括一氧化氮和二氧化氮等，具有不同的颜色（黄至深棕）和密度。

2. 急救措施

（1）迅速疏散可能接触有毒有害气体人员撤离有毒工作场所。

（2）救护人员必须穿戴好防护用品，迅速将中毒者转移至通风良好的地方，脱去被污染的衣裤，注意保暖。

（3）处理灼伤时，用水彻底冲洗污染处及双眼，吸氧、静卧、保持安静，同时拨打 120 急救电话。

（4）对于出现肺水肿、呼吸困难或呼吸停止的中毒者，应尽快给氧，进行人工呼吸，及时送医院抢救。

3. 安全提示

（1）进入可疑作业场所前应用仪器进行检测，进入密闭场所作业应有人在场外进行监护。

（2）生产设备应经常维修，防止工艺流程的跑、冒、滴、漏。生产和使用刺激性气体的工艺流程应进行密闭抽风。

（3）对于接触有毒有害气体的作业人员要进行中毒预防及急救培训，提高有毒有害气体中毒后的自救和应急处置能力。

(4)接触有毒有害气体的作业人员要选用有针对性的劳动防护用品(工作服、手套、眼镜、胶鞋、口罩等),并按规定佩戴和使用。

(三)触电急救

人触电以后,会出现神经麻痹、呼吸困难、血压升高、昏迷、痉挛,直至呼吸中断、心脏停搏等现象,呈现昏迷不醒的状态。如果未见明显的致命外伤,就不能轻率地认定触电者已经死亡,而应该看作“假死”,施行急救。有效的急救在于快而得法。即用最快的速度,施以正确的方法进行现场救护,多数触电者是可以复活的。触电急救的第一步是使触电者迅速脱离电源,第二步是现场救护。

1. 使触电者脱离电源

电流对人体的作用时间愈长,对生命的威胁愈大。所以,触电急救的关键是首先要使触电者迅速脱离电源。可根据具体情况,选用下述几种方法使触电者脱离电源。

(1)脱离低压电源的方法

脱离低压电源的方法可用拉、切、挑、拽和垫五字来概括。

拉。指就近拉开电源开关、拔出插销或瓷插保险。此时应注意拉线开关和板把开关是单极的,只能断开一根导线,有时由于安装不符合规程要求,把开关安装在零线上,这时虽然断开了开关,人身触及的导线可能仍然带电,这就不能认为已切断电源。

切。指用带有绝缘柄的利器切断电源线。当电源开关、插座或瓷插保险距离触电现场较远时,可用带有绝缘手柄的电工钳或有干燥木柄的斧头、铁锹等利器将电源线切断。切断时应防止带电导线断落触及周围的人体。多芯绞合线应分相切断,以防短路伤人。

挑。如果导线搭落在触电者身上或压在身下,这时可用干燥的木棒、竹竿等挑开导线或用干燥的绝缘绳套拉导线或触电者,使之脱离电源。

拽。救护人可戴上手套或在手上包缠干燥的衣服、围巾、帽子等绝缘物品拖拽触电者,使之脱离电源。如果触电者的衣裤是干燥的,又没有紧缠在身上,救护人可直接用一只手抓住触电者不贴身的衣裤,将触电者拉脱电源。但要注意拖拽时切勿触及触电者的体肤。救护人亦可站在干燥的木板、木桌椅或橡胶垫等绝缘物品上,用一只手把触电者拉脱电源。

垫。如果触电者由于痉挛手指紧握导线或导线缠绕在身上,救护人可先用干燥的木板塞进触电者身下使其与地绝缘来隔断电源,然后再采取其他办法把电源切断。

(2)脱离高压电源的方法

由于装置的电压等级高,一般绝缘物品不能保证救护人的安全,而且高压电源开关距离现场较远,不便拉闸。因此,使触电者脱离高压电源的方法与脱离低压电源的方法有所不同,通常的做法如下:

第一,立即电话通知有关供电部门拉闸停电。

第二,如电源开关离触电现场不甚远,则可戴上绝缘手套,穿上绝缘靴,拉开高压断路器,或用绝缘棒拉开高压跌落保险,以切断电源。

第三,往架空线路抛挂裸金属软导线,人为造成线路短路,迫使继电保护装置动作,从而使电源开关跳闸。抛挂前,将短路线的一端先固定在铁塔或接地引线上,另一端系重物。抛掷短路线时,应注意防止电弧伤人或断线危及人员安全,也要防止重物砸伤人。

第四,如果触电者触及断落在地上的带电高压导线,且尚未确认线路无电之前,救护人不可进入断线落地点 8～10 m 的范围内,以防止跨步电压触电。进入该范围的救护人员应穿上绝缘靴或临时双脚并拢跳跃地接近触电者。触电者脱离带电导线后应迅速将其带至 8～10 m 以外，立即开始触电急救。只有在确认线路已经无电，才可在触电者离开触电导线后就地急救。

(3)使触电者脱离电源的注意事项

第一，救护人不得采用金属和其他潮湿物品作为救护工具。

第二，未采取绝缘措施前，救护人不得直接触及触电者的皮肤和潮湿的衣服。

第三，在拉拽触电者脱离电源的过程中，救护人宜用单手操作，这样比较安全。

第四，当触电者位于高位时，应采取措施预防触电者在脱离电源后坠地摔死。

第五，夜间发生触电事故时，应考虑切断电源后的临时照明问题，以利救护。

2. 现场救护

触电者脱离电源后，应立即就地进行抢救。

根据触电者受伤害的轻重程度，现场救护有以下几种抢救措施。

(1)触电者未失去知觉的救护措施

如果触电者所受的伤害不太严重，神志尚清醒，只是心悸、头晕、出冷汗、恶心、呕吐、四肢发麻、全身乏力，甚至一度昏迷，但未失去知觉，则应让触电者在通风暖和的处所静卧休息，并派人严密观察，同时请医生前来或送往医院诊治。

(2)触电者已失去知觉(心肺正常)的抢救措施

如果触电者已失去知觉，但呼吸和心跳尚正常，则应使其舒适地平卧，解开衣服以利呼吸，四周不要围人，保持空气流通，冷天应注意保暖，同时立即请医生前来或送往医院诊察。若发现触电者呼吸困难或心跳失常，应立即施行人工呼吸或胸外心脏按压。

(3)对"假死"者的急救措施

如果触电者呈现"假死"，即所谓电休克现象，则可能有三种临床症状：一是心跳停止，但尚能呼吸；二是呼吸停止，但心跳尚存(脉搏很弱)；三是呼吸和心跳均已停止。

"假死"症状的判定方法是看、听、试。看是观察触电者的胸部、腹部有无起伏动作；听是用耳贴近触电者的口鼻处，听他有无呼气声音；试是用手或小纸条试测口鼻有无呼吸的气流，再用两手指轻压一侧(左或右)喉结旁凹陷处的颈动脉有无搏动感觉。如果看、听、试的结果，既无呼吸又无颈动脉搏动，则可判定触电者呼吸停止或心跳停止或呼吸心跳均停止。当判定触电者呼吸和心跳停止时，应立即按心肺复苏法就地抢救，立即拨打 120 急救电话。

3. 现场救护中的注意事项

(1)抢救过程中应适时对触电者进行再判定，判定方法如下：

第一，按压吹气 1 分钟后，应采用"看、听、试"的方法在 5～7 秒内完成对触电者伤员是否恢复自然呼吸和心跳的再判断。

第二，若判定触电者已有颈动脉搏动，但仍无呼吸，则可暂停胸外挤压，再进行两次口对口人工呼吸，接着每隔 6 秒吹气一次(相当于每分钟 10 次)。如果脉搏和呼吸仍未能恢复，则继续坚持进行心肺复苏法抢救。

第三，抢救过程中，要每隔数分钟再判定一次触电者的呼吸和脉搏情况，每次判定时间不得超过 5～7 秒。在医务人员未接替抢救之前，现场人员不得放弃现场抢救。

(2)抢救过程中移送触电伤员时的注意事项

第一，心肺复苏法应在现场就地坚持进行，不要图方便而随意移动伤员。如确有需要移动时，抢救中断时间不应超过 30 秒。

第二，移动触电伤员或送往医院，应使用担架，并在其背部垫以木板，不可让伤员身体蜷曲着进行搬运。移送途中应继续抢救。在医务人员未接替抢救前不可中断抢救。

第三,应创造条件,用装有冰屑的塑料袋做成帽状包绕在伤员头部,露出眼睛,使脑部温度降低,争取触电者心、肺、脑部得以复苏。

(3)伤员好转后的处理

如果伤员的心跳和呼吸经抢救后均已恢复,可暂停心肺复苏法操作。但心跳呼吸恢复早期仍可能再次骤停,救护人应严密监护,不可麻痹,要随时准备再次抢救。触电伤员恢复之前,往往神志不清、精神恍惚或情绪躁动不安,应设法使其安静下来。

(4)慎用药物

首先要明确任何药物都不能代替人工呼吸和胸外按压。必须强调的是,对触电者用药或注射针剂,应由有经验的医生诊断确定,慎重使用。例如肾上腺素有使心脏恢复跳动的作用,但也可使心脏跳动微弱转为心室颤动,从而导致触电者心跳停止而死亡。因此,没有准确诊断和足够的把握,不得乱用此类药物。在这种情况下用上述办法刺激心脏,会使伤员因急性心力衰竭而死亡。

此外,禁止采用冷水浇淋、猛烈摇晃、大声呼喊或架着触电者跑步等“土方法”,因为人体触电后,心脏会发生颤动,脉搏微弱,血流混乱,在这种情况下用上述办法刺激心脏,会使伤员因急性心力衰竭而死亡。

(5)触电者死亡的认定

对于触电后失去知觉、呼吸、心跳停止的触电者,未经心肺复苏急救,只能视为“假死”。任何在事故现场的人员,都有责任及时、不间断地进行抢救。抢救时间应坚持6小时以上,直到救活或医生做出临床死亡的认定为止。只有医生才有权认定触电者经抢救无效死亡。

4. 电伤救护

电伤是触电引起的人体外部损伤(包括电击引起的摔伤)、电灼伤、电烙伤、皮肤金属化这类组织损伤,需要到医院治疗。但现场也必须预做处理,以防止细菌感染,损伤扩大。这样,可以减轻触电者的痛苦和便于转送医院。

(1)对于一般性的外伤创面,可用无菌生理食盐水或清洁的温开水冲洗后,再用消毒纱布、防腐绷带或干净的布包扎,然后将触电者护送去医院。

(2)如伤口大出血,要立即设法止住。压迫止血法是最迅速的临时止血法,即用手指、手掌或止血橡皮带在出血处供血端将血管压瘪在骨骼上而止血,同时火速送医院处置。如果伤口出血不严重,可用消毒纱布或干净的布料叠几层盖在伤口处压紧止血。

(3)高压触电造成的电弧灼伤,往往深达骨骼,处理十分复杂。现场救护可用无菌生理盐水或清洁的温开水冲洗,再用酒精全面涂擦,然后用消毒被单或干净的布类包裹好送往医院处理。

(4)对于因触电摔跌而骨折的触电者,应先止血、包扎,然后用木板、竹竿、木棍等物品将骨折肢体临时固定并速送医院处理。发生腰椎骨折时,应将伤员平卧在平硬木板上,并将腰椎躯干及两侧下肢一并固定以防瘫痪,搬动时要数人合作,保持平稳,不能扭曲。

(5)遇有颅脑外伤,应将伤员平卧并保持气道通畅。遇有呕吐,应扶好头部和身体,使之同时侧转,以防止呕吐物造成窒息。耳鼻有液体流出时,不要用棉花堵塞,只可轻轻拭去,以利降低颅内压力。颅脑外伤时,病情可能复杂多变,要禁止给予饮食并速送医院进行救治。

(四)眼外伤急救

眼外伤是由于机械性、物理性、化学性等因素直接作用于眼部,引起眼的结构和功能损害,局部产生肿胀及疼痛,无皮肤开放的伤口,可用冷毛巾冷敷,以消肿及减轻疼痛;若眼外伤引起眼睑裂伤或出血，可用清洁的纱布包扎；若有异物飞入眼内，千万不要搓揉眼睛，要轻闭双眼或稍眨眼，让表浅的异物随泪水流出；如果异物已经进入眼球深部，眼球已经穿通，此时绝不可压迫眼球，以免眼内组织脱出；若额头和眉弓部被撞伤要注意及时自我检查眼睛的视力情况，初步判断有无视神经间接损伤。经过以上初步急救处理后，要及时送医院处理。

如果眼部因一些化学物质或试剂，如汽油、石灰、热油、染发水等溅入眼中，要马上到医院诊治。化学品进入眼内会有疼痛、发红和烧灼感，致伤后立即引起眼部疼痛、畏光、流泪及视力障碍。轻者眼睑潮红、结膜充血、水肿、角膜混浊；重者眼睑、结膜、角膜坏死，苍白。眼部化学品灼伤急救时，不要试图用任何化学物质来中和进入眼内的化学品。立即用大量清水冲洗眼睛，用手指把上下眼皮尽量张开，连续冲洗 15 分钟。尽可能转动眼球以便彻底冲洗。也可将面部浸入水中，睁开双眼，摆动头部，以稀释和冲洗面部化学物质。务必彻底除去残留于睑结膜、上下穹窿、半月皱襞及角膜上的任何化学颗粒。冲洗完成后，马上前往医院请专业医生诊治，不要自行包扎，也不要用眼杯。

特别注意，发现化学物质进入眼内时，第一时间马上用大量清水冲洗，如果化学品滞留在眼内深处未及时冲洗干净，会加重眼部损伤而增加治疗上的困难。

（五）烧伤、烫伤急救处理

遇到衣服着火时应立即脱去用水浇灭或就地躺下，滚压灭火。冬天身穿棉衣时，有时明火熄灭，暗火仍燃，衣服如有冒烟现象应立即脱下或剪去以免继续烧伤。身上起火不可惊慌奔跑，以免风助火旺；也不要站立呼叫，免得造成呼吸道烧伤。

严重的烧伤会破坏身体防病的重要屏障，血浆液体迅速外渗，血液浓缩，体内环境发生剧烈变化，产生难以抑制的疼痛。这时伤员很容易休克，危及生命。所以烧伤的紧急救护不能延迟，要在现场立即进行。根据烧伤的严重程度采取不同应急措施。

烧伤按照受伤程度可分为Ⅰ度烧伤、浅Ⅱ度烧伤、深Ⅱ度烧伤、Ⅲ度烧伤。Ⅰ度烧伤伤势最轻，Ⅲ度烧伤伤势最重。

Ⅰ度烧伤：损失最轻，只伤及表皮浅层，烧伤皮肤红肿、疼痛，但没有水疱形成。发生Ⅰ度烧烫伤立即用冷水（15～25 ℃）持续冲洗（或浸泡）伤处降温，直至疼痛缓解，然后在创面上涂抹外用烧烫伤药膏，几日内治愈。

Ⅱ度烧伤可分为浅Ⅱ度烧伤和深Ⅱ度烧伤。浅Ⅱ度烧伤：伤及表皮的生发层，疼痛明显，有水疱形成，疱皮脱落后，可见创面均匀发红、水肿明显；深Ⅱ度烧烫伤：伤及皮肤的真皮层，痛觉较迟钝，可有水疱，基底苍白，间有红色斑点，创面潮湿。发生Ⅱ度烧烫伤，不要刺破表皮水疱，不要在创面上涂任何药膏，应用清洁敷料（如纱布、毛巾等）覆盖伤部（尽量不使用易掉毛的布料），以保护创面，防止感染，并立即送医。

Ⅲ度烧伤：皮肤痛感消失，无弹性，干燥，无水疱；严重时可伤及肌肉、神经、血管、骨骼和内脏。

安全提示：消除并隔断热源、立即脱去着火的衣物并灭火、自救互救。如为烫伤，要迅速除去热源，离开现场，在第一时间用清水冲洗伤口 10 分钟以上。如果烫伤较轻无伤口，可用獾油、烫伤药膏或牙膏涂在患处。如果为烧伤，最好的救治方法是将伤肢浸入 5～15 ℃的冷水中冲洗 20 分钟，或伤员自己浸入附近水池浸泡，防止烧伤面积进一步扩大。应尽量使其呼吸畅通，然后小心除去伤者创面及周围的衣物、皮带、手表、项链、戒指、鞋等。对粘在创面的衣物等，应先用冷水降温后，再慢慢地除去。烧伤经过初步处理后，要及时将伤员送往就近医院进一步治疗。

当遇到严重烫伤或烧伤患者时,应用敷料(如清洁的布料等)遮盖伤处,立即送往医院救治。

(六)冻伤急救处理

当皮肤接触到非常冷的空气或物品,引起血管痉挛、淤血、肿胀,这便是冻伤。冻伤严重的可能起水泡,甚至溃烂。另外,手摸到冰箱的冷冻室也能引起冻伤。

全身冻伤非常危险,要多方面注意。全身冻伤时,几乎所有的患者都会出现发呆、嗜睡。如果让患者睡下去,体温便渐渐降低,会就此冻死。

1. 冻伤急救措施

(1)对局部冻伤的急救要领是一点一点地、慢慢地用与体温一样的温水浸泡患部使之升温。如果仅仅是手冻伤,可以把手放在自己的腋下升温。然后用干净纱布包裹患部,并去医院治疗。

(2)全身冻伤,体温降到 20 ℃以下就很危险。此时一定不要睡觉,强打精神并振作活动是很重要的。

(3)将冻伤的部位浸泡在 38～40 ℃的温水中。患肢颜色发红时,可停止浸泡。注意浸泡时间不宜过长。

(4)伤肢肿胀较重或已有炎症时,将健康一侧的肢体放入温水浸泡。若局部有水泡,不要弄破,待其自然消退。

(5)当全身冻伤者出现脉搏、呼吸变慢的话,就要保证呼吸道畅通,并进行人工呼吸和胸外按压。要渐渐使身体恢复温度,然后速去医院。

2. 冻伤注意事项

(1)对局部冻伤的急救目的是使冷结的体液恢复正常。因此,若能使患部周围变温暖,很快可以治愈。禁止把患部直接泡入热水中或用火烤患部,这样会使冻伤加重。由于按摩能引起感染,最好也不要做按摩。

(2)用茄子秸或辣椒秸煮水,洗容易冻伤的部位,或用生姜涂擦局部皮肤,有预防冻伤的作用。

(七)溺水急救

溺水是指被水淹的人由于呼吸道遇水刺激发生痉挛,收缩梗阻,造成窒息和缺氧,需要紧急抢救。溺水时可有大量的水、泥沙、杂物经口、鼻灌入肺内,可引起呼吸道阻塞、缺氧和昏迷直至死亡。对溺水者的抢救,必须争分夺秒。

溺水的急救措施:

1. 不习水性而落水者,不必惊慌,迅速采取自救:头后仰,口向上,尽量使口鼻露出水面,进行呼吸,不能将手上举或挣扎,以免使身体下沉。会游泳的人如肌肉疲劳、肌肉抽筋也应采取上述自救办法。

2. 溺水救护者要镇静,尽量脱去外衣、鞋、靴等,迅速游到溺水者附近,看准位置,用左手从其左臂或身体中间握其右手,或拖头部,然后仰游拖向岸边。

如救护者不习水性,未受过专业训练或未取得救生证,切记不要盲目下水救人。最好的救援方法是将救生圈或塑料泡沫绑上绳索抛向溺水者,与此同时大声向周围人求救。

3. 溺水者被救起后,将溺水者的头偏向一侧,立即清除口鼻中泥沙污物,将舌拉出,注意手指防护,取出义齿,保持呼吸道通畅。

4. 如尚有心跳、呼吸，可将溺水者俯卧，头低，腹垫高，压其背部，排出肺、胃内积水。控水要迅速，时间一般不超过1分钟。

控水方法：伏膝法即抢救者一腿跪地，另一腿屈膝，将溺水者腹部横放在救护者屈膝的大腿上，头部下垂，反复拍打溺水者背部，使胃及肺内水倒出；倒立法即抢救者抱住溺水者双腿，向上提起。

5. 如呼吸、心跳停止，立即进行胸外心脏按压和人工呼吸，如口对口呼吸、气管插管、吸氧等。经过上述抢救后必须立即送医院继续进行复苏后的治疗。

特别注意，抢救要迅速，淹溺的进程很快，一般4～7分钟就可因呼吸、心搏停止而死亡。切不可未经处理、急于送往医院而延误宝贵的抢救时机。

（八）中暑的急救方法

中暑的急救方法是：不管是何种类型的中暑，只要一出现头晕、头痛、恶心、呕吐等感觉的话，就应暂停工作，立即移至阴凉、通风处，静卧。解开患者衣扣、腰带等，敞开上衣，用电扇、冰袋等给患者降体温。在患者太阳穴上涂抹清凉油、风油精等，头部冷敷或冷水擦澡，多喝淡盐水或清凉饮料，口服人丹、十滴水、藿香正气水等中药。

有高热者，可给予物理降温，用冷水或冰袋冷敷、酒精擦澡、风扇吹；可用解热药口服或肌肉注射；有呼吸困难者可人工呼吸。若处理后未见好转，血压下降者，可急送医院抢救。对于热衰竭和热痉挛，主要是补充水分与氯化钠，重者静脉输生理盐水，或葡萄糖盐水；病情无好转者，应急送医院。出现心搏骤停者立即实施心肺复苏，并立即送往医院。

（九）出血急救方法

出血非常常见，其中肉眼可见的叫外出血，只要不是大动脉出血，获救的机会是比较多的。内出血不易判断，当出血量达到一定程度时，伤者可能会休克、疼痛等。

1. 常用的止血方法

压：当伤口流血时用手按住出血区。压分两种：一种是对伤口直接压迫，无论用干净纱布还是其他布类物品直接按在出血区，都能有效止血；另外一种是指压止血法，用手指压在出血动脉近心端附近的骨头上，阻断运血来源，以达到止血目的。后者需要培训才能学会。注意压力必须是持续的，不可时紧时松，否则不能达到止血效果。

当伤口内嵌入较大异物（如刀子、玻璃碎片）时，应在伤口四周施压，可将大量敷料置于异物周围并包扎固定，达到止血效果。

包：包扎所用的材料是纱布、绷带、弹性绷带或干净的棉布或用棉织品做成的衬垫。包扎的原则是先盖后包，力度适中。先盖后包，即先在伤口上盖上敷料（够大、够厚的棉织品衬垫），然后再用绷带或三角巾包扎。这是因为常用的普通纱布容易摩擦伤口，给后续处理增加难度。力度适中指的是包扎后应止血有效，检查远端的动脉还在搏动；包扎过松，止血无效；包扎过紧，会造成远端组织缺血、缺氧坏死。

塞：用于腋窝、肩、口鼻或其他非贯通伤和组织缺损处的填塞止血法，是用棉织品将出血的空腔或组织缺损处紧紧填塞，直至确实止住出血。填实后，伤口外侧盖上敷料后再加压包扎，达到止血目的。此方法的危险在于用压力将棉织品填塞结实可能造成局部组织损伤，同时又将外面的脏东西带入体内造成感染，尤其是厌氧菌感染常引发破伤风或气性坏疽。因此，除非必要，尽量不采用此法。

捆：止血带止血法，通常用于手术时控制肢体出血，但可能造成神经和肌肉的损伤，也会因肢体缺血引起全身性并发症，不在万不得已的情况下，不要使用此法。

2. 现场外伤包扎

包扎是外伤现场应急处理的重要措施之一。及时正确的包扎，可以达到压迫止血、减少感染、保护伤口、减少疼痛以及固定敷料和夹板等目的。相反，错误的包扎可导致出血增加、加重感染、造成新的伤害、遗留后遗症等不良后果。在有出血的情况下，外伤包扎的实施必须以止血为前提。如不及时给予止血，则可造成严重失血、休克，甚至危及生命。

有时包扎本身就是止血的措施。例如，组织损伤造成的毛细血管出血，出血时血液成水珠样从伤口流出，稍微压迫即可止血，有时也可自动凝固止血。这种出血，往往只需要在伤口贴上止血贴，或在伤口上覆盖消毒纱布，然后稍微加压包扎，即可完成止血和包扎的双重任务。但对于由动脉血管损伤引起的动脉出血和由静脉血管损伤引起的静脉出血，单纯的压迫包扎伤口，往往不能达到止血的目的。

动脉出血时，出血呈搏动性、喷射状，血液颜色鲜红，可在短时间内大量失血，造成生命危险；静脉出血时，出血缓缓不断外流，血液颜色紫红。这些可通过指压和止血带等应急措施临时止血，再送医院或请救护人员前来救治。

指压止血是在伤口的上方，即近心端处，找到跳动的血管，用手指紧紧压住。需注意的是，此法仅能用于短时间控制血流，应随即采用止血带止血法。

止血带是具弹性的橡胶带（带与皮肤之间要垫上敷料），亦可用宽度大于 3 cm 的布带、毛巾、领带等代替，绑扎上臂或大腿上、中 1/3 交界处（注意：绑扎上臂时不能过低，否则易损伤神经），绑扎的松紧程度以伤口没有鲜血外流为度。

此外，一定要在显著的部位标明上止血带的时间，每隔一小时松开止血带几分钟后再绑扎。

用绷带包扎伤口，目的是固定盖在伤口上的纱布，固定骨折或挫伤，并有压迫止血的作用，还可以保护患处。如果没经验，打好绷带后，看看身体远端有没有变凉，有没有浮肿等情况。在没有绷带而必须急救的情况下，可用毛巾、手帕、床单（撕成窄条）、长筒尼龙袜子等代替绷带包扎。包扎有环形法、蛇形法、螺旋形法和螺旋反折法等。

环形法：用于身体粗细均匀部位，如手腕、脚踝、手指、前额。还用于其他绷带包扎法的起始和结束。包扎时将绷带头斜放，绕受伤部位包扎一圈后，把斜角反折，将其压在下面，然后环形缠绕数圈，每圈要将前一圈完全盖住，如图 5-7 所示。

蛇形法：多用在夹板的固定上。包扎时先将绷带环形法缠绕数圈固定，然后按绷带的宽度做间隔的斜着上缠或下缠，如图 5-8 所示。

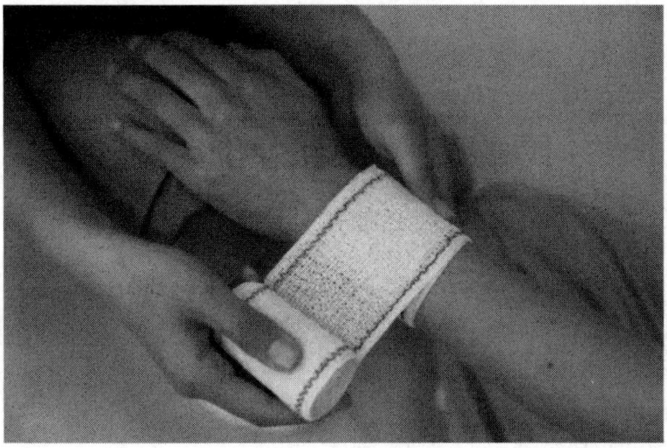

图 5-7　环形法

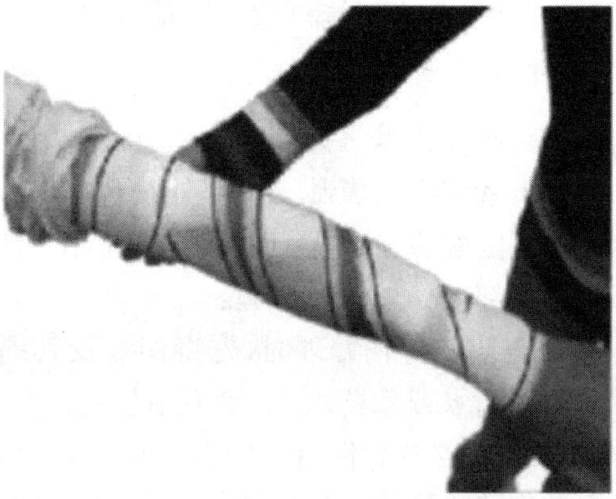

图 5-8　蛇形法

螺旋形法：用于肢体粗细不等部位，如大腿、前臂。从受伤肢体的远端开始，从远心端向近心端包扎。包扎时先用环形法固定起始端，再由内向外扎牢，每绕一圈绷带应遮盖前一圈绷带的 2/3，前圈绷带应露 1/3，如图 5-9 所示。

螺旋反折法：用于肢体明显不均部位，如前臂、小腿。包扎时先用环形法固定始端，然后每包扎一圈反折一次。反折时用一只手的拇指按住绷带上面正中处，用另一只手将绷带向下反折，再向后绕并拉紧，如图 5-10 所示。

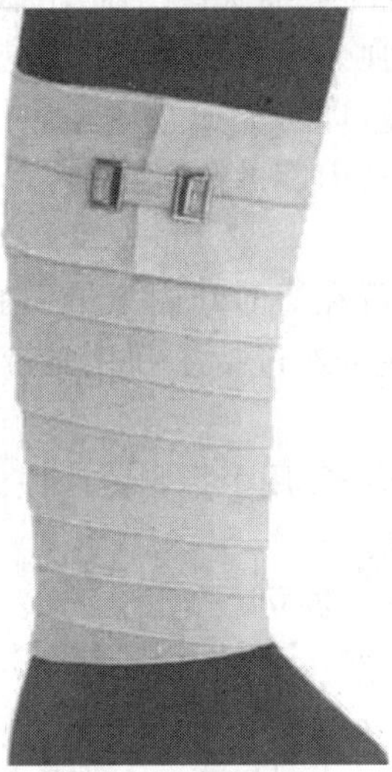

图 5-9　螺旋形法

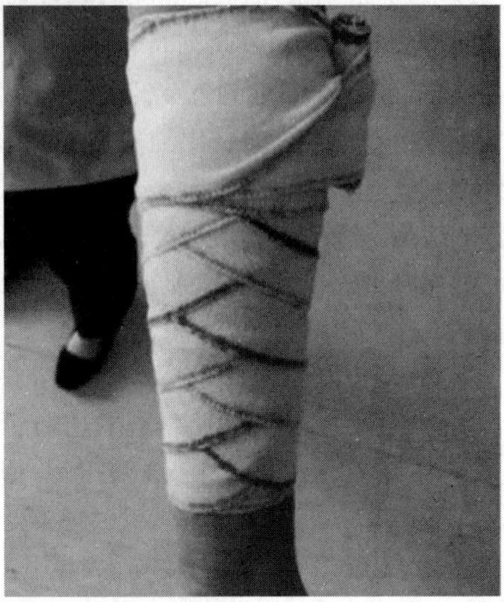

图 5-10　螺旋反折法

3. 断肢急救

现场急救时若断肢、断手在机器中，切勿强行将肢体拉出或将机器倒转，以免增加损伤。应立即停止机器转动，设法打开机器，取出断肢、断手。创面可用无菌或清洁的敷料压迫包扎，若有大血管出血，可考虑用止血带止血，但要标明上止血带时间。如是不完全性断肢、断手要将断处放在夹板上固定，迅速转送到有条件的医疗机构进行紧急处理。除非断肢、断手污染严重，一般不需要冲洗，用无菌或清洁敷料包扎好，可用干燥冷藏的方法保存起来，即先放入塑料袋中再放在加盖的容器内，外围以冰块(若一时无冰，则可用冰棒代替)保存，不让断肢、断手与冰块直接接触，以防冻伤，切记千万不要在断肢上涂碘酒、酒精或其他消毒液。这样会使组织细胞变质，造成不能再植的严重后果。

(十)头部外伤处理

头部外伤是常见创伤之一，由于头皮血管丰富，小伤也会出血，实际的情形并不严重，伤者和救护者都不要慌乱。头部外伤包括头皮擦伤、头皮挫裂伤、头皮血肿等。凡头部外伤后，应马上到医院诊治，进一步检查，防止出现脑震荡、脑挫伤和颅内出血等症状。

头部外伤的急救措施：

1. 头皮擦伤处理时，先将伤处及其周围的头发剪去，然后用肥皂水、生理盐水洗净，擦干，涂上红药水或紫药水，一般不用包扎。

2. 头皮挫裂伤后要仔细查找出血点，在血迹最多的地方分开头发，用手指压迫出血点一侧的皮肤或压住伤口周围的皮肤均可止血，也可用干净的纱布压迫伤口止血。

3. 触摸伤口周围的颅骨，如有松动，应怀疑骨折，此时不要按压。如果无松动，可用纱布垫着，用手压迫伤口止血。止血后，用纱布敷住伤口。如果怀疑伤口内有异物或颅骨骨折，可轻轻敷上纱布，马上前往医院就诊。送入医院做清创处理后，必要时可注射破伤风抗毒素和抗生素做抗感染治疗。

4. 头皮血肿时表皮无损伤，仅有局部出现血肿或硬块。此时，应尽早在局部涂上食用油或局部重压包扎，防止肿块扩大。切忌用跌打药酒对局部进行外涂和按揉推拿。已发红、触之软而且有水波感的包块即为血肿。24 小时后，可热敷促进吸收。

特别注意，有头痛加剧，恶心呕吐，意识不清，一边或两边肢体无力，两侧瞳孔大小不一，鼻孔或耳朵流出血或水样的液体的情况时，怀疑是颅内出血，需马上送医院请专业医生急救。

（十一）扭伤、拉伤处理

许多轻微的损伤统称为扭伤或拉伤，这种伤很疼，但通常不影响运动或感觉。扭伤和拉伤多发生在足踝部、手腕及腰部。主要症状是关节肿胀、剧痛、活动受限、关节皮下瘀血。腰部扭伤表现为不能扭转及侧弯。足踝扭伤伴有撕裂感，疼痛明显，脚踝部分会出现局部肿胀，而且患足不能着地，不能正常行走。如果情况严重，韧带撕裂疼痛会持续一段时间，通过 X 线光片可以显示有无撕脱骨折、脱位或距骨倾斜度增大现象。如果只是韧带扭伤，轻微水肿，症状可在 1～3 日内消失，肿胀消失后，即可正常行走。

扭伤、拉伤急救措施：

1. 扭伤后应卧床休息，限制走动，并抬高患肢，及时分辨伤势的轻重，进行加压包扎。

2. 扭伤后适宜冷水外敷，不宜热敷及推拿按摩，否则会加重伤情。

3. 如果扭伤了手指，应该将手指固定在伸直的位置。关节扭伤固定在功能位置，必要时用夹板或石膏固定，在医生指导下进行早期锻炼。腰肌扭伤后要睡平板床，使腰肌及韧带放松，可以配合推拿、按摩等治疗。足部受伤，冷敷后用弹力绷带扎紧扭伤部位。方法为先在足踝部绕一圈，接着绕至足背和脚底后，绕回足背，再在足踝部多绕一圈扎紧，如果受伤部位疼痛难忍，有骨折的可能，应及时到医院请专业医生诊治。

4. 保持伤肢高位，可以减轻疼痛。经过 24 小时，肿胀和疼痛过后，若没有发生骨折，可以进行热敷，促进局部血液循环，以利于血肿的及时吸收。

5. 踝关节扭伤出现半脱位现象时，可在外踝下摸到空隙。这时要到医院请专业医生帮助复位，然后用管形石膏固定伤足于 90°位和外翻位 4～6 周。急性期过后应锻炼踝关节的屈身内翻动作，或用按摩手法，摇转踝关节、背伸外翻并按揉患处。韧带完全撕裂可做修补手术。少数患者治愈后容易再次发生扭伤。

扭伤后期需做功能锻炼，配以舒筋活血药物的治疗。

特别注意，扭伤的紧急处理方法都是先做冷敷，切忌揉搓或贴止痛膏，以防加重出血，过一两后再热敷、贴止痛膏。

（十二）闪腰急救方法

一旦发生闪腰，可酌情选用以下几种方法。

1. 按摩法

闪腰者取俯卧姿势，施救者用双手掌在脊柱两旁，从上往下边揉边压，至臀部向下按摩到大腿下面、小腿后面的肌群，按摩几次后，再在最痛的部位用大拇指按摩推揉几次。

2. 背运法

施救者与闪腰者背靠背站立，双方将肘弯曲相互套住，然后施救者低头弯腰，把患者背起并轻轻左右摇晃，同时让患者双足向上踢，约 3～5 分钟放下，休息几分钟再做。一般背几次之后，腰痛会逐步好转，以后每天背几次，直至痊愈。

3. 热敷法

用炒热的盐或沙子包在布袋里，热敷扭伤处，每次半小时，早晚各一次，注意不要烫伤皮肤。

4. 药物外敷法

取新鲜生姜，将内层挖空，把研细的雄黄放入生姜片盖紧，放瓦上焙干，把生姜焙成老黄色，放冷，研细末，撕在伤湿膏上，贴患处，痛止去药。

（十三）骨折急救处理

骨骼受到外力作用时，发生完全或不完全断裂时叫作骨折。按照骨折端是否与外相通，骨折分为两大类：即闭合性骨折与开放性骨折。前者骨折端不与外界相通，后者骨折端与外界相通，从受伤的程度来说，开放性骨折一般伤情比较严重。遇有骨折类伤害，应做好紧急处理后，再送医院抢救。

为了使伤员在运送途中安全，防止断骨刺伤周围的神经和血管组织，加重伤员痛苦，对骨折处理的基本原则是尽量不让骨折肢体活动。尤其是对于脊柱骨折伤员，如果现场急救处理不当，不仅容易增加痛苦，还会造成不可挽救的后果。特别是背部被物体打击后，均有脊柱骨折的可能。对于脊柱骨折的伤员，急救时可用木板、担架搬运，让伤者仰躺。无担架、木板需众人用手搬运时，抢救者必须有一人双手托住伤者腰部，切不可单独一人用拉、拽的方法抢救伤者。否则，把受伤者的脊柱神经拉断，会造成下肢永久性瘫痪的严重后果。如怀疑有颈椎损伤，在使伤员平卧后用沙土袋或其他替代物旋转放置头部两侧，使颈部固定不动。必须进行口对口呼吸时，只能采用抬颌方法使气道通畅，不能再将头部移动、后仰或转动头部，以免引起截瘫或死亡。

1. 骨折基本固定方法

（1）前臂骨折固定法：夹板放置骨折前臂外侧，骨折突出部分要加垫，然后固定腕肘两关节（腕部 8 字形固定），用三角巾将前臂屈曲悬胸前，再用三角巾将伤肢固定于胸廓。

（2）上臂骨折固定法：夹板放置骨折上臂外侧，骨折突出部分要加垫，然后固定肘、肩两关节，用三角巾将上臂屈曲悬胸前，再用三角巾将伤肢固定于胸廓。

（3）无夹板前臂、上臂三角巾固定法。前臂骨折：先将展开的三角巾将伤肢悬挂胸前，后用三角巾将伤肢固定于胸廓。上臂骨折：先用三角巾将伤肢固定于胸廓，后用三角巾将伤肢悬挂胸前。

（4）锁骨骨折。丁字夹板固定法：丁字夹板放置背后肩胛骨上，骨折处垫上棉垫，然后用三角巾绕肩两周结在板上，夹板端用三角巾固定好。三角巾无夹板固定法：挺胸，双肩向后，两侧腋下放置棉垫，用两块三角巾分别绕肩两周打结，然后将三角巾结在一起，前臂屈曲用三角巾固定于胸前。

（5）小腿骨折固定法：将夹板放置骨折小腿外侧，骨折突出部分要加垫，然后固定伤口上下两端，固定膝、踝两关节（8 字形固定踝关节），夹板顶端再固定。

（6）大腿骨折固定法：将夹板放置骨折腿外侧，骨折突出部分要加垫，然后固定骨折上、下两端，固定踝、膝关节，最后固定腰、髂及腋部。

（7）大、小腿无夹板三角巾固定法：将患者两下肢合并，健肢移向伤肢，在膝、踝之间加垫，用三角巾分段固定髂部、膝部、踝部，打结在腱侧，踝关节处做 8 字形固定。

2. 对骨折做好临时固定应注意以下事项：

(1)如有开放性伤口和出血，应先止血和包扎伤口，再进行骨折固定。

(2)不要把刺出的断骨送回伤口，以免感染和刺破血管及神经。

(3)固定动作要轻快，最好不要随意移动伤肢或翻动伤员，以免加重损伤，增加疼痛。

(4)夹板或简便材料不能与皮肤直接接触，要用棉花或代替品垫好，以防局部受压。

(5)搬运时要轻、稳、快，避免振荡，并随时注意伤者的病情变化。没有担架时，可利用门板、椅子、梯子等制作简单担架运送。

(十四)关节脱位的急救

关节脱位又叫关节脱臼，是指组成关节各骨的关节面失去正常的对合关系、关节的功能丧失。患处肿胀、关节外部变形或出现剧烈疼痛，严重时可伴有血管、神经损伤。

在日常生活中或劳动、体育训练中，因外伤或用力不当可造成关节脱位，一般下颌、肩、肘、髋关节容易发生脱位。

对脱臼的关节，要限制活动，以免加重伤势。并且争取时间及早复位，即用正确的手法将脱出的骨端送回原处，然后予以固定。如果对骨骼组织不大熟悉，那就不要随意地复位，以免引起血管或神经的更大损伤。复位不成功，应将脱臼的关节用绷带等固定好，送医院处理。局部冷敷，可以减轻疼痛。此外，脱臼还有可能合并骨折，应抓紧及早送往医院治疗。

四、自然灾害的自救

(一)地震灾害逃生

地震是瞬间发生的灾难，给人类带来的灾害的确触目惊心。掌握一些地震自救知识和躲避逃生原则是很有必要的。下面介绍一些地震时自救的基本知识。

1. 如果正在上课时发生地震，要在教师指挥下抱头、闭眼，尽量蜷曲身体，迅速躲在各自的课桌下。

2. 在行驶的电(汽)车内避震，司机要立即驾车驶离立交桥、高楼下、陡崖边等危险地段，在开阔路面停车避震；乘客应抓牢扶手，以免摔倒或碰伤；降低重心，躲在座位附近；地震过后再下车疏散。

3. 在户外避震时，应就地选择开阔地蹲下或趴下，不要乱跑。不要靠近楼房、树木、电线杆或其他任何可能倒塌的高大建筑物。倘若附近没有空地，应该暂时在门口躲避。尽量避开拥挤的人流，一家人要集中在一起，照看好老人和儿童，避免走失。

4. 在影剧院、体育馆等处避震，应就地蹲下或趴在排椅下，用随身携带的物品挡在头上。

5. 地震开始时，如果正在屋内，切勿试图冲出房屋。应选择小空间、坚固家具旁就地躲藏；蹲下或坐下，尽量蜷曲身体，降低身体重心；抓住桌腿等牢固的物体；保护头颈、眼睛，掩住口鼻；并打开房门，远离窗户，因为窗户玻璃可能被震碎。利用身边的棉坐垫、毛毯、枕头等物盖住头部，以免被砸伤。

6. 外出避难时要穿上尽可能厚的棉衣和棉质的鞋袜，并且要避免穿上易着火的化纤制品。

7. 不要躲在地窖、隧道或地下通道内，因为地震产生的碎石瓦砾会填满或堵塞出口。除非它们十分坚固，否则地道等地本身也会塌陷。如在桥上遇到地震，就应迅速离开桥身，因为地震时，大桥也会震塌坠入河中，桥上或桥下均很危险。

8. 如在医院住院时遇到地震，钻进床下才是最好的策略。这样，可防止被从天窗或头顶掉下的物品砸伤。

9. 在工作间时，迅速关掉电源和气源，就近躲藏在坚固的机器、设备或者办公家具旁。

10. 地震发生后，应积极参与救助工作，可将耳朵靠墙，听听是否有幸存者发出声音。发现伤者应使伤者先暴露头部，保持呼吸畅通，如有窒息，立即进行人工呼吸。一旦被埋压，要设法避开身体上方不结实的倒塌物，并设法用砖石、木棍等支撑残垣断壁，加固环境。

11. 发生地震后进行自我检查。如果发现有伤，可以用衣服来止血、包扎、固定。尽快清理压在身上的物体，逃离危险区，保持呼吸通畅避免窒息。

12. 被埋在废墟下时，收集废墟缝隙流下的雨水或破裂水管中的积水以供饮用，避免大声呼救，保持体力。可用石块等敲击墙壁、水管等，通知外面的救援者。

(二)火场自救逃生

一旦火灾降临，在浓烟毒气和烈焰包围下，不少人葬身火海，也有人死里逃生幸免于难。面对滚滚浓烟和熊熊烈焰，只要冷静机智运用火场自救与逃生知识，就有极大可能拯救自己。因此，掌握多一些火场自救的要诀，困境中也许就能获得第二次生命。

1. 熟悉环境，暗记出口

当你处在陌生的环境时，如入住酒店、商场购物、进入娱乐场所时，为了自身安全，务必留心疏散通道、安全出口及楼梯方位等，以便关键时候能尽快逃离现场。请记住：在安全无事时，一定要居安思危，给自己预留一条通路。

2. 通道出口，畅通无阻

楼梯、通道、安全出口等是火灾发生时最重要的逃生之路，应保证畅通无阻，切不可堆放杂物或设闸上锁自断后路，以便紧急时能安全迅速地通过。

3. 扑灭小火，惠及他人

当发生火灾时，如果发现火势并不大，且尚未对人造成很大威胁时，当周围有足够的消防器材，如灭火器、消防栓等，应争分夺秒控制、扑灭初期火灾。千万不要惊慌失措地乱叫乱窜，置小火于不顾而酿成大灾。

4. 明辨方向，迅速撤离

面对浓烟和烈火，首先要强令自己保持镇静，迅速判断危险地点和安全地点，决定逃生的办法，尽快撤离险地。撤离时要注意，朝明亮处或外面空旷地方跑，要尽量往楼层下面跑，若通道已被烟火封阻，则应背向烟火方向离开，通过阳台、气窗、天台等向室外逃生。

5. 简易防护，蒙鼻匍匐

逃生时经过充满烟雾的路线，要防止烟雾中毒、预防窒息。为了防止火场浓烟呛入，可采用毛巾、口罩蒙鼻，匍匐撤离的办法。烟气较空气轻而飘于上部，贴近地面撤离是避免烟气吸入、滤去毒气的最佳方法。穿过烟火封锁区，应佩戴防毒面具、头盔、阻燃隔热服等护具，如果没有这些护具，那么可向头部、身上浇冷水或用湿毛巾、湿棉被、湿毯子等将头、身裹好，再冲出去。

6. 善用通道，莫入电梯

按规范标准设计建造的建筑物，都会有两条以上逃生楼梯、通道或安全出口。发生火灾时，要根据情况选择进入相对较为安全的楼梯通道。除可以利用楼梯外，还可以利用建筑物的阳台、窗台、天面屋顶等攀到周围的安全地点，沿着落水管、避雷线等建筑结构中凸出物滑下楼也可脱险。在高层建筑中，电梯的供电系统在火灾时随时会断电或因热的作用电梯变形而使人被困在电梯内，同时由于电梯井犹如贯通的烟囱般直通各楼层，有毒的烟雾直接威胁被困人员的生命，因此，千万不要乘普通的电梯逃生。

7. 缓降逃生，滑绳自救

高层、多层公共建筑内一般都设高空缓降器或救生绳，人员可以通过这些设施安全地离开危险的楼层。如果没有这些专门设施，而安全通道又已被堵，救援人员不能及时赶到的情况下，你可以迅速利用身边的绳索或床单、窗帘、衣服等自制简易救生绳，并用水打湿从窗台或阳台沿绳缓滑到下面楼层或地面安全逃生。

8. 避难场所，固守待援

假如用手摸房门已感到烫手，此时一旦开门，火焰与浓烟势必迎面扑来。逃生通道被切断且短时间内无人救援。这时，可采取创造避难场所、固守待援的办法。首先应关紧迎火的门窗，打开背火的门窗，用湿毛巾、湿布塞堵门缝或用水浸湿棉被蒙上迎火门窗，然后不停用水淋透房间，防止烟火渗入，固守在房内，直到救援人员到达。

9. 火已及身，切勿惊跑

火场上的人如果发现身上着了火，千万不可惊跑或用手拍打，因为奔跑或拍打时会形成风势，加速氧气的补充，促旺火势。当身上衣服着火时，应赶紧设法脱掉衣服或就地打滚，压灭火苗；能及时跳进水中或让人向身上浇水、喷灭火剂就更有效了。请记住：就地打滚虽狼狈，烈火焚身可免除。

第四节 实用写作

管理者的魅力不仅来自个人的学识和修养，还来自工作中为解决实际问题、处理事务以及传递某种信息对文字高度凝练和精彩表达的写作能力。作为一名班组长，为更好地做好上传下达工作，就应不断提高自身的实用写作能力和写作素养。

一、铁路机关公文

铁路机关公文是铁路机关实施领导、履行职能、处理公务的具有特定效力和规范体式的文书，是传达贯彻党和国家的方针政策，公布规范性文件，指导、布置和商洽工作，请示和答复问题，报告、通报和交流情况等工作的重要工具。

(一)公文特点

1. 行文的权威性

它代表制发机关颁布命令或决定，下发通知，或者报送请示与报告，传达制发机关的决策和意图，要求受文者有令必行，令行禁止。

2. 作者的法定性

行政公文的法定作者指依法成立并能以自己的名义行使职权和担负义务的机关或组织。撰写和制发行政公文皆不是个人行为，所代表的是机关或组织，其法定作者制发行政公文的权利和名义受法律保护。

3. 制发的程序性

行政公文由法定作者制发，在撰写和制发过程中，要遵守严格的程序。公文拟制包括公文的起草、审核、签发等程序。对收文的办理，一般应包括签收、登记、初审、承办、传阅、催办、答复等程序。

4. 体式的规范性

行政公文按每个文种的固定格式行文。公文使用的汉字、数字、外文字符、计量单位和标点符号等,按照有关国家标准和规定执行。民族自治地方的公文,可以并用汉字和当地通用的少数民族文字。

(二)公文种类

铁路单位机关公文的种类主要有:

1. 决议。适用于会议讨论通过的重大决策事项。

2. 决定。适用于对重要事项作出决策和部署,奖惩有关单位和人员,变更或者撤销下级机关不适当的决定事项。

3. 公报。适用于公布重要决定或者重大事项。

4. 公告。适用于向国内外宣布重要事项或者法定事项。

5. 通告。适用于在一定范围内公布应当遵守或者周知的事项。

6. 意见。适用于对重要问题提出见解和处理办法。

7. 通知。适用于发布传达要求下级机关执行、有关单位周知或者执行的事项,批转、转发公文。

8. 通报。适用于表彰先进、批评错误、传达重要精神和告知重要情况。

9. 报告。适用于向上级机关汇报工作,反映情况,答复上级机关的询问。

10. 请示。适用请求上级机关指示、批准。

11. 批复。适用答复下级机关请示事项。

12. 函。适用于不相隶属机关之间商洽工作,询问和答复问题,请求批准和答复审批事项。

13. 纪要。适用于记载会议主要情况和议定事项。

(三)公文用纸主要技术指标

公文用纸一般采用纸张定量为 60～80 g/m^2 的胶版印刷纸或复印纸。纸张白度为80%～90%,横向耐折度大于或等于 15 次,不透明度大于或等于 85%,pH 值为 7.5～9.5。

(四)公文用纸幅面尺寸及版面要求

1. 幅面尺寸

公文用纸采用 GB/T 148 中规定的 A4 型纸,其成品幅面尺寸为:210 mm×297 mm。

2. 版面

(1)页边与版心尺寸

公文用纸天头(上白边)为(37±1)mm,地脚(下白边)为(35±1)mm,订口(左白边)为(28±1)mm,切口(右白边)为(26±1)mm,版心尺寸为 156 mm×225 mm(不含页码)。

(2)字体和字号

如无特殊说明,公文格式各要素一般用 3 号仿宋体字。特定情况可以做适当调整。

(3)行数和字数

一般每面排 22 行,每行排 28 字,并撑满版心。特定情况可以做适当调整。

(4)文字的颜色

如无特殊说明,公文中文字的颜色均为黑色。

（五）公文印刷装订要求

1. 制版要求

版面干净无底灰，字迹清楚无断划，尺寸标准，版心不斜，误差不超过 1 mm。

2. 印刷要求

双面印刷；页码套正，两面误差不超过 2 mm。黑色油墨应当达到色谱所标 BL100％，红色油墨应当达到色谱所标 Y80％、M80％。印品着墨实、均匀，字面不花、不白、无断划。

3. 装订要求

公文应当左侧装订，不掉页。两页页码之间的误差不超过 4 mm，裁切后的成品尺寸允许误差±2 mm，四角成 90°，无毛茬或缺损。骑马订或平订的公文应当达到：

（1）订位为两钉外订眼距书芯上下边缘各 70 mm 处，允许误差±4 mm。

（2）无坏钉、漏钉、重钉，钉脚平伏牢固。

（3）骑马订钉锯均订在折缝线上，平订钉锯与书脊间的距离为 3～5 mm。包本装订公文的封皮（封面、书脊、封底）与书芯应吻合、包紧、包平、不脱落。

（六）公文格式各要素编排规则

1. 公文格式各要素的划分

本格式将版心内的公文格式各要素划分为版头、主体、版记三部分。公文首页红色分隔线以上的部分称为版头，公文首页红色分隔线（不含）以下、公文末页首条分隔线（不含）以上的部分称为主体，公文末页首条分隔线以下、末条分隔线以上的部分称为版记。

页码位于版心外。

2. 版头

版头由份号、密级和保密期限、紧急程度、发文机关标志、发文字号、签发人等要素组成。

（1）份号

如需标注份号，一般用 6 位 3 号黑体阿拉伯数字，顶格编排在版心左上角第一行。如果用印号机手工加盖份号，字体自定。

（2）密级和保密期限

如需标注密级和保密期限，一般用 3 号黑体字，顶格编排在版心左上角第二行。密级和保密期限中间加“★”号，保密期限可以用阿拉伯数字标注，以年、月为单位，也可以用汉字标注（如“长期”）；如果不标注保密期限，密级两字之间应空一字。

（3）紧急程度

如需标注紧急程度，一般用 3 号黑体字，顶格编排在版心左上角；如需同时标注份号、密级和保密期限、紧急程度，按照份号、密级和保密期限、紧急程度的顺序自上而下分行排列。标注“内部”的公文，参照“密级、份号、紧急程度”的标注规则执行，特殊情况可做适当调整。

（4）发文机关标志

由发文机关全称或者规范化简称加“文件”二字组成。

发文机关标志居中排布，上边缘距上页边为 72 mm，推荐使用小标宋体字，颜色为红色，字号应不大于上级机关的发文机关标志，以醒目、美观、庄重为原则。

联合行文时，发文机关标志中一般并用联合发文机关名称，如发文机关较多时，也可以单独用主办机关名称。如需同时标注联署发文机关名称，一般应当将主办机关名称排列在前，“文件”二字置于发文机关名称右侧，以联署发文机关名称为准上下居中排布。

(5)发文字号

由发文机关代字、年份、发文顺序号组成。编排在发文机关标志下空二行位置，一般居中排布。年份、发文顺序号用阿拉伯数字表示；年份应标全称，用六角括号“〔〕”括入；发文顺序号不编虚位(即 1 不编为 01)，在阿拉伯数字后加“号”字。

上行文的发文字号居左空一字编排，与最后一个签发人姓名处在同一行。

(6)签发人

由“签发人”三字加全角冒号和签发人姓名组成，居右空一字，编排在发文机关标志下空二行位置。“签发人”三字用 3 号仿宋体字，签发人姓名用 3 号楷体字。

如有多个签发人，签发人姓名按照发文机关的排列顺序从左到右、自上而下依次均匀编排，一般每行排两个姓名，回行时与上一行第一个签发人姓名对齐。特殊情况每行也可以排三个签发人姓名。“签发人”三字与第一排签发人姓名处在同一行，最后一排签发人与发文字号处在同一行。

如有会签人，编排在签发人的下一行，最后一排会签人与发文字号处在同一行。

(7)版头中的分隔线

发文字号之下 4 mm 处印一条与版心等宽的红色分隔线，高度推荐使用 0.5 mm。

3. 主体

主体由标题、主送机关、正文、附件说明、发文机关署名、成文日期、印章、附注、附件等要素组成。

(1)标题

由发文机关名称、事由和文种组成。发文机关名称可以用发文机关全称或者规范化简称。四个及以上机关联合行文时，标题中发文机关名称也可以采用排列在前的发文机关名称加“等部门”的方式。标题一般用 2 号小标宋体字(或华文中宋体字加粗)，编排于红色分割线之下空二行位置，分一行或多行居中排布；回行时，要做到词意完整，排列对称，长短适宜，间距恰当，标题排列应当使用梯形或菱形，不应使用上下长、中间短的沙漏形，也尽量不使用上下长度一样的长方形。

如果标题内容排布为四行及以上时，为了防止出现把正文挤出首页的情况，标题也可以编排于红色分隔线下空一行或不空行的位置。

标题中除全文引用的法规、规章名称应加书名号外，在事由部分可用的标点符号还有引号、顿号、连接号和括号。联合行文时，发文机关名称之间用空格。

(2)主送机关

编排于标题下空一行位置，居左顶格，回行时仍顶格。各主送机关之间用顿号或者逗号分清层次，同类型机关内同级机关之间使用顿号分隔，不同类型机关之间使用逗号分隔，最后一个机关后标全角冒号。如主送机关过多导致公文首面不能显示正文时，应将主送机关名称移至版记，标注方法见 4.(2)。

(3)正文

公文首页必须显示正文。一般用 3 号仿宋体字，编排于主送机关名称下一行，每个自然段左空二字，回行顶格，自然段之间不空行。

文中结构层次序数依次可以用“一、”“(一)”“1.”“(1)”标注。文中一级标题用黑体字、二级标题用楷体字、三级以下标题同正文用仿宋体字标注。一级标题单独成段时句末不加标点，其他层级标题单独成段时句末应加句号。

制度办法类文件的结构层次，可根据实际情况，采取"章条""章节条""篇章节条"或"条条到底"的编排方式。"篇章节条"用黑体字标注，序数一般用汉字。"篇""章"上下各空一行、"节"上空一行居中排布，"条"左空二字、右空一字排布。"条"后每一自然段句末应加标点，一般可加句号、冒号或分号，"条"下结构层次序数依次用"（一）""1．""(1)"标注。

标准性技术文件的结构层次，可采用阿拉伯数字连续编号，如："8.3""8.3.3"等。

(4)附件说明

如有附件，在正文下空一行左空二字编排"附件"二字，后标全角冒号和附件名称；如有两个及以上附件，使用阿拉伯数字标注附件顺序号（如"附件：1.×××××"）。附件名称后不加标点符号。附件名称较长需回行时，应当与上一行附件名称的首字对齐。

正文中涉及附件处的标注内容、附件说明处的标注内容及附件的标注内容前后要一致。

批转、转发、印发类公文中，被批转、转发、印发的内容一般不按附件处理，在附件说明处不标注相关内容；如果被批转、转发、印发的内容有两项及以上，可以按附件处理，在附件说明处加以标注。

(5)发文机关署名、成文日期、印章

公文一般须标注发文机关署名，署发文机关全称或者规范化简称。署名应与发文机关标志、标题中发文机关名称相一致。如果出现发文机关规范化简称也较长的特殊情况，发文机关署名可分二行编排。编排署名时，署名的字之间是否空字，可综合考虑署名的长短和印章的大小来决定。

成文日期是公文的生效时间。经机关负责人签发的公文，其成文日期以签发日期为准，联合行文以最后签发的机关负责人签发的日期为准，标注于公文正文（或附件说明）的右下方；会议审议通过的公文，其成文日期以会议正式通过日期为准，编排于公文标题之下，用圆括号括入；会议纪要的成文日期以机关负责人签发的日期为准，标注于公文标题之下，用圆括号括入。成文日期用阿拉伯数字，年、月、日须标全，年份应标全称，月、日不编虚位。

公文一般应当加盖发文机关印章，并与署名机关相符。联合上行文，发文机关署名只有主办机关时，可以只加盖主办机关印章；联合下行文，所有联署行文机关均须加盖印章。印章用红色，不得出现空白印章。

①不加盖印章的公文

单一机关行文时，成文日期右空四字编排，在成文日期之上、以成文日期为准居中编排发文机关署名，印章端正、居中下压发文机关署名和成文日期，使发文机关署名和成文日期居印章中心偏下位置，印章顶端应当上距正文（或附件说明）一行之内。

联合行文时，一般将各发文机关署名按照发文机关顺序整齐排列在相应位置，并将印章一一对应、端正、居中下压发文机关署名，最后一个印章端正、居中下压发文机关署名和成文日期；印章之间排列整齐、互不相交或相切，每排印章两端不得超出版心，首排印章顶端应上距正文（或附件说明）一行之内；如果同一排印章直径大小不一致时，一般应以印章下端取齐的方式排列。其中：

两个机关联合行文需加盖两个印章时，两个印章左右排列，第二个印章同以上单一机关行文盖章规则，下压相应的发文机关署名和成文日期，成文日期右空四字；第一个印章加盖于第二个印章左侧，下压相应的发文机关署名；两个发文机关署名处在同一行。

三个机关联合行文需加盖三个印章时，三个印章一般应排列于一排，第三个印章下压相应的发文机关署名和成文日期，成文日期以第三个发文机关署名为准居中排布。特殊情况，一排编排不下三个印章时，可采用“2＋1”方式分二排排列，第三个印章同单一机关用印规则，第二个印章与第三个印章上下对齐。

四个及以上机关联合行文需加盖印章时，参照以上规则排列。

②不加盖印章的公文

已加盖发电专用章的电报等公文在落款处不加盖印章。

单一机关行文时，在正文(或附件说明)下空一行右空二字编排发文机关署名，在发文机关署名下一行编排成文日期，首字比发文机关署名首字右移二字；如成文日期长于发文机关署名，应使成文日期右空二字编排，并相应增加发文机关署名右空字数。

联合行文时，应当先编排主办机关署名，其余发文机关署名依次向下编排。

③特殊情况处理

当公文排版后所剩空白处不能容下印章或签发人签名章、成文日期时，可以采取调整行距、字距的措施解决。

当正文之后的空白只有一两行时，可以加宽行距，至少将一行文字移到下一面；如果正文之后的空白仅差一两行便可容下印章位置时，可以缩小行距或缩小一两行字距，挤出能容下印章的空间，使印章与正文务必同处一面，不留任何空白；如果出现采取调整正文行距或字距的措施仍无法解决的极特殊情况，如多个机关联合下行文，联合行文的机关过多，无法实现正文与所有发文机关的印章同处一面，也可以采取标注“此页无正文”的方法，即将印章加盖在下一空白页上，并在该空白页第一行顶格标注“(此页无正文)”。

(6)附注

如有附注，居左空二字加圆括号编排在成文日期下空一行，回行时顶格。上行文，应在此处标注联系人、联系电话，联系人应为能对该公文咨询作出答复的人；联合上行文，只标注主办机关联系人、联系电话即可。平行文可视内容需要，在正文中或附注处标注联系人、联系电话。附注不是对公文正文内容的解释，对正文的注释或解释一般在公文正文中采用句内括号或句外括号的方式解决。

(7)附件

附件应当另面排布，并在版记之前，与公文正文一起装订。“附件”二字及附件顺序号用3号黑体字顶格编排在版心左上角第一行，之后不加冒号。附件标题居中编排在版心第三行。附件顺序号和附件标题应与附件说明的表述一致。附件格式要求同正文。

如附件与正文不能一起装订，应当在附件左上角第一行顶格编排公文的发文字号并在其后标注“附件”二字及附件顺序号，之后也不加冒号。

4. 版记

版记由抄送机关、印发机关和印发日期等要素组成。

版记须放在公文的最后一面。转发类文件应标识自己的版记，被转发文件的版记也可以保留。

(1)版记中的分隔线

版记中的分隔线与版心等宽，首条分隔线和末条分隔线用粗线(推荐高度为0.35 mm)，中间的分隔线用细线(推荐高度为0.25 mm)。首条分隔线位于版记中第一个要素之上，末条分隔线与公文最后一面的版心下边缘重合。

(2)抄送机关

如有抄送机关，一般用4号仿宋体字，在印发机关和印发日期之上一行、左右各空一字编排。“抄送”二字后加全角冒号和抄送机关名称，回行时与冒号后的首字对齐。同一系统内同级机关之间用顿号分隔，不同系统机关之间用逗号分隔，最后一个抄送机关名称后标句号。

如需把主送机关移至版记，除将“抄送”二字改为“主送”外，编排方法同抄送机关。既有主送机关又有抄送机关时，应当将主送机关置于抄送机关之上一行，之间不加分隔线。

铁路机关公文主抄送单位一般按以下顺序排列：主送先路内、后路外，抄送先路外、后路内。其中，路内先运输系统、后其他系统，先下属、后机关，党政工团；路外先中央、后地方，先级别高、后级别低，党政军群。

(3)印发机关和印发日期

公文的印发机关是指公文的印制主管部门，一般应是机关的办公室或文秘部门。发文机关没有专门的办公室或文秘部门，发文机关就是印发机关。公文的印发日期为公文的送印日期，区别于公文的成文日期。

印发机关和印发日期一般用 4 号仿宋体字，编排在末条分隔线之上，印发机关左空一字，印发日期右空一字，用阿拉伯数字将年、月、日标全，年份应标全称，月、日不编虚位，后加“印发”二字。

版记中如有其他要素，应当将其与印发机关和印发日期用一条细分隔线隔开。分隔线如果是三条，上下为粗线、中间为细线；如果是两条，上下均为粗线。

5. 页码

一般用 4 号半角宋体阿拉伯数字标识，数字左右各放一条 4 号一字线，一字线上距版心下边缘 7 mm。单页码居右空 1 字，双页码居左空 1 字。公文的版记页前有空白页的，空白页和版记页均不编排页码；公文最后一面无内容或仅有二维条码时，也可不编排页码。公文的附件与正文一起装订时，页码应当连续编排。转发类公文的页码一般应连续编排，特殊情况可灵活掌握。

(七)公文中的横排表格

A4 纸型的表格横排时，页码位置与公文其他页码保持一致，单页码表头在订口一边，双页码表头在切口一边。

二、事务类文书

事务文书是指党政机关、企事业单位以及社会团体对已经做或即将要做的事务工作进行文字表述的一种载体，是一种具有极强的实用性、事务性和某种惯用体式的应用文体。它不同于行政公文，没有严格的办文程序和行政执法性，也没有执行的强制性。但事务文书具有目的性和针对性强、有特定的传播范围的特点，它一般在本单位内部传阅，或报送有关的上级机关。

(一)计划

1. 计划的概念

计划是国家各级行政管理机关、社会团体、企事业单位以及公民个人，在一定时期内，为了达到某一目的或完成特定的任务而事先制定的方案。计划是一个统称，凡是对未来所做的打算安排都可称为计划，如规划、安排、打算、设想、方案、要点、意见等。

(1)规划：适用时间较长(三年以上)，范围较广，内容较概括。

(2)安排或打算：适用时间较短，内容较具体。

(3)设想:内容较粗略。

(4)工作要点、工作方案、工作意见:领导机关向所属单位布置的工作,交代的政策,提供的工作方法。

2. 计划的特点

(1)预想性

由于计划是事前制订的,即事情还未开始做之前就要明确要做的任务和指标,以及为实现任务和指标而采取的措施和方法,所以计划有明显的预想性。

(2)针对性

计划总是针对某项活动或某项具体的工作而制订的,有比较明确的时间、地点和范围,并且由特定的人员去完成。

(3)可变性

在计划的完成过程中,有可能遇到一些始料不及的情况,这时就应根据实际情况适当地对计划加以修改,以便顺利地开展工作。

3. 计划的种类

(1)从性质上分类

工作计划:为开展工作而制订的计划。

学习计划:单位或个人为开展学习而制订的计划。

科研计划:单位或个人为进行科学研究而制订的计划,包括项目申报计划、项目研究计划。

生产计划:厂矿等企业围绕生产而制订的计划。

(2)从时间上分类

长期计划:一般五年。

中期计划:一般三年左右。

短期计划:一般是一年或一年之内,如年度计划、季度计划、月度计划。

(3)从内容上分类

单项计划:针对整体工作中的某一项或某一方面所做的具体计划,其任务单一、内容集中。如《××班组×月人身安全专项整治推进计划》是对“室外作业人员的人身安全互控”制订的对本班组人身安全专项整治的推进计划。

综合计划:针对整体工作所做出的总计划。

(4)从范围上分类

国家计划、部门计划、单位计划、科室小组计划、个人计划。

(5)按效力(权威性)分类

指令性计划:是国家或上级业务主管部门下达的指示性和规定性相结合的计划,有关单位或部门要严格地贯彻执行。

指导性计划:根据政策法令,利用经济杠杆,对下级单位给予指导,作为下级单位或部门制订具体工作计划的依据。

一般性计划:是机关、企事业单位、个人工作、活动的计划。

4. 计划的写作技巧

一项完整的计划,主要包括以下四个方面。

(1)目标和任务。是指在计划的时限内总的工作目标和各项具体任务,也就是“做什么,达到什么标准”。

(2)措施和办法。为实现目标和完成任务需要采取什么样的措施,使用什么样的方法,安排哪些部门或人员,如何分工协作等,也就是"怎么做,由谁去做"。

(3)步骤和时间。为了完成任务、实现目标在程序和时间上的安排,也就是"先做什么,后做什么,每一步什么时候完成"。

(4)检查和督促。在计划的完成过程中,要对任务的完成情况进行督导和检查,对要检查的项目、评比和奖惩等有关问题进行说明或规定,以确保计划的顺利执行。

5. 计划的写作要求

(1)指导性与务实性相结合

制订的计划不仅要对实践有指导意义,而且要符合本单位、本部门的实际情况。在确定具体指标时要量力而行,若指标过高,难以实现,会挫伤积极性;指标过低,不能充分发挥潜力,造成资源的浪费。

(2)明确性与灵活性相结合

计划中的目的、任务、措施、办法、步骤,以及分工的职责、奖惩的规定,都要十分明确,便于执行、检查、督促、奖惩。

在制订计划时,目标要量化,并且主次分明;措施要得当,有针对性,并且要切实可行。另外,在一些具体问题上,不要规定得过死过细,因为在实践中,有些条件有可能要发生变化,还要根据实际情况对计划做必要的修改、调整、补充,所以在一些具体做法等方面应留有余地,这样还利于执行人员开拓创新。

(3)领导意图与群众意见相结合

俗话说,要做好工作必须吃透两头,即上头和下头,上头指的是党和国家的方针政策,下头指的是具体单位的实际情况。制订计划也不例外。一个好的计划,既要符合上级的指示精神,又要顺应民意,明确哪些该做,哪些不该做,以保证计划的合理性与可行性。

6. 计划的基本格式

从形式上看,计划有文字式、表格式、文字表格结合式。

文字式:以文字叙述为主,多用于定性的计划,最为常见。

表格式:用表格的形式把各项加以罗列,适用于定期的、任务具体、时间性和程序性较强的计划。

文字表格结合式:既有文字表述,又有表格呈现。

文字式计划的写法:

(1)标题

①只有文种,如"计划";

②时间+文种,如"2017 年第一季度计划";

③时间+内容+文种,如"××班组×月人身安全专项整治推进计划";

④单位+时间+内容+文种,"××中间站 2017 年度职工教育方针目标及培训实施安排",多用于专题性计划。

如果计划尚处于征求意见、讨论、修改等阶段,上述四种标题,无论用哪一种,应依据实际情况在"计划"二字后加上括号,并在括号内写明"初稿",或"草案",或"讨论稿",或"征求意见稿",或"修改稿"等。

(2)正文

计划的正文,通常由前言、主体、结束语三部分组成。

①前言

这是计划的开头。是解决"为什么做"的问题。一是写明指导思想，主要说明为什么要制订此计划，制订此计划的依据是什么；二是写明本单位的基本情况。

写前言应注意两个问题：

一是如果计划的时间跨度较长，要把指导思想和基本情况写得详细些、具体些。如果是时间跨度短的年度计划、季度计划，指导思想和基本情况力争简短，或者省去"基本情况"。

二是如果申请"上市公司"或"新建项目"的计划，需要上级部门批准，应在"前言"部分充分说明计划的依据和理由。如果是本单位年度例行工作的计划或季度生产计划，则完全可以省略前言。

②主体

主要包括计划的"四要素"，针对不同的计划，这些要素可以有所侧重和取舍，不一定面面俱到。

具体的写法有条文式、小标题式、贯通式。

条文式。即分条列项的写法，应注意条目的顺序要清晰，数码层次要有区别，可以按各项工作的先后顺序，也可以按主次轻重排列。

小标题式。利用小标题概括和提示内容范围或标明层次。

贯通式。按内容的不同自然分段来写，可在每一段开头用一句话提示一下本段的内容是什么。这种写法常用于短期的、单一的、具体工作的计划和安排。

③结束语

可根据实际情况决定写或不写。如果写，可发出号召或提出希望，也可说明计划的制订过程或修改情况，或写明执行时间应注意的事项等。

(3)落款

在正文右下方写明制订计划的单位名称和制订时间，如果标题中已写明单位名称，落款处只写日期就可以了。日期用阿拉伯数字将年、月、日标全，年份应标全称，月、日不编虚位(即1不编为01)。有的工作计划还在落款之后注明报送单位。无论是上报领导请求批准的计划，还是内部使用的计划，一经通过，就具有指导性和约束性，应加盖单位公章。

(二)总结

1. 总结的概念和作用

总结可以概括为三句话：一是回顾过去，二是评估得失，三是指导将来。或叙述为：对一定时期内的工作进行客观的回顾、检查、研究，肯定成绩，总结经验和教训，从中找出规律性的东西，并上升为理性认识，用以指导今后的实践，然后书写成文，这就是总结。

通过总结，可将感性认识上升到理性认识，有利于吸收成功的经验，借鉴失败的教训，更好地指导今后的工作。通过在单位内部或外部进行组织交流，可将某些典型理念，成功经验加以推广，促进全局甚至全路整体工作的顺利开展。

2. 总结的写作技巧

总结的基本内容一般包括四个方面：基本工作情况的梳理和回顾，工作的成绩和经验，工作中出现的问题及教训，今后的打算。

(1)基本情况

这是总结的开头部分。一般要把总结的对象、时间、地点、背景、过程做扼要的交代，简要地说明某一时期所做的各项工作(综合总结)或某项工作的各个方面(专题总结)，并要清楚地反映出工作的开展过程，使读者有个概括的了解。

(2)成绩和经验

这是总结的核心部分，要求用平实准确的语言叙述工作展开过程中的具体做法，解决问题的步骤和方法，取得的成绩和经验，心得和体会。做到用事实说话，用数据说话。

(3)存在问题和教训

这是非常重要的部分。要求客观公正地指出工作中存在的问题和教训，存在的问题，有的是工作中的缺点和错误，有的是造成的影响和失误，有的是有待于解决的问题。分析出现失误的环节和主客观原因，仍然用事实和数据说话。

(4)今后的打算

这是总结的结尾部分。规划未来的发展方向，提出改进措施，既要与常规工作、中心工作和长远计划相结合，又要与本阶段存在的问题相对应，使计划具有可行性。

3. 总结的种类

按内容分：工作总结、安全分析、技术工作总结、学习总结等。

按时间分：年度总结、季度总结、月份总结、学期总结等。

按范围分：全国性总结（如国务院总理的政府工作报告）、部门总结、单位总结、个人总结等。

按性质分：专题总结、综合总结。

(1)工作总结

工作总结是对本单位或本部门某一时期的各方面工作情况所做的全面总结和分析，基本内容一般包括基本工作情况、工作的成绩和经验、工作中出现的问题及教训、今后的打算四个方面的内容。

(2)安全分析

安全分析是重点对本单位、本部门以往一个时期的安全工作所做的总结和分析，材料要从安全生产实际工作中选取，总结的观点要从具体工作中归纳。

安全分析的开头部分主要反映概况，它或者交代有关的时间、地点、背景等，或者说明写作的指导思想，或者扼要提示主要的成绩、经验和问题，有些专门介绍经验的总结还在开头说明动机、目的，以便引起注意。

安全分析的主体主要包括以下几个方面：

①主要工作及体会。主要工作即成绩，是指工作中取得的物质成果和精神成果，体会或经验是指取得这些成绩的原因、方法等。这些内容要求材料翔实，言之有物，条理清楚。在这一部分，要总结的内容比较多，而且往往相互之间也没有直接的联系，所以，必须有一个合理的次序安排，才不至于造成内容混乱。对于这些内容，可按照它们的逻辑关系安排；或以主次为序，或以轻重为序，或以因果为序；或以时间的先后为序。

这部分内容一般可以从以下几个方面组织分析。一是贯彻上级及局有关的安全工作会议、落实年度工作安排情况，二是执行有关的安全规章制度情况，三是落实安全例行工作情况，四是任职工作安全情况，五是主要生产完成情况。

②存在的主要问题和不足。问题是指工作中的缺点和不足，缺点和不足也就是反面经验，能发现问题、接受教训，分析才有意义。和成绩经验相比，它的比例不可太大，一般是指存在的有代表性、或共性的问题。

写作时，一般放在成绩经验之后，简单说明，也可以单列一项，较具体地阐述，也可以将内容相近的经验和教训合并在一起写，联系起来分析，正反对照，相得益彰，更显得突出鲜明。在总结中，成绩和教训是一分为二的，是一个矛盾的共同体，二者本身是分不开的，这样安排内容，可以避免内容前后重复、前后使用。

③下一步工作打算。这一部分内容是与上述“主要工作、存在问题”相对应的，作为完整的工作总结，既然存在问题，就应在今后工作中加以克服，提出解决办法，或作为下一步的工作打算。此外，也可结合下一步的工作特点、气候特点、年度工作计划和上级有关精神进行有重点地安排部署，力求工作内容清楚，简单明了。

结尾应在总结经验教训的基础上，明确下一步的任务，提出措施，表明决心，展望前景，结尾应与开头对应，篇幅可长可短。

(3)技术工作总结

技术工作总结是重点对某一时期的技术工作所做的总结和分析，是班组长晋升技师时需要上交的材料，写好技术工作总结也是班组长必备的基本素质之一。技术工作总结基本内容包括：个人基本情况、开展工作情况、业绩情况、专业技术特长情况等。

4. 总结的写作要求

(1)明确总结的用途

用于报纸杂志的总结，篇幅不宜过长，重点放在经验、具体做法上，以便起到导向、宣传、教育的作用。如果是用于向上级单位汇报工作，就应围绕全局工作的重心来写，尤其要注意写出特色。如果是面向本单位全体职工的总结，就应全面、具体，力争详细，把成绩讲透，该表扬的切不可吝啬，该批评的更不可回避，明确领导的指导思想。

(2)全面掌握有关材料

在动笔写作之前，应对所做的工作做一次全面、系统的梳理，对涉及的材料进行详细的搜集和整理。

(3)实事求是

只有客观公正地回顾和评估过去，实事求是地总结经验和教训，才能更好地指导今后的工作。

(4)点面结合

总结并不是有事必写，堆砌材料，而是要求通过分析、比较、研究，选择那些具有代表性的、能够反映事物本质的典型材料，做到点面结合。

(5)语言朴实、简洁

语言要通俗易懂，内容简明扼要，不要拖泥带水，文章力争简短。

5. 总结的一般格式

(1)标题

专题性总结的标题：单位名称＋时限＋内容＋文种，如“××客运段×车队十一月安全总结及分析”。

综合性总结的标题：单位名称＋时限＋文种，如“××车站运转车间××行车班组月度工作总结”。

公文式标题：这是类似省略发文机关名称的公文标题形式，如“关于创建学习型班组的总结”。

新闻式标题。在标题中概括出总结的内容和特点，侧重于专题性总结(即经验材料)的标题。有两种形式：①单标题；②双标题，正标题点明主题，副标题说明单位、时限、内容、文种，如

"把平安捎回家——车站 2017 年春运工作经验总结"。

(2)正文

正文由前言、主体和结尾三部分构成。

①前言。简明扼要地介绍背景或对主题做一些提纲挈领的表述。前言的写法很多,常见的方式有以下几种:

概述式。概括介绍基本情况,简要地交代工作背景、时间、地点、条件等。

结论式。先明确提出结论,使人了解经验教训的核心所在,然后引出下文。

提示式。对工作的主要内容作提示性、概括性的介绍。

提问式。开头先提出问题,点明总结的重点,以引起人们的注意。

对比式。采用比较的方法,将有关情况进行对比,显示优劣,说明成绩。

②主体。其内容由基本情况、成绩和经验、问题和教训、今后的打算几部分构成,其结构安排从纵横两个角度来组织材料,通常采用以下几种形式。

四段式:这是以"工作情况—经验体会—问题教训—今后的设想和努力方向"或"主旨—做法—效果—体会"为顺序,分成四大部分依次来写。由于这种形式容量大,眉目清楚,头绪分明,适用于大型的、综合性的工作总结。

阶段式:这是把总结工作的全过程按时间顺序分为几个阶段来写。每个部分把这个阶段的工作情况、经验教训结合在一起来写。采用这种结构,全文脉络清晰,便于看出工作的发展进程和各个阶段的工作特点。总结时间较长、阶段性又很明显的工作,大都采用这种写法。

贯通式:它是围绕中心,按时间顺序或事理发展的层次,抓住主要线索,层层分析说明,总结工作的全过程。它按自然段落安排层次,前后贯通,一气呵成。这种结构适合于内容较单一的专题性总结。

总分式:它是先写一个前言,开宗明义地说明总的工作情况,指导思想和评价。然后把所进行的主要工作分为若干项逐项总结。每个分项里又较为具体地总结各方面的成绩、经验和问题等。分写时可以冠小标题,这种结构纵横交叉,重点突出,常用于全面工作总结。

并列式:它是按内容的逻辑关系,即问题或工作性质,分为几个部分,每一部分有相对的独立性,表现为并列着的不同方面,各部分之间又有密切的联系,都同时为中心内容服务。每部分可用小标题或数字标明。写作时,可以以经验体会为序,分条列项,夹叙夹议介绍情况与成绩等;也可以以工作项目列条,着重引出经验教训。这种结构形式适用于专题性经验总结。

③结尾

总结的结尾通常用简短篇幅作出结论和说明努力的方向、今后的打算等。但结尾不是总结报告结构的必备部分。

(3)落款

落款包括署名和时间。署名,即在正文的右下方写明总结单位或个人;时间,用阿拉伯数字将年、月、日标全,年份应标全称,月、日不编虚位(即 1 不编为 01)。

三、论文

论文是用来进行科学研究和描述科研成果的文章。它既是探讨问题进行科学研究的一种手段,又是描述科研成果进行学术交流的一种工具。

科技论文是创造性科学技术研究工作成果的科学论述,是理论性、实验性或观察性新知识的科学记录,是已知原理应用于实际中取得新进展、新成功的科学总结。科学是从理论上解释自然现象(规律)“是什么”和“为什么”,提供新的事实、理论和概念,为技术的发展开拓新的途径。技术是在科学理论指导下,回答“做什么”和“怎么做”。

根据科学与技术的区别,以及论文表达的内容,科技论文分为学术(科学)论文和技术论文两大类。学术论文包括理论性论文、试验性论文等。技术论文包括创新性技术(产品、设计)论文、新技术应用论文、实验性论文等。

论文一般包括前置部分、主体部分和参考文献三部分,前置部分由论文题目、作者姓名和单位、摘要、关键词等要素组成,主体部分包括引言、正文和结论。

(一)论文题目

论文题目(又称题名)应用简洁恰当的词组反映文章的特定内容,明确无误。必要时可加副题名,避免使用非公知公用的缩写词、字符、代号,尽量不出现数学式和化学式。

论文题目要准确得体、简短精练。

1. 准确得体

要求论文题目能准确表达论文内容,恰当反映所研究的范围和深度。

常见问题:过于笼统,题不扣文。如:“铁路×车站运输工作的研究”,过于笼统,若改为针对研究的具体工作来命题,效果会好得多。如“铁路×车站非常行车的研究”,这样的题名就要贴切得多。

2. 简短精练

力求题目的字数要少,用词需要精选。至于多少字算是合乎要求,并无统一的“硬性”规定,一般希望一篇论文题目不要超过 20 个字,但不能由于一味追求字数少而影响题目对内容的恰当反映,在遇到两者确有矛盾时,宁可多用几个字也要力求表达明确。

常见问题:过于烦琐。如“关于”“研究”“应用”等空洞之类的词少用,在“关于职工培训适应铁路企业经营发展战略的对策研究”这类题目中,像“关于”“研究”等词若舍之,并不影响表达。凡是论文,总包含有研究及关于什么方面的研究,所以,上述题目便可精练为“职工培训适应铁路经营发展战略的对策”。这样一改,字数便从原 23 个减少为 17 个字,读起来觉得干净利落、简短明了。

3. 拟题方法

可以先拟出若干个题目,论文完成之后,再根据论文中心内容推敲,选出一个最能表达文章主题的标题。

(二)作者姓名和单位

署名要用真实姓名,不用笔名。

署名一是为了表明文责自负,二是记录作用的劳动成果,三是便于读者与作者的联系及文献检索(作者索引)。

署名大致分为两种情形,即:单个作者论文和多作者论文。后者按署名顺序列为第一作者、第二作者……重要的是坚持实事求是的态度,以贡献大小排列,对研究工作与论文撰写实际贡献最大的为第一作者,贡献次之的,列为第二作者,余类推。注明作者所在单位同样是为了便于读者与作者的联系。

(三)摘要

论文一般应有摘要,有些为了国际交流,还有外文(多用英文)摘要。它是论文内容不加注释和评论的简短陈述,不阅读论文全文即能获得必要的信息。

摘要应包含以下内容:从事这一研究的目的和重要性;研究的主要内容,指明完成了哪些工作;获得的基本结论和研究成果,突出论文的新见解;结论或结果的意义。

摘要的写作注意事项:①“摘要”二字左顶格书写,后空一格书写摘要的内容。②摘要应简明、确切地记述文献重要内容,反映论文内容梗概,其字数一般不超过论文字数的5%。③应该用第三人称,摘要中第一句话的主语,如“本文”“作者”等词可以省略。④不加注释和评论。⑤不宜举例,不用引文。⑥不宜与其他研究工作比较。⑦不应用图表、公式、化学结构式等。⑧一般不要急着写摘要,可以等文章写完后再写。

(四)关键词

关键词是从论文中选取出的能够表示全文主要内容信息的词或词组,以满足文献标引或检索工作的需要。

关键词或主题词的一般选择方法是:关键词可以从论文标题中去找和选,也可以从论文内容中去找和选。

选取关键词应注意的事项:①“关键词”左顶格书写,后空一格写关键词。关键词与关键词之间空一格书写。②每篇论文标引的关键词一般为3~8个,最好不要超过10个。③无检索价值的词语不能作为关键词,如“技术”“应用”“观察”“调查”等。④化学分子式不可作为关键词。⑤未被普遍采用或在论文中未出现的缩写词、未被专业公认的缩写词,不能作为关键词。⑥论文中提到的常规技术,内容为大家所熟知,也未加探讨和改进的,不能作为关键词。

(五)引言

引言又称前言,属于整篇论文的引论部分。其写作内容包括:研究的理由、目的、背景、前人的工作和知识空白,理论依据和试验基础,预期的结果及其在相关领域里的地位、作用和意义。

文章的第一段用来写引言。要特别注意写好开头一句话。

引言部分一般不立“引言”等小标题。引言的文字不可冗长,内容选择不必过于分散、琐碎,措辞要精炼,要吸引读者读下去。引言的篇幅大小,并无硬性的统一规定,需视整篇论文篇幅的大小及论文内容的需要来确定,引言的长度约占正文的1/10~1/8,应控制在200~300字。

(六)正文

正文即论证部分,是论文的核心部分。论文的论点、论据和论证都在这里阐述,因此它要占主要篇幅。论文所体现的创造性成果或新的研究结果,都将在这一部分得到充分的反映。因此,要求这一部分内容充实,论据充分、可靠,论证有力,主题明确。

为了满足这一系列要求,同时也为了做到层次分明、脉络清晰,常常将正文部分分成几个大的段落。这些段落即所谓逻辑段,一个逻辑段可包含几个自然段。每一逻辑段落可冠以适当标题(分标题或小标题)。

由于论文作者的研究工作涉及的学科、选题、研究对象和研究方法、工作进程、结果表达方式等差异很大,所以对正文要写的内容不能做统一规定,但是,总的思路和结构安排应当符合“提出论点,通过论据[事实和(或)数据]来对论点加以论证”这一共同的要求。

1. 正文的写作要求

(1)理论性论文:用理论分析或计算分析来证明论文观点的正确。对于研究对象进行精确的描述,定量地揭示各因素之间的关系,在写作方法上,常用举例、推理、反证、类比、对比、因果分析、归谬法等。在写作要求上，应论点明确而唯一，论据充分而必要，层次清楚，结构合理，逻辑性强。

(2)实验性论文：实验是为科学上实现新的发现的一种手段。其论文的内容一般包括理论分析，实验材料、方法，实验结果及分析等几部分。在论述实验材料和方法部分，要把材料的来源、性质和数量，实验使用的仪器、设备、实验条件和测试方法交代清楚，其目的是使别人能重复操作进行同样的实验，以验证你的新的发现的正确性和可靠性。

(3)试验性论文：试验是相对技术而言、为解决或验证技术措施的可行性服务的。写作的内容一般包括试验的目的(要解决或验证的问题)、试验的方法、试验结果及分析等。该类型论文正文的写作应按研究问题的逻辑关系来写，不应按实验或试验的时间顺序来写。

(4)创新性技术论文：以自然理论为基础，应用自然科学的最新成果实现技术创新，或者是运用已有的科学技术理论和自己的实践经验实现技术创新而形成的论文(此类论文较为多见)。正文表述的重点是理论分析，也是论文学术价值之所在。由于技术研究具有明确的目的性，所以，技术论文强调其实践性，以证明理论分析的正确性和技术的可行性(技术强调其经济性和效益，所以，成果需经过实践和验证，才能证明其经济、社会效益大小和使用效果精度)。

(5)新技术应用性论文：应用一种新的技术(工艺、产品、设备)，解决工程实践中遇到的问题，并取得了良好的经济效益和社会效益而形成的论文，又称其为技术总结。例文：《无砟轨道技术及其在高速铁路的应用》。其论文写作时，主要在于回答为什么要应用这种新技术、如何应用新技术和应用结果如何三个方面的问题。正文写作的重点在于从理论上回答应用这种新技术的必要性和可行性，以及如何应用。对于应用的改进或改进的建议，可写在结论部分。

2. 正文的层次安排

正文是表达作者思想观点最重要的部分，为表达清楚，正文必须分成若干个层次来写。有的正文一气呵成，只分成若干个自然段，一个自然段只能表示一个中心意思。有的正文分成若干个小标题进行分层表述，拟定小标题的注意事项与拟定题名一样，一个小标题下的论述只能围绕小标题来论述。每个小标题都应有题名，不能有的有题名，有的没有题名。

用小标题对正文进行分层时，学术论文每层的小标题均用阿拉伯数字连续编码。编码的两个数字之间用圆点(.)分隔开，末位数字后面不加圆点，如："1""2.1""3.1.1"。所有的编码均左顶格书写，最后一个序数码之后空一格写标题。当用小标题对正文分层时，每一层次一般不超过4级，如"2.2.1.1"，最后一级内如果还要分层可用"(1)""(2)"的形式表述。

管理类论文习惯用"一、""(一)""1.""(1)"形式的序号。

3. 正文的结构

根据需要，论文可以分层深入，逐层剖析，按层设分层标题。论文的常见结构，一般可以归纳成四种结构类型：并列式、串式、伞式、复合式。

(1)并列式结构

将所选取的材料加以排列，各章节之间并无逻辑制约关系，即使调换章节排列次序，亦不致影响表达效果。

(2)串式结构

将所选取的章节依次排列，各章节之间有依次的逻辑关系，不可随意调换。串式结构的最基本的形式是制约型串式结构。

(3)伞式结构

这种结构是指某一层次的论点由两个或两个以上的论据支撑着的结构，即只有同一层次的两个或两个以上单元同时成立时，上一层次的单元才能成立。

(4)复合式结构

实际上，我们在撰写论文时，并不一定要采用某一种模式结构。应根据论文内容的内在逻辑联系，构思有关阐析、推理及反驳等论证的实质部分如何穿插安排、展开，才能全面、准确、简明地说明问题，可以灵活运用复合型结构。

4. 正文内容

论文的正文是作者对自己的研究工作详细的表述，应包括以下内容。

(1)理论分析部分

详细说明所使用的分析方法和计算方法等基本情况；指出所应用的分析方法、计算方法、试验方法等哪些是已有的，哪些是经过自己改进的，哪些是自己创造的，以便指导老师审查和纠正，这一部分所占篇幅不宜过多，应以简练、明了的文字概略表述。

课题研究的方法与手段，分别以下面几种方法说明。

用实验方法研究课题，应具体说明实验用的装置、仪器、原材料的性能等是否标准，并应对所有装置、仪器、原材料做出检验和标定。对实验的过程和操作方法，办求叙述得简明扼要，对实验结果的记录、分析、对人所共知的或细节性的内容不必过分详述。

用理论推导的手段和方法达到研究目的的，这方面内容要精心组织，做到概念准确，判断推理符合客观事物的发展规律，要做到言之有序，言之有理，以论点为中枢，组织成完整而严谨的内容整体。

用调查研究的方法达到研究目的的，调查目标、对象、范围、时间、地点，调查的过程和方法等，这些内容与研究的最终结果有关系，但不是结果本身，所以一定要简述。

(2)结果与讨论

结果与讨论是全文的心脏，一般要占较多的篇幅。

在写作时，应对研究成果精心筛选，把那些必要而充分的数据、现象、样品、认识等选出来、写进去，作为分析的依据，应尽量避免事无巨细，把所得结果和盘托出。在对结果做定性和定量分析时，应说明数据的处理方法以及误差分析，说明现象出现的条件及其可证性，交代理论推导中认识的由来和发展，以便别人以此为根据进行核实验证。对结果进行分析后所得到的结论和推论，也应说明其适用的条件和范围。恰当运用表和图作结果与分析，是科技论文通用的一种表达方式。

(七)结论

论文的结论部分，应反映论文中通过试验、观察研究并经过理论分析后得到的学术见解。结论应是该论文的最终的、总体的结论。换句话说，结论应是整篇论文的结局，而不是某一局部问题或某一分支问题的结论，也不是正文中各段的小结的简单重复。结论应当体现作者更深层的认识，且是从全篇论文的全部材料出发，经过推理、判断、归纳等逻辑分析过程而得到的新的学术总观念、总见解。

1. 结论写作的内容

(1)学术论文

①本文研究结果说明了什么问题，有什么新发现，得出什么规律性的东西，解决或完善了什么理论，适用于什么样的范围。

②对前人有关本问题的理论作了哪些检验，哪些与本研究结果一致，哪些不一致，做出了哪些修正、补充、发展、证实或否定。

③本文研究的不足之处或遗留尚未解决的问题及今后研究方向的设想或建议。

其中：第①点是必须的，而第②点和第③点视论文的具体内容（或具体的研究对象）可有可无。

（2）技术论文

①本技术理论或技术成果与既有技术理论或技术比较有什么先进性。

②本技术理论和技术成果适用的范围、条件。

③试验结果与实际的一致性，或者结果的适用范围条件。

④对应用的技术有哪些改进的建议。

第①点是必须的，是表明论文具有创新性的。

2. 结论写作要求及方法

（1）概括准确，措辞严谨。把论文中创新的内容准确、完整地概括出来，不轻易放弃或漏掉一条有价值的结论。肯定与否定要明确，不能用“大概”“可能是”等模棱两可之词。

（2）明确具体，简短精练。结论应提供明确、具体的定性与定量的信息对要点要具体表述，不能用抽象和笼统的语言。结论的字数一般为正文字数的 3%～5%，字数控制在 100～300 字。

（3）不做自我评价，文字上也不应夸大，对尚不能完全肯定的内容注意留有余地。

（4）根据正文的全部内容，可以把结论分成若干条来写，也可以用几句话来表述。

（八）参考文献

在学术论文后一般应列出参考文献（表），其目的有三，即：①为了能反映出真实的科学依据；②为了体现严肃的科学态度，分清是自己的观点或成果还是别人的观点或成果；③为了对前人的科学成果表示尊重，同时也是为了指明引用资料出处，便于检索。

撰写学术论文过程中，可能引用了很多篇文献，是否需要全部列出？回答是否定的。事实上，只需要将引用的最重要和最关键的那些文献资料列出即可。

参考文献的编写格式：

采用顺序编码制时，在文后参考文献表中，各条文献按在论文中的文献序号顺序排列，项目应完整，内容应准确，各个项目的次序和著录符号应符合规定。请注意：参考文献表中各著录项之间的符号是著录符号，而不是书面汉语或其他语言的标点符号，所以不要用标点符号的概念去理解。

专著：[序号]编著者．书名[M]．出版地：出版者，出版年：起止页码．

学位论文：[序号]作者．文献题名[D]．保存地：保存单位，年份．

期刊中析出的文献：[序号]作者．题名[J]．刊名，年，卷（期）：起止页码．

技术标准：[序号]著者．标准编号：标准名称[S]．出版地：出版者，出版年．

（九）论文写作应注意的问题

对于初写论文的人来说，论文题目不宜太大，篇幅不宜太长，涉及问题的面不宜过宽，论述的问题也不求过深。应尽可能在前人已有知识的基础上提出一点新的看法。

在第二步时，论文的题目可大一点、深一点。论文题目可以是着重谈某一点，如某个重要问题的某一个重要侧面或某一当前疑难的焦点，解决了这一点，有推动全局的重要意义。

在第三步时，对某专业的基本问题和重要疑难问题有独到的见解，对这个专业的学术水平的提高有推动作用。

第四步时，对某一学科有关的领域有深邃广博的知识，并能运用这些知识对某学科提供创造性见解，对此学科的发展有重要的推动作用，或对此学科水平的提高有重要的突破。

第五节　情绪压力管理

由于一些特殊的工作性质，铁路班组长可能长期处于心理压力过载状态，伴随有一定程度的不良情绪。这不仅影响身心健康和工作效率，严重的甚至有可能引发事故或违法犯罪行为。为此，研究班组长心理压力现状，有针对性地加强情绪压力管理，对于促进班组长身心健康，提高班组工作质量，促进铁路建设事业健康发展具有积极意义。班组长应当灵活应用情绪压力管理方法，争创最佳工作绩效，同时避免因过度的压力和不良情绪导致的身心伤害。

一、正确认识情绪

1. 情绪分类与状态

情绪是指一个人对待客观事物的态度体验，是影响心理健康的重要因素。一般认为快乐、愤怒、悲哀、恐惧四种情绪表现是人类情绪的基本形式。按照情绪发生的强度、速度与持续时间的长短，情绪状态划分为心境、激情与应激三种形态。心境是一种比较微弱、缓和而持久的情绪状态。激情是一种强烈的、爆发式的、短暂的情绪状态，如狂喜、暴怒、悲痛欲绝、惊慌失措等都属于激情表现。应激是出乎意料的紧张或威胁性情境出现时，个体急速产生的高度紧张的情绪状态。

2. 情绪与健康

愉快、积极、平稳的情绪，能使人的大脑处于最佳活动状态，保证体内各器官系统协调一致，使得食欲旺盛，睡眠安稳，精力充沛，能充分发挥有机体的潜能，提高脑力和体力劳动的效率和耐久性；能使整个机体的免疫系统和体内化学物质处于平衡状态，从而增强对疾病的抵抗力；能使别人更喜欢接近自己，从而有助于建立良好的人际关系。

强烈的情绪反应和消极情绪属于不良情绪，对于人的健康和社会适应都是有害的。它使人不能正确评价自己行动的意义及后果，自制力降低。俗话说“笑一笑，十年少；愁一愁，白了头”，中医亦有“喜伤心，怒伤肝，忧伤肺，思伤脾，恐伤肾”的说法。现代医学研究发现，在人类疾病中，心因性疾病占50%～80%。紧张、悲哀、抑郁等不良情绪，会激活体内有害物质，击溃机体保护机制，破坏人体免疫功能。当然，快乐、乐观、开朗、稳定、适度的愉快情绪也是治疗疾病的良方。

3. 情绪与安全事故

与安全事故关系密切的常见不良情绪有急躁、紧张、松懈、骄傲、麻痹、自卑、恐惧、愤怒等。铁路职工在工作时要不断感知信息、判断决策、进行操作、反馈调节，但人不是对刺激做出反应的机器，在做出上述心理活动时会伴随着情绪过程，而情绪过程会影响我们对信息接收、加工处理和反应的过程。这种影响包括对活动的增力和减力，凡是能使活动的兴奋性提高、活动力倍增的情绪都属于增力情绪；凡是使活动的兴奋性降低，甚至转入抑制，使活动软弱无力的情绪都属于减力情绪。因为情绪的产生总是伴随着生理活动的变化，呼吸的快慢、脉搏的频率、血压的升降、神经系统的兴奋与抑制，无不对人的活动起着增力或减力的作用，给活动的力度以正面或负面的影响。一般来说，职工应以平常心态进行工作，尽可能地避免操作力度的增减，只有在特殊情况下，如抢险救灾、事故紧急处理、竞赛、突击等才需要增力情绪的支持，这样更能保障安全。减力情绪固然会降低工作效率，或者因操作力度不够，操作不及时、不到位而造成事故，但失去控制的增力情绪，如暴怒之下的操作失控等也会造成事故。

情绪状态中，心境、激情和应激与事故预防也有密切的关系，良好的心境有助于提高工作效率和安全生产，不良心境使人消沉无力、反应迟钝、厌烦工作，精力不集中，不仅工作效率低，也容易发生事故。而激情发生时，人的注意力很容易完全集中在激发自己情绪的对象上，往往会失去理智，这种情况也很危险。

二、正确认识压力

1. 压力的来源

由于目前社会竞争比较激烈，人们承受的心理压力比以往要大，因而压力引起的心理问题也比以往要多得多。目前来说，人的压力主要体现在：家庭压力，如疾病、离异、失业、经济等方面产生的压力；个体的认知偏差，如对职业的认同感、对金钱的认识、对人生价值的认可等方面偏差所产生的压力；人际关系不和谐，如人际沟通不够，人与人之间的不信任、猜疑等；人格缺陷，如偏执、强迫、抑郁等方面造成的压力。

班组长工作压力的来源往往是多方面的，包括来自工作环境的，如凌乱且狭窄的空间、噪声、灯光不足或过强、危险的环境、令人不适的空气质量及温度等；来自工作角色的，如担负多种角色，而不同角色的责任有所冲突等；来自工作安排的，如工作量过大或过小、工作时间过长、轮班或轮班时间经常转换、工作时间紧迫等；来自工作内容的，如工作责任重大，须长时间高度紧张工作、工作涉及处理突发事故等；来自工作与家庭的不平衡，如工作繁重，未能兼顾家庭责任、缺乏家庭的支持等。

2. 压力过大的危害

压力过大者首先表现的是情绪上的不安、紧张、焦虑；工作热情减退，对事物冷漠不感兴趣；容易疲劳，挫折感强；厌世、孤独，有时会出现情感抑郁。如果不释放压力，人们的心态容易受愤怒、沮丧等不良情绪的控制。心理压力也会造成表现失常，如思维活动受阻，动作变形。一个人在紧张的情况下，思维狭窄、判断力下降，无法集中注意力到当前任务上，常常会做出错误的判断。

过度的、长期无法排解的压力还有可能使人的新陈代谢出现紊乱、血压升高、心率加快、头痛。如果这些反应成为持续性的病征时，则会演变成为生理疾病，如高血压、冠心病、消化系统疾病、呼吸系统疾病等。在行为反应方面，过度的压力会扰乱人的日常饮食习惯，并且易使人嗜烟、烦躁、睡眠失调、嗜酒等，同时增加冒险行为，严重的还会出现攻击、侵犯他人，破坏公共财产等。

3. 压力的积极作用

无论从生物学还是心理学的角度来说，压力都可以算是人类的朋友，只不过我们只注意到了压力的危害，而不曾注意到压力带来的好处。在面临压力的时候，应该以更积极的方式去思考和应对，而不是一味害怕和排斥。

压力会给人们应对挑战的力量。身体会在压力产生时发生一系列变化，让人们做好准备，应对面前存在的任何挑战。例如，交感神经系统指挥集聚全身能量，以保持警觉，准备行动；肝脏排出脂肪和糖分，促进血液循环。呼吸加深，给心脏导入更多氧气，心率加大，将氧气、脂肪和糖分输送到肌肉和大脑。压力催生的化学物质，如肾上腺素的皮质醇，能够帮助肌肉和大脑更有效地接收和使用能量。压力能够激活大脑，使瞳孔放大从而接收更多的光，让耳朵捕捉到细微的声响；压力能集中注意力，对不重要的事项不予考虑。正如学生进考场，精力更集中，表现比平时更好；球员上球场，关键时刻会有技惊四座的表现。这种完全沉浸完在所做事情中的状态，只有在压力之下面临挑战时才能产生，是身体反应与大脑综合作用的结果。

压力鼓励人们开展社交。由于脑垂体在感受到压力时会分泌催产素，因此压力反应在给予力量的同时还鼓励人与人产生联结。催产素最主要的功能是建立和强化社交纽带，催产素水平的提升不但会让人们更愿意与他人交往或与社会联系，而且还能使人们对别人的想法和感受更加敏感，增进理解，提升同理心和直觉，更愿意信任和帮助身边的同事与朋友。在这一过程中，催产素还能增强关爱他人后获得的满足感，同时抑制对消极情绪的识别，减少恐惧和焦虑。由此可见，压力本身可以帮助人们成为更优秀、更受欢迎的自己。

压力帮助人们学习和成长。压力的最后阶段是让身体和大脑恢复到无压的状态。然而这种恢复过程不可能一蹴而就，在这期间，人们会不间断地回想起刚刚在压力状态下发生的事情。人们可能会从脑子回放刚才的场面中记住做的每件事，以及是怎么成功的、怎么失误的、哪里还需要提高和加强，从经历中学习，获得成长。

4. 压力与工作绩效

有关压力与工作绩效关系的研究有很多，研究表明，随着压力的增大，职工工作绩效会随之上升，但随着压力的不断增加，对职工工作要求、工作限制的不断增多，职工的工作绩效在达到一个峰值之后，会转而向下，反而不利于职工的安全生产（图 5-11）。而这种工作上的压力也会延伸到职工的日常生活中，因此，人们需要学会掌握一些为自己减压的措施，将自己的压力限制到合理的范围内，防止由于压力过大给身心带来损伤。

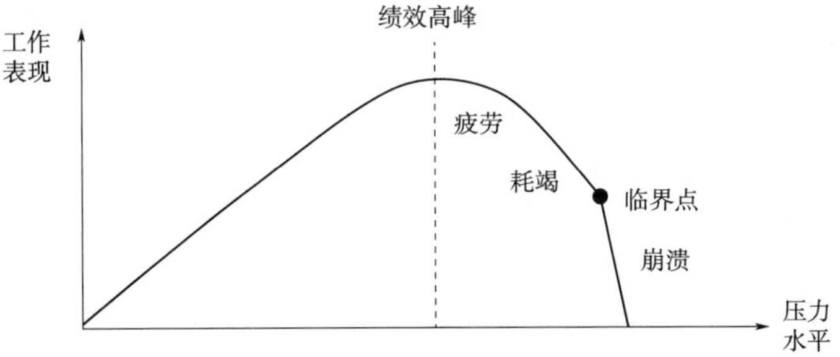

图 5-11　压力与工作绩效的关系

三、缓解情绪压力

1. 心理健康咨询：第一时间寻求专业的帮助是良好的选择。了解路内职工心理健康咨询热线，或者到相应的职工心理健康咨询室进行咨询。

2. 倾诉：倾诉可取得内心感情与外界刺激的平衡。当遇到烦恼和不顺心的事之后，切勿忧郁压抑，把心事深埋心底，而应将这些烦恼向你信赖、头脑冷静、善解人意的人倾诉，自言自语也行，对身边的动物讲也行。心理学的一项研究表明，男人在长期压力下，患抑郁症的风险比女性高 50%。心理学家通过研究发现男性在对抗压力方面比女性要脆弱。参与研究的心理学家对这一现象给出的解释是："男性之所以抑郁风险高，在于与女性相比更不爱倾诉，而且社会上会把男性谈论压力看成是软弱的表现，这些都不利于男性排解压力。"

3. 做好事:做好事也能获得快乐,平衡心理。做好事,内心得到安慰,感到踏实;别人做出反应,自己得到鼓励,心情愉快。从自己做起,与人为善,这样才会有朋友。在别人需要帮助时,伸出你的手,分一份关心给他人。心理学家在一项相关研究中聘请77名年龄在18～44岁之间的志愿者参与试验,让他们在两周内每天列举帮助过他人的行为,如指导同学做作业、帮人开门或提重物等,然后给自己的精神状态打分。"研究显示,帮助他人能提升幸福感,而且帮助的次数越多对情绪影响越积极。"心理学家说,"不常帮助他人的人对压力反应更消极,而常伸出援手的人会积极应对压力。"

4. 旅游:当一个人心理不平衡、有苦恼时,他应到大自然中去。大自然的美景会开阔人的心胸,提升人的世界观,改变自己对于那些不平衡、苦恼事情的看法和态度。而且山区或海滨周围的空气中含有较多的负离子,会促进人的新陈代谢,使神经体液的调节功能增强,有利于促进机体的健康。愈健康,心理就愈容易平静。心理学的一项研究表明,常外出旅行者的寿命明显高于常年在家居住者。而该研究发现,常到城郊森林公园游玩的人们,不但手指温度、心率、呼吸等生理健康指标有明显的改善,而且专业的心境测试显示,他们的心境状态也显著好转,压力得到了缓解,情绪更加稳定,心理健康水平有着明显的积极变化,他们自己也感到更舒适。

5. 娱乐:包括下棋、打牌、绘画、钓鱼等。从事你喜欢的活动时,不平衡的心理自然逐渐得到平衡。

6. 音乐:听轻松愉快的音乐会使人心旷神怡,沉浸在幸福愉快之中而忘记烦恼。放声唱歌也是一种气度,一种潇洒,一种解脱。心理学的一项研究发现,那些在经历一段紧张时期后听音乐的人,与那些在经历紧张时期后不听音乐的人相比,更好地缓解了压力。而在这组研究人员进行的另一项研究中,他们发现,听音乐是长期降低皮质醇水平的有效方式,而皮质醇是在我们经历压力时大脑通常会释放的一种激素。这表明,听音乐可以对我们的心理健康产生真正的生物学影响。为了更好地控制我们的情绪,我们可以在不同的状态下听音乐:

娱乐——用音乐保持或唤起积极的情绪。

恢复——用音乐来放松或获得能量。

消遣——用音乐忘掉不愉快的事情。

宣泄——用音乐释放消极情绪,比如,愤怒。

脑力劳动——从音乐中获得灵感或获得新的想法。

安慰——在经历悲伤事件后用音乐安慰自己。

7. 读书:读自己感兴趣的书,读使人轻松愉快的书,读时漫不经心,随便翻翻。但抓住一本好书,则会爱不释手,那么,尘世间的一切烦恼都会抛到脑后。心理学研究表明,读书是最有效的减压方式:心理学研究人员进行了关于消除压力方法的研究,最终读书以68%的比例成为最有效排除压力的方法。在一个安静的环境下,静心阅读6分钟就可以有效减轻储存的压力。

8. 忘记:忘记也是保持心理平衡的好办法。忘记烦恼、忘记忧愁。具体做法有:避免那些会引起不好回忆的场景和物品;多想想快乐的回忆;学会活在当下;让自己忙起来,忘记是自然的事;拒绝酗酒,酒精并没有缓解压力的功效,只会不断积累和加重负面情绪。

9. 引导性放松:有空时,可以将眼睛闭上,让自己的脑海里生成一些容易使人放松的景象,如绵延的山脉、夏日的海滩、辽阔的草原或幽静的公园等。然后,让自己置身这些能使人放松的环境中。

10. 记住克服紧张的四大要素：笑、放松、下垂和静思。自我开心地笑一笑可以使你的眼睛发亮，深呼吸可以使你放松，呼气时，让嘴和下巴张着松弛一会儿，同时让双肩下垂，并让大脑处于静思状态。

深呼吸是最简单而有效的技巧，不仅易于学习，几乎可以在任何地方练习，而且还能以此来检查自己的压力水平。深呼吸的关键是慢而深。吸气时，要感受到腹部的扩张，慢慢扩张到极致，尽可能多地吸入新鲜空气。呼气时，收缩腹部，尽可能地把废气从肺部排出。

腹式呼吸是我们日常生活中的主要呼吸方式，但由于身体的不平衡，呼吸模式可能会变得混乱，胸式呼吸会占据主导，从而导致呼吸浅而急促。这种呼吸加深了焦虑的感受。所以，当你感到压力，花一分钟慢下来，深呼吸。舒服地坐着，后背挺直。一只手放在胸部，另一只手放在腹部。用鼻子吸气，腹部的手应该会向前，胸部的手保持不动。然后，通过嘴巴呼气，在收缩腹部时尽可能多地呼气。呼气的时候，同样是腹部的手移动，胸部的手几乎保持不动。继续用鼻子吸气，用嘴呼气。尽量吸入足够的空气，让腹部前后起伏。如果你在坐着的时候腹部呼吸困难，试着躺在地板上。在腰部垫一块毛巾，在腹部上方放一本小书，然后开始深呼吸，书应该随着呼吸上下起伏。如果可以，需要完成 30 次呼吸。

四、养成好习惯、掌控情绪与生活

1. 及时静想反思，理清工作思路。如果感到工作思路很混乱，应该立刻停下，花点时间静下来想一想：自己想要怎样的结果？自己目前能达到什么结果？没有取得预期结果，是努力不到位，还是没有找到发力点？切忌怨天尤人，自暴自弃。

2. 尊重生理需要，坚持规律作息。每天要按生物钟规律作息，防止休息不足带来额外的精神压力。

3. 找到情绪周期，合理安排工作。有意识地将最为重要的工作安排在情绪最好的时候完成，在情绪相对低落时，安排一些简单的工作或者进行一些转移注意力的活动。

4. 多想积极层面，备好烦恼预案。遇事要多考虑正面的、积极的一面，也可以把可能遇到的烦心事先写下来，给自己打一个预防针，做好心理准备，有效缓解困难与烦恼造成的影响。

5. 放慢生活节奏，不必苛求完美。有意识地放慢生活节奏，甚至可以把无所事事的空闲时间也规划起来，要明白悠然和闲散并不等于无意义。沉着、冷静地处理各种纷繁复杂的事情，即使工作当中存在不足，也不要一味责备自己，要想到人人都会有不完美的地方，这有利于人的心理平衡，同时也有助于舒缓精神压力。

6.“倒数”抑制怒火，要做理智决策。在你感觉到自己要爆发的时候，要有勇气对自己说“我等一分钟后……再发火！”然后给自己倒数。虽然只是短短一分钟时间，却往往能在很大的程度上让人恢复理智，做出正确的决策。

7. 不断暗示自我，耐心找到方法。做一项工作的时候，应不断地暗示自己：别人能做的我也一定能做好。始终坚信“我能行”“我也能够做好”。工作中遇到棘手的难题、突发的情况，要告诉自己：别着急，我会想出办法的。

8. 积极转换思想，勿忘初心使命。顾虑越多恐惧就越多，试着让自己放松放慢下来。怕的时候，就转换一下思想，多想想开心的事、幸福的事，亦可多想想自己接手工作时的初心和使命。

第六节　身体健康管理

由于特殊的工作体制，铁路职工存在吃饭时间不规律、缺乏身体锻炼、熬夜等问题，很多铁路职工身体处于亚健康状态。职工只有身体健康，才能在工作岗位上保持精力旺盛，消除或减少个人因素对运输安全的影响，保障运输安全。为加强铁路职工健康管理、提高职工健康水平，国铁集团提倡合理膳食、戒烟戒酒、适量运动、心理平衡、劳逸足眠的健康生活。班组长应在班组内大力宣传健康生活，普及健康知识，关爱职工健康问题，降低职工健康风险，从而使职工更有归属感，提高班组战斗力。

一、职工健康保障体系的建设

1. 完善健康设施。利用手机、微信等载体，构建宣传平台。推动心理健康疏导驿站建设，探索远程医疗咨询与检测技术，解读健康疑问，监控健康状况。

2. 优化防治措施。集中组织健康体检，合理安排体检周期，针对不同岗位的体质要求，实行个性化、差异化体检，避免重复体检，倡导合理膳食、适量运动、禁烟限酒、心理平衡、劳逸足眠健康生活方式。以心脑血管疾病防治为重点，提高“四高”控制率，按照国铁集团对重点人群分类管理的要求组织面对面健康干预，研究夜班倒班作业特点，提高保障能力。

3. 改进健康休养。按照国铁集团要求推行以健康管理为重点的职工健康休养，重点培养健康生活方式，丰富休养内涵建设，合理安排休养活动，加强健康维护，传播健康文化。

4. 改善卫生环境。改善住宿、洗浴、厕所等卫生环境，推行减盐、减油、控糖措施，加强分散式供水消毒，强化职业病防治，掌握重点传染病防治免疫水平，改善沿线生产生活条件。

5. 实现信息管理。不断完善职工健康档案信息系统，评估职工健康基线水平。开展职工健康动态分析，掌握职工健康规律，开展健康意外调查，提高防治水平。

二、常见疾病的防治

（一）高血压的防治

高血压是一种常见心血管疾病。高血压的诊断标准为：在非药物控的前提下，将收缩压大于或等于 140 mmHg 和舒张压大于或等于 90 mmHg 称为高血压。高血压分为原发性高血压和继发性高血压。原发性高血压占所有高血压的 95%，以血压升高为主要临床表现。继发性高血压占所有高血压的 5%，是由某些确定的疾病引起的血压升高。

高血压被称为“无声的杀手”，有些患者在初期没有任何症状，多是在体检和因为其他疾病就医过程中发现患有高血压。也有患者会有头痛头晕、心悸耳鸣、肢体麻木、疲倦失眠等症状。如果不及时发现并治疗，血压持续升高会对心、脑、肾、眼造成进一步损害。

1. 高血压治疗的基本原则

（1）高血压是一种以动脉血压持续升高为特征的进行性心血管综合征，常伴有其他危险因素、靶器官损害或临床疾患，需要进行综合干预。

（2）抗高血压治疗包括非药物和药物两种方法，大多数患者需长期甚至终身坚持治疗。

（3）定期测量血压；规范治疗，改善治疗依从性，尽可能实现降压达标；坚持长期平稳有效地控制血压。

2. 高血压的预防措施

(1)减少钠盐摄入

钠盐可显著升高血压以及高血压的发病风险，而钾盐则可对抗钠盐升高血压的作用。我国各地居民的钠盐摄入量均显著高于目前世界卫生组织每日应少于 6 克的推荐，而钾盐摄入则严重不足，因此，单一高血压患者应采取措施，尽可能减少钠盐的摄入量，并增加食物中钾盐的摄入量。

(2)控制体重

超重和肥胖是导致血压升高的重要原因之一，而以腹部脂肪堆积为典型特征的中心性肥胖还会进一步增加高血压等心血管与代谢性疾病的风险，适当降低升高的体重，减少体内脂肪含量，可显著降低血压。

衡量超重和肥胖最简便和常用的生理测量指标是身体质量指数，成年人正常身体质量指数为 18.5～23.9 kg/m^2。最有效的减重措施是控制能量摄入和增加体力活动。

(3)不吸烟

吸烟是一种不健康行为，是心血管病和癌症的主要危险因素之一。被动吸烟也会显著增加心血管疾病危险。吸烟可导致血管内皮损害，显著增加高血压患者发生动脉粥样硬化性疾病的风险。戒烟的益处十分肯定，而且任何年龄戒烟均能获益。

(4)限制饮酒

长期大量饮酒可导致血压升高，限制饮酒量则可显著降低高血压的发病风险。每日酒精摄入量男性不应超过 25 克；女性不应超过 15 克。不提倡高血压患者饮酒，如饮酒，则应少量：白酒、葡萄酒(或米酒)与啤酒的量分别少于 50 mL、100 mL、300 mL。

(5)体育运动

一般的体力活动可增加能量消耗，对健康十分有益。而定期的体育锻炼则可产生重要的治疗作用，可降低血压、改善糖代谢等。因此，建议每天应进行适当的 30 分钟左右的体力活动；而每周则应有 1 次以上的有氧体育锻炼，如步行、慢跑、骑车、游泳、做健美操、跳舞等。

(6)减轻精神压力，保持心理平衡

心理或精神压力引起心理应激(反应)，即人体对环境中心理和生理因素的刺激做出的反应。长期、过量的心理反应，尤其是负性的心理反应会显著增加心血管风险。应采取各种措施，帮助患者预防和缓解精神压力以及纠正和治疗病态心理，必要时建议患者寻求专业心理辅导或治疗。

(二)高血脂的防治

血脂是血液中脂类物质的总称，主要成分为胆固醇、甘油三酯、磷脂及游离脂肪酸等。我们通常所说的血脂主要是指血浆中的甘油三酯和胆固醇。

血脂异常是血脂代谢异常的简称，包括高胆固醇血症、高甘油三酯血症、混合型高脂血症和低 HDL-C 血症。血脂异常时脂质在血管壁上沉积并形成斑块，称为动脉粥样硬化。斑块破裂时，局部形成血栓、诱发血管痉挛，可完全或部分堵塞血管，导致局部血流变慢甚至中断，引发心血管事件。病变发生在供应心脏的冠状动脉，即为冠心病，可表现为心绞痛、心肌梗死甚至猝死；病变发生在脑血管，可表现为短暂脑缺血发作、脑卒中。血脂异常还可导致脂肪肝、周围血管病、老年痴呆等。

1. 易患高血脂人群

(1)冠心病、脑血管病或周围动脉粥样硬化病的患者；

(2)高血压、糖尿病、肥胖、吸烟的患者；

(3)有冠心病或动脉粥样硬化病家族史，尤其是直系亲属中有早发冠心病或其他动脉粥样硬化性疾病的患者；

(4)家族性高脂血症的患者。

2. 高血脂的预防

(1)戒烟，限酒，限盐。

(2)减少饱和脂肪酸和胆固醇的摄入，增加鱼油或 n-3 不饱和脂肪酸以及植物甾醇、可溶性纤维摄入。鼓励摄入粗粮、脱脂奶、豆制品、多种蔬菜水果，减少饱和脂肪及反式不饱和脂肪酸摄入。

(3)减轻体重。

(4)增加规律的体力活动。

(5)避免精神过度紧张，保持良好的心理状态。

(三)冠心病的防治

冠心病是心血管系统疾病的常见病，是指冠状动脉发生粥样硬化引起管腔狭窄或闭塞，导致心肌缺血缺氧等变化而引起的心脏病。临床上分为隐匿性(无症状)冠心病、心绞痛、心肌梗死、心力衰竭、猝死五种类型。其中心肌梗死、猝死是急性危重病症，直接导致职工死亡。

造成冠心病的主要原因是高血脂，其次是高血压。另外还与糖尿病、肥胖、吸烟、缺乏体育锻炼等有关。

冠心病的预防分为一级预防和二级预防。

1. 一级预防

冠心病的一级预防主要是为了防止疾病的发生，对危险因素进行干预，通过控制和改变冠心病的危险因素，减少冠心病的发生。对高危险因素个体，如患有高血压、高血脂、糖尿病的患者要早期降压、降脂、控制血糖治疗，改变不良的生活方式，包括吸烟、酗酒、心理因素不良、营养与饮食失衡、缺乏身体活动等，这些都是可控的危险因素，是可以改变的。还有一些不可控危险因素，包括：年龄、性别、遗传(有冠心病家族史等)、种族等。若有不可控危险因素，且不改变可控的危险因素，那么就很容易患冠心病。

2. 二级预防

这阶段疾病已经发生，可能发生过 1 次或多次冠心病心绞痛的患者，需采取药物或非药物措施预防复发或病情加重而诱发心肌梗死，采取积极有效的治疗措施，阻止病变继续发生，并争取使之逆转，降低发病率和死亡率，二级预防主要包括非药物治疗和药物治疗。

(1)非药物治疗

建立良好的生活方式，要避免冠心病的诱发因素，如过饱、劳累、用力排便、情绪激动、寒冷刺激等。

(2)药物治疗(在医师指导下服用)

①降脂药；

②抗血小板抑制剂，可以防治冠状动脉血栓形成，代表药物如阿司匹林；

③β 受体阻滞剂，可有效预防心脏性猝死；

④血管紧张素转换酶抑制剂(ACEI)，有效控制血压，改善心室重塑，预防心衰；

⑤硝酸酯类药物，改善心肌缺血状况。

冠心病的药物要坚持服用，杜绝不经医生同意自行停药或减量，遵医嘱。

三、学会合理膳食

(一)平衡膳食宝塔

平衡膳食宝塔(图 5-12)是根据《中国居民膳食指南 2022》而设计的,其结构合理,简单明了,可用于指导一般大众的饮食,达到健康、长寿的目的。

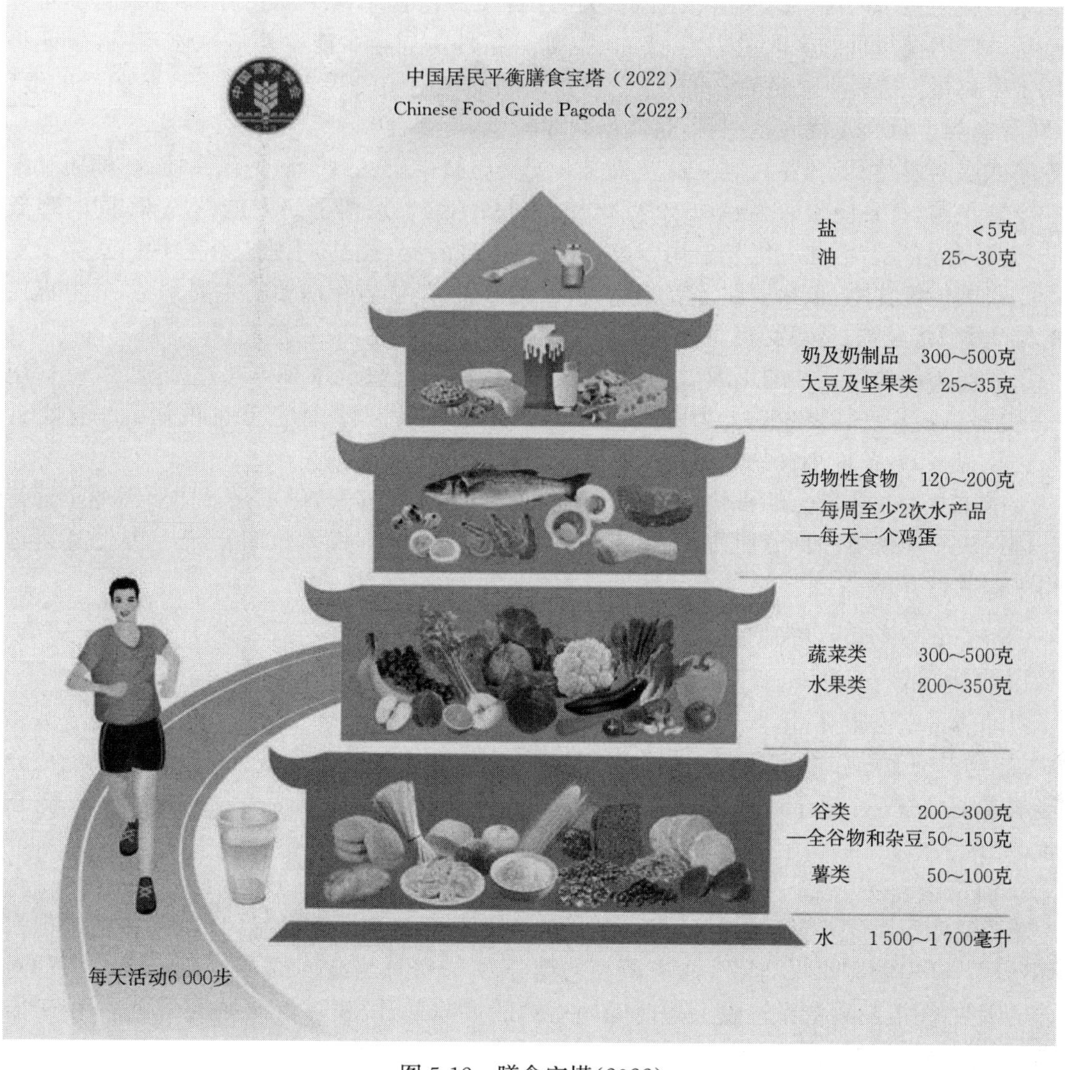

图 5-12　膳食宝塔(2022)

第一层为各类主食,有米饭、馒头、面包、麦片、其他面食等谷类。我国人民的主要营养素来源于植物性食物,即能量大部分来自碳水化合物。植物性食物同时也提供了部分矿物质、微量元素、维生素和膳食纤维。成年人建议每人每天摄入谷类 200～300 克,其中包含全谷物和杂豆类 50～150 克,薯类 50～100 克。谷类是我国居民膳食中能量和蛋白质的主要来源,应多吃谷类,获取充足的能量。为满足膳食中纤维素的需要,主食应多选择粗粮。需要注意的是,粮食制成品,如面食、糕点中油和糖的含量不宜过多。

第二层为蔬菜和水果,是食物中矿物质、维生素和膳食纤维的主要来源。蔬菜和新鲜水果有助于预防癌症和心脏病,推荐每日摄取新鲜蔬菜 300～500 克。不同种类的蔬菜可提供多种不同的营养素，因此膳食中蔬菜的摄入应多样，而且一定选择各种深颜色、尤其是深绿色的蔬菜。对角豆类蔬菜也应予以特殊的关注，因为其不仅含有维生素、矿物质，同时还有较高的植物性蛋白，因此每周可多吃几次。另外每日应摄取新鲜水果200～350克。但应注意，由于果汁、水果罐头等食品中含有过多的糖，同时新鲜水果中所含有的许多有效成分也已失去，因此应适量食用。

第三层为鱼、虾、肉、禽、蛋类。我国动物性食物在饮食结构中所占比例明显低于西方国家。畜、禽、肉类每日的摄取量120～200克，如有条件每周至少能食用2次水产品，保证每天食用1个鸡蛋。进食动物性食物时，应注意控制动物性脂肪的摄入量，选择含脂肪低的瘦肉、鸡、鸭等禽类。鱼类是优质蛋白源，且脂肪含量较低，应多食。

第四层为奶类及奶制品、大豆及坚果类。奶类包括牛奶、酸奶等，是蛋白质、矿物质和维生素的丰富来源，每日应摄取300～500克奶及奶制品。酸奶保留了奶中的营养素，同时降低了脂肪和胆固醇含量，因此应优先选用。冰淇淋及奶制品糖分过高，不宜过多食用。豆类及豆制品等是我国传统食物，包括豆腐等豆制品，富含蛋白质，是优质蛋白质的主要来源，并可提供丰富的维生素B1及铁、锌等必需微量元素，每日需要25～35克，应经常进食。

第五层为油盐类。油的摄取量每日25～30克，盐的摄取量每日不超过5克，过量食用有潜在的危险，油炸食物要少吃。为防止肥胖，应特别注意控制糖、脂肪和油的摄入。这类食物摄入途径很多，如各种小食品、饮料、果酱等都是糖和脂肪的来源。

宝塔中几个主要部分的食物，每部分都仅可提供部分营养素，而不是人体所需的全部营养素。因此决不能说哪一部分更重要，也不能用其中哪一部分取代另一部分，而应从上述食物中获得平衡的营养。

(二)不宜过多摄入的食物

1. 奶油制品

奶油能量密度很高，但营养素含量并不丰富，主要为脂肪和糖。常吃奶油制品可导致体重增加，甚至出现血糖和血脂升高。饭前食用奶油蛋糕，还会使食欲降低。高脂肪和高糖成分常常影响胃肠排空，甚至导致胃食管反流。很多人空腹进食奶油制品后会出现反酸、烧心等症状。

2. 罐头类食品

不论是水果类罐头，还是肉类罐头，其中的营养素都遭到一定破坏，特别是各类维生素被破坏殆尽。还有很多水果类罐头含有较高的糖分，并以液体为载体被人体摄入，所以人体对其糖分的吸收率增高，可导致进食后短时间内血糖的大幅攀升，胰腺负荷加重。同时，由于能量较高，有导致肥胖的可能。

3. 腌制食品

食品在腌制过程中，需要大量放盐，导致此类食品钠盐含量超标。常常进食腌制食品的人肾脏负担加重，发生高血压的风险增高。此外，食品在腌制过程中可产生大量的致癌物质亚硝胺，导致鼻咽癌等恶性肿瘤的发病风险大为增高。此外，由于高浓度的盐分能够严重损害胃肠道黏膜，故常进食腌制食品者，胃肠炎症和溃疡的发病率较高。

4. 肉类加工食品

火腿肠等肉类加工食品中含有一定量的亚硝酸盐，有导致癌症的潜在危险。此外，由于其中添加了防腐剂、增色剂和保色剂等，会造成人体肝脏负担的加重。肉类加工食品大多为高钠食品，大量进食可导致盐分摄入过高，造成血压波动及肾功能损害。

5. 肥肉和动物内脏

肥肉和动物内脏虽然含有一定量的优质蛋白、维生素和矿物质，但它们含有大量的饱和脂肪和胆固醇，已经被确定为导致心脏病的最重要的两类膳食因素。现已明确，长期大量进食动物内脏可大幅度地增加心血管疾病和恶性肿瘤(如结肠癌、乳腺癌)的发生风险。

6. 冷冻甜点

包括冰淇淋、雪糕等。这类食品有三大问题：因含有较高的奶油，易导致肥胖；因高糖，降低食欲；还可能因为温度低而刺激胃肠道。

7. 油炸食品

油炸食品能量密度高，经常进食此类食品易导致肥胖；其含有较高的油脂和氧化物质，是导致高脂血症和冠心病的最危险的食品；在油炸过程中，往往产生大量的致癌物质。已经有研究表明，常吃油炸食品的人群，某些癌症发病率远远高于不吃或极少进食油炸食品的人群。

8. 方便面

属于高盐、高脂、低维生素、低矿物质的一类食物。一方面，因盐分含量高增加了肾负荷，使血压升高；另一方面，含有一定量的人造脂肪(反式脂肪)，对心血管有相当大的负面影响。加之含有防腐剂和香精，可能对肝脏等都有潜在的不利影响。

9. 烧烤类食品

含有强致癌物质苯并芘，仅此一条，足以警示人们应对少烧烤类食品“退避三舍”。

10. 果脯、话梅和蜜饯类食物

含有亚硝酸盐，在人体内可结合胺形成潜在的致癌物质亚硝胺；含有香精等添加剂，可能损害肝脏等脏器；含有较高盐分，可能导致血压升高和肾脏负担加重。

(三)科学搭配吃出好身体

1. 食物要按需组合，科学搭配。从营养角度来说，各种食物的营养成分和功能各有千秋，没有好坏之分。“好饮食”与“坏饮食”的区别在于：是否根据个人的营养状况和健康条件，将食物进行科学搭配。

2. 食不在精而在均衡。膳食宝塔将人体每日所需要的水分、碳水化合物、水果、蔬菜、蛋白质、脂肪等的数量，自塔底向塔尖排列，强调食物的种类要丰富而不是计算复杂的营养素比例。简单地说，全谷类食物、粗粮、新鲜的蔬菜和水果都应该多吃。

3. 少喝饮料多喝水。饮料热量很高，喝多了容易引起肥胖。日常饮水要充足，不能用饮料代替水。

4. 每天都吃早餐。不吃早餐容易造成低血糖、胃肠道不适、肥胖、血脂异常等问题。早餐一定要吃好。

5. 每天的饮食多样化：植物性食物占三分之二以上，多吃谷类、豆类、根茎类、薯类食物。

6. 每天吃 400～500 克蔬菜，且尽量吃多种颜色的蔬菜。

7. 选择鱼、瘦肉和去皮的鸡肉。

8. 适量摄入低脂或无脂牛奶、酸奶。

9. 炒菜时少放油、盐。

10. 多吃新鲜水果，而不是果汁。

11. 少吃过度加工的食物，如油炸、烧烤食物和西式快餐。

四、科学锻炼身体

(一)运动健身要适度

生命在于运动,运动在于平衡,应该提倡安全适量的运动。运动应该循序渐进,超过限度就应该停止,否则会发生危险。运动中要遵守"三五七"原则:三是指一次运动的时间不要少于30分钟,五是指1周运动不要少于5次,七是指运动后心率每分钟为170减去年龄。假如你今年60岁,运动后达到的心率应为170减60,即110次/分钟,这属于正常心跳,短暂休息即可恢复。

对于铁路职工来说,养成有规律的运动习惯尤为重要。偶尔一次的运动,不仅对身体健康起不到作用,而且会加重身体器官的磨损。因此,科学有效运动必须要有规律,一般每周锻炼3～5次为宜。

(二)预防运动伤害

造成运动伤害的原因很多,比如:热身不充分、训练水平不够、身体素质差、动作不标准等。预防运动伤害主要有以下几种方法。

1. 充分做好热身运动

在运动前一定要做好热身准备,尤其是剧烈运动前。热身时除了按照从头到脚的顺序活动外,还要对身体关节、韧带等部位充分运动。热身时间不宜太长或太短,时间太短容易出现身体损伤,时间太长则消耗大量体力,影响正式锻炼。

2. 加强薄弱部位的训练

对身体相对薄弱部位要循序渐进锻炼,逐步提高薄弱部位功能。

3. 学会保护自己

在运动中要学会保护自己,对于强度较大的运动,如足球,上肢不要过分用力,保持重心下降,以防与其他球员相撞而受伤。

4. 锻炼后做好拉伸放松

运动后一定不能立即席地而坐或躺下,特别是剧烈运动后。锻炼后要调整呼吸,对身体各部位进行拉伸,加速体内乳酸排出,消除疲劳,促进肌体恢复。

5. 其他事项

如果在运动中感觉不适,要立即停止运动,及时医治,不要到处走动,以免伤情加重。

(三)运动过程中不可忽视的安全对策

开始运动之前,应接受医生的检查,确认自己是否能够进行运动。如果你是糖尿病、高血压、心肌病或其他慢病患者,请在医生的指导下或经医生同意后再增加你的运动量。

避免早晨空腹运动。早上空腹运动,会使人血糖不稳定,造成头晕、心慌、眼黑等症状。所以早上运动前应少量进食,并且补充水分。

在运动中,如果突然发生胸口痛、恶心、眼花、呼吸困难等情况,请立即中止运动。不要错误地认为,在运动过程中这些症状自行会好转等。

在运动时,心率显著增加是十分危险的。如果感觉心跳异常加快,请确认自己目前的身体状况。

运动结束后测量心率是一个好习惯。当运动结束5分钟以后心率在120次以上或运动结束10分钟以上心率仍然维持在100次以上时,就必须对自己的运动计划做调整,适当地减小运动量。

运动结束以后，一定要做恢复活动，使自己的身体逐步地得到休息和放松。

在运动后，不要立即用冷水淋浴或是洗热水澡。这类温度刺激宜在运动结束并经过一段时间的休息以后再进行。

思考题

1.《安全生产法》规定生产经营单位的从业人员依法享有哪些安全生产保障权利，应依法履行哪些安全生产义务？

2. 与上级沟通时应注意几个要点？

3. 旅客在旅行途中突发急病，列车乘务员发现后应立即采取哪些急救措施？

4. 什么是铁路机关公文？公文的特点是什么？

5. 情绪压力管理的具体方法有哪些？

6. 日常生活中有哪些不宜过多摄入的食物？

第六章　高速铁路简介

本章导读

高速铁路既是现代高新技术的集成，又是持续不断发展的高新技术的应用，是世界铁路发展的方向。复兴号中国标准动车组的投入运营，标志着中国高铁迈出了从追赶到领跑的关键一步。中国国家铁路集团有限公司提出了“交通强国、铁路先行”的目标任务，发出了铁路率先实现现代化的动员令，进一步凝聚了铁路人勇当先行的智慧和力量。

高速铁路属于超大规模集成系统，高速铁路由工务工程、牵引供电、通信信号、动车组(高速列车)、运营调度系统、客运服务系统六大子系统有机组合而成。高速铁路的技术体系主干，如图 6-1 所示。

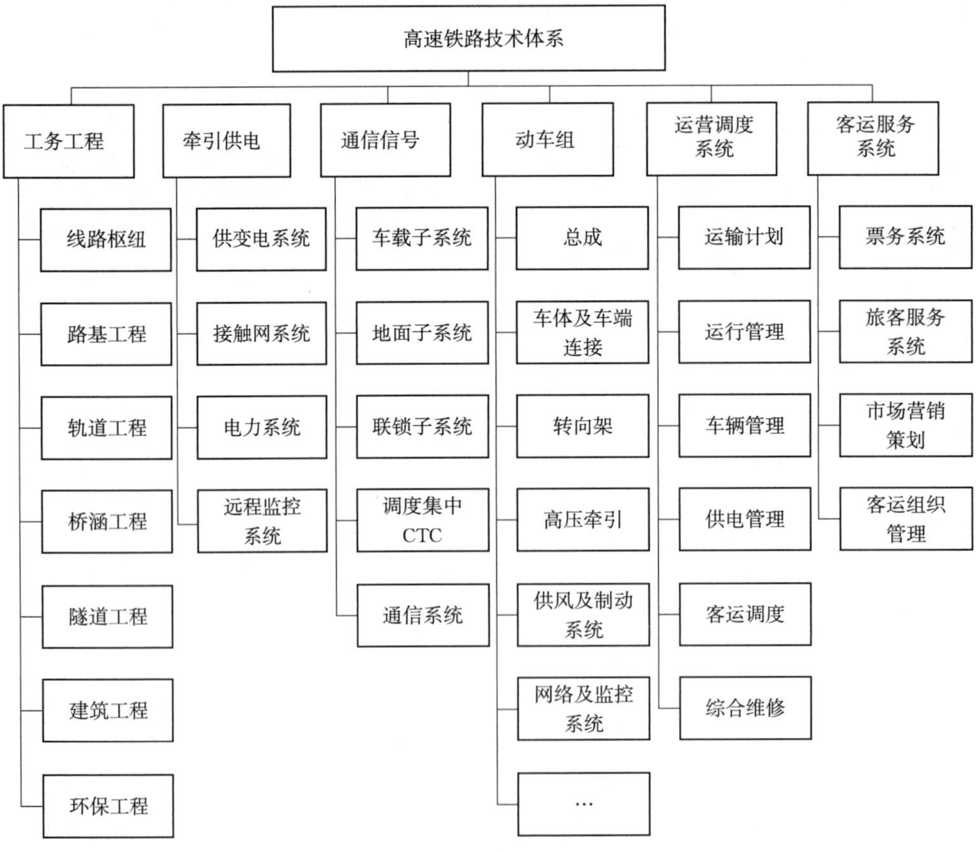

图 6-1　高速铁路技术体系图

各系统间既相对自成体系，又相互关联，其相关关系如图 6-2 所示。

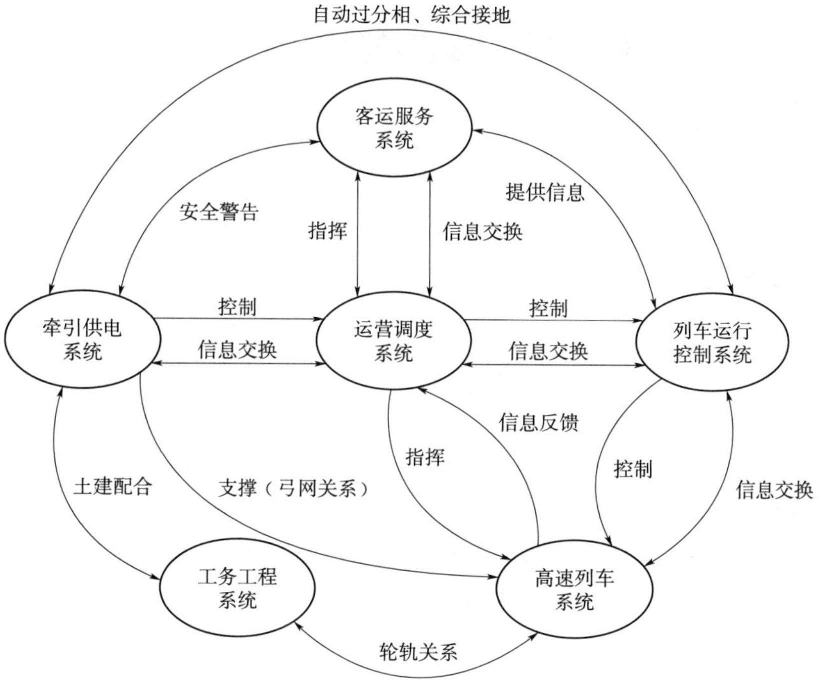

图 6-2　铁路各系统关联关系

高速铁路包括四大核心技术：一是线路技术，需保证全天候列车高速运行冲击下线路高平顺度；二是列控技术，高速铁路列控系统属于复杂大跨度高可靠性安全控制系统；三是弓网高速受流技术，列车高速运行时动态取流，保证受流质量和系统的稳定性；四是高速列车技术，高速列车是当代高新技术的集成。

高速列车与各系统技术接口如图 6-3 所示。

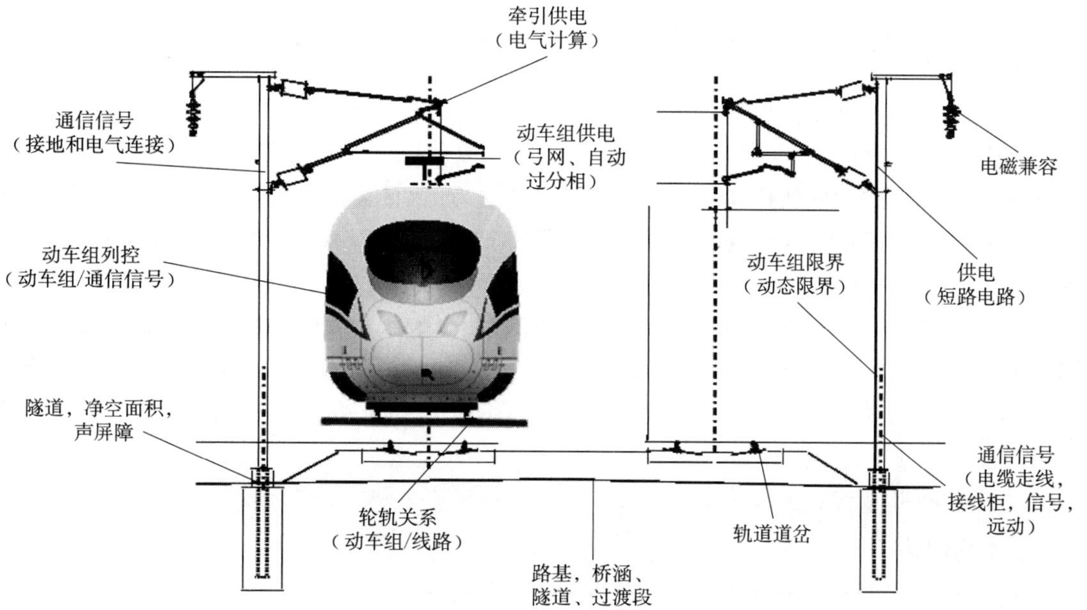

图 6-3　高速列车与各系统技术接口

第一节　高速铁路工务工程

高速铁路工务工程包括路基、轨道、桥梁、隧道等部分，既要保证高平顺性和高稳定性，又要保证一定的强度和耐久性。本节主要介绍高速铁路无砟轨道、高速铁路桥梁和高速铁路隧道。

一、高速铁路无砟轨道

高速铁路无砟轨道是以混凝土或沥青混合料等代替道砟道床而组成的轨道结构形式。由于取消了碎石道砟道床，使轨道保持几何状态的能力提高，轨道稳定性增强，维修工作量减小。无砟轨道具有线路平顺性好、维修工作量小、使用寿命长(60 年)、避免高速行车下道砟飞溅等优点，缺点是成本较高。目前无砟轨道已成为高速铁路轨道结构的主要发展方向，我国的高速铁路也主要采用无砟轨道。

无砟轨道分为上部结构和下部结构两部分：上部结构由钢轨、扣件、预制结构或混凝土/沥青道床板以及支承层/底座等组成，即常说的轨道结构，其中钢轨、扣件和预制结构的组合称为轨排，而道床板、支承层及底座称为上部结构层；下部结构包括桥梁、隧道和路基，即常说的基础工程。

我国高速铁路无砟轨道结构总体上分为两大类，即预制板式无砟轨道和现浇混凝土式无砟轨道，其中预制板式无砟轨道分为 CRTSⅠ、CRTSⅡ、CRTSⅢ型和道岔区板式四种；现浇混凝土式无砟轨道分为双块式和道岔区轨枕埋入式三种。

(一)CRTSⅠ型板式无砟轨道

1. 结构组成

CRTSⅠ型板式无砟轨道是在现浇的钢筋混凝土底座上铺装预制轨道板，通过砂浆充填层进行调整，通过凸形挡台进行限位，并适应 ZPW-2000 轨道电路的单元板式无砟轨道结构形式，主要由钢轨、扣件、预制混凝土轨道板、水泥乳化沥青砂浆充填层、凸型挡台等组成。在我国主要应用于遂渝试验段、石太高速铁路、沪宁城际铁路等线路。

2. 结构形式

CRTSⅠ型板式无砟轨道主要包括预应力平板式和普通混凝土框架式两种。平板式轨道板中央铺设预应力钢筋，可有效防止轨道板裂缝的产生，适用于寒冷、严寒地区；框架式适用于温暖地区。

CRTSⅠ型板式无砟轨道由平板式发展到框架式结构，可更好地克服因温度变化引起的板翘曲，防止 CA 砂浆损坏，减少了板的体积和重量、CA 砂浆用量和维修量，并能使板下 CA 砂浆充填质量更加均匀，但框架式在施工中需布置好排水通道，以防雨水进入砂浆层中，如图 6-4 所示。

(二)CRTSⅡ型板式无砟轨道

1. 结构组成

预制 CRTSⅡ型轨道板通过水泥沥青砂浆调整层，铺设在现场摊铺的混凝土支承层(路基、隧道)或现场浇筑的钢筋混凝土底座(桥梁)上，并适应 ZPW-2000 轨道电路的纵连板式无砟轨道结构形式。主要由钢轨、扣件、轨道板、水泥沥青砂浆层、支承层/底座板、侧向挡块等结

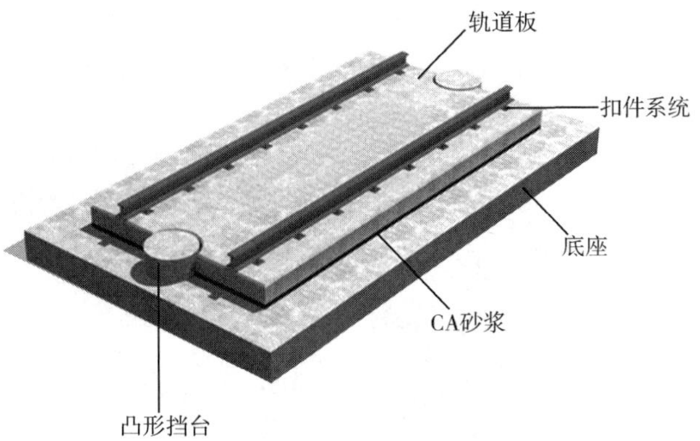

（a）平板式

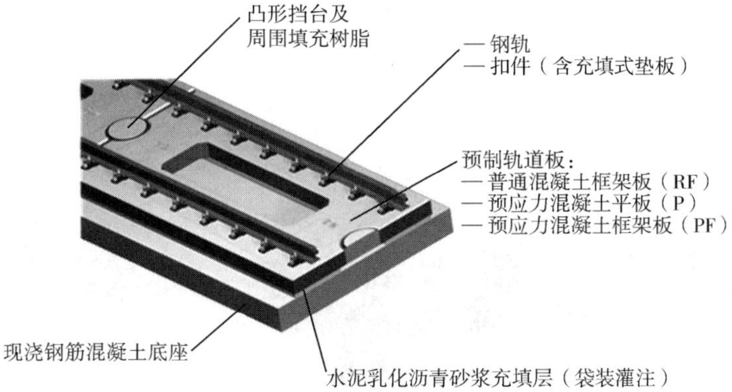

（b）框架式

图 6-4 CRTSⅠ型板式无砟轨道结构组成

构组成。在我国主要应用于京津城际铁路、京沪高速铁路、京广高速铁路、沪杭城际铁路等线路。

2. 结构形式

CRTSⅡ型板式无砟轨道主要包括路基、隧道地段和桥梁地段两种结构形式。

路基及隧道地段 CRTSⅡ型板式无砟轨道结构由钢轨、弹性不分开式扣件、轨道板、水泥乳化沥青砂浆充填层、支承层等部分组成，如图 6-5(a)所示。

桥梁地段 CRTSⅡ型板式无砟轨道结构由钢轨、弹性不分开式扣件、轨道板、水泥乳化沥青砂浆充填层、底座板、滑动层、高强度挤塑板、侧向挡块及弹性限位板等部分组成，如图 6-5(b)所示。台后路基设置锚固结构(包括摩擦板、土工布、端刺)及过渡板。

(三)CRTSⅢ型板式无砟轨道

1. 结构组成

CRTSⅢ型板式无砟轨道是在现浇的钢筋混凝土底座或混凝土支承层上铺装预留连接钢筋的预制混凝土轨道板，中间设置自密实混凝土层，并适应 ZPW-2000 轨道电路的无砟轨道结构形式，是我国自主研发的无砟轨道结构。主要由钢轨、扣件、轨道板、自密实混凝土层、隔离层和带限位结构的底座等部分组成，如图 6-6 所示。

2. 结构特点

CRTSⅢ型板式无砟轨道以轨道板与充填层自密实混凝土形成复合整体结构共同承受列

（a）路基及隧道地段

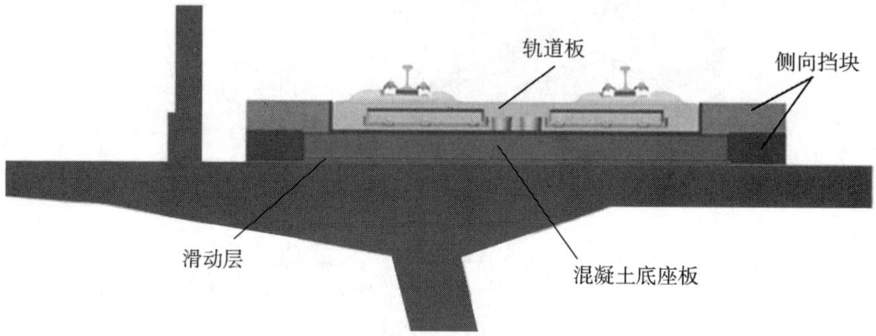

（b）桥梁地段

图 6-5　CRTSⅡ型板式无砟轨道结构组成

车荷载。轨道板与充填层自密实混凝土以“门形筋”进行强化连接，充填层自密实混凝土与底座板间设中间隔离层，通过底座板上限位凹槽进行限位。其中，影响 CRTSⅢ型板式无砟轨道整体性能的关键就是充填层自密实混凝土。

图 6-6　CRTSⅢ型板式无砟轨道结构组成

（四）双块式无砟轨道

1. 结构形式

双块式无砟轨道结构属于轨枕埋入式无砟轨道，主要分为 CRTSⅠ型埋入式和 CRTSⅡ型振动压入式两种。

CRTSⅠ型双块式无砟轨道是指将预制双块式轨枕组装成轨排，以现浇混凝土的方式将轨枕埋入道床板中。CRTSⅡ型双块式无砟轨道是指将预制双块式轨枕组装成轨排，以机械振动方式将轨排压入混凝土中。二者均能适应 ZPW-2000 轨道电路。

CRTSⅠ型双块式无砟轨道主要应用于合武铁路、京广高速铁路武广段等；CRTSⅡ型双块式无砟轨道在我国应用于郑西高速铁路等。

2. 结构组成

两种类型双块式无砟轨道差异仅在施工工艺上，均由钢轨、扣件、双块式轨枕、道床板、支承层/底座组成，故统称为双块式无砟轨道结构，如图 6-7 所示。

双块式无砟轨道结构以预制轨枕与现浇混凝土的高度整体性为目标，其关键技术是减少预制轨枕与现浇混凝土的结合面面积，控制裂纹的产生与扩展。

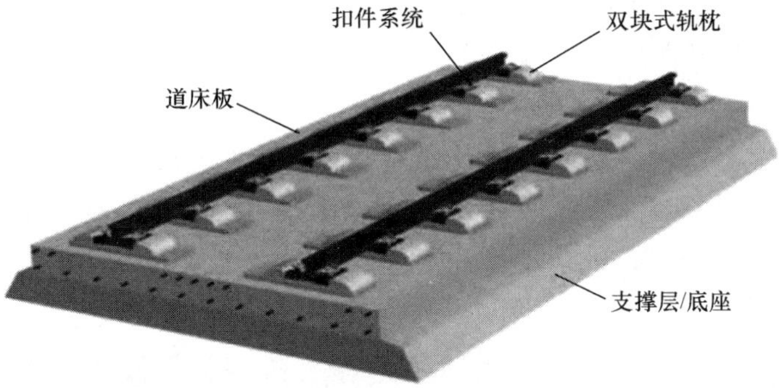

图 6-7　双块式无砟轨道结构组成

（五）道岔区轨枕埋入式无砟轨道

路基上道岔区轨枕埋入式无砟轨道由道岔钢轨件、扣件、岔枕、道床板及混凝土支承层（下部基础）组成，如图 6-8 所示。混凝土支承层直接铺设在路基基床表层。当在桥上使用时，道床板与梁面上铺设的底座板连接。

（六）道岔用板式无砟轨道

道岔用板式无砟轨道是满足道岔区列车运营安全性、平顺性、稳定性，美观经济要求的新型轨道结构形式。该轨道结构在桥上和路基上都可应用，道岔区板式无砟轨道结构组成如图 6-9 所示（以路基上结构为例），自上而下依次为：道岔钢轨件、扣件系统、预制混凝土道岔板、底座、找平层等。

图 6-8　道岔区轨枕埋入式无砟轨道

图 6-9　道岔用板式无砟轨道

路基上应用时，在做好的垫层上，精调道岔板状态，在道岔板和垫层之间灌注自密实混凝土，道岔板底面预留的门形桁架钢筋与底座相连，通过道岔板底面和底座混凝土的粘结力、摩擦力以及门形桁架钢筋的抗剪作用实现轨道结构纵、横向限位。

在桥上使用时，在混凝土底座上进行道岔板状态精调，在道岔板和底座之间灌注充填层，在道岔板和底座钻孔植入销钉，通过销钉的抗剪作用实现轨道结构的纵、横向位移。

二、高速铁路桥梁

高速铁路桥梁的总体要求是简洁、耐久、美观，便于施工和养护维修，具有较大的竖向、横向、抗扭和纵向刚度，更小的工后沉降，良好的高速行车动力性能，并满足限界、通航、立交净空、渡洪、抗震和国土规划要求。

桥涵主体结构的设计使用年限为 100 年。

(一)桥梁结构构造

高速铁路桥梁主要形式有梁桥、拱桥、连续刚构桥、刚构连续梁桥、梁拱组合桥和斜拉桥等。桥梁主型为顶应力混凝土简支箱梁。以京沪高速铁路为例，预应力混凝土简支箱梁占全线桥梁总长度 94%，其中跨度 32 m 预应混凝土简支箱梁占桥梁总长度 88.5%。

桥面总体布置如图 6-10 所示。

图 6-10　桥面总体布置

(二)桥涵技术特点

1. 墩台基础以桩基础为主

为确保高速铁路正常行车和减少维修量，墩台大量采用桩基础，以严格控制墩台基础工后沉降。常用跨度简支梁，根据墩高及地质条件采用直径 1.0 m 或 1.25 m 桩基础；大跨度连续梁及其他特殊形式的桥梁采用直径 1.5～3.4 m 桩基础。

2. 新型桥台

ZK 活载较中—活载小很多，高速铁路路基一般填土高度较低。在结构受力上，桥台力学指标不控制桥台设计，不需要采用大体积重力式桥台，而大量采用一字形、空心新型桥台。一字形桥台(图 6-11)较好地适用于台后路基填土高度 10 m 以下桥梁；空心桥台适用于台后路基填土高度 14 m 以下桥梁。

图 6-11　一字形桥台

3. 墩台帽构造

为方便日常检查维修，高速铁路桥梁墩台顶支承垫石高度一般为 35 cm，墩顶在横向支撑垫石之间对应于梁底进入孔位置设深 0.5 m、横向宽 1.5 m 纵向与顶帽等宽的凹槽(图 6-12)，可在桥墩两侧设吊篮，以便于支座检查、维修或更换。墩台顶设排水坡。为了避免地震落梁，在 6 度及以上地震设防区段，梁底与墩台顶之间的支座内侧，设置防落梁装置(图 6-13)。

图 6-12　墩台帽构造

图 6-13　梁底与墩台顶之间的防落梁装置

4. 桥梁支座

高速铁路桥梁支座多采用盆式橡胶支座，也采用球形钢支座。高速铁路桥梁主要采用双线整孔箱梁，因横向宽度大，故桥梁支座分为固定支座、横向活动支座、纵向活动支座和多向活动支座，以解决纵、横向受力变位和温度位移、转动。预应力混凝土双线整孔简支箱梁支座布置如图 6-14 所示。

5. 整体箱梁

高速铁路梁跨以 32 m 预应力混凝土整孔简支箱梁为主。跨越较宽道路或小斜交角跨越时，采用常用跨度预应力混凝土连续箱梁；跨越高速公路、高等级城市道路、大型河流、宽大山谷的主桥采用特殊结构。常用跨度双线整孔简支箱梁桥面布置，如图 6-15 所示。

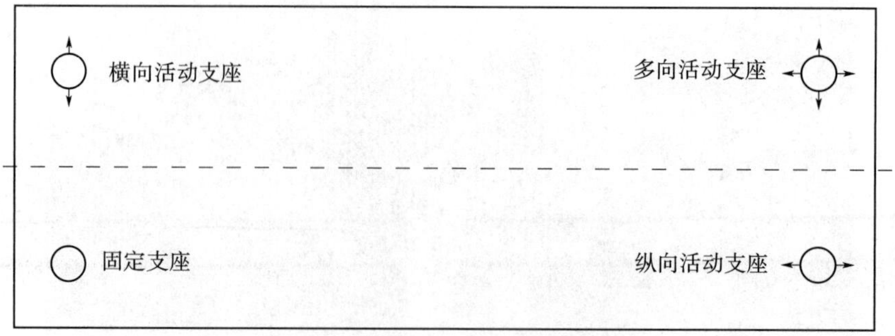

图 6-14　简支箱梁桥墩顶支座布置

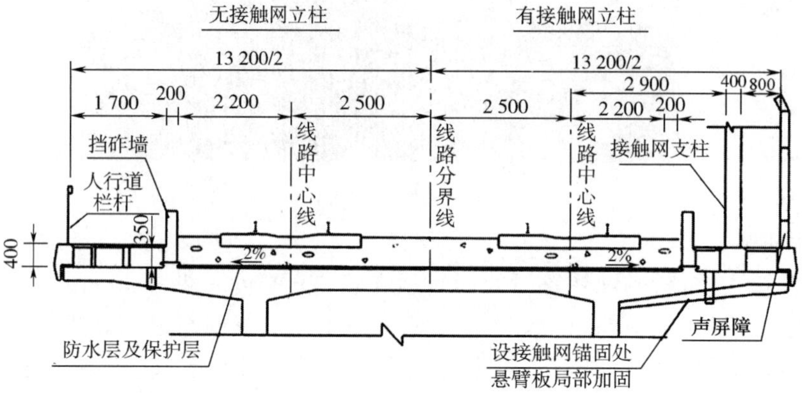

（a）高速铁路有砟桥面布置示例

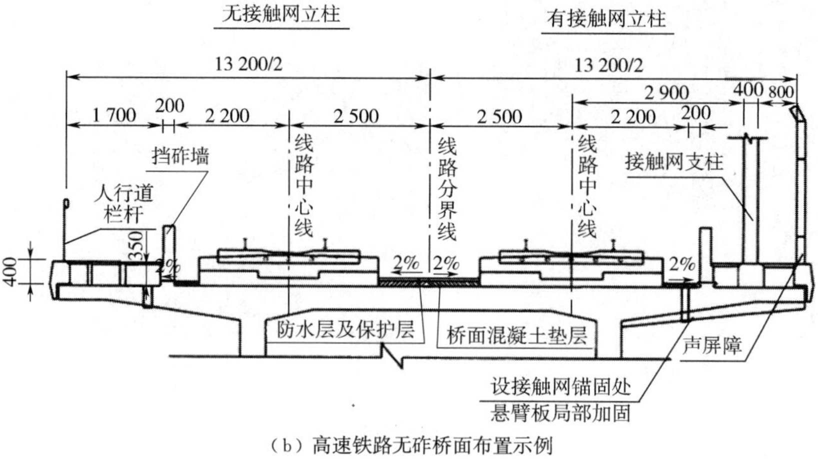

（b）高速铁路无砟桥面布置示例

图 6-15　常用跨度箱梁无砟桥面布置示例(单位:mm)

6. 长桥大跨

受河网、软土、既有地面交通控制，以及桥梁、桥涵、涵洞之间最小路基长度的制约，与既有线相比桥长超过 500 m 的特大桥比例大幅提高，如南京大胜关长江大桥主桥六跨连续钢桁拱桥，主跨 336 m，六线铁路如图 6-16 所示。武汉天兴洲大桥为主跨 504 m 斜拉桥，公铁两用，下层为四线铁路，如图 6-17 所示。

图 6-16　南京大胜关长江大桥

图 6-17　武汉天兴洲大桥

7. 组合结构

为提高大跨度桥梁刚度或降低梁部的建筑高度，高速铁路大跨度桥梁大量采用梁—拱组合结构，如京沪高速铁路镇江跨京杭运河桥，主跨 180 m 预应力混凝土连续梁—钢管拱。

8. 桥面防水层及排水系统

高速铁路根据轨道形式的要求及桥面特点选用桥面防水层。无砟桥面、轨道底座板与桥面有隔离层时，全桥面设防水层；轨道底座板与桥面直接连接，底座板范围以外的桥面铺设防水层和保护层。对于有砟轨道，全桥铺设防水层和保护层。

9. 梁端止水带

为了防止雨水从梁缝漫流到梁体端面、墩台顶面、支座、箱梁内，引起梁端混凝土、封端混凝土、支座、墩台顶面的病害，在梁端设置止水带，如图 6-18 所示。梁端止水带沿梁缝全长设置。

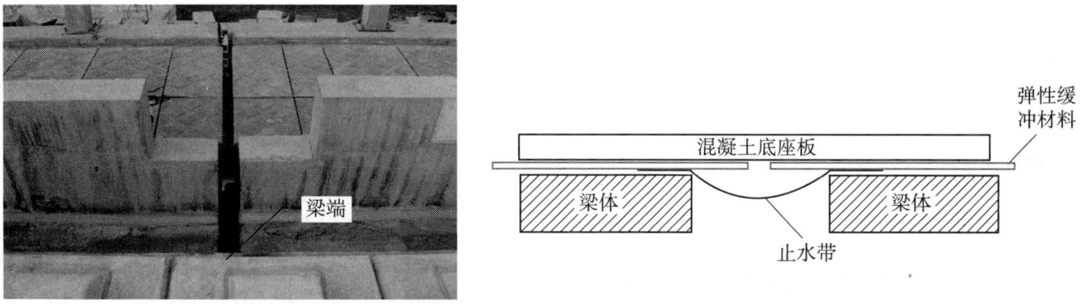

（a）梁端止水带示例　　（b）梁端止水带示意图

图 6-18　无砟轨道桥面梁端止水带

10. 紧急疏散通道

运营中，为应对列车在桥上可能发生的诸如火险、电力中断、设备故障等突发事件，安全、快速疏散乘客，以及方便桥上固定设备养护维修，桥长超过 3 km 时，应每隔约 3 km（单侧约 6 km）在线路两侧交错设置 1 处可上下桥的救援疏散通道，并设置防护门。为快速疏散，救援疏散通道由早期的旋转式改为顺坡式和折向式，如图 6-19 所示。折向式仅适用于桥下无地面维修通道一侧。

11. 框架箱涵

高速铁路涵洞以整体性好的钢筋混凝土框架箱涵为主，主要形式有单孔或双孔钢筋混凝土框架箱涵，孔径一般在 2～6 m 之间，为降低路基刚度突变，涵洞顶至轨底填土厚度一般不小于 1.5 m。

图 6-19　顺坡式救援疏散通道

12. 景观设计

高速铁路桥梁不仅是一条高速列车运行的轨道交通走廊，而且需要呈现出桥梁的整体景观效果。力求主体结构的造型新颖、美观，富有时代气息，体现与当地规划结合，与周围环境协调，成为一条靓丽的风景线。

（三）桥梁作业通道

直线桥梁自线路中心至作业通道栏杆内侧的净距：200 km/h 以上铁路无砟轨道桥面应不小于 3.45 m，有砟轨道桥面应不小于 3.75 m；200 km/h 及以下铁路应不小于 3.25 m。作业通道宽度应不小于 0.8 m。

三、高速铁路隧道

高速铁路隧道与普速铁路隧道最大的区别，在于列车高速通过隧道时产生的空气动力学效应，对列车运行、旅客舒适度、车体变形和密封性、洞口环境的不利影响十分明显。同时对于防排水标准、防灾救援和耐久性等方面也有较高的要求。

（一）总体要求

高速铁路隧道的总体要求是：洞口“早进晚出”且美观，洞内空间满足建筑限界和救援疏散要求，洞内空气动力学效应满足旅客舒适度要求，洞口满足环保和防护要求。衬砌结构满足受力和沉降要求，防水符合国家一级防水标准要求，排水满足当地环保要求，便于施工和养护维修。

隧道设计使用年限规定为 100 年。

（二）主要技术特点

高速铁路隧道的主要技术特点可概括为：无仰坡进出洞、大净空隧道断面、新型洞门、洞口缓冲结构、长大隧道、强化防水排水、提高隧道防灾救援能力。

1. 改变隧道入口形式

与我国铁路传统的端墙、翼墙挡土式洞门结构相比，高速铁路隧道洞口结构设计，本着简洁大方、美观实用、保护环境的原则，以不刷坡或少刷坡施工的突出山体的切削式洞口为主要建筑形式，大量采用了斜切式和帽檐式新型洞门结构，体现了生态保护理念和自然美。

高速列车通过隧道时，在隧道出口产生微气压波，发出强烈爆破音，产生噪声污染，引起附近房屋门窗的振动，影响洞口环境以及人员身体健康。为减缓高速列车通过隧道产生的空气动力学效应，在洞口设置缓冲结构(图 6-20)，并在其顶部或侧面开设通气孔，降低列车进入时产生的空气压力峰值，以缓解隧道出口端的冲击压力波强度。

图 6-20　洞口缓冲结构(顶部开孔)

2. 扩大隧道断面面积和减小阻塞比

为减缓高速列车通过隧道时产生的空气动力学效应对旅客舒适度和车厢变形的影响，增大隧道断面积，减小阻塞比是降低瞬变压力的有效途径。350 km/h 双线隧道和单线隧道有效净空面积分别达到了 100 m^2 和 70 m^2，250 km/h 双线和单线隧道分别达到了 90 m^2 和 58 m^2。

3. 防排水

高速铁路提高了隧道防水等级，加强了排水措施，采用耐久性更好、可靠性更高的防排水材料，提高防排水系统的使用功能。隧道防水等级采用我国现行《地下工程防水技术规范》(GB 50108)中规定的一级防水标准，即不允许渗水，结构表面无湿渍。单线隧道隧底布置每侧一沟一槽，双线隧道每侧一沟两槽加中心水沟，衬砌设置纵、环向盲管。

4. 防灾救援疏散

高速铁路隧道内设置救援通道和安全空间。救援通道贯通设置，单线隧道单侧设置，双线隧道双侧设置，尺寸为 1.2 m×2.2 m(宽度×高度)，距线路中线距离不小于 2.3 m；安全空间设在距线路中线 3.0 m 以外，单线隧道单侧设置，双线隧道双侧设置，尺寸为 0.8 m×2.2 m(宽度×高度)。救援通道和安全空间在宽度上重叠 0.5 m。

长度 3～20 km 的隧道，应按相应规定设置紧急出口或避难所；长度超过 20 km 的隧道或隧道群，应设置紧急救援站。

隧道内紧急救援站设置防灾通风和消防设施，避难所和有紧急出口的隧道应设置应急通风设施。

隧道内紧急救援站、避难所设置应急照明、应急通信、疏散引导标识，救援通道、紧急出口、横通道也设置应急照明和疏散引导标识。

第二节　高速铁路牵引供电

电气化铁路由电力机车(或动车组)和牵引供电系统两大部分组成,如图 6-21 所示。

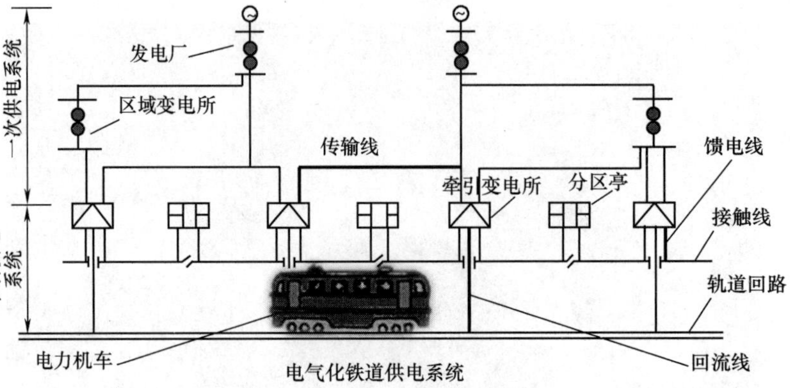

图 6-21　电气化铁路的组成

牵引供电系统由牵引变电所和牵引网构成,牵引供电系统向电力机车或动车组供电,为它们提供能源动力。

一、牵引变电所

牵引变电所的作用是降压,把电力系统的三相高压电变成电力机车所需要的电能,并将三相电源转换成两个单相电源,然后通过馈电线分别供电给牵引变电所两侧的接触网。

(一)牵引变电所的主要设备

1. 牵引变压器

牵引变压器的作用是将高压 110 kV(或 220 kV)变成 27.5 kV(或 55 kV)的电能。

2. 高压开关设备

高压开关设备包括高压断路器、高压熔断器和隔离开关等。在正常情况下操作高压开关切断或接通电路;在短路情况下,继电保护装置作用于高压开关自动切除故障。

3. 互感器

利用互感器可以对高电压、大电流进行间接测量,从而保证测量仪表及人身的安全;互感器还供给牵引变电所、保护装置的工作电压或电流。

4. 控制、监视与信号系统(二次回路)

包括测量仪表、监视装置、信号装置、控制装置、继电保护、自动装置和远动装置等。其作用是正确反映一次系统的工作状态,控制一次系统的运行操作。

5. 自用电系统

向牵引变电所内照明供电的系统称为自用电系统,由专门的自用变压器承担。

6. 回流接地和防雷装置

牵引变电所的保护接地和工作接地采用同一个环状接地网。主变压器牵引侧接地端与接地网相连,也与钢轨、回流线相连,从而形成牵引电流的回流通路。为预防雷害,需要安装避雷针、避雷器等。

7. 电容补偿装置

电力牵引供电系统的功率因数较低，需进行功率补偿。目前常用的补偿方式有串联电容器补偿、并联电容器补偿和串并联电容器补偿。

（二）牵引变压器主接线

牵引变压器主接线常用三相 Y/Δ 接线、单相 V/V 接线、斯科特接线、伍德布里奇接线及三相 Y/Δ 组成 X 接线等。

二、牵引网

牵引网是由馈电线、接触网、钢轨、回流线组成的双导线供电系统。

馈电线是连接牵引变电所母线和接触网的架空铝绞线。馈电线除直接送电给接触网外，还要送电给附近车站、机务折返段、开闭所等，所以馈电线的数目较多，距离也可能较长。

接触网是牵引网的主体，流过电力机车的负荷电流经钢轨和回流线回到牵引变电所。由于钢轨对地并非绝缘，所以部分电流沿大地流回到牵引变电所，形成地中电流。

三、开闭所、分区所和 AT 所

（一）开闭所

电气化铁路的枢纽站场（如编组站、车站、机车整备线等），均由接触网供电。当枢纽内不设牵引变电所时，需要增设开闭所。开闭所的作用是对站场各股道群分别供电控制，可以灵活地对各分区接触网停、供电，当发生短路故障时缩小事故停电范围，提高供电的可靠性和灵活性。如果是复线电气化铁道区段，通过开闭所的断路器还可将上行和下行接触网并联起来，此时的开闭所还兼有分区所的作用。

（二）分区所

在复线电气化线路中为了改善供电臂末端电压水平和减少能耗，增加供电的灵活性，提高运行的可靠性，采用上、下行并联供电，在两个相邻牵引变电所供电的接触网区段加设分区所。分区所的作用是：

1. 可以使相邻两供电区段实行并联供电或分开供电，也可使复线区段的上、下行实行并联或分开供电。

2. 相邻牵引变电所发生故障而不能继续供电时，可以闭合分区亭内的断路器由非故障牵引变电所实行越区供电。

（三）AT 所

仅在自耦变压器供电方式中设置，作用是改善电压水平和防干扰性能。既可以单独设立，也可以与开闭所、分区所合建。

四、接触网

接触网是架设在铁路线路上空，向电力机车供给电能的特殊形式的输电线路。

接触网是沿铁路上空架设的一条特殊形式的输电线路，由接触悬挂、支持装置、定位装置、支柱与基础等组成。

五、供电方式

牵引网供电方式主要有直接供电、BT 供电、带回流线的直接供电和 AT 供电。高速铁路主要采用 AT 供电方式，如图 6-22 所示。

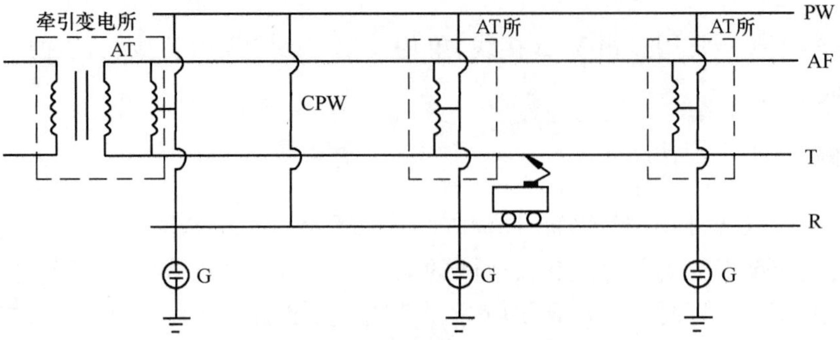

图 6-22　AT 供电方式示意

AT 供电方式又称自耦变压器供电方式。牵引变电所中，牵引变压器将 110 kV 或 220 kV 三相电降压至 2×25 kV 供电，分别给接触网和正馈线供电，构成 2×25 kV 馈电系统。自耦变压器变比为 2∶1，其一次绕组接在接触网与正馈线之间，而中点则接至钢轨。在接触网与钢轨和正馈线与钢轨间形成 25 kV 电压可供电力牵引用电。这种方式可在不提高牵引网绝缘水平的条件下将馈电电压提高一倍，可成倍提高牵引网的供电能力，扩展牵引变电所间距，牵引供电各项技术指标十分优越，适用于高速和重载电气化铁路。

(一)AT 供电方式基本原理

AT 供电方式如图 6-22 所示，其牵引网结构较复杂，由接触悬挂 T、正馈线 F、保护线 PW(包括 CPW 线)、轨道大地系统 R 以及每隔一定距离设置的自耦变压器(AT)构成。AT 并联于接触导线和正馈线之间，AT 中点和钢轨相连，使大部分回流流经正馈线，从而降低对邻近通信线的干扰。

(二)AT 供电方式主要技术特性

AT 供电方式是在直接供电(或加回流线)、BT 供电方式之后发展起来的一种较先进的牵引供电方式。AT 供电方式的优点主要体现在两方面：

1. 供电质量高。AT 供电方式在不增加牵引网绝缘下将供电电压提高了一倍，加之牵引网的电能损耗和电压损失降低，故 AT 供电方式具有较强的对电力机车的供电能力。供电质量高还体现在 AT 牵引网能保证机车取流的连续性(因无 BT 方式下的接触网分段)，解决了 BT 方式在高速、大电流情况下接触导线和机车受电弓烧损的关键问题。

2. 用电质量提高。用电质量是指对电力系统和环境的影响，包括无功、负序、谐波和通信干扰等。AT 供电方式在目前使用的几种供电方式中具有最好的防对通信干扰效果。

另外，AT 供电方式具有较长的供电距离(牵引网阻抗小和馈线电流小引起的牵引网压损小)，因而牵引变电所间距离增大，给变电所的选址提供了便利，特别是可减少区段中电分相的数目，这对高速行车十分有利。

六、受电弓受流

动车组通过车顶的受电弓滑板与接触网接触来获取电能，这个过程称为受流。受流是一个动态过程，包括了多种机械运动形式和电气状态变化：受电弓相对于接触导线的滑动摩擦，受电弓的上下振动，受电弓由于机车横向摆动而形成的横向振动，接触网上下振动并形成行波沿导线向前传播，受电弓和接触导线之间发生的水平和垂直方向撞击，弓网离线发生电弧以及受流中电流剧烈变化等。随着列车速度的提高，维持弓网之间的良好接触也愈加困难，因此高速铁路受流技术是高速铁路的关键技术之一。

高速列车运行时，受电弓与接触线脱离失去接触的现象称作离线。在高速列车运行中，受电弓从接触网获取的电流很大，一旦离线，就会产生电弧，从而加大碳滑板和接触线的磨耗，引起电磁干扰，同时还伴随着噪声污染。因此离线的次数越多，时间越长，表明受流质量越差，一般用离线率来评价列车受流质量的好坏。离线率用离线时间占列车区间运行时间的百分比来表示。我国高速线路的离线率应取 5%以下。

第三节　高速铁路信号系统

高速铁路信号系统是保障列车运行安全、提高运输效率的关键技术设备，是完成行车控制、运营管理的综合自动化系统，主要由指挥行车的调度集中系统（CTC），用于控制行车间隔的列车运行控制系统，车站计算机联锁系统、信号基础设备组成。本节主要介绍调度集中系统、计算机联锁系统和列车运行控制系统。

一、调度集中系统（CTC）

（一）调度集中的概念

调度集中简称 CTC（Centralized Traffic Control 的缩写），是指调度中心（调度员）对某一区段内的信号设备进行集中控制、对列车运行直接指挥、管理的技术装备。

CTC 具备实时自动采集列车运行及现场信号设备状态信息，并传送到国铁集团调度指挥中心和集团公司调度所，完成列车运行实时追踪、无线车次号校核、自动报点、正晚点统计分析、交接车自动统计、列车实际运行图自动绘制、阶段计划人工和自动调整、调度命令及列车计划下达、站间透明、行车日志自动生成等功能，还应实现列车编组信息管理、调车作业管理、综合维修管理、列车/调车进路人工和计划自动选排、分散自律控制和临时限速设置等功能。

CTC 具备分散自律控制和非常站控两种模式。分散自律模式是通过调度集中设备，实现进路自动和人工办理的模式；非常站控模式是遇行车设备故障、施工、维修需要时，脱离调度集中系统控制转为车站联锁控制台人工办理的模式。

我国应用最广泛的铁路调度集中系统是分散自律调度集中系统，该系统综合了计算机、网络通信和现代控制技术，采用智能化分散自律设计原则，以列车运行调整计划控制为中心的高度自动化调度指挥系统。

分散自律 CTC 的主要特点：

1. 分散自律 CTC 系统包含了铁路列车调度指挥系统（TDCS）的所有功能。

2. 分散自律 CTC 最为突出的特点是通过采用分散自律技术，解决了车站日常作业中行车和调车作业相互干扰的问题。

其中，所谓“分散”是指该系统将传统 CTC 中由调度中心系统集中控制所有车站列车作业进路的方式改为由各个车站系统独立地控制各自的列车和调车作业进路的方式；所谓“自律”

是指各车站系统可以依据各站的特点,根据调度中心所下达的列车运行计划和中心或车站制订的调车作业计划,按照《技规》《行规》《站细》等规章规定自动协调本站列车作业和调车作业的矛盾,自动完成列车进路和调车进路的控制任务。

3. 该系统在与中心通信中断后,仍能在一定时间内按照之前所接收到的列车运行计划正常完成接发列车进路控制任务。

4. 分散自律 CTC 通过与铁路数字移动通信系统(即 GSM-R)有机结合,可将 CTC 系统的调度命令(包括行车许可证)、接车进路预告信息、调车作业通知单等可靠地传送到机车,同时还可将机车发送的车次号、列车启动、列车停稳、调车请求、信息回执等信息发送回 CTC 系统。

(二)分散自律 CTC 系统的主要功能

通常,CTC 系统具备列车进路及调车进路的控制、列车运行监视、车次号追踪、列车运行计划调整及调车作业计划编制等功能。在 CTCS-2 级及以上区段,还具备临时限速设置功能。

1. 列车运行计划调整中接发车股道的设置

在 CTC 区段,列车调度员负责安排到发线的使用计划。为保证系统按照列车属性自动、正确地选择接发车股道,在进行列车运行计划调整时,列车调度员应正确设置与标注列车属性和特殊要求。通常,系统自动选择股道(默认股道)的原则是:

(1)图定车次使用图定股道;

(2)非图定车次或不按图定径路运行的列车,股道设置必须满足以下条件:

①计划通过的列车,默认正线。

②到开、始发、终到的列车,默认到发线。

③股道必须空闲,即不能使用已被另一列车计划使用的股道。

④默认的股道必须满足各站《站细》中规定的条件。

当系统无法找到合适的默认股道时,需列车调度员人工指定股道。对于默认股道,列车调度员可进行人工修改。

但对于计划通过的列车,如人工修改为侧线通过,须由人工办理列车进路;对于到开的列车,如人工修改为正线到开,货运列车进路可自动触发,客运列车需设定技术停点后才可自动触发进路。

2. 分散自律 CTC 系统进路控制模式

分散自律 CTC 系统在进路控制与行车指挥方式上设有分散自律控制和非常站控两种控制模式。在分散自律控制模式下,车站联锁控制台除非常站控按钮外,其他所有按钮不起作用;在非常站控模式下,系统调度台终端及车务终端均不起作用。

(1)分散自律控制模式

分散自律控制模式可提供自动和人工两种控制与操作方式。

①自动控制方式

自动控制方式是指系统用列车运行调整计划自动控制列车进路。即自律机将收到的列车运行计划作为检查进路合理性的依据,用于检查列车进路和调车进路是否存在冲突。无冲突时,自律机根据列车运行计划和调车作业计划生成进路序列指令,并自动触发执行。根据需要也可选择人工触发方式执行。

在系统处于自动控制方式时,当接发列车存在变更进路时,自律机选择基本进路,如基本进路无法排列时,系统自动报警,可由人工选择进路。当接车进路需要设置延续进路时,自律机自动选排延续进路。

②人工控制方式

人工控制方式是指人工直接通过按钮操作办理进路。在分散自律模式下,通常中心助理调度台具备人工办理列车、调车进路的功能,车站具备人工办理调车进路的功能。

中心和车站均可办理的操作遵循“谁办理、谁取消”的原则,以保证系统安全。在分散自律控制模式下,车站的操作不能解锁中心办理的列车进路或关闭列车信号,中心的操作不能解锁车站办理的调车进路或关闭调车信号。

(2)非常站控模式

非常站控模式是当调度集中设备故障、发生危及行车安全的情况或行车设备施工、维修需要时,脱离 CTC 系统控制,转换为车站联锁控制台人工控制的模式。

在非常站控模式下,CTC 系统完好时应具备 TDCS 功能。

(3)控制模式的转换

控制模式的转换由车站值班员(或应急值守人员)在车站联锁控制台上进行控制操作,调度中心不具备直接控制权。

分散自律控制模式可无条件转向非常站控模式,即车站值班员(或应急值守人员)不需要他人授权,在联锁控制台上直接按下“非常站控”按钮就可实现转换。但按钮按下的同时,中心调度台将进行提示报警。

非常站控模式转回分散自律控制模式应符合以下条件:

①CTC 设备正常;

②非常站控模式下没有正在执行的按钮操作。

二、计算机联锁系统

联锁系统主要是实现信号、道岔、进路之间互相制约的联锁关系,用于车站进路的控制,以保证列车运行安全及作业安全,高速铁路普遍使用计算机联锁系统。计算机联锁系统是一种新型的车站信号自动控制系统,以计算机作为主要技术手段实现铁路车站联锁的要求,从而完成排列进路、锁闭进路、解锁进路,信号机及道岔控制等任务。

随着列车运行速度不断提高,计算机技术不断发展,计算机联锁系统取代继电联锁成为铁路信号发展的必然趋势。计算机联锁系统具有以下优越性。

1. 性能更好

与继电联锁相比,计算机联锁的设计、施工工作量减少,并且系统可以方便地增加新功能,进一步完善系统功能。计算机联锁提供声、像、图文显示,人机交互功能更加完善,内容更加丰富,信息量更大。

2. 经济性好

计算机联锁的性价比更高,价格低于电气集中联锁,并且体积小,占地面积小。

3. 维护量少

计算机联锁维修工作量小,并且具有自诊断、故障定位功能,降低了维护难度,还可以通过联网实现远程故障诊断。

4. 便于联网

计算机联锁通过与列车调度系统、运行图管理系统联网,可根据调度计划实现进路程序控制。通过与旅客向导服务系统、车次号跟踪系统联网,可构成全方位的计算机综合控制、管理,增强运输调度指挥自动化、智能化水平。

三、列车运行控制系统

高速铁路列车运行速度快，列车制动距离长，完全靠人工瞭望、人工驾驶列车不能保证行车安全，必须装备列车运行控制系统控制列车运行，保证行车安全。

中国列车运行控制系统简称CTCS(Chinese Train Control System 的缩写)，是中国铁路为了保证列车运行安全，以分级的形式满足不同线路运输需求的列车运行控制系统的技术规范。

(一)CTCS的基本功能

CTCS的基本功能是在满足可靠性、可用性、可维护性、安全性的条件下，对列车进行超速防护，保证列车安全运行，向机车乘务员提供驾驶信息及数据输入输出界面，完成设备运行状态诊断记录。

其中，安全防护功能是CTCS的核心功能，主要包括：

1. 防止列车无行车许可运行。

2. 防止列车超速运行，包括：防止列车超过进路允许速度，防止列车超过线路结构规定的速度，防止列车超过机车车辆构造速度，防止列车超过临时限速及紧急限速，防止列车超过铁路有关运行设备的限速。

3. 防止列车溜逸。

(二)CTCS装备等级的选用

CTCS根据系统配置按功能划分为CTCS-0～CTCS-4级。我国高速铁路目前使用的为CTCS-2级和CTCS-3级。

1. CTCS-0级

CTCS-0级由通用机车信号和运行监控装置构成，司机仍然依靠地面信号行车。

2. CTCS-1级

CTCS-1级面向160 km/h以下的普速铁路，由主体机车信号和安全型运行监控装置(LKJ2000)组成。

3. CTCS-2级

CTCS-2级面向200～250 km/h提速干线和高速铁路，是基于应答器和ZPW-2000轨道电路传输信息的列车运行控制系统。车载ATP计算列车行车许可，机车乘务员凭车载信号行车，地面可不设通过信号机。

4. CTCS-3级

CTCS-3级面向300～350 km/h的高速铁路，是基于无线通信(GSM-R)的列车运行控制系统，实现了车—地间的信息双向传输。轨道电路检查列车占用，应答器为列车定位。由无线闭塞中心(RBC)计算行车许可并向列车发送行车许可，机车乘务员凭车载信号行车。

5. CTCS-4级

CTCS-4级面向高速铁路或特殊线路，是基于无线传输信息的列车运行控制系统。CTCS-4级由RBC和车载验证系统共同完成列车定位和列车完整性检查，可实现移动闭塞，是我国铁路未来的发展方向。

(三)CTCS-2级列控系统的构成和工作原理

CTCS-2级列控系统基于轨道电路和点式应答器传输行车许可信息，采用目标距离连续速度控制模式监控列车运行。

CTCS-2 级列控系统由列控车载设备和地面设备组成。列控车载设备主要由车载安全计算机、轨道电路信息读取器、应答器信息接收单元、列车接口单元、记录单元、人机界面等部件组成。列控地面设备由列控中心、临时限速服务器、ZPW-2000 系列轨道电路、应答器等设备组成。

CTCS-2 级列控系统的工作原理：由轨道电路实现列车占用检测及完整性检查，并连续向列车传输控制信息，包括行车许可、空闲闭塞分区数量和道岔限速等。由应答器传输点式信息，包括线路长度、线路坡度、线路固定限速、列车定位、列车进路、临时限速信息等。

1. 调度中心。调度中心通过 CTC 或 TDCS 网络向车站列控中心发送临时限速命令，车站列控中心接收到临时限速命令后返回确认。

2. 车站列控中心。车站列控中心与 CTC 或 TDCS 站机连接获取临时限速命令，与车站联锁连接获取列车进路信息，按照行车计划选择合适时机将临时限速信息和进路信息发送到 LEU 和有源应答器，向列车发送。

3. 车载 ATP。列车运行过程中车载 ATP 设备不断检测列车运行速度，接收轨道电路低频信息，根据空闲闭塞分区数量确定目标距离，结合地面提供的列控动态信息、线路静态信息、临时限速信息及有关动车组数据，计算生成速度—距离模式曲线，通过 DMI 显示列车运行速度、允许速度、目标速度和目标距离等，控制列车运行。

装备 CTCS-2 级列控车载设备的动车组应装设 LKJ 设备。当动车组运行在 CTCS-0/1 区段或在 CTCS-2 区段 ATP 因故障隔离后，由 LKJ2000 控制列车。

（四）CTCS-3 级列控系统的构成和工作原理

CTCS-3 级列控系统基于 GSM-R 无线通信实现车地信息双向传输，无线闭塞中心生成行车许可，轨道电路实现列车占用检查，应答器实现列车定位，并具备 CTCS-2 级功能。

CTCS-3 级列控系统由列控车载设备和地面设备组成。列控车载设备主要由车载安全计算机、轨道电路信息读取器、应答器信息接收单元、列车接口单元、记录单元、人机界面、GSM-R 无线通信单元等部件组成。列控地面设备由列控中心、临时限速服务器、ZPW-2000 系列轨道电路、应答器、无线闭塞中心（RBC）、GSM-R 接口设备等组成。

CTCS-3 级列控系统的工作原理：CTCS-3 级列控系统通过应答器实现列车定位，利用 ZPW-2000 轨道电路实现列车占用和完整性检查，列车通过 GSM-R 无线网络给 RBC 发送列车位置和速度等信息，RBC 根据车载设备发送的信息结合车站联锁的进路信息及限速信息，计算列车追踪距离，向列车发送行车许可，实现列车运行的闭环控制。

车载设备通过 GSM-R 无线网络从 RBC 获取行车许可和线路参数等信息并通过车载安全计算机计算后生成目标距离连续速度控制曲线，在 DMI 上显示允许运行速度和相关信息，并根据列车运行情况，发出不同的语音提示。行车指挥中心对列车运行状态进行监控，并根据不同情况下达调度命令，行车指挥中心与车站联锁和车站列控中心通信，控制车站联锁排列进路，车站列控中心根据车站联锁的进路信息和临时限速信息控制应答器和轨道电路发码。

第四节　高速铁路动车组

一、动车组的定义及组成

(一)动车组

所谓动车组就是由若干动车和拖车或全部由动车长期固定连挂在一起组成的列车。其特征是固定编组,自带动力,可双向运行。

动车组原意是驱动单元的组合(Powered Car Train-set),由于我国高速铁路采用的动车组全部为电动车组,我们通常讲的动车组实际上是狭义的电动车组 EMU(Electrical Mutiple Unit)。动车组是对传统机车车辆模式进行特定改进而提出的概念。传统列车由机车驱动,中间车厢不带动力。此种方式到站时经常需要将火车头与中间车厢解编,在返回方向重新连挂机车,导致了整备时间长,限制运输能力的进一步提高。动车组对这种模式进行了特定改进,提高运输效率,取消传统机车与车辆间的频繁摘挂,把动力单元固定组合在一起。终到站后不再需要对列车进行任何摘挂作业,可双向运行,为了达到这个目标,设置两个司机室。

采用动车组形式的高速列车,可较彻底地解决车端需频繁拆解结构的安全可靠性较低的问题。

(二)动车组的分类

1. 按照动力来源分类

按照动力来源,动车组可分为电力动车组(EMU)和内燃动车组(DMU)。

2. 按照动力配置分类

高速动车组牵引动力的配置基本上有动力集中和动力分散两种形式,如图 6-23、图 6-24 所示。

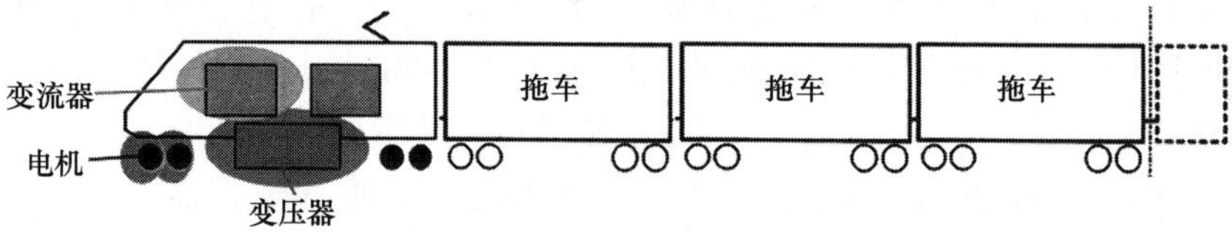

图 6-23　动力集中式动车组

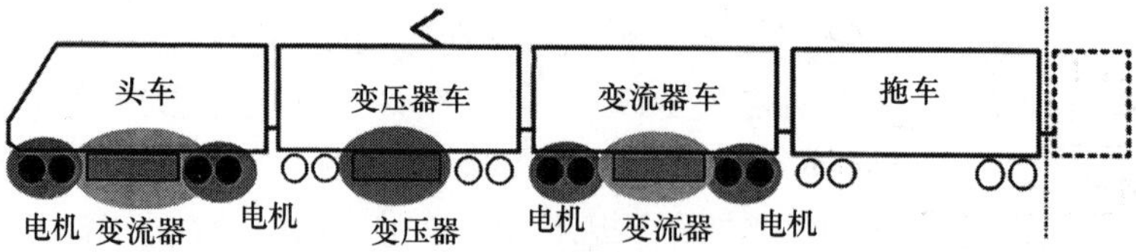

图 6-24　动力分散式动车组

传统的机车车辆模式就是牵引动力集中式配置。列车由一台或几台机车在列车首尾进行驱动。此种方式在黏着一定的情况下,为保证头车牵引力,机车需要适当提高轴重,避免黏着破坏。动力分散则将动力分散至中间车厢上。低速运行时动力集中与动力分散方式无明显优劣。

但随着列车运行速度的提高,轮轨问题转换为主要矛盾。首先,动力集中方式机车过重对轨道产生冲击大；其次，动力集中头车黏着接近饱和而其他车厢黏着未充分利用，而速度越高，可用黏着力越小，黏着利用矛盾越突出。

此外动力集中于头车对动力设备功率造成了限制，难以满足进一步提高速度的要求。高速列车均由动力集中逐步转向动力分散式。

（三）动力分散动车组牵引单元概念

动力分散式动车组由各动拖车编组成列车时，一般先组成牵引单元、再由牵引单元编组成列车。牵引单元配置后，制动系统结构设置、控制系统结构设置也要与牵引单元的相匹配，形成动车组基本骨架。

（四）动车组组成

动车组按系统可分为 13 个系统，包括车体及车端连接、转向架、高压牵引系统、辅助电气系统、供风及制动系统、网络及监控系统、旅客信息系统、车内环境控制系统、给排水及卫生系统、车内设施、驾驶设施、列控车载设备。

二、高速动车组的主要技术特点

高速动车组是材料、机械、电子、计算机和控制等现代技术的一个集中体现，其主要技术特点如下。

1. 流线型的车体头型

高速动车组车体采用流线化设计，有效减少运行空气阻力，减少列车交会压力波。同时车体表面光滑平整，尽量减少突出物，列车底部采用裙、底板遮住车下设备，以减少空气阻力，也可以防止高速运行时异物击打车下设备。

2. 车体结构轻量化

高速动车组的车体轻量化有利于减小轴重，提高列车运行速度，减少列车对钢轨的损伤。动车组车体的轻量化主要通过采用轻型材料和合理优化车体结构。与车体等长的多品种大型中空挤压型材的出现，使铝合金成为生产高速列车的主导材料。

3. 气密性和隔音性能好

动车组高速运行时，车内、外压力波动使旅客感到很不舒服，会引起头晕恶心，压迫耳膜。为了减少车外压力波动反映到车厢内，需要提高车体密封隔声性能，车体、车窗、车门等都要满足密封性要求。高速运行时会产生很大的噪声，为提高旅客舒适度，动车组的隔音性能必须做好。

4. 采用高性能转向架技术

高速动车组转向架采用了无摇枕转向架、空心车轴、空气弹簧等技术，确保了高速运行中的稳定性、平稳性，并具备良好的曲线通过能力，以保证高速动车组安全行驶、旅客乘坐舒适。

5. 采用密接式车钩缓冲装置

高速动车组采用密接式车钩缓冲装置，两车钩连接面的纵向间隙小于 2 mm，上下左右偏移也很小，为动车组的运行平稳性以及电气线路、风管的自动对接提供了保证。

6. 采用交流传动技术

动车组采用的是交流传动装置，其设备结构简单、尺寸小、功率大、维修方便。其牵引电机采用的是三相交流异步电机。当动车组需要牵引时，受电弓将接触网的 AC 25 kV 单相工频交流电输送给牵引变压器,经降压后的单相交流电供给牵引变流器,牵引变流器输出三相交流电供给牵引电机驱动车轮运动。当动车组需要制动时,牵引电机又作为发电机运行,使得车轮旋转动能通过电机转换成交流电,反馈给电网进行再生制动。

7. 采用复合制动

高速动车组实施制动时,制动指令传送到各车的制动控制装置,制动控制装置根据制动指令、速度和列车空重车等信息进行计算,输出所需的制动力,并对再生制动和空气制动进行调节分配,首先输出再生制动,不足部分的制动力由空气制动补足,制动过程中还有防滑控制。

8. 采用自动控制及故障诊断技术

高速动车组的控制、检测与诊断系统是车载分布式的计算机网络系统,负责对动车组牵引、制动、转向架、辅助供电、车门、空调等系统的控制、监视和诊断,提高动车组自动控制与检测能力,便于运用与检修作业。

三、我国高速动车组的发展

我国通过引进、消化、吸收及自主创新的方式,推动我国铁路动车组设计、制造业的现代化。

(一)CRH 系列动车组

我国自 2004 年、2005 年分两个批次引进了四种动车组,形成 CRH1、CRH2、CRH3、CRH5 型动车组四种技术平台。

1. CRH1 型动车组由青岛四方有限公司与加拿大的庞巴迪公司合作,由青岛四方庞巴迪铁路运输设备有限公司(BST)制造,原型是加拿大庞巴迪为瑞典提供的 Regina 动车组。既有快速、舒适、可靠的特点,又满足了中国铁路客运的大运量需求。运营速度 200 km/h,主要用于城市间的短途运输,主要车型有 CRH1A、CRH1B、CRH1E。

2. CRH2 型动车组以日本川崎重工的 E2-1000 型为基础,青岛四方机车车辆股份有限公司通过全面引进设计制造技术在国内生产,运营速度为 250 km/h,主要车型有 CRH2A、CRH2B、CRH2C、CRH2E、CRH2G 等。

3. CRH3 型动车组是唐山轨道客车有限责任公司与德国西门子公司合作,在 VelaroE 动车组基础上开发研制的,通过全面引进设计制造技术在国内生产,最高时速 350 km/h,主要车型为 CRH3C。

4. CRH5 型动车组是由长春轨道客车股份有限公司与法国阿尔斯通公司合作,以法国阿尔斯通为芬兰国铁提供的 SM3 动车组为原型,通过全面引进设计制造技术在国内生产。运营速度为 250 km/h,主要用于北方城市间的旅客运输,主要车型有 CRH5A、CRH5G、CRH5E。

(二)CRH380 系列动车组

经过消化吸收,我国在 CRH 动车组基础上研制生产了 CRH380 系列动车组,主要车型包含 CRH380A(L)、CRH380B(L)、CRH380CL、CRH380D 等新一代高速动车组。

1. CRH380A 型动车组由青岛四方在 CRH2C 动车组基础上自主研发,于 2010 年投入运营,运营最高速度 350 km/h,设计最高速度 380 km/h。CRH380A 型动车组编组为 6 动 2 拖,CRH380AL 型动车组编组为 14 动 2 拖。

2. CRH380B 型动车组是由唐山轨道客车和长春轨道客车有限责任公司在 CRH3C 动车组基础上自主研发的，于 2011 年投入运营，运营最高速度 350 km/h，设计最高速度 380 km/h。CRH380B 型动车组编组为 4 动 4 拖，CRH380BL 型动车组编组为 8 动 8 拖。

3. CRH380CL 型动车组是由长春轨道客车股份有限公司在 CRH3C、CRH380BL 动车组基础上自主研发的，于 2013 年投入运营，列车编组 8 动 8 拖，运营最高速度 350 km/h，设计最高速度 380 km/h。

4. CRH380D 型动车组是由青岛四方庞巴迪铁路运输设备有限公司基于庞巴迪 ZEFIRO 平台研发的，于 2014 年投入运营，4 动 4 拖，运营最高速度 350 km/h，设计最高速度 380 km/h。

（三）复兴号动车组

复兴号动车组列车，是中国标准动车组的中文命名，是由中国国家铁路集团有限公司牵头组织研制、具有完全自主知识产权、达到世界先进水平的动车组列车。我国复兴号动车组新的命名方法为“CR”，表示中国铁路（China Railway），三个速度等级分别为 CR400、CR300、CR200，对应的持续运行速度分别为 350 km/h、250 km/h、160 km/h。

1. 复兴号动车组的特点

（1）全面实现自主化

中国标准动车组构建了体系完整、结构合理、先进科学的中国动车组技术标准体系，具有创新性、安全性、智能化、人性化、经济性等特点，复兴号整体设计以及车体、转向架、牵引制动等关键技术都由我国自主研发，在 254 项重要标准中，中国标准占 84%。

（2）互联互通性好

中国标准动车组具备互联互通，即不同厂家生产的相同速度等级动车组能够重联运营、不同速度等级的动车组能够相互救援。互联，通过统一机械接口，实现物理互联。互通，通过统一电气接口，实现逻辑互通。互操作，通过统一操作界面、工作模式实现两列动车组重联互操作。

（3）性能更好，寿命更长

中国标准动车组在降低全寿命周期成本、进一步提高安全冗余等方面加大了创新力度，为适应中国地域广阔、温度横跨零上零下 40 ℃、长距离、高强度等运行要求，复兴号动车组进行了 60 万 km 运用考核，比欧洲标准还多了 20 万 km，整车性能指标实现较大提升。复兴号动车组的设计寿命达到了 30 年，而和谐号动车组是 20 年。

（4）流线型更好

复兴号动车组采用全新低阻力流线型车头和车体平顺化设计，外观更加优雅，运行时更加节能。复兴号动车组受电弓下沉式设计，降低了列车阻力。在 350 km/h 运行速度下，人均百公里能耗下降 17%左右。

（5）容量更大

复兴号动车组车身内部空间更大，因为列车高度从 3 700 mm 增高到了 4 050 mm。虽然断面增加、空间增大，但按时速 350 km 试验运行，列车运行阻力、人均百公里能耗和车内噪声明显下降，而且座位间距更宽敞。

（6）舒适性更高

复兴号动车组空调系统充分考虑减小车外压力波的影响，通过隧道或交会时减小耳部不适感。列车设有多种照明控制模式，可根据旅客需求提供不同的光线环境，并且全车均覆盖了 Wi-Fi 网络。

(7)安全性更高

复兴号动车组设置智能化感知系统,建立强大的安全监测系统,全车部署了 2 500 余项监测点,能够对走行部状态、轴承温度、冷却系统温度、制动系统状态、客室环境等进行全方位实时监测,采集列车的各种状态信息,为全方位、多维度故障诊断和维修提供支持。当列车出现异常时,还可以自动报警或预警,并能根据安全策略自动采取限速或停车措施。在车头部和车厢连接处,还增设了碰撞吸能装置,在出现意外碰撞时,可通过装置变形来提高动车组被动防护能力。

2. 复兴号动车组的型号

(1)CR400

CR400AF 系列主要有 CR400AF、CR400AF-A、CR400AF-B、CR400AF-C、CR400AF-G 等。

CR400BF 系列主要有 CR400BF、CR400BF-A、CR400BF-B、CR400BF-C、CR400BF-G 等。

(2)CR300

CR300AF 和 CR300BF。

(3)CR200

CR200J(动力集中式动车组)。

思考题

1. 无砟轨道的优点都有哪些?
2. 高速铁路桥梁分为哪几种形式?
3. 安全防护功能是 CTCS 的核心功能,主要包括哪些内容?
4. 复兴号动车组的特点有哪些?

第七章　优秀班组案例

案例一　北京南站客运车间润秋服务组

一、班组情况

北京南站润秋服务组成立于2010年11月，以全国劳动模范、优秀共产党员张润秋名字命名，专门为老幼病残孕等重点旅客提供爱心服务，是北京局集团公司优质客运服务品牌。服务组现员14人，其中共产党员3人，共青团员7人，组员平均年龄24岁；技能等级方面，服务组现有高级技师1人，中级技师4人。

润秋服务组通过"润秋热线""润秋博客""润秋微博""润秋名片"，全方位为旅客提供咨询、引导、帮扶等"爱心一条龙"服务，赢得了"外地旅客的导游""残疾旅客的亲人""老年旅客的女儿""年轻旅客的朋友""儿童旅客的阿姨""外籍旅客的翻译"等美誉。润秋服务组成立以来，先后收到9 000多封表扬信、800多面锦旗，先后被《人民日报》、新华社、中央广播电视总台、《光明日报》及地方各类媒体宣传报道1 200余次，先后涌现出北京市劳动模范、中国青年志愿者优秀个人、全路最美青工、北京市春运优秀志愿者、北京局十大杰出青年等一批先进典型和业务骨干。润秋服务组牢固树立"以服务为宗旨，待旅客如亲人"的服务理念，充分发挥现代化高速铁路车站的优势，让旅客享受快乐出行，成为"中国高铁第一站"的一道靓丽的风景线。

二、获得荣誉

2010年成立以来，润秋服务组先后荣获"全国五一巾帼标兵岗"、"全国铁路党内优质品牌"、"全国铁路巾帼标兵岗"、"中华志愿助残阳光团队"、北京市"青年文明号"、"首都学雷锋志愿服务示范岗"、北京局集团公司"十佳女职工标杆班组"等荣誉称号。

三、管理经验

1. 提炼工作方法

润秋服务组精心设计服务细节，进一步拓展和总结提炼"六式六心"服务法、"三勤、三到"的服务"三字经"以及全程服务法、跟随服务法、主动服务法等工作方法。

(1)"六式六心"服务法

一是"预约式"服务法，让旅客"省心"；二是"主动式"服务法，让旅客"暖心"；三是"倾听式"服务法，让旅客"舒心"；四是"承诺式"服务法，让旅客"放心"；五是"专属式"服务法，让旅客"称心"；六是"特办式"服务法，让旅客"顺心"。

(2)"三勤、三到"的服务"三字经"

三勤：勤微笑、勤观察、勤问候；三到：眼到、话到、手到。

(3)全程服务法

专门针对老年旅客行动不便、眼力听力减弱的特点，采取"一扶、二问、三引导"。"一扶"是防止老人滑倒;“二问”是弄清老人乘坐的车次和去向,防止坐错车或坐错方向;“三引导”是从检票、进站一直到上车全程引导陪送,防止途中发生意外。

(4)跟随服务法

专门针对腿脚不便残疾旅客自尊心强、不愿轻易接受帮助的特点,保持一定距离跟随观察,语言、表情自然适度,体现一种尊重与关爱,一旦发生情况立即上前帮助。

(5)主动服务法

特别针对外籍和年轻旅客时代感、好奇心和求知欲望强等特点,主动介绍南站环保节能设计理念,介绍“零换乘”概念,为他们讲解高速列车的速度、车型等知识,使外籍和年轻旅客对铁路发展有一个充分的了解。

2. 练就过硬本领

润秋服务组工作繁忙,从早到晚接听旅客来电,为旅客解决各种问题。服务组成员每天不仅要主动发现和帮助重点旅客,提前接送预约的重点旅客,同时还要协助客运三班做好重点列车的放行工作。在繁重忙碌的工作中,服务组成员坚持对每一位旅客面带微笑,主动询问是否需要帮助,尽全力做好重点旅客的引导和送站服务。同时,服务组成员对其他班组发现的重点旅客,也主动接管,协助做好为重点旅客进出站、上下车的全程服务。春暑运期间,服务组成员往往要在高架、站台往返奔波数十里,加班加点是常事,却无人叫苦。班组成员坚信,服务是没有捷径的,唯有用心和全力以赴,设身处地为旅客着想,急旅客之所急,解旅客之所难。

班组成员练就了过硬的基本功。为将“零换乘”的特色充分凸显,润秋服务组全员先将所有在北京南站停靠的公交车和地铁都乘坐一遍,做到了线路、站点“两清楚”;又将北京南站的列车到发车时刻、周边的餐饮、酒店都熟记于心,对热门城市的旅游景点、民俗民风都了然于胸,方便为旅客做好导游;为熟悉每个商户、ATM 机、手机加油站等服务设备设施的具体位置,服务组成员手绘了北京南站导航图;为方便旅客出行中的意外需求,服务组成员自备了针线包、大头针、别针等细小备品。“问不倒”靠的是技术,“问不恼”凭的是真心,润秋服务组练就的过硬本领,展现了对客运工作的热爱、对服务旅客的精益求精,对创造出世界一流的高铁服务品质的不懈追求。

3. 推动服务创新

润秋服务组不断创新拓展服务领域,服务设施愈加先进智能,从最初的润秋服务台发展为集重点旅客候车区、军人候车区、儿童娱乐区、医疗服务点、母婴哺乳室于一体的多功能爱心服务专区,为不同群体的旅客提供服务。

近年来,随着网络购票、刷脸进站、电子客票等服务的智能化,润秋服务组不断拓展“线上服务”新领域,先后通过润秋博客、润秋微博建立高铁站与站、站与车联网联动服务机制,为旅客提供更高品质的服务,率先实现高铁客运服务从“一个站”到“一张网”的延伸与辐射。

4. 营造品牌氛围

润秋服务组致力于完善“润秋服务组”文化体系,建设“润秋服务组”文化载体和阵地。

(1)设计“润秋服务组”工作环境,设计爱心服务区文化墙,设计润秋服务组服装、logo 及名片,树立服务形象。

(2)持续做好润秋微博客的日常维护和信息发布工作,将“润秋微博”打造成为品牌微博。在站报《高铁先锋》、宣传栏等车站宣传阵地大力宣传“润秋服务组”品牌精神,形成共同打造“润秋服务组”品牌的良好氛围。

5. 强化人才培养

(1)细化完善“润秋服务组”岗前培训内容,做好“润秋服务组”培训工作。服务组内有经验的职工在做好服务的同时,积极发挥带动作用,率先垂范,用行动影响服务组的年轻同志,满腔热情向年轻客运员传授服务体会和经验。张润秋同志把自己用心摸索出的一套服务不同身分、不同年龄、不同需求旅客的方法和技巧,在业余时间汇编成册,发到服务组成员手中;其他有经验的职工也根据高铁旅客特征,梳理归纳了《重点旅客服务流程》,建立回头客基本情况信息库、预约旅客登记簿,切实方便其他职工开展工作,提高服务效率。

(2)强化日常礼仪、急救、手语、英语等必备知识技能的学习,鼓励服务组成员考取心肺复苏、创伤救护等相关的资格证书。

(3)组织学规背规、演练实操活动。

(4)加强服务技能互学互鉴。与“当代雷锋”郭明义、民航“北京女子塔台”班组、高铁第一司机李东晓、京藏车队等先进个人、集体以及十余所高校进行常态交流,共建志愿服务基地,互学服务经验和技巧,以高标准培养服务技能人才。

案例二　张家口车务段沙城站一调丙班

一、班组情况

张家口车务段沙城站一调丙班现有职工 4 人,有 2 名共产党员,2 名共青团员。目前主要担负着沙城站机车车辆周转、解编,专用线取送作业及货物安全送达等任务。

二、获得荣誉

1. 2014 年北京局集团公司青年安全生产示范岗。

2. 2021 年河北省“青年文明号”。

3. 2021 年北京局集团公司建功立业先进班组。

4. 2022 年北京局集团公司“毛泽东号”式班组。

三、管理经验

1. 以“干”重实践、争一流

沙城站一调丙班突出结果导向,增强“先行”意识,用钉钉子精神干好每一钩活。一是坚持以“责任心+责任制+基本功=安全正点”的岗位准则为基准,以较强的责任心、完善的责任制、扎实的基本功保证现场作业安全。作业人员牢固树立对规章标准的敬畏意识和安全责任意识,把标准当习惯,坚持执行作业标准,严格落实调车作业标准化流程。作业前及时开展安全研判预警,班中做好预警提示、互控联防和安全关键卡控,严格落实调车作业标准,发挥联防互控机制作用,一人作业大家监督,大家作业互相监督,以“一点不差,差一点也不行”的标准进行安全卡控,有效防范安全隐患问题的发生,保证了班组作业安全有序。二是充分利用年轻人善于思考的特点,对日常作业方法提炼总结,先后总结出推峰作业“三掌握、六不推、十不提”、作业流程“五必须”、作业重点“四清楚”等作业方法,并向其他班组进行推广实践。多年来正是班组每一名成员严格落实调车作业制度和一丝不苟的作业态度,在作业中“多走一步、多看一眼、多问一句”将安全隐患消灭在萌芽中。

2. 以“学”强意识、练内功

沙城站一调丙班坚持以标准化规范化班组建设为目标，把政治理论和业务学习作为提高思想意识和作业标准的重要途径，着力提升作业人员业务素质。通过“创建学习型班组、争做知识型职工”活动，树立终身学习的理念。一是党员发挥引领示范作用，组织班组所有人员开展潜心自学、集体研学、党员领学、典型带学。班组业务骨干主动上手，结合每个人暴露出的业务方面的问题，一对一给予帮助解决问题。二是扩展载体“创新学”，利用学习园地、有声图书馆等多种载体，开展政治理论学习。通过“每日一题”“岗位练兵”“青工拜师学技”等活动，有效促进班组人员业务技能的提升。

3. 以“管”抓规范、促落实

班组坚持问题导向，查找作业中的问题，严格按照班组规定作业，按照制度程序作业，让规矩纪律入脑入心，不断提升班组管理水平。一是突出“建章立制”。建立健全班组劳动纪律、岗位责任制、岗位作业标准、岗位作业程序、岗位安全事项、青工技术学习制度等班组管理制度，规范每一个人的行为。在班组建设方面总结出“四心”，即在生活工作上多一点关心，在教育培训上多一点用心，在安全管理上多一点细心，在控制两违上多一点耐心。二是突出“兵团作战”。发挥整体和个人的不同优势，形成合力推动班组管理再上新台阶。班组每一个人都参与管理，全员制定、全员执行、全员监督，人人都是管理者，人人又都被管理，每班将问题记录到车间工作日志并考核到个人。每天利用班前会时间轮流发言，做自我反省，结合当天天气、作业特点，对作业进行安全预想，营造了良好氛围，在学习和反思中不断提高自我管理能力。同时注重学习其他班组优秀管理经验，寻找差距，借鉴经验，对照改进，每人都要写出书面材料并定期做交流。

案例三　天津货运中心曹妃甸营业部曹妃甸南货运甲组

一、班组情况

天津货运中心曹妃甸南货运甲组现员 14 人，承担曹妃甸港疏港矿粉货物运输任务，曾取得营销增运货物近百万吨安全一事不出的优异成绩。曹妃甸南货运甲组始终继承和发扬“报效祖国、忠于职守、艰苦奋斗、永当先锋”的毛泽东号精神，积极践行“责任心＋责任制＋基本功＝安全正点”的京铁员工岗位准则，在曹妃甸南疏港矿石“公转铁”增量运输的日常实际工作中，切实发挥曹妃甸南货运甲组“想干事、能干事、干成事”的特色，积极争当天津货运中心创先争优的排头兵。

二、获得荣誉

1. 2021 年度北京局集团公司“毛泽东号”式班组。
2. 2021 年度北京局集团公司“工人先锋号标杆”集体。
3. 2021 年度北京局集团公司建功立业先进班组。
4. 2021 年度北京局集团公司技术比武团体第一名。

三、管理经验

1. 加强学习，筑牢思想教育根基

一是通过班前会、班组会、专题研讨会、宣讲会等组织全体干部职工深入学习报效祖国、服务人民的坚定信念，学习忠于职守、责任至上的优秀品质，学习艰苦奋斗、苦干实干的优良作风，学习与时俱进、永当先锋的进取精神。二是通过专题学习、事迹介绍、故事分享等多种形式将中国铁路精神的时代内涵讲懂、弄通、悟透，用身边人身边事讲好新时代中国铁路精神的实质。三是通过微信群、LED显示屏、H5网页等媒介将学习资料及时分享给干部职工，拓宽干部职工学习渠道，确保班组成员做到随时学、日日学、处处学，形成班组强大的精神合力。

2. 优化组织、促进运输生产

曹妃甸南货运甲组围绕提升疏港矿石装车效率，不断挖掘曹妃甸南疏港装车潜能，最大程度地优化装车作业流程，通过班组成员间的经验交流与探讨，提出并督导港口装车单位实施了“四平行”和“四提前”作业法。“四平行”即封堵和推空车平行作业、装车和平车平行作业、查验重车和清扫车体平行作业、防冻液喷洒和装车平行作业。“四提前”作业法，即提前起流程、提前对货垛、提前平车、提前做好验车准备。“四平行”和“四提前”作业法实施后，每列装车作业时间共计压缩210分钟，单列装车总时间从接手曹妃甸南站时的7小时，成功压缩至3.5小时，时间压缩一半，装车效率提高1倍。

3. 狠抓安全风险、确保隐患消除

通过完善班组内协调配合机制，健全货细条款和职工作业指导书，进一步优化作业制度和办法，夯实安全基础。一是加强源头把控。针对营业部实际作业特点，全部装卸工作量均位于专用线内，由各专用线企业运输员担当第一责任人，盯控好现场作业，严格把控装载质量。二是班组中的外勤和内勤货运员发挥第二层把关作用，卡控出车质量，实行严格的班组奖惩考核机制，督促货运员落实装卸车交接检查职责，提高交接检查质量。三是班组长切实发挥作用，针对每日装卸作业情况，对安全风险高的现场作业做好联防互控，把好最后关卡。四是推进“三级安全卡控技术关”，安装高清监控19套，装车点安装轨道衡8台，并利用手持机等设备对装卸车作业情况进行高精度的安全卡控，确保装卸车作业无问题、无死角。

案例四　北京客运段京张高铁“雪之梦”乘务组

一、班组情况

1. 班组介绍

2020年3月1日，京张高铁“雪之梦”乘务组正式成立。自成立那天起，“面向冬奥，服务人民”就是“雪之梦”乘务组的工作宗旨。作为展示中国高铁服务形象的重要窗口，京张高铁奥运专线上的“雪之梦”班组品牌，全面提升了客运服务质量，形成“高标创优、纪律严明、创新驱动、服务至上”精品服务标准。服务冬奥期间，“雪之梦”乘务组共有135人，其中包含7个冬奥服务小组，平均年龄25岁。

2. 承担任务及工作范围

“雪之梦”乘务组担当北京北至太子城、崇礼、延庆方向冬奥专线值乘任务。

二、获得荣誉

1. 2021年度北京局集团公司“毛泽东号”式班组。

2. 2021、2022年度北京市“青年文明号”。

3. 2021年度局北京局集团公司三八红旗班组。

4. 2021年度北京局集团公司十佳女班组成员标杆班组。

三、管理经验

1. 业务学习

对标国际一流标准，量身定制系列培训方案。两年共开展了21轮脱产培训学习，经过专家、教授面对面授课，用全面精准、丰富实用的现场教学，通过传统文化、冬奥文化、企业文化的熏陶浸润，班组成员在业务知识、服务技能、应急处置，以及冬奥知识、英语、手语、礼仪妆容等方面得到了跨越式提升，实现了内外兼修的目标。

2. 团队建设

(1)发挥组织作用，为“雪之梦”筑基

以乘务标准化作业、践行“责任心＋责任制＋基本功＝安全正点”京铁员工岗位准则等项点为创岗建区活动标准，抓实抓好党员在高铁乘务工作中的表现和作用。

(2)确立旅客认可、班组成员认同的服务理念

树立“尽心尽力、尽职尽责、尽善尽美”的服务理念，这12个字体现了客运服务宗旨，既是工作标准，又是职业规范。以此理念为基础建立高品质、人性化、全方位的服务体系。

3. 理论提炼

服务旅客是铁路客运系统工作的核心。“雪之梦”乘务组总结出四个适用于旅客的服务体系。

(1)温馨服务体系

旅客的需求是服务导向，旅客的满意是服务目标，旅客的认可是服务追求，用真诚服务旅客，用真心留住旅客，用真情感动旅客，营造温馨、舒适的乘车环境。

(2)用心服务体系

以旅客为中心，真正了解旅客需求，践行“深入人心，以心交心”理念。用爱心细心耐心，换旅客放心安心舒心；营造优美乘车环境，维护良好乘车秩序，提供优质乘车服务，让旅客体验更美好。用心服务，永不止步。

(3)精准服务体系

创新精准服务思路，完善精准服务方法。注重分析旅客特点，准确掌握旅客需求，提供针对性、个性化服务，做到因人而异、因人而宜。

(4)文化服务体系

设定高速铁路时代服务新目标，强化历史文化、旅游文化、铁路文化、冬奥文化的学习掌握，积极传播冬奥理念，大力弘扬中华民族优秀传统文化，提升班组成员综合素质，全面推进高铁列车文化服务落地压实。

4. 方法创新“四个三”创新工作法

(1)控风险，勤自检。

“出乘前三检查”：检查班组成员身体健康、检查班组成员妆容着装、检查班组成员业务掌握，为乘务工作质量奠定坚实基础。

(2)查隐患，心不乱。

“值乘中三汇报”：遇重点旅客要及时汇报，发现行车设备问题要及时汇报，发生列车突发事件要及时汇报，为列车应急处置争取宝贵时间。

(3)常沟通，团队安。

“退乘后三诉说”：诉说遇到的特殊事情、诉说处理事情的过程和情绪、诉说事后的感受和

包袱，为缓解班组成员心理压力提供坚强保障。

(4)重思想，齐向前。

“日常三培育”：培育班组成员用“心”工作，培育班组成员用“勤”服务，培育班组成员用“责”履职，为追梦之旅凝心聚力。

5. 精神传承

冬奥会后，为传承北京冬奥精神，“雪之梦”37 名京张高铁列车乘务员被优选出并分配到京广、京沪、京哈等高铁列车上。此举产生涟漪效应，“和善”乘务组、“筑梦彩虹”乘务组、“暖阳”乘务组等 21 个品牌班组像雨后春笋般出现在这些高铁列车上。“雪之梦”的乘务员就像星星之火，促进了客运整体服务水平提升，赢得了旅客广泛赞誉。

案例五　丰台机务段丰台西运用车间第十七指导组

一、班组情况

丰台机务段丰台西运用车间第十七指导组现有成员 29 人，其中共产党员 3 人、共青团员 15 人，平均年龄 35 岁。组内有高级技师 2 人，技师 5 人，其他技能等级 22 人。主要担当京沪线北京至沧州间货运列车牵引任务。

二、获得荣誉

2021 年度北京局集团公司“毛泽东号”式班组。

三、管理经验

1. 聚焦制度建设，夯实管理基础

第十七指导组把“求新求变求发展，平凡岗位当尖兵”作为班组核心价值观，组织开展建言献策活动，增强班组成员主人翁意识，明确工作方向、确定创建目标，着力打造强思想、有担当，强业务、有能力，强管理、有成绩的“三强三有”先进班组。

班组深入学习“毛泽东号”机车组的管理理念、制度、方法，不断优化各项管理机制，细化管理模式，梳理修订“交接班”“考勤”“班前预想、班中互控、班后总结”等 12 项基本管理制度，建立“明职责、重标准、细考核”的管理机制，引导班组成员把严格落实标准化规范化作业程序作为职业底线，把爱岗敬业作为职业道德规范、把诚实守信作为职业基本准则、把遵章守纪作为职业必要保证，达到班组管理制度化，职工作业规范化，从制度管理层面实现班组自管自控。

在管理上，该班组采用分工管理，班组成员充分发挥各自的优势和长处，分别负责理论学习、机车质量、工团组织等不同的工作，建立岗位职责和责任制、一次出乘作业标准化、标准化司机室定置管理等制度，让制度成为班组保安全的“定海神针”。

2. 团队建设

(1)聚焦思想引领，筑牢信念基石

第十七指导组将思想引领作为班组建设的“根基”，坚持以思想教育促进班组成员坚定理想信念，定期召开学习会，共同学习领会习近平总书记关于安全生产的重要论述和系列讲话精神，以理论学习促进班组成员树立政治意识、大局意识，增强理论水平，用理论指导实际工作。

班组常态化学习践行“毛泽东号”精神，充分发挥“毛泽东号”所在段职工的优势，组织班组成员参观“毛泽东号”机车展室，了解“毛泽东号”机车组支援抗美援朝运输、特级英雄郭树德等红色故事，每月到“毛泽东号”班组，现场与“毛泽东号”班组成员交流管理和班组建设经验，虚心请教平稳操作的方法、技巧，定期将“最美铁路人”“最美京铁人”等典型人物事迹推送至微信工作群组织全员学习，让大家时刻以榜样为目标，见贤思齐、勇争一流。还利用班组会、月度会等时机集体观看安全事故案例，树牢“荣辱一把闸，最后一道关”意识，进一步强化“保安全”的思想共识，锤炼出素质过硬的团队。

(2)聚焦人文关怀，凝聚奋进力量

“人心暖了，工作也就好开展了。”近年来，班组异地职工增多，班组长经常利用休息时间与青年职工同吃同住，一起谈心交流，了解班组成员的生活情况，关注班组成员的身体健康，解决工作中、生活中的困难，让班组职工感受到“大家庭”的温暖。

班组成员相互之间都有一种互相体贴的“默契”，班组长组织大家及时为过生日的成员送上祝福，本地的师傅在出乘时会给外地不能回家的伙计带暖心的家常菜，班组成员家中有困难的，彼此都会相互帮忙，形成了融洽、和谐的集体氛围。

3. 聚焦人才传承，助力持续发展

第十七指导组重视人才队伍建设，不断丰富组员的知识储备，提升专业素养。班组长正视组员业务素质差距，逐步摸清每个人的实际业务水平，采用“前带后”的方式，通过合理配班，结成“党员帮教”“先进带后进”等“一帮一”学习对子，带领行车经验较少的组员苦练基本功，落实责任制，有效促进了人员综合素质提高。班组还依靠创新工作室，发挥青年职工创新积极性，班组成员在段 QC 小组活动、集团公司技术比武竞赛中均取得良好成绩。

4. 聚焦技能提升，保障安全正点

第十七指导组将“德能以勤，融变精匠”作为自己的班组精神，争做“毛泽东号”精神的践行者，结合组员的实际进行有针对性的补强，夯实基础，练就过硬的技术业务能力。班组成员根据现场实际需求，每月制订学习培训计划，为业务素质较差人员留题备课，通过学习会及班组会议等方式讲课讨论，增加学习主动性、检验学习成效。让行车经验丰富的老师傅对青年职工进行言传身教，对于不常走的线路使用模拟机教学、对于经常发生的机车故障问题和非正常行车处理办法现场培训，提高职工业务水平和应急处置能力。通过录制教学视频等方式，对不常见的机车故障进行教学传达，提高班组成员业务能力，便于日常操纵中及时处理不常见的问题，将行车风险降到最低。

同时，班组结合货运机车工作实际制作“一次作业标准化流程图”，并编辑成一套顺口溜，班组成员的技术攻关成果“京沪线 HXD2B 型机车平稳操纵办法”，在集团公司机务系统推广交流，为列车安全正点保驾护航。

在这样一个年轻的集体中，班组聚焦思想引领、制度建设、技能提升、人文关怀等方面，大力推进标准化规范化建设，强化班组整体管理水平，让“责任心＋责任制＋基本功＝安全正点”的京铁员工岗位准则在生动的实践中绽放光彩。

案例六　天津机务段津幗追梦班组

一、班组情况

天津机务段津帼追梦班组共有职工 37 人，其中大学本科及以上学历 30 人，占班组总人数

81%,是车间学历最高的班组。班组中女职工31人、平均年龄26岁,是集团公司唯一一个女性动车组司机班组,主要担当京津城际铁路乘务任务。

二、获得荣誉

1.2021年度北京局集团公司建功立业先进集体(班组)。

2.2021年国家级质量信得过班组。

三、管理经验

1. 强化思想教育引领,树牢忠诚担当的责任心

班组不断强化思想引领,筑牢思想根基。一是做好思想政治培育。班组坚持以每月政治理论学习、"京铁手机报"常态化答题为抓手深入开展学习教育,加强思想教育引导,培养了班组高度的主人翁精神和强烈的政治责任感。在"急、难、险、重"各项工作任务中服从命令、听从指挥,发挥突出先锋作用。积极开展党史学习教育,利用诵读红色故事提升班组成员党性修养。班组31名女职工中共有共产党员12人、预备党员5人、发展对象2人,另外12人也向党组织递交了入党申请书,为争取早日入党,她们不断学习政治理论知识,提高自身政治意识,时刻以党员标准严格要求自己,处处发挥模范先锋带头作用。二是锤炼职业道德品质。通过开展"学习规章、敬畏规章"及事故案例宣讲,树牢高铁旅客列车安全的政治红线和职业底线;班组与"毛泽东号"机车组"一对一"结对子,跟车感受和学习"毛泽东号"机车组按标作业精神,亲身学典型、讲体会、谈感受,将"责任心+责任制+基本功=安全正点"的京铁员工岗位准则铭刻于心。

2. 筑牢班组管理基础,打造规范严谨的责任制

班组不断摸索和完善具有女性乘务员特点的班组管理规范。一是健全完善制度。班组先后协助车间制定了《女性动车组司机一次出乘作业指导书》《女性动车组司机塑形手册》《动车组女司机行车指南》等管理规范,班组还提炼了从出勤到退勤整个过程的"一二三"一次出乘作业标准和"六心"作业法,筑牢了津帼追梦班组管理基础。二是开展品牌创建。班组积极配合协助车间围绕女司机管理、培训、标准、塑造、人文五个方面,全方位打造动车组女司机品牌。班组在段各层级的指导帮助下创建了津帼追梦创新工作室,2021年工作室完成了"动车副司机领航式呼唤作业标准"视频、"动车组司机、副司机互评系统"等5项成果。三是创新管理方法。班组管理坚持"严"字当头,不断提升高铁安全无小事的意识;坚持以数据形式分析组内成员学习和工作情况,通过开发司机、副司机互评机制平台,查找日常存在问题,及时组织整改;组内实施竞争上岗,将精神状态、遵章守纪、培训质量、按标作业等综合评定结果作为竞争上岗依据,充分调动班组职工积极性。

3. 抓实业务素质培育,锤炼精湛过硬的基本功

班组将业务理论基础和乘务实际作业作为业务培育主线。一是夯实理论基础。理论培训突出"实用、管用",将培训内容进行分解,依据模块化教学并考试验收,针对薄弱环节及时组织专项补强培训;实作培训突出"标准、精准",充分利用司模、体感教学设备等进行人身安全、标准化作业、非正常行车等培训,将标准化作业贯穿培训全过程。二是提升应急能力。班组利用司机模拟驾驶操纵台还原实际操纵场景,从实战角度出发,找准培训方面症结,突出在讲应急处置流程同时,更要讲清为什么要这么做,在熟练掌握作业流程的同时,也能够深刻领会应急处置的含义,使培训教育更具针对性。三是丰富培训方式。班组每周抽调组内技术骨干、业务能手为组内其他成员"开小灶",定期开展问卷调查,了解班组成员想学什么,以此来提升组员

学习兴趣。通过培训，第一批女司机已经顺利取得动车组司机驾驶证，通过理论实作鉴定已经具备上岗值乘标准，同时在应对突发事件、处置非正常行车、应急动车组常见故障等方面已经达到合格标准。

4. 着眼班组文化建设，铸就和谐进取的班组魂

津帼追梦班组将关心爱护融入日常，营造和谐、温馨、进取的大家庭氛围。一是开通生活热线。班组建立了女职工互帮互助群，便于相互沟通、互帮互助，及时了解班组成员在工作和8小时以外生活状况，在生日、结婚等特殊日子里以小视频等方式送去祝福，营造温馨、家的氛围。二是丰富文化生活。班组女职工积极参加书香铁路女职工读书、文艺汇演、“振兴杯”青工职业技能网络赛、法律知识竞赛等系列活动，征集征文14篇、创作视频3个、完成绘画作品12幅，并多次获得集团公司奖项。

案例七　邯郸机务段邯郸客车运用车间第一指导组

一、班组情况

邯郸机务段邯郸客车运用车间第一指导组职工28名，主要担当京广线石家庄至郑州间400多公里的旅客列车牵引任务。该指导组每天有三分之二的司机在线上值乘，使用机车涉及四个铁路局集团公司五种机型，担当直达、特快、快速三种速度等级的列车，安全标准高、操纵隐患多、作业任务重、岗位高度分散，对班组的管理水平要求较高，管理难度较大。

二、获得荣誉

2020年度北京局集团公司“毛泽东号”式班组。

三、管理经验

1. 坚持思想引领

邯郸机务段客车运用车间第一指导组坚持学习“毛泽东号”精神，树立“把大事做对，把小事做细，把难事做成”的工作理念，通过日常开展党史路史、先进典型政治意识教育，彰显“客车是天、客车是命”的重要意义。班组强调“安全第一、生命至上”，把工作中的小问题当成思想上的大问题，凡事深挖思想根源，引导班组职工“爱党爱路、爱段爱岗”，在工作中充分发挥主观能动性，引导教育职工把主要的精力用到“做”上，而不是事后的“复检”上，体现“稳(严格执行作业流程)、准(看好再做、看准再动、听清再回)、精(作业更精细、操纵更精心)”的工作态度，确保运输平稳有序。

2. 注重学技练功

该指导组日常注意督促全员学习、共同提高，加强对新制度、新要求的学习理解，引导和督促职工积极参加技术比武和学技练功活动，形成了良好的学习氛围。指导组先后两任班组长在集团公司司机组技术比武中分别获得第一、第二名的优异成绩。班组注重发现和培养人才，先后选送11名选手参加各级技术比武并取得优异成绩。除此之外，班组还成立了QC攻关、平稳操纵、技术比武等5个兴趣小组，为职工扎实增强基本功搭建平台。

3. 强调自我管理

班组长率先垂范，确保自身业务素质过硬，不怕吃苦，不怕吃亏，甘于奉献，以身作则，带动全组职工逐步提高。组内精心选配党员小组长、工会小组长、团员小组长、安全员、教培员、宣

传员、家属联络员。四长四员各司其职，分工负责，利用休班时间定期到班组讨论学习，做好新职及后进职工的帮扶工作，调动大家的工作积极性，增强班组凝聚力。在经验交流方面，班组推行“人人皆可为老师”的团队理念，充分调动大家积极性，在优化作业流程、完善措施办法、创新思路方法、消除安全隐患等方面群策群力、合力攻关，班组总结提出的“带徒高效速成法”“立体瞭望五要素”等职工作业法，在职工作业中被广泛应用。在作业互控上，班组还大力倡导“以司机为主体，副司机领航式互控”的作业模式，倡导“同班互控”理念，推广落实“三严三到位”作业法，以高度的敬畏心认真落实作业标准。

4. 推动团结互助

在关心职工方面，班组明确做到“五在前”“三必访”“三必帮”。日常工作中，班组不放过每件小事，结合个人特点采取不同方法，补短板促提高。在遇到急难险重任务时，指导组成员互相帮助，共保任务完成。同时建立“班组园地”做好重点事务公开，畅通组员间相互沟通的渠道。组建家属联络群，搭建职工家属之间的友谊桥梁，定期组织召开家属座谈会沟通交流，将各类先进事迹、典型人物在家属群大力宣扬，提升职工家属的成就感，并征集家属的意见建议，改进班组工作。班组倡导“和而不同，分而不散”的团结文化理念，组内骨干充分发挥作用，当职工“工作上的增压器、思想上的减振器”，形成了一个有战斗力的集体。

案例八　唐山供电段秦皇岛供电车间北戴河网电运行工区

一、班组情况

唐山供电段秦皇岛供电车间北戴河网电运行工区现有职工 18 人，其中，大学本科 3 人，大专 9 人，其他学历 6 人；高级技师 2 人，技师 2 人，其他等级 9 人。主要担负着京哈线留守营至戴秦间、北戴河场间联、哈港联线北戴河至南大寺、进出港线南大寺至秦皇岛南间接触网设备养护、维修、应急和邻近营业线施工配合任务。

二、获得荣誉

1. 2021 年度北京局集团公司建功立业先进集体。
2. 2021 年度北京局集团公司“毛泽东号”式班组。
3. 2021 年度北京局集团公司青年安全生产示范岗。

三、管理经验

1. 强化理念引领

一是工区深入践行京铁员工岗位准则，发扬“敬业奉献、担当创新、求真务实、争创一流”的班组精神，努力实现“诚实勤奋拼搏进取、爱岗敬业争创佳绩”的班组目标。二是坚持将理念文化融入安全生产、设备质量、职工行为等日常管理之中，通过宣传橱窗、宣传电视墙、宣传墙、全家福文化墙等方式，不断筑牢工区理念文化思想，使文化铸魂成为推动班组和谐稳定的强大思想动力。三是坚持每月排查走访、座谈职工，及时掌握职工生产、生活情况和思想动态，有针对性为职工解决各类难题。

2. 夯实基础管理

一是坚持用制度管人、用制度管事，依托标准化规范化建设，着力提升日常管理标准和安全管理、设备管理标准，建立健全作业指导书、设备检修工艺和各项管理制度，推进“一日、一次作业标准”，实现“管理统一、标准统一、行动统一、效率统一”的准军事化管理标准。二是注重人员素质建设，按照“面向实战、零打碎敲、学以致用”的思路，强化职工电化教室作用发挥，采取理论与实作相结合的方式，提升职工综合素质；在学技练功上争当标兵，每周选定一个课题开展集体学习、研讨、演练，大家利用集体智慧解决了许多工作难题，在职工队伍中形成了主动学技练功、主动思考问题的浓厚氛围，职工整体业务素质不断提升。三是善于总结提炼经验做法，工区打造的“三三二”工具管理法、“分段绝缘器精、细、实检修作业法”、“补偿 b 值三步调整法”等方法得到广泛推广。

3. 强化安全管理

一是面临着较大的安全生产压力，工区制定安全预想和总结制度，每次作业前结合作业内容、方式环境、天气等要素，查找对人身和设备有潜在威胁的“危险源”，提醒当班作业职工重点卡控作业关键环节。二是定期组织召开总结会学习上级下发的安全通报，查找分析工区存在的安全隐患，列出薄弱人员、薄弱环节、薄弱时段，分别制定安全卡控措施。三是不断致力科技保安全，细化完善设备包保责任制，以 4C 分析与线下巡视相结合的方式全面掌握设备运行状态，精准进行设备检修；依托供电生产信息管理系统，将设备管理分劈到每名职工，定期组织职工对所包保的设备进行分析，实现数据在线分析、分析任务按包保分劈、实时显示分析进度、缺陷等级描述指导、分析发现设备缺陷一键上传至供电信息系统等功能，提高了分析效率和质量，从技术手段上实现了设备管控、缺陷发现、集中治理、销号处置闭环管理。

案例九　北京车辆段北京西检修车间台车一组

一、班组情况

北京车辆段北京西检修车间台车一组现员 24 人，其中，大学本科 10 人，大专 13 人，其他学历 1 人；技师 1 人，其他等级 23 人；共产党员 4 人，共青团员 12 人，群众 8 人。台车一组主要负责客车车辆转向架的分解、组装、整车落成工作，日均检修转向架 10 台，年起落车约 1000 辆。

二、获得荣誉

1. 2014 年至 2016 年北京局集团公司青年安全生产示范岗。
2. 2016 年全路“青年文明号”班组。
3. 2017 年全路青年安全生产示范岗。
4. 2020 年北京局集团公司“毛泽东号”式班组。

三、管理经验

1. 开拓创新，总结好的作业方法

台车一组非常重视创新精神，在工作中总结出好的作业方法，不仅确保了产品质量还提高了工作效率，并且对其他班组进行了普及。

(1)建立物料“辆份制”管理办法。由于转向架结构复杂，需要的配件较多，为避免用料浪费，台车一组建立物料“辆份制”管理办法。班组根据转向架型号的不同、用料不同制作了专车专用的配送小车，在每个小车上都放有两块设有凹槽的盛料板，每个凹槽放一样料，精确到每一条螺栓，每一个螺母，每一个开口销，配送时根据凹槽数量进行配送，做到转向架组装完，配送小车凹槽清空。确保了用料不浪费，配件不漏装、不遗留。大大提高了检修效率，杜绝了现场浪费和配件错装、漏装问题。

(2)总结转向架组装“十四字作业法”。为了安全高效组装转向架，台车一组结合作业指导书和日常检修经验，总结提炼出转向架组装“十四字作业法”，即开工“早、分、备”、组装“检、扣、装”、落轮“校、自、落”、落车“转、验、成”、完工“预、净”。该作业法有效指导班组成员日常作业，提高了作业效率。

2. 团结一心，打造过硬的班组团队

检修作业有着工作环境差、劳动强度大、连续夜班苦的特点，俗称“脏苦累”。在恶劣的工作环境中，台车一组实行精准管理，根据每名组员的专业和特长，安排合适岗位，细化每名组员的具体工作，使每名组员清楚自己的职责，对班组的方方面面做到专人管理。工作中班组做到共进退、同吃苦，在长期的工作磨合下班组的凝聚力稳步提升。班组设立两个小组，分别配备一名组长，由组长统管本组的生产及安全，在任务繁忙时两小组之间互帮互助，共同完成车间布置的生产任务。同时班组建立质量自控制度，内部设置兼职质检员，每日对检修质量进行自检、自验，并每月召开班组内部质量分析会，不断总结经验和问题，使班组自控能力大大增强。为了提高检修效率，班组成员献计献策、开拓创新，结合现场作业需求，共同设计出“导柱套拆卸工装”“牵引拉杆分解台”“160 动车组轴箱簧配送车”等多种工装、工具，有效提高了检修效率。

3. 勤学苦练，建设专业人才队伍

为了打造一支过硬的专业人才队伍，班组坚持基本功练习不放松，鼓励职工学规背规，积极参加技术比武。职工自觉利用间休时间学习，研讨技术规章。班组组员有自考、互考的传统，每名成员对各型转向架构造、原理等熟练掌握。

对于新职人员的培养，台车一组根据本班组的作业内容历时半年制定了台车一组专有的作业指导书，并带有各部件的插图，新入职的职工可以通过作业指导书提前了解转向架各部配件，学习转向架作业方法等。

4. 关爱组员，用心解决实际问题

台车一组坚持以人为本，对于职工提出的问题不管是工作上的还是生活上的都要想办法进行解决。班组长经常与班组成员沟通，了解他们对工作的真实想法，帮助他们解决生活和工作上的困难。疫情期间，班组大力宣传防疫方法，关注组员身体健康，提倡合理膳食、戒烟戒酒、适量运动、心理平衡、劳逸足眠的健康生活。对于封控在家的职工，班组长和组内其他成员不计个人得失，牺牲自己的休息时间进行替班。在班组成员共同努力下，生产任务没有因为疫情原因而停止。

案例十　北京动车段检修车间调试一组

一、班组情况

北京动车段检修车间调试一组现员 46 人，其中，硕士研究生学历 3 人，大学本科 13 人，大专 30 人；技师 2 人，其他等级 44 人；共产党员 10 人，共青团员 30 人，群众 6 人。班组主要负责 CRH2 系列动车组、CRH5 型系列动车组、CR400AF、CR400BF 系列动车组三、四级修的调试工作，在动车组状态修重组后，对组装后动车组上的各功能、部件进行动态和静态的检查、试验，以保证出库的动车组可以正常上线、安全行驶。

二、获得荣誉

1. 2014年度北京局集团公司青年文明号班组。
2. 2014年度、2015年度北京局集团公司“建功立业先进班组”。
3. 2021年度北京局集团公司“建功立业先进班组”。
4. 2021年度北京局集团公司“工人先锋号”。
5. 2021年度北京局集团公司“毛泽东号”式班组。

三、管理经验

1. 完善制度体系，落实岗位责任

调试一组认真落实各项管理制度，严格执行标准。面对新的挑战，从不退缩，制订计划，查漏补缺，身体力行，这些均融入日常的工作，促使班组可以从容不迫迎接一次次挑战。在标准化管理方面，班组严格遵循上级要求，梳理完善十二项基本制度，包括考勤、考核制度等。同时根据班组实际情况制定了四项个性化制度，包括“党员同心圆”“七小管理”等，形成了完整的制度体系。其次在检修质量方面，梳理各个作业项点，制定了“安全卡控明细表”，共分36大项，118小项内容。分为三个星级层次，由上至下，由关键到一般，做到事事有人管、处处有人查，联动班组所有人员，形成一个质量卡控的完整体系。最后在考评机制管理方面，结合班组生产、出勤等情况，制定了班组“小立法”。通过相应的奖惩方式，发挥了班组每个成员的主动性和创造性，确保班组各项工作落实到位，优质、高效地完成任务。

2. 团结班组成员，建立和谐班组

班组主要从三个方面着手，调动积极性，提高行动力。一是了解职工实际需求，解决职工困难。工长、组长关注组内职工情绪变化，掌握职工近期家庭、个人的相关情况，发现积极性不高、思想波动的职工，及时了解情况，力所能及解决职工实际问题，如困难较大，班组群策群力或上报车间共同解决；二是开展班组文体、娱乐活动，增强团队意识，营造轻松活跃的氛围，使大家缓解生产疲劳的同时，建立沟通的桥梁，让小组和小组之间相互了解，让组员间的矛盾消除，放下思想包袱。

3. 注重人才培养，善于科技创新

对于人才的培养，班组主要从两个方面入手。一是通过组织学习典型故障分析和电路图、气路图等方式，使组员更加了解所做工作的原理知识，分享故障查找方法，帮助年轻职工尽快掌握相关原理，使大家能从原理出发及时高效处理调试期间突发的故障，并鼓励大家参加车间、站段、集团公司的技术比武。二是提倡创新发明，鼓励职工提出想法和发明创造，职工有想法，积极配合，组织相关人员一起分析、帮助，直到创意被采纳。经过班组职工的细心钻研，自制试验工装工具10余项，创造工作方法10余个。这些成果不仅给职工提供了展示自我的平台，也节约了人力、减少了调试时间，将原7天5夜完成38项试验用时2 240工时，压缩至4天3夜，节省280工时，大大缩短了工作周期，更安全、高效地完成现场作业。

案例十一　丰台车辆段双桥修车车间制动组

一、班组情况

丰台车辆段双桥修车车间制动组现有职工25人，其中，大学本科2人，大专6人，其他学历 17 人；高级技师 1 人，技师 2 人，其他等级 22 人。主要负责按照集团公司下达的生产任务指标，完成货车现车制动检修、基础制动配件检修、空气制动配件管系检修、人力制动机检修试验、单车制动试验等工作。

二、获得荣誉

2020 年度北京局集团公司“毛泽东号”式班组。

三、管理经验

1. 树立“精检细修就是生命线”的检修作业理念

一是基础制动杠杆检修落实“一细看、二测量、三对照”的作业法。“一细看”是指在检修制动缸前后杠杆时，细看闸调器是否处于水平位置，如果闸调器与车体纵向方向不平行，则前后杠杆错装或反装；“二测量”是指对制动缸前后杠杆孔距进行全部测量，并将测量数值标注在杠杆短端位置。“三对照”是指将测量数据与作业指导书中不同车型的前后杠杆孔距尺寸对照。二是制动试验执行“单车分步试验法”。班组研制“可调节杠杆”，架车后将调节杠杆卡在制动缸前后杠杆之间，进行安定试验、加速缓解阀试验、半自动缓解试验等，防止架车后闸调器动作，造成控制杆弯曲变形，进一步提高单车试验的效率和可靠性。三是制动缸检修执行“多画一条线，紧盯六十秒”工作法。车辆制动时，在活塞筒与制动缸前盖接触部位沿活塞筒圆周方向画一条线，保压 1 分钟时，观察这条线是否保持不动，从而判断制动缸是否产生漏泄，确保检修质量符合工艺要求，紧盯现场作业质量控制这条“生命线”。

2. 强化“班组团队管理”的管理理念

一是检修作业网格化。将班组分为由班组“工管员”（政治宣传员、安全管理员、质量管理员、材料管理员、业务辅导员）为组长的五个检修作业小组，各组长带领职工完成生产任务的同时，参与班组管理，使“工管员”更好地履行职责、发挥作用。二是落实班组团队管理沟通解决机制。充分尊重班组每一名职工，每天按时召开班前预想会、班后总结会，由班组长对当天生产情况进行总结，各工管员对分管事务进行解析，班组成员共同查找问题点和解决措施。三是运用“5W1H”方法解决发现的问题。采用“5W1H”方法，坚持问题导向，针对各级检查、自查发现的问题，利用间休、完工等时间召开专题会议，坚持做到问题不过夜，一事一议、一题一议，不走过场、不应付差事，把每名关联人员摆进去，查清责任、制定措施、监督整改，做到真分析、真整改、真有效，务求做到一人出错全组受教。

3. 将“比学赶帮超”具体化、形象化

一是“比发现故障”。将日常发现的故障实物制作成展台，由故障发现者介绍经验方法，检修时作为检查重点；在间休室张贴“发现故障能手榜”，把月度发现故障第一名人员和年度发现故障前三名人员进行张榜公示，激发职工发现故障的内动力。二是“学技术能力”。采取定期故障经验交流、现场故障观摩、“技术业务交流课堂”和推行“每月五星”评比等形式，强化职工车辆新技术、新知识和发现故障的好经验、好做法的学习，以货车检修关键岗位“一口清”及年度制动标准化考试为抓手，每月对班组学习成果进行考试检验，成绩纳入班组星级岗评定。三是“赶工作作风”。班组成员复转军人有 9 人，要求他们将“雷厉风行、一丝不苟”的军人作风带入班组工作中，遵守“遵章守纪、精检细修，安全至上、质量为本，行走整齐、衣洁帽正，上标准岗、出精品车”的班组誓言，营造“团结、紧张、严肃、活泼”的工作氛围，以饱满的工作精神，实现人身行车双安全目标。四是“帮青年成长”。积极采取“高师带徒”帮促措施的同时，让技术骨干与职工配对，责任心强的与责任心稍差的配对，形成“一带一帮一促”的良好局面。五是“超同行先进”。向“毛泽东号”班组等同行、先进班组学习，树立“没有艰苦奋斗的精神，就没有勇当先锋的动力；没有扎实牢固的技术能力，就没有安全快速的效率”的理念，保持旺盛的向前、向上活力。

案例十二　天津车辆段天津修车车间制连组

一、班组情况

天津车辆段天津修车车间制连组现有职工 26 人，其中，共产党员 4 人，技师 1 人。班组成员中本科学历 3 人，大专学历 16 人，其他学历 7 人，平均年龄 34 岁。班组承担着天津车辆段天津区域检修车的制动检修以及车钩组装的任务。

二、获得荣誉

1. 2020 年度北京局集团公司青年安全生产示范岗。
2. 2021 年度北京局集团公司“打赢两坚守两实现攻坚战”优秀青年组织。
3. 2020、2021 年度铁道行业优秀质量管理小组。
4. 2020 年度天津市优秀质量管理信得过班组。

三、管理经验

1. 特色管理理念

在班组安全意识培育和安全管理方面提出特色的安全管理理念。一是讲利害，有效地利用开工点名会、专题安全培训会等有利时机，翻安全问题的“老旧账”，列个人收益的“经济账”，算集体荣誉的“良心账”，尤其是对准人身安全关键，讲清违章违纪于个人、家庭、集体的沉重代价。二是抓治理，将安全隐患治理作为班组管理中的关键环节，针对组内职工反映和隐患自查发现的问题，制作了交叉作业安全警示牌、安全警示教育宣传板、班组安全阵地等，并结合安全风险项点制作警示视频，让职工更加直观地体会违章作业的危害，带动整个班组“我要安全”的良好氛围。三是守制度，班组职工凝聚统一思想，有针对性地制定了人身安全考核办法，全体人员严格遵守，并且雷打不动地执行制度。

2. 狠抓安全管理

在做好日常人身安全教育的基础上，班组职工主动研判安全风险，针对班组中作业安全隐患和事故案例教训，制作了“严禁交叉作业”等警示标识，制定了起落车互控等安全加严措施，解决了登高更换人力制动机等安全隐患，班组先后发现处理全车主管腐蚀超限、17 型车钩支撑座裂纹等行车安全隐患问题，有效保障了安全生产持续稳定。每天开工前，班组长都结合当日预警、历史同期、车间通报和班组预想到的安全问题或线索落实安全隐患研判，逐岗位向职工交底，明确注意事项和防范重点，让每个职工都心里有数、行动有谱。工作中，对新职工和风险较大的岗位，班组长始终坚持过程控制，必要时一同处理，让职工在实践中不断提高掌控风险的能力。

3. 鼓励技改技革

车辆制动系统如果发生故障将严重威胁行车安全，而且故障大多隐蔽性强、排查困难、处理麻烦，为提高检修质量，班组组建了“精细检修”QC 质量管理小组，大胆创新，积极攻关，努力解决质量难题。在全面分析工艺标准、检修方法基础上，班组技术骨干总结提炼了“看、听、判、查”制动检修工作法，通过查看配件有无磕碰错装、细听配件连接有无卡滞、管路有无漏泄和制动阀排风是否顺畅来初步判定故障部位，进而再重点检查。“制动检修工作法”有效溯源制动故障，极大提升了制动故障判定的准确率，并且带动班组整体技术业务水平有了质的变化，确保了车辆运行安全。

日常检修工作中，车辆主管堵塞或不畅是车辆空气制动系统的重点故障。处理这类故障的传统方法就是将车辆主管逐一分解，寻找卡滞位置，每次处理此类故障都要两个多小时才能找到具体卡滞位置，用时长，效率低，是班组职工最头疼的事。在深入调研后，利用感应探测及微成像原理，班组参与研发了“车辆主管堵塞智能探测器”，十几分钟就能解决以前需要一两个小时处理的问题，每年可以压缩作业时长百余小时，大大降低了班组职工的劳动强度。此项成果获得了国家实用新型专利。

4. 注重人才培养

班组内年轻成员对于新鲜事物的接受情况与掌握能力较强，但是业务能力同班组内的老师傅还是有差距。根据新、老职工的特点，在班组内制定“传帮带”的相关制度，在生产作业方面，由老师傅向新职工传授经验；而对于一些国铁集团下发的新厂规、新段规等新知识，由新职工带领老师傅共同学习。通过这种培养方式，班组培养了许多技术能手，2020 年组内职工在集团公司技术比武中获得了制动钳工组第二名的优异成绩。

案例十三　北京高铁工务段保定高铁路桥车间定州路桥工区

一、班组情况

北京高铁工务段保定高铁路桥车间定州路桥工区成立于 2018 年，现有职工 8 名，其中共产党员 5 人，群众 3 人。定州路桥工区守护着京广高铁共计 146 公里的路桥隧及附属设备。工区为维护高铁设备、确保高铁安全默默奉献，用实际行动践行着“责任心＋责任制＋基本功＝安全正点”的京铁员工岗位准则。

二、获得荣誉

1. 2020 年度北京局集团公司“毛泽东号”式班组。
2. 2020 年度北京局集团公司建功立业先进班组。

三、班组经验

1. 注重人才培养

班组加大对人才培养工作的实践，坚持定期开展岗位练兵和业务培训。老职工主动“传、帮、带”，年轻职工积极比、学、赶、超。班组成员都有着过硬的政治及技术业务素质，形成学技练兵的浓厚氛围。班组现有北京局集团公司首席技师一名，其业务素质过硬，连续数年在创先争优劳动竞赛当中成绩领先，多次被北京局集团公司评为先进生产（工作）者；有“铁路工匠”一名，现已成为工务系统一线业务专家。班组其他成员在这些业务精英的带领下，也都达到了相应的技能等级。

针对新职人员现场经验少的情况，班组内老职工积极参与，使其尽快掌握专业知识，不断提升整体业务水平。班组长对新到岗的班组成员悉心指导，使其快速掌握高铁每日上下线班前预想、班后对规、派工单填写、出入库登记、上下线安全卡控等工作。通过对上下线安全管理完整闭环流程的学习,让新职人员深刻认识到“高铁安全无小事”,一个小机具的遗漏,就有可能造成击打列车,影响列车行车安全。在平时的工作中,班组长教导新职人员要坚持严格要求自己,发扬段“严、紧、快、细、实”的工作作风,遵守车间各项规章制度,把安全当头等大事,当日事当日毕,把工作做细做完善,做完工作及时自查,确保自己经手的工作无纰漏,为工区的安全生产贡献自己的一份力量。

2. 提炼班组工作理念和方法

班组成立以来,始终秉持“精心+精检+精确=精品设备”的工作理念,扎实开展各项标准化班组建设工作,全面规范基础管理,创建标准化设备和环境,实现了“设备零故障、作业零违章、职工零违纪、管理标准化”的自控型标准化班组建设目标。

班组根据现场作业流程,提炼出通俗易懂、操作简便的作业法,包括设备检查“六清”工作法、声屏障“四步”检查工作法等。这些工作方法规范了现场作业流程,保证了作业质量。

3. 严格执行标准、确保安全生产

在日常工作中以讲标准、懂标准、用标准确保安全生产。每日班前预想进行规章制度学习,对当日工作进行研判;作业中严格落实严检慎修的原则,实名检查;班后对规人人参与,结合工作对每人进行梳理总结。班组各项工作分配给每名职工负责,严格落实考核制度,真正做到制度管人。

案例十四　保定工务段高碑店线路维修工区

一、班组情况

保定工务段高碑店线路维修工区现有职工 29 人,其中,共产党员 6 人,技师 6 人,大专及以上学历 16 人,平均年龄 38 岁。班组担负 30 公里京广正线、13.216 公里到发线、7.11 公里站专线、73 组道岔的维修保养任务。

二、获得荣誉

1. 2021 年度北京局集团公司建功立业先进集体(班组)。
2. 2021 年度北京局集团公司级“工人先锋号”先进集体。
3. 2021 年度北京局集团公司“毛泽东号”式班组。

三、管理经验

1. 传承优良传统

坐落于高碑店线路车间的“摇篮”展室是集团公司首批爱国主义教育基地,班组依托“摇篮”展室,瞄准“传承”二字,弘扬“朴实进取、爱岗敬业、艰苦奋斗、拼搏创新”的“长板凳”精神,不断强化思想教育。每逢新人入职、重点工作,他们都会把职工聚在一起学先进、表决心,凝聚起全体职工“默默无闻讲奉献、齐抓共管保安全”的思想合力。

2. 重视人才培养

只有全体职工技术达标,才能推动班组整体素质提升。班组着力从提高人员素质上下功夫、出实招,按照“缺什么、补什么”的原则,定期组织职工开展竞技比武,达到“强基础、补短板、找差距”的效果,督促引导职工持续提升技能水平和实作能力。

技术业务过关是班组每名职工必备的“硬指标”。《班组管理本》里详细记载着防断演练、除雪应急演练等活动过程，“以练为战、以赛促学”是工区提升职工业务素质的有利“法宝”。班组着力从提高人员素质上下功夫、出实招，定期组织职工开展竞技比武，督促引导班组成员持续提升技能水平和实作能力。此外，班组落实职工星级评定工作，技能与工资待遇紧密挂钩，推行以“技能决定等级，等级决定收入”的分配机制，将“要我学”变成“我要学”，极大激发了班组成员自觉强化业务学习、苦练技能、确保安全的积极性。

3. 落实标准管理

班组不断细化现场管理，规范作业流程，以标准化推动工作整体提升。除了管理标准化，班组还将作业标准化贯穿工作始终，从班前预想到作业过程，再到班后对规；从工机具定制摆放到设备质量维修，全方位落实标准化各项要求。为了减少作业过程中横跨线路次数，班组坚决落实段、车间安全管理各项部署要求，提醒每位防护员上班携带站场作业进出场通道图、普速线岔区巡视作业巡回图，按规定走行和避车。

4. 勇于创新创效

面对“夜间施工，光照不良仅凭眼看做不到线路、道岔精准起道，如何更新进步维修作业方法”这一难题，班组开展头脑风暴，反复试验确定了“水准仪＋激光长弦＋道岔捣固机”结合作业模式，有效节省了劳动力，提高了作业效率，作业质量也进一步提高，其他班组纷纷效仿。此外班组还自发成立打磨小组通过预防性、修理性打磨，有效延长管内设备使用寿命。通过探索实施先进的维修作业方法，班组管内轨检车 TQI 全年保持在 5.8 mm，杜绝了车载Ⅲ级问题，设备质量和品质逐年提升。

案例十五　北京电务段承德车间隆化信号工区班组

一、班组情况

北京电务段承德车间隆化信号工区班组现员 16 人，其中，大学本科 5 人，大专 4 人，其他学历 7 人；高级技师 1 人，技师 4 人，其他等级 9 人。主要担任着京通线隆化站、闹海营站，承隆线韩麻营站、兴隆岭道口的养修维护工作。

二、获得荣誉

1. 2021 年度北京局集团公司“毛泽东号”式班组。
2. 2021 年度北京局集团公司建功立业先进班组。

三、管理经验

1. 总结提炼经验做法

在总结多年普速信号工作维护经验的基础上，工区工长带领职工共同总结提炼了“四心”工作法、“四步”作业法、“四勤”学习法。“四心”工作法：同样的检修工作日复一日年复一年，需要持之以恒的耐心；对设备各部测试要做到细心，通过数据进行分析，了解设备运用状态；留心发现设备异常，把问题处理在萌芽状态，未雨绸缪远胜于亡羊补牢；用心处理发现的问题，杜绝隐患变成事故。“四步”作业法：设备检修工作要做到一看（看外观是否方正，有无裂痕、破损）；二检（按照作业指导书标准流程检修设备）；三测（测试设备各部电气特性数据）；四试（设备试验良好销记完毕交付使用）。“四勤”学习法：勤学（学习技术标准、理论题库、规章制度）；勤练

(实作基地练习,使理论与实践有机结合);勤帮(老师傅自觉充当老师角色,才能迅速提升年轻职工业务能力);勤悟(学而不思则罔,要在学懂弄通上下功夫)。

2. 扎实推进标准化建设

一是强化职工标准化作业能力。将标准化作业程序,纳入月度奖金考核,按照作业指导书要求,利用技术业务学习时间实作练习,达到学习的目的。工长组织每日一练,每日早交班会后,学习前一天段发文件和工作提示,对常见故障标准化处理程序进行提问,提升标准化作业意识和能力。按照"干什么,学什么"的原则,结合微机监测情况、道岔信号机轨道电路检修等具体任务,开展"订单式"培训,有效填补了职工的技术短板。二是努力打造标准化设备。按照标准化设备整治要求对站内道岔、轨道电路区段、信号机、电缆盒进行油饰,对站内信号设备进行硬面标准化整修,补齐电缆警示牌、电缆标识,补齐机械室各种铭牌等。确保整治后设备质量过硬、符合技术标准,对同类设备外观进行统一,达到内实外美的效果。针对个别信号设备故障易发的特点,注重设备薄弱环节管控,采取"一问题一方案"的设备管控措施,从基础上提升设备运用质量。三是强化施工标准化控制。工区按照"表格化"管理要求,严格落实现场施工有关要求,把好各类联锁试验关,提前将试验项目"表格化"并经双人核对,确认试验项目准确完整,确保联锁关系100%正确。紧盯电缆安全和隐蔽工程,安排班组成员进行全程盯控,确保既有设备安全的同时,尽量杜绝施工带来的隐患。四是落实班组标准化管理。按照"明示化""揭示化"原则,将标准化作业流程揭挂上墙,将检修作业流程张贴于机械室等处所明显位置。细化班组管理制度,确保与本班组工作相关的规章及管理、技术文件汇编齐全,班组日常考勤、学习培训、考核奖惩、质量管理、设备管理、信息管理等制度规范并贯彻落实。引入"定置化"管理理念,将岗位职责、故障处理流程,用于故障处理的工具、仪表、图纸、备用器材、应急小料等资料定点放置。在相应处所放置检查卡,每周进行检查,确保工区人人清楚,齐全良好,便于取用,专人负责管理。五是切实提升环境建设。按照"总体规划、协调统一"的原则,将工区的工作、休息、生活和公共区域作为整治重点,对机械室、工区房屋、所在院落等进行标准化整治,对生产生活设施进行整修和更新。按照"五净五整齐""三不三定""两见"的标准,制定环境管理标准,营造"设备完好、精神饱满、环境整洁、秩序井然"的工作环境。

3. 营造浓厚学习氛围

一是工区现有共产党员8人,占比半数,充分发挥党员模范带头作用,常态化开展"创岗建区",打造党员红旗设备等活动,带动全体职工形成"干标准活,站标准岗"的行动自觉。二是提升学习氛围,在党员带动下采取班前提问、背规竞赛、综合演练等形式,持续抓好职工应知应会学习,持续提升标准化作业水平和应急处置能力。三是工区半数都是新入职的大学生,实践能力相对薄弱,利用演练基地优势,每周带着年轻职工走进基地学习,耐心细致地给职工们讲解、指导、示范,在浓厚的学习氛围中青年职工技术业务水平提升飞快。

案例十六　北京房建公寓段动车综合车间动车建筑工区

一、班组情况

1. 班组介绍

北京房建公寓段动车综合车间动车建筑工区成立于2011年9月,现有班组成员17人,其中共产党员6人,平均年龄46岁。

2. 承担任务

班组管辖房建设备 983 栋件，责任范围 425 625m^2，同时包括四处消防中控室 171 675 m^2 的消防中控工作。

二、获得荣誉

1. 2012、2013 年度北京局集团公司建功立业先进班组。
2. 2017 年度北京局集团公司模范班组成员小家。
3. 2020 年度北京局集团公司“毛泽东号”式班组。

三、管理经验

1. 锻造过硬的党员队伍

工区 6 名党员成立党员突击队，在每年春秋检工作中，除按照计划安排的巡检外，党员突击队对管内设备设施进行全覆盖的“二次巡检”，为设备安全上了“双保险”。在防洪工作中，党员主动包保“四电房屋”等重点场所，遇大雨预警时 24 小时盯控，实现防洪工作“零问题”目标。

在突发疫情的情况下，突击队员们放弃休假，主动请战，返回工作岗位。在工区所在地全封闭的情况下，除班组长外出采购生活必需品外，其余人员 90 多天未出工区一步，在严格落实疫情防控工作要求的同时，及时处理设备病害，确保管内设备安全合用。

2. 培育过硬的班组团队

(1)充分发挥班组长作用

班组长作为工区“领头羊”，充分发挥管理和引领作用。

管理上严于律己。要求班组成员做到的，自己先做到；要求班组成员不做的，自己先不做。工区工作中出现问题了，先检讨自己，承担责任；工区获得荣誉了，带头找差距，把功劳归于大家，真正做到“荣誉面前不抢，困难面前不躲”。

工作中身先士卒。虹吸管漏雨，班组长第一个站上 14 m 升降车；管路跑水，班组长第一个下井。班组长带领班组成员走遍工区每一个角落，对管内的每一件设备都了然于胸。为应对雨季管内各检修大库屋面大面积严重漏雨的情况，班组长带领班组成员多次现场调研，撰写 QC 课题报告，荣获集团公司 QC 优秀成果奖，并将研究成果运用到工作中，为工区内设备的安全稳定奠定基础。

生活上关爱互助。在班组成员生病或者家里有困难的时候，班组长总是付出无微不至的关怀，及时帮助。班组成员自觉听从指挥，心往一处想，劲往一处使，逐渐形成团结有力的集体。

(2)建设自控型班组

工区制定“五自我”管理模式，即管理自我规范、素质自我提高、行为自我约束、作业自我控制、矛盾自我解决，“五自我”管理模式成为班组管理的“动力源”。

一是在提高班组成员自身管理能力的基础上，按工作内容划分网格，每人负责一项，实行网格化管理，助力管理效率提升。

二是细化作业标准，以流程图的形式固定每道作业程序，结合质量标准落实责任主体，把标准细化到每一个岗位的每一个作业环节，突出体现“预想预警、过程控制、岗位标准、关键卡控、责任联控”五个环节，建立每一个岗位作业过程的自控、互控、他控具体措施。

三是让每一名班组成员都参与到工区各项管理制度的制定中来，全体班组成员一起细化和完善了工区《人身安全互控联防措施》等十余项管理制度及措施，从而激发班组成员自我管理、自我调控、自我完善、自我约束，主动参与班组管理，在思想观念上由“要我自控”向“我要自控”转变。

3. 提炼方法健全制度

(1)提炼工作方法

工区在严格落实责任制的基础上，结合实际情况总结提炼工作方法。例如，对彩钢屋面、虹吸管路，创新采用“堵排结合，综合治理”的维修方法，彻底解决屋面檐沟存水、暴雨积水、排放不及时引起渗漏等问题。

(2)建立定期培训考试制度

以安全知识储量和专业技能水平为纽带强化班组成员素质提升，将安全知识与设备责任量及其明细汇编成册，定期组织开展培训班，对规章制度、应急处置、应知应会要点等进行培训。

(3)建立主动检修制度

工区将设备按片划分，按人头包保，主动检修，由月检、半月检改为周检、日检，做到人发现问题、解决问题，而不是问题找人。通过主动检修，降低保修次数，既避免了安全隐患的发生，也保证设备处于良好状态。

4. 苦练过硬的业务能力

工区对新设备进行拆卸组装、反复研究，让班组成员全面掌握维修技术，让有经验的电工师傅讲解电气元件、原理、排查故障等电工知识，同时创造技术比武、岗位练兵等学技练功的平台，分享比武经验与方法，锻炼每名班组成员实际操作能力，提升班组综合业务能力。在浓厚的学技氛围下，工区班组成员荣获 2017 年集团公司技术比武电工组第一名、2019 年国铁集团技术比武电工组第七名、2020 年集团公司技术比武电工组第三名等好成绩。

附　　录

附表1　常用的评估方法及其适用范围

评价方法	评价目的	适用范围	定性或定量	可提供的评价结果			
				事故原因	事故频率/概率	事故后果	风险分级
安全检查表法	危害分析、安全等级	设备设施、管理活动	定性	×	×	×	×
头脑风暴法	危害分析、事故原因	设备设施、管理活动	定性	√	×	√	×
因果分析图法（鱼刺图法）	危害分析、事故原因	设备设施、管理活动	定性	√	×	√	×
情景分析法	危害分析、事故原因	设备设施、管理活动	定性	√	×	√	×
预先危险性分析法	危害分析、风险等级	项目的初期阶段、维修、改扩建、变更	定性	√	×	√	√
事故树分析法	事故原因、事故概率	已发生的和可能发生的事故、事件	定量	√	√	×	概率分级
故障类型及影响分析法	故障原因、影响程度、风险等级	设备设施系统	定性	√	√	√	事故后果分级
危险与可操作性研究法	偏离原因、后果及其对系统的影响	复杂工艺系统	定性	√	√	√	事故后果分级
风险矩阵法	风险等级	设备管理及人员管理	半定性/半定量	×	√	√	√
作业活动风险评估法	风险等级	作业活动	半定量	√	√	√	√
作业条件危险性分析法	风险等级	作业活动	半定量	×	√	√	√
人员可靠性分析方法	人员失误	人员行为	定量	√	√	×	×
危险度评价法	风险等级	装置单元和设备	定量	×	×	×	√

续上表

评价方法	评价目的	适用范围	定性或定量	可提供的评价结果			
				事故原因	事故频率/概率	事故后果	风险分级
易燃、易爆、有毒重大危险源评价法	火灾爆炸、毒性及系统整体风险等级	化工类工艺过程	定量	×	×	√	√
事故后果模拟分析方法	事故后果	区域及设施	定量	×	√	√	√

附表 2　风险判定矩阵

可能性	严重程度			
	Ⅰ(灾难)	Ⅱ(严重)	Ⅲ(较重)	Ⅳ(较轻)
A	重大风险	重大风险	较大风险	一般风险
B	重大风险	重大风险	较大风险	一般风险
C	重大风险	较大风险	一般风险	低风险
D	较大风险	一般风险	一般风险	低风险
E	一般风险	一般风险	一般风险	低风险

附表 3　事故发生的可能性

可能性等级	说　明
A	很可能
B	可能,但不经常
C	可能性小,完全意外
D	很不可能,可以设想
E	极不可能

附表 4　事故后果严重程度表

严重程度等级	说　明
Ⅰ	灾难,可能发生重特大事故
Ⅱ	严重,可能发生较大事故
Ⅲ	较重,可能发生死亡事故
Ⅳ	较轻,可能发生人员伤害事故